新编21世纪社会工作系列教材

社会工作导论

主编　郭伟和

Introduction to Social Work

中国人民大学出版社
·北京·

内容简介

本教材是教育部国家一流课程“社会工作导论”课程的建设成果。本教材贯彻落实习近平新时代中国特色社会主义思想及其对社会工作的重要指示，坚持新时代党的群众路线，走中国特色社会主义社会治理之路，构建中国专业社会工作的自主知识体系。

本教材突破了西方社会工作教科书流行的生态系统框架，按照马克思主义实践理论构建社会工作“人在环境中”的三重理论体系，把国际社会工作的最新理论成果与中国传统助人哲学和党的群众路线下的当代社会福利实践相结合，从个体生命周期发展阶段和功能性问题来划分社会工作的服务对象和服务领域，提炼概括通用社会工作实务模式中的专业关系、工作方法和干预策略。本教材选用中国式现代化中的案例说明专业社会工作的现实作用和专业价值，突出中国特色、中国风格、中国气派，适合高校社会工作专业和社会学、公共管理等相关专业师生使用。

主编简介

郭伟和　河南淇县人，获得北京大学和香港理工大学合作办学社会工作文学硕士学位、香港理工大学应用社会科学系社会工作哲学博士学位。现任中央民族大学民族学与社会学学院社会学系教授、应用社会学方向博士生导师，中央民族大学民政部民族政策理论研究基地主任。兼任教育部高等学校社会学类专业教学指导委员会委员、中国社会治理研究会决策咨询委员会副主任，中国社会工作教育协会社会工作理论专委会主任、农村社会工作专委会副主任、社会治理与社会工作专委会副主任，北京市西城区顾问。

序

就教学而言，最难处理的事情一定是设计入门课程的教案。在大学时期，老师经常说，入门课程必须要由大教授来承担，只有他们才明白基础知识的重要性。教学已经不容易，写一本入门教科书所需要的勇气及见识更不得了。郭伟和教授此次投身编写这本《社会工作导论》教材，肯定是使出浑身解数，将多年的研习经验及修行投放于此。

一位学者的经历每每会呈现在他的写作中。这本入门教科书始于中国社会工作的近代历史，将这个专业放回或嵌入历史时空中，让读者以当代的历史感为脉络，理解专业的发展过程。没有这个背景，社会工作走出来的路就只是流水账，无法从宏观角度来诠释事情的发展。郭伟和教授先从宏观开始进行一种综述，然后再从个体生命周期进入实务领域，引领读者从微观层面进入一般的生活场景。社会工作不同于社会学及心理学，仅仅得到客观分析框架绝对不够，实务始终是行动上的事情，所需要的实践知识就属于社会工作的专业范围了。介绍通用社会工作实务模式给予社会工作初学者一个好的开始，由稳固的基础知识来支持实践，从经验开展实务工作，少了过去说太多理论而迟迟才开始重视具体实践的抽象。而且，这本入门教科书列专章讨论社会工作的探索、预估及计划方法，先独立处理理性计划，让读者明白，只依据理论的指示而不做独立的预估与计划，必会失去配合情境需要而部署的介入准备。

中国的社会工作恢复重建已近四十年，学者和实践者已经搭建了偌大的经验宝库，是时候整理更多的入门知识，让这个专业有更厚实的基础，让中国社会工作教育更上一层楼了。这本导论来得及时，也提供了一个整合性的框架，给行内行外的学术发展奠定新的起点。

香港理工大学应用社会科学系　何国良

2025 年 4 月

前言

2023 年 3 月，中共中央、国务院印发了《党和国家机构改革方案》，组建中共中央社会工作部，“负责统筹指导人民信访工作，指导人民建议征集工作，统筹推进党建引领基层治理和基层政权建设，统一领导全国性行业协会商会党的工作，协调推动行业协会商会深化改革和转型发展，指导混合所有制企业、非公有制企业和新经济组织、新社会组织、新就业群体党建工作，指导社会工作人才队伍建设等，作为党中央职能部门”。

党的十八大以来，我国社会治理、民生保障、基本公共服务体系工作发生了重大变化，取得了重要成就。通过脱贫攻坚战，我国彻底摆脱了绝对贫困，全面建成小康社会；通过普惠性、基础性、兜底性民生建设，解决好人民最关心最直接最现实的利益问题，满足人民日益增长的对美好生活的需要；以应对老龄化、少子化为重点，完善人口发展战略，健全覆盖全人群、全生命周期的人口服务体系，促进人口高质量发展。中国特色社会主义进入新时代，我国社会主要矛盾已经转化为人民日益增长的美好生活需要和不平衡不充分的发展之间的矛盾。2024 年 11 月，中央社会工作会议传达了习近平总书记对社会工作的重要指示。习近平总书记指出，“社会工作是党和国家工作的重要组成部分，事关党长期执政和国家长治久安，事关社会和谐稳定和人民幸福安康。新时代以来，党中央作出一系列重大决策部署，推动社会工作取得重要成就。当前，我国社会结构正在发生深刻变化，尤其是新兴领域迅速发展，新经济组织、新社会组织大量涌现，新就业群体规模持续扩大，社会工作面临新形势新任务，必须展现新担当新作为”。

我国社会工作有着深厚的历史基础，尤其是中国共产党在革命根据地时期开创的群众路线和群众工作方法，是做好基层治理、民生保障和社会服务工作的优良传统。这一优良传统是 20 世纪马克思主义中国化的产物，它对于整个国际共产主义运动和新兴民族国家现代化转型都有着重大意义。解决基层治理、民生保障和社会服务问题，国际社会工作界存在着三大不同策略：第一个是福利主义的补救策略；第二个是社群主义的发展策略；第三个是马克思主义的革命策略。新中国成立前，面对民不聊生的民族危机，我国也存在着关于中国社会性质的论战以及不同的救亡图存方案，其中既有社会福利慈善救助思路，也有社群主义的乡村建设运动。然而，这两种思路都无法触及当时城市贫民和贫苦农民受苦的社会根源。在毛泽东等第一代中国共产党人的探索下，中国共产党找到了马克思主义这一先进理论，并运用马克思主义的阶级分析方法，把马克思主义基本原理与中国具体实际相结合，开创了马克思主义中国化的新思路，最终通过群众路线和群众工作方法，既解决了群众的生产生活问题，又提高了群众的思想觉悟，为中国革命奠定了坚实的基础。

新中国成立后，我国通过城市单位制和农村集体化组织，把全国人民组织到社会主义生产组织体系中，并通过城市基层单位和农村生产队解决人民群众的生活保障与困难救助问题。对于那些没有工作单位、失去劳动能力、没有合法收入的困难群体，则通过民政部门的政府福利体系和救济体系给予安置与救济。改革开放后，我国一方面通过市场化改革单位制和人民公社的劳动组织方式，解放生产力；另一方面通过建立社会保障体系和社会服务体系，引入专业社会工作，解决人民群众的生活困难和人生风险问题。

专业社会工作正是在改革开放的时代背景下恢复重建的。1987 年，民政部和教育部在北京马甸召开会议，决定在部分高校恢复开办社会工作专业，通过社会工作高等教育来提升中国社会福利、社会治理和社会服务的专业化水平。1994 年，中国社会工作教育协会主要依靠北京大学、南开大学、民政部管理干部学院、中国青年政治学院、中华女子学院等重点综合性大学，以及民政部、共青团、妇联等与群众工作有关部门的办学单位发起成立。中国内地的专业社会工作教育由于停办了 30 多年，所以在恢复之初，自然离不开港台地区和国际社会工作教育院校的支持。尤其是香港地区相关院校的社工系老师，积极联系国际社会工作学校协会和国际基金会，为中国内地的社会工作院系捐建专业图书馆，提供师资培训，迅速提升了中国内地社会工作专业教育的课程体系和教育方法的专业化、国际化水平。

然而，不可否认的是，在引入国际社会工作教学资料和课程体系的同时，如何实现其与中国社会福利体系、社会治理体系和社会服务体系的有机结合，进而构建中国社会工作自主知识体系，新生的中国专业社会工作教育体系仍存在基础薄弱的问题。这几年，人们提出了“嵌入性”发展策略、“嵌合性”发展策略、本土化发展策略、土生化发展策略，这些策略仍然是一些比较笼统的、概括性的提法和思路，仍然缺乏与中国社会福利体系、社会治理体系、社会服务体系的深度结合与互动。实际上，正如王思斌教授所言，新中国成立后的社会工作体系既包括行政性社会工作，也包括义务志愿性社会工作，20 世纪 90 年代后才恢复重建了专业社会工作。所以，这三种社会工作体系是兼容并包的共同发展关系，但又需要通过专业化建设来促进我国行政性社会工作、义务志愿性社会工作的质量提升和现代转型。

正是基于当前中国社会工作发展需要把专业社会工作的国际通用知识体系与中国本土的社会福利服务、基层治理经验、群众工作方法深入结合，构建中国社会工作自主知识体系，我们才决定编写一本新的社会工作导论教材。相对于以往的社会工作导论教材，本教材的特色在于，吸纳国际社会工作教材的最新成果，按照通用社会工作实务模式的问题解决思路和优势赋权视角，结合中国传统的社会福利哲学、基层互助实践和党的群众工作方法，形成了中国通用社会工作实务模式的自主知识框架。本教材打破了以往教材以三大方法和实务领域分类介绍的框架结构，根据生命周期划分工作领域，根据过程逻辑提炼和概括从微观到宏观的通用实务方法，建立通用社会工作学科的基本理论体系、基本实务流程和基本实务方法。而且，本教材注重理论、方法和中国具体实际相结合，选择中国现实问题和案例来展示专业社会工作理论和方法的应用场景与工作成效，增强逻辑性和可阅读性，适合中国高校社会工作专业以及社会学、公共管理等相关专业学生使用。

教材建设是我国高等教育高质量发展的关键环节，本教材认真贯彻落实习近平新时代中国特色社会主义思想，把马克思主义基本原理同中国具体实际相结合，同中华优秀传统文化相结合，吸纳国际社会工作学科的最新成果，努力构建中国社会工作自主知识体系。本教材的大纲和第一至五、七至九、十二章由中央民族大学郭伟和撰写，第六章由重庆师范大学刘芳撰写，第十、十一章由中央民族大学姚红撰写。最后，全书由郭伟和统稿审校。囿于编写者的理论水平和专业能力，本教材一定还存在许多不足和缺陷，希望各位方家提出批评意见，以便将来再版时修订。

郭伟和

2024 年 11 月 25 日

目录

第十章

探索、预估与计划方法

第十一章

改变导向的干预策略

第十二章

结案与评估方法

第一章

社会工作的基本概念与发展历史

【教学目标】

熟悉社会工作的发展历史，掌握社会工作的基本概念、范畴体系、专业化与本土化的过程等内容。

【本章导学】

社会工作是一个以对社会关系的协调为介入点，来解决社会成员功能性问题、促进社会公正、提升社会福利的实践性专业。

社会工作起源于19世纪的科学慈善事业运动，经历了20世纪的民族国家公民福利权与社会服务体系建设，成为一个制度化的解决社会成员功能性问题的专业。

社会成员功能性问题不同于社会结构功能性问题，它以个人的社会功能发挥正常与否为判断标准，而不是以社会整体功能的失调与否为判断标准。

现代社会工作专业起源于西方现代化过程，逐渐成为一个具有普适性的应对社会成员功能性问题的专业，但是在引入推广到其他地区时，需要结合地方文化传统和政治体制进行本土化改造。

【关键概念】

社会工作；社会功能；社会福利；社会正义

社会慈善和社会救助活动古已有之，但作为一门专业的社会工作，则是伴随着现代化进程，到19世纪中期在慈善组织会社出现之后才产生的。尤其是，到19世纪晚期，科学慈善事业运动才进一步催生了现代社会工作。然而，作为一种专业活动，现代社会工作又不能脱离服务对象的日常生活实现高度自治，而是需要介入服务对象的生活和社会关系，协同行动，实现助人自助和社会向善。所以，我们要正确理解社会工作的社会性与专业性、国际化与本土化的辩证关系及发展动力。

第一节　社会工作的基本含义

考古学证据显示，传说中大禹治水的情形可能与考古发现的距今 3900－3500 年的洛阳偃师二里头遗址的情形相似，那时人们已经开始兴修水利，还从南方引入水稻种植，来弥补北方黍类作物的不足。[①] 在距今 3500 年左右的商朝早期的偃师商城遗址，还发现了好几处大型仓储区，并证实这种用于应对粮食危机的仓储系统已扩展到其统治范围内的晋南垣曲商城遗址。[②] 2003 年发现的一件西周青铜器豳公盨上的铭文，则记载了大禹称王治理天下的德治模式"厥沐唯德，民好明德，忧在天下。用厥邵好，益康懿德。康亡不懋"[③]。意思是说，当年大禹之所以被称为天下大王，是因为其用德性沐浴自己，引导人民好明德，为天下人担忧，发扬优良美德，慷慨帮助那些不勤勉的人。也就是说，有可能在大禹治水时期，中国古人就已经开始改造自然环境、德治天下和社会帮扶，但是这不等于专业社会工作。专业社会工作起源于现代社会系统化、专门化、职业化地应对社会问题的策略和措施。

一、转型社会的问题及其应对策略的转变

人类社会发展史就是不断地适应自然、改造自然，改善人类生存状态的历史，进而对社会进行组织和治理，通过一种组织化、制度化的集体手段改善生存、寻求发展。根据马克思和恩格斯在《德意志意识形态》中的论述，物质资料生产活动从一开始就是通过劳动分工进行的社会生产活动，人们在生产自己的生活资料的同时，间接地生产着自己的物质生活本身。[④] 这就是所谓的物质资料再生产和人类自身再生产的两类再生产活动。所以，广义的社会问题既包括人与自然的关系问题，也包括人与社会的关系问题。总之，无论是自然因素还是社会因素，都会对人们的社会生活造成影响。长期以来，人类生活水平只是维持生存状况，并且需要依靠各种共同体的力量来获取生存资料，以维持生计。马克思和恩格斯认为，这些不同的条件，起初是自主活动的条件，后来却变成了它的桎梏。[⑤] 也就是说，人的社会交往形式本身可能会成为人类生产发展的阻碍，成为一种社会问题。因此，人们一方面需要通过具体的制度安排和职业活动来解决具体的问题，另一方面需要通过改变制度安排和社会结构的转型来改变社会问题的应对策略。

---

① 李硕．翦商：殷周之变与华夏新生．桂林：广西师范大学出版社，2022：41.

② 同①107－112.

③ 李峰．早期中国：社会与文化．刘晓霞，译．北京：生活·读书·新知三联书店，2022：48.

④ 马克思恩格斯选集：第 1 卷．北京：人民出版社，2012：147.

⑤ 同④202－204.

（一）社会学对社会问题的定义

社会学关于社会问题的定义更加强调其是源于社会因素产生的，而不是自然因素引发的不良社会现象。[①] 早期社会学认为，社会问题既有客观社会状况，也有主观价值判断，是由相当数量的社会成员基于他们赞同的社会规范而将某种偏离了社会规范的社会状况定义为社会问题。[②] 后来，有些社会学家认为社会问题不一定要有确定的社会状况，而是仅仅基于某种社会文化价值观念对某种推定的社会现象（社会问题）声称需要改变，就可以建构出社会问题。[③] 目前社会学理论对于社会问题的建构方式有如下几种：结构功能主义或者把社会比作一个有机体，而将贫困、流浪、乞讨、犯罪等社会现象称作社会病态，要求进行干预，或者把社会当作一个共同体，把因为工业化、城市化过程引发的移民流动称作社会解体，要求重建社会生活共同体；马克思主义、女性主义、文化理论则把社会当作不同阶级、不同性别、不同族群文化的冲突场域，把贫困、失业、犯罪等社会现象当作阶级、性别、文化价值冲突的产物，要求通过斗争或者协商来进行干预；在符号互动论看来，社会问题完全可以根据主观标准用语言符号将某类社会现象标定为社会问题，关键是谁有权力对谁贴什么样的标签，以及所贴标签能否成为一种大众认可的乃至于制度化的标签。[④]

美国社会学家查尔斯·赖特·米尔斯（Charles Wright Mills）在《社会学的想象力》（*The Sociological Imagination*）中明确提出个人困扰与社会议题的区分，他认为“（个人。——引者加）困扰产生于个体的性格之中，产生于他与别人的直接联系之中，这些困扰与他自身有关，也与他个人所直接了解的有限的社会生活范围有关。因而，表述及解决这些困扰就可能有赖于个人的生活经历是一个整体，有赖于他切身所处的环境——即个人经历和在一定程度上意志活动所直接接触的社会环境……（社会。——引者加）论题涉及的事情则超越了个人的局部环境和内心世界。它们涉及到许多处于类似处境的组织，这些组织进入到作为整体的历史社会的各种制度中；它们涉及到不同的环境重合并相互渗透（以形成更宏观的社会和历史生活的结构）的方式”[⑤]。

（二）社会政策与社会工作对社会问题的定义

米尔斯对个人困扰与社会议题的区分其实是根据影响范围和产生的原因来区分

---

① 约翰·J. 麦休尼斯. 社会问题：第5版. 向德平，等译. 北京：中国人民大学出版社，2022：3.

② FULLER R C, MYERS R R. Some aspects of a theory of social problems. American sociological review, 1941, 6 (1): 24-32.

③ SPECTOR M, KITSUSE J I. Constructing social problems. New York: Aldine de Gruyter, 1987: 96.

④ 同①10-14.

⑤ C. 赖特·米尔斯. 社会学的想象力. 陈强，张永强，译. 北京：生活·读书·新知三联书店，2005：6-7.

的，类似于临床社会工作与宏观社会工作对社会问题的区分。临床社会工作关注的是具体个案的社会问题，当然也是从人与环境的互动关系出发来界定、分析和干预社会问题，从而区别于生物学根据生理原因来界定、分析和干预个人问题，也区别于心理学根据心理原因来界定、分析和干预个人问题，因此个人的社会问题可被称为个人的社会功能性问题。宏观社会工作关注的则是达到一定范围、影响到某类社会成员或者全部社会成员的公共议题，而不是个别人的问题，因此其干预策略是通过社会政策进行整体性干预，而不会强调个别化干预方式。比如，社会工作专业的创始人玛丽·埃伦·里士满（Marry Ellen Richmond）女士早就在 1899 年出版的《贫民中的友善探访：慈善工作者手册》（*Friendly Visiting Among the Poor*：*A Handbook for Charity Worker*）中指出，"19 世纪末英国和美国慈善事业中有两个非常重要的进展……其中一个是个人服务意识的增强，这一点在贫困社区中友善探访员的工作中有最好的展现。另一个是社会服务意识的兴起与蓬勃发展，这点在社会和高校生活中得到了最好的体现"①。当然，个人的社会功能性问题是受到某类范畴或者整体性社会结构性问题的影响的，因此也需要有良好的社会制度和公正的社会结构为基础，但是，即使社会制度和社会结构是相对良好的，个人与环境的互动也可能出现功能失调，构成个人的社会功能性问题。

更为重要的是，解决社会问题不能根据某种问题的影响范围来判定是否需要进行干预，而是既需要通过制度性政策安排，解决较大范围的社会公共议题，也需要通过专业服务精细化、个别化地解决个人的社会问题。这类似于公共卫生和医疗服务，公共卫生通过公共政策来解决较大范围的公共卫生问题；医疗服务则通过专业服务针对具体病人提供个别化、精细化服务。社会学以其对整体性社会结构性问题的分析见长，并对社会政策及其实践机制进行研究；社会工作以其对个人与环境的互动的分析见长，并通过个别化服务和政策倡导来解决人与环境的互动问题。当然，上述区分并不是绝对的。从直接接触的社会环境到更为宏观的组织结构和社会制度，不存在绝对的区分标准，而是构成一个相互联系的连续体。

（三）社会政策与社会工作应对社会问题的策略

根据上文，我们已经知道，社会问题根据其影响范围的大小，既需要通过社会政策进行宏观层面的干预，也需要通过专业服务进行微观层面的干预。但无论是政策手段还是服务策略，都需要进一步区分，到底应该采取什么手段和策略来解决社会问题。三大社会学理论，即功能主义、冲突理论、符号互动论及由其演变而来的建构主义，基本上都是用一种整体性社会结构和文化模式来界定社会问题的性质，

① 玛丽·埃伦·里士满．贫民中的友善探访：慈善工作者手册．康娇，主译．上海：华东理工大学出版社，2018：22.

以及提出一些比较抽象的理论来解释其发生的原因。虽然社会学理论可被用来启发社会政策与社会工作，但实际上社会政策与社会工作解决社会问题的策略，并不是从社会结构和文化模式上解决问题，因为这很难进行实践操作。

那么，社会政策与社会工作是采取什么策略来应对社会问题的呢？一般来说，社会政策与社会工作干预社会问题的策略并不一定基于对社会问题的原因分析，而是取决于主观价值目的和可动员使用的资源、手段以及可改变的焦点。具体来说，社会政策与社会工作的干预手段是针对人类福祉所提供的一些力所能及的福利政策和社会服务，目的是提升人们实现美好生活的可行能力。① 也就是说，社会政策与社会工作并不能针对产生社会问题的宏观结构和文化制度因素进行干预，而只能针对宏观结构和文化制度下人类生活的可行能力给予保障与协助，改善其基本生活条件，提升其基本可行能力。所以，有人提出，“社会政策不是指为社会所做的事情，而是指由社会所做的事情……既有的社会政策已经内化于社会，而且有时候它们既是解决社会问题的方法，又是社会问题的一部分”②。确实，社会政策所提供的社会福利和社会工作服务已经成为社会结构与制度的一部分，并且成为国民的一种社会权利，尽管是一种有争议的权利。或者说，社会政策与社会工作只是应对社会问题的一种策略，是一种通过影响人类福利的结构性和制度性保障条件来解决社会问题的策略。除此之外，如果是文化保守主义立场，那么就会主张通过削减福利和控制惩罚当事人来解决社会问题；如果是激进的批判立场，那么就会主张通过斗争或者革命的策略来改变社会结构和文化制度，建立一个更加平等、自由、民主的社会来消除社会问题。

二、人类需要与社会功能

根据功能主义理论，人类的基本需要是由人类社会的整体功能决定的，而所谓社会整体功能，是指人类社会存在、发展的必要条件和必要任务，比如物质生活、社会团结、目标设定、文化维持，等等。在此方面，两位英国学者莱恩·多亚尔（Len Doyal）和伊恩·高夫（Ian Gough）提供了较为系统的阐述。他们认为，关于人类基本需要的理解，既要反对用功利主义经济学所主张的高度主观主义和高度个体性的偏好概念来解释，也要反对陷入文化相对主义的泥潭，用具体文化内涵取代基本权利和条件。人类的基本需要是人类社会共有的客观性社会生活所必需的前提条件（客观社会功能）。他们把这种人类社会生活所必需的前提条件归纳为两大类：一类是身体健康，另一类是自主性。“由于身体的存活和个人自主是任何文化

① 哈特利·迪安．社会政策学十讲．岳经纶，温卓毅，庄文嘉，译．上海：格致出版社，上海人民出版社，2009：11－13．

② 同①99．

中、任何个人行为的前提条件，所以它们构成了最基本的人类需要——这些需要必须在一定程度上得到满足，行为者才能有效地参与他们的生活方式，以实现任何有价值的目标。”①

解决了理论上基本需要与社会功能的关系之后，多亚尔和高夫进一步从实践上提出了十一类具体的中间需要，作为社会政策需要保障的具体内容。这十一类具体需要根据前述基本需要理论，可以分为健康与自主两大类型，再加上文化和性别类型，共有四大类，分别如下②：

健康类基本需要：满意的营养食物和洁净的水；满意的具有保护功能的住房；无害的工作环境；无害的自然环境；适当的保健。

自主类基本需要：童年期的安全；重要的初级关系；人身安全；经济安全。

文化类基本需要：适当的教育。

性别类基本需要：安全节育和安全生育。

三、社会工作的定义及其演变

社会工作的定义始终处于动态更新之中，不同时期与不同国家对其理解存在差异。下文将重点梳理国际社会工作界对专业社会工作定义的演变历程。

（一）早期关于社会工作的定义

社会政策与社会工作虽然都是通过社会福利措施来满足人们的基本需要，恢复、加强人们的社会功能，但在促进人们的社会福利功能方面还是各有侧重。社会政策主要是通过一种普遍的政策措施来提供相对统一的福利措施，也就是重构一种满足人们基本需要的福利资源和供给体系，注重社会公平和正义；而社会工作则是在个人需要和应对能力，与社会规范要求和条件资源的互动模式之间进行专业干预，试图调节或者平衡两者的关系，侧重于修复、预防和增强社会功能。在首版于1922年的《个案社会工作导论》(*What is Social Case Work? An Introductory Description*）中，里士满这样定义个案社会工作：“个案社会工作包括了发展人格的过程，这个过程是通过个人性格受影响后，有意识地调整人与人、人与社会环境之间的关系。”③

社会工作从一开始就是围绕人与环境的互动关系进行干预，而不仅仅是提供

---

① 莱恩·多亚尔，伊恩·高夫．人的需要理论．汪淳波，张宝莹，译．北京：商务印书馆，2008：69-70.
② 同①242-245.
③ 玛丽·埃伦·里士满．个案社会工作导论．刘丹，主译．上海：华东理工大学出版社，2018：83.

慈善救助或者传递现代社会福利。当然，有关人与环境的相互关系及其作为社会工作的干预焦点，在社会工作发展史上始终存在争论，个案工作围绕着个人的性格或者个体的问题形成干预焦点，而小组工作则是将群体动力作为干预焦点，社区工作是将社区组织和社区发展作为干预焦点。所以，长期以来社会工作的干预焦点和干预策略都在个人与环境之间摇摆，虽然许多人提出社会工作应该是人与环境双焦点的，但关键是社会工作如何干预人与环境，让两者相互匹配着运作下去。[①]

如何整合不同的干预焦点和干预策略，形成一个统一的社会工作的工作性定义，维护社会工作专业的统一职业形象，成为社会工作发展史上长期持续的动力。为解决社会工作的微观、中观和宏观分野问题，美国社会工作人员国家协会（National Association of Social Workers，NASW，成立于1955年）成立后不久，就成立了一个“社会工作实践委员会”（Commission on Social Work Practice），制定社会工作的工作性定义。它在1958年的美国社会工作人员国家协会的会刊《社会工作》（*Social Work*）杂志上发表了这个工作性定义。它认为社会工作实践是“价值、目标、处置、知识和方法的构型”。社会工作有三大实践目标[②]：

> （1）协助个人和小组识别、恢复或者减少那些发生于人与社会环境之间的失衡所导致的问题；
>
> （2）识别那些个人或者小组与社会环境之间失衡的潜在领域，以预防失衡的出现；
>
> （3）除了这些治疗性和预防性目的，还要寻找、识别、增强个人、小组和社区的最大潜能。

这就是最早定义的社会工作的三大实践目标：恢复性目标、预防性目标和增强性目标。

20世纪70年代，伴随着社会系统论在社会工作专业领域的广泛采用，人们试图进一步对社会工作进行整合，寻找社会工作的共同基础。1970年，哈瑞特·M.巴列特（Harriett M. Bartlett）在美国社会工作人员国家协会出版了其著作《社会工作实践的共同基础》（*The Common Base of Social Work Practice*）。巴列特把社会工作奠基在社会功能之上，他所谓的社会功能是指个体应对能力与环境性需求的匹配状态。[③] 当个人或群体与其环境性需求之间出现匹配不佳的功能性问题时，才

---

① GORDON，W. Basic constructs for an integrative and generative conception of social work// Hearn，G. The general systems approach：contributions toward a holistic conception of social work. New York：Council of Social Work Education，1969：5－11.

② COMPTON B R，GALAWAY B. Social work processes. rev. ed. Homewood，Illinois：Dorsey Press，1979：6.

③ BARTLETT H M. The common base of social work practice. New York：National Association of Social Workers Press，1970.

需要社会工作进行干预。这种人与社会环境之间的功能性问题，既包括社会未能提供满足个体性需要的条件与机会，也包括个体动力不足不能发挥自己的潜能和发展、不能满足社会环境的期待和要求等。①

（二）全球社会工作标准中的定义

在美国，社会工作已经是一个高度专业化的职业，其干预策略早已超出基本的慈善救助和提供社会福利，更侧重于提高人们对社会环境的应对能力，帮助恢复、预防和增强人与社会环境之间的社会功能。但是，对于北欧国家来说，社会福利比较完善，社会功能性问题不太严重，社会工作主要是促进社会进步。对于广大发展中国家而言，社会正处在现代化过程中，人们需要的满足方式正处在由传统的家庭和地方社区的非制度化保障向制度化福利体制转变的过程中，社会工作可能更看重如何推动社会福利体制转变的公平正义问题。因此，为了给全世界的社会工作教育和培训提供一个全球最低质量标准，国际社会工作学校协会（International Association of Schools of Social Work，IASSW）和国际社会工作人员联盟（International Federation of Social Workers，IFSW）于 2000 年 7 月在加拿大蒙特利尔召开了一次联合会议，成立了一个社会工作专业教育和训练全球标准委员会，系统整合世界各地社会工作教育专家和实务工作者，经多轮跨国协商与专业审议，最后在 2001 年 6 月的丹麦哥本哈根大会上联合发布了社会工作的国际定义。在 2004 年的澳大利亚阿德莱德大会上，国际社会工作学校协会和国际社会工作人员联盟又联合发布了《社会工作专业教育和训练全球标准》（*Global Standards for the Education and Training of the Social Work Profession*）。在这个标准里，采纳了 2001 年发布的社会工作的国际定义，内容如下：

> 社会工作专业促进社会变迁，解决人际关系问题，促进人们赋权和解放，增进人们的福祉。采用人类行为和社会系统理论，社会工作在人与环境的互动点上进行干预。人权和社会正义原则是社会工作的基础性原则。（The social work profession promotes social change，problem solving in human relationships and the empowerment and liberation of people to enhance wellbeing. Utilizing theories of human behaviour and social systems，social work intervenes at the points where people interact with their environments. Principles of human rights and social justice are fundamental to social work.）②

这个定义融合了福利、功能、赋权、解放等性质，兼顾了第三世界发展中国家

---

① JOHNSON L C. Social work practice：a generalist approach. 6th ed. Boston：Allyn and Bacon，1998：12－13.

② SEWPAUL V，JONES D. Global standards for the education and training of the social work profession. Social work education，2004，23（5）：493－513.

的情况。但是这个定义当时就充满了争议，许多人对此提出了一些不同建议，比如香港理工大学的叶锦成老师就提出，要兼顾中国社会的核心价值——社会稳定、社会和谐和集体责任。[①] 为此，国际社会工作学校协会与国际社会工作人员联盟不断吸纳各国专家学者给出的定义，终于在 2014 年 7 月的澳大利亚墨尔本大会上发布了一个新的社会工作的国际定义：

> 社会工作是以实践为基础的专业，是促进社会变革和发展、提高社会凝聚力、赋权并解放人类的一门学科。社会工作的核心原则是社会公正、人权、集体责任和尊重多样性。社会工作专业以社会工作理论、社会科学、人文知识和相关的本土化知识为理论支撑，社会工作深度介入人和社会结构，解决生活挑战，促进人们幸福。（Social work is a practice - based profession and an academic discipline that promotes social change and development，social cohesion，and the empowerment and liberation of people. Principles of social justice，human rights，collective responsibility and respect for diversities are central to social work. Underpinned by theories of social work，social sciences，humanities and indigenous knowledge，social work engages people and structures to address life challenges and enhance wellbeing.）

经过了百余年的发展历程，社会工作的定义虽然在不断更新，以尽量涵盖世界不同国家和地区的经验与特色，并伴随时代的发展而与时俱进，但是，社会工作始终以人与环境的互动关系为焦点，注重社会功能和谐，把人的应对能力与社会环境的改变作为双重干预焦点，促进人的赋权和解放，促进社会福利和公平正义。这是与我国社会主义核心价值观一致的，也是与党的十八大以来提出的民生保障和社会治理的思路一致的，通过发展社会工作专业，可以通过一种务实的专业实践推动中国社会的和谐、稳定、公正，提升人们的可行能力，帮助人们追求美好生活，提升人们的获得感、幸福感和安全感。

四、社会工作的核心特征

基于前述社会工作的内涵的演变过程，我们发现社会工作的一些核心特征还是保留下来了。当然，因为社会工作的内涵是个充满争议的领域，所以关于其核心特征的提炼也是存在差异的。本教材把社会工作的核心特征归纳为如下几个方面：人在环境中、社会互动、解决问题、优势视角、助人自助、赋权和解放。

---

① YIP K - S. A Chinese cultural critique of the global qualifying standard for social work education. Social work education，2004，23（5）：597 - 612.

（一）人在环境中

自社会工作诞生之日起，社会工作的前辈们就把人在环境中作为社会工作实践行动的基本框架。[①] 当然，这个核心特征也经历了从人在情境中到人在环境中的扩展，但是其基本内容不变。人在情境中/人在环境中是社会工作实践干预的分析性概念框架，也是其区别于简单的公益慈善和福利救助的核心专业特征，因为它是把人的功能性问题放在人所生活的社会环境中来看待的，而不是把问题抽离社会环境，仅仅从个人需要的角度，通过评估匮乏或者缺陷程度来提供救助的。只有把人放在人所生活的社会环境中，才能全面系统地分析其功能性问题产生的原因，寻找到有效的干预点，并促进人寻找到提升社会功能水平的策略与能力，进而影响社会环境提供个人改变行动的条件和机会。这样，社会工作才能作为一门专业，推动人与社会的交互影响、和谐发展。

（二）社会互动

一旦我们明白人是生活在社会环境中的社会人，接下来的一个关键问题就是：人与社会环境是什么关系？这当然是社会工作最核心的问题之一。早期，人与环境互动的理论主要借鉴社会学中的社会化理论。社会化理论主要是沿着 20 世纪初期美国芝加哥学派所开创的符号互动论发展而来。乔治·H. 米德（George H. Mead）把人的初级社会化过程分为玩耍和游戏前后两个阶段，这两个阶段的区别就是儿童扮演社会角色进行社会互动的方式不一样：前者是一种特定角色的模仿，采纳特定社会行动中的特定态度进行角色扮演；后者是一种结构化的规则化游戏，根据泛化的他人（一般社会群体的社会态度）构成儿童自我角色，参与社会游戏。[②] 但是，到了 20 世纪 60 年代，随着一般系统理论进入社会工作领域，社会工作对社会互动的理解主要是围绕着系统理论中的多人互动系统（human transactions）而展开。当社会作为一种系统发挥功能时，人就是社会系统的一部分，人与社会的交互界面就转化成人与人的互动（interaction），互动与互动相互影响，形成了所谓多人的互动系统。[③] 多人的互动系统代替人与环境的二元焦点，把社会工作的干预点统一到一个动态的多人互动系统的不同子系统上。

（三）解决问题

社会工作从其诞生之日起，就是围绕着人在环境中的功能性问题而开展工作

---

① 玛丽·埃伦·里士满．个案社会工作导论．刘丹，主译．上海：华东理工大学出版社，2018：83.

② 乔治·H. 米德．心灵、自我与社会．赵月瑟，译．上海：上海译文出版社，2008：142.

③ JOHNSON L C. Social work practice：a generalist approach. 6th ed. Boston：Allyn and Bacon，1998：87.

的。最早明确提出个案社会工作就是一个解决问题过程的，是芝加哥大学的社会工作学者海伦·H. 铂尔曼（Helen H. Perlman）。她在1957年出版了《社会个案工作：一个解决问题过程》（*Social Casework：A Problem - Solving Process*），继承了约翰·杜威（John Dewey）的实用主义思路，建构了“行动-反思”循环模型，通过科学方法论解析日常生活困境的类型、成因和解决方法。[①] 杜威的实用主义解决问题思路，与实证主义的理性主义思路并不一致。实用主义解决问题思路更强调对问题情境的整体性评估（holistic assessment）和问题设定（setting/framing problem），以及通过在行动中反思来对设定的行动框架（framework）进行检验，以确定问题设定框架是否有效。实证主义的理性主义思路则是把问题分解成目标和手段，然后根据成本最小原则或者收益最大原则，对各个手段进行比较和排序，从而选出最佳行动策略。[②]

（四）优势视角

社会工作不同于临床心理辅导和精神医学治疗从一种病理学角度来诊断案主的精神与心理疾病或者缺陷，而是强调从一种优势视角出发，去挖掘案主的潜能和身边的资源，通过一种积极的角度来改善人际互动模式，进而解决人与环境的功能失调问题。很多人把问题与优势对立起来，好像一提优势视角就不能再提解决问题，或者问题就自动消解了。其实这是一种肤浅的认识，我们应该终止这种人为的虚假对立，确立一种问题解决与优势视角两种策略的互补框架。[③] 真正的优势视角从来不会忽视人类社会所存在的那些残酷无情的痛苦和折磨，试图恢复一种理解和帮助遭受伤害之人的新模式——优势的角度和韧性的词汇表。[④] 优势视角在看待社会困难和痛苦时，以一种英雄主义的角度，去发现当事人如何在社会苦难和痛苦中建立希望，如何救赎自己，如何复兴和更生。在优势视角下，人们的沟通词汇主要是赋权、抗逆力/韧性、自我疗愈、社会成员意识、对话与合作、悬置对案主的不信任等。[⑤]

（五）助人自助

如果说社会工作不同于公益慈善和社会福利的话，那么，最关键的区别就在于

---

① PERLMAN H H. Social casework：a problem - solving process. Chicago：University of Chicago Press，1957.

② 郭伟和．杜威哲学教育思想对社会工作专业教育的影响//王思斌．中国社会工作研究：第18辑．北京：社会科学文献出版社，2020.

③ MCMILLEN J C，MORRIS L，SHERRADEN M. Ending social work grudge match：problems versus strengths. Family in society，2004，85（3）：317 - 325.

④ SALEEBEY D. The strengths perspective in social work practice. 3rd ed. Boston：Allyn and Bacon，2002：2 - 3.

⑤ 同④9 - 13.

社会工作是想转化助人的目标和结果，由一种侧重于外在的提供满足需要的物质条件和社会机会，转变为侧重于增强受助者的应对策略和行动能力。当然，这不是说社会工作就仅仅盯住个人进行辅导和能力建设，而是也要兼顾环境条件和机遇的调适，努力协调个人应对策略与环境条件的匹配。① 现代社会工作的创始人里士满在1899年的《贫民中的友善探访：慈善工作者手册》中指出，“慈善工作对它（指民众对政府的福利要求。——引者注）的影响，我们必定会尽自己的绵薄之力来恢复联邦共和体的自力更生与独立”②。里士满在反思19世纪的慈善救助工作时就已经认识到，人们在看到苦难时，“很有可能提供帮助，尽管这是出于好意的干预，常常会弊大于利，使其成为一种诱惑而非帮助”③。那么，怎么才能解决这种好心办坏事的问题呢？她说：“这类志愿探访者必须具备相应的勇气与自控能力来服务于他所负责的一小部分贫困家庭，这样才会使帮助行之有效。……如果那些把时间浪费在没有必要的慈善工作上的人，认真投身于相关培训和自己负责的几个家庭上，那么如何帮助贫困者的问题将得到解决。”④

（六）赋权和解放

如前所述，社会工作以人在环境中为基本分析框架，以助人自助为专业干预的基本目标。这就意味着，它不能像其他专业那样脱离社会环境在一个人为控制的治疗室里进行诊断和治疗，而是需要进入案主的生活世界，以复杂的人际互动过程作为干预对象。因此，社会工作是无法回避社会关系中的权力关系的。这些层层叠套、环环相扣的复杂权力关系又会影响资源配置和使用，进而影响人的社会功能。尤其是社会弱势群体，这些群体成员的困境可能表现为身体、心理的虚弱和贫乏，但这只是社会问题的症状，仅仅靠病理化诊断和治疗是无法根治的，我们需要将其放在社会关系中来理解和干预，进而采取联合行动，调整权力关系和资源配置，让社会关系变得更加平等、人性，实现个体的赋权和解放。社会工作的赋权，并不是去解救那些受压迫者，给予他们一种权力或者权利，也不是给人打鸡血、灌输心灵鸡汤，而是协助那些陷入消沉、乏力和困境的人发生从内到外的变化：在个体层面，转变那种长期被污名化而导致的自我价值贬低与习得性无助；在集体层面，通过同伴群体的批判性对话和反思，实现集体身份认同和意识观念转变；进而在社会层面，通过集体行动来改变社会偏见、权力关系和资源配置，将原来的社会关系转

① BARTLETT H M. The common base of social work practice. New York：National Association of Social Workers Press，1970.

② 玛丽·埃伦·里士满．贫民中的友善探访：慈善工作者手册．康娇，译．上海：华东理工大学出版社，2018：24.

③ 同②26.

④ 同②27.

变成为一种更加包容、人道、公平的社会关系。[①] 正是赋权策略，让社会工作专业与其他专业不一样，成为一个能够相对促进社会进步的专业。它最初起源于美国黑人社区的社会工作，目的是帮助那些长期遭受污名化而变得沉沦无助的黑人消除负面价值带来的无力感，进而识别与消除那些导致个体无力、无助的直接和间接的权力障碍。[②] 后来，赋权策略逐渐成为各个工作领域的通用工作策略，以取代那种替别人决定的简单福利服务模式。

五、社会工作的基本功能

现代社会工作的发生是与特定领域的社会空间的发明和治理联系在一起的，但是其治理方式并不像医疗专业那样功能专属明确。伴随着现代资本主义的出现，家庭私人领域逐渐产生了一些无法处理的贫困、疾病和生活照料问题，而民族国家又不能全权接管这些问题，于是才出现了一个介于国家与私人之间的社会服务和社会工作领域。这个领域一方面需要进行治理以防止社会秩序的混乱，另一方面需要通过关心和照顾来恢复弱势人群的功能与促进其成长改变。[③] 曾经一度，社会工作试图学习医疗专业，想成为一个以治疗为主的科学专业，并且在此基础上，发展出了证据为本的（evidence-based）实践取向。但是，社会工作所服务的社会领域并不能像医疗领域那样集中在病人的生理病理方面，能够与日常生活分离开来，甚至那种模仿精神医学之治疗取向的证据为本的实践策略也被批判为失去信仰的天使。[④] 于是，社会工作只能继续在日常生活领域，围绕着人们的社会功能行为，在社会照顾、社会治疗、社会管治、赋权和解放四种不同类型的功能之间发挥作用。

1. 社会照顾功能。社会照顾是社会工作的首要功能，就是通过社会服务，为那些无法依靠家庭提供照料的贫困、弱势对象提供关心和照顾，并协调动员社会资源，帮助服务对象满足其基本需要，预防服务对象的社会功能失调，或者恢复服务对象的社会功能。

2. 社会治疗功能。社会工作作为一门专业，依靠自己的人类行为与社会环境的互动匹配的概念框架，对服务对象的社会功能进行评估、计划、干预，发挥准专业的技术治疗功能。

---

① LEE J A B. The empowerment approach to social work practice: building the beloved community. New York: Columbia University Press, 1994: 12-13.

② SOLOMON B. Black empowerment: social work in oppressed communities. New York: Columbia University Press, 1976: 19.

③ 何国良．实践研究的两种可能：治愈与关顾的选择//王思斌．中国社会工作研究：第 17 辑．北京：社会科学文献出版社，2019.

④ SPECHT H, COURTNEY M E. Unfaithful angels: how social work has abandoned its mission. New York: Free Press, 1993.

3. 社会管治功能。无论是作为民间志愿性服务的一部分，还是作为政府的公共服务的一部分，社会工作一直都在发挥社会管治功能。只不过这种社会管治功能不是通过强制性措施来实现的，而是通过探访、对话、共情、理解、尊重等关系互动，来引导案主形成亲社会的认知、态度和交往模式，从而促进社会秩序的和谐与稳定。

4. 赋权和解放功能。赋权和解放功能是由社会工作的社会属性所决定的。它要求社会工作者对社会关系中权力关系的运作机制及其对个体的影响保持高度敏感并进行干预，协助个体通过意识觉醒来消除习得性无助和无力感，进而通过集体合作来批判与反思符号体系、经济资源和政治权力的运作机制，最终促进社会朝着更加包容、人道和公正的方向发展。

第二节　社会工作与公民社会福利权、社会正义的关系

在上一节有关社会工作的概念阐述中，已经多次提到了社会工作与社会福利和社会正义的关系问题。本节将系统阐述社会工作与公民社会福利和社会正义的关系。

一、资本主义社会的福利观

资本主义社会流行的生活哲学是功利主义哲学，也就是把个人需求满足的最大化作为人生的价值目标。在功利主义哲学的基础上，社会福利的基本观点就是社会成员需求满足的最大化。但是，如何把个体需求满足的最大化转化为社会福利最大化呢？西方福利经济学出现了分歧，一种是以英国经济学家阿瑟·C. 庇古（Arthur C. Pigou）为代表的社会福利观，假定每个人的效用函数是相同的，而且每个人的效用函数是边际递减的，社会福利函数就是个体效用函数的加总，社会福利最大化可以通过收入分配政策促进收入平均分配来实现。另一种是以意大利经济学家和社会学家维尔弗雷多·帕累托（Vilfredo Pareto）为代表的社会福利观，假定每个人的效用函数是不同的，难以进行比较加总，社会福利最大化只能是在不影响他人的前提下每个人的个人福利最大化。以庇古为代表的福利经济学被称为旧福利经济学，以帕累托代表的福利经济学被称为新福利经济学。[①]

然而，无论是旧福利经济学还是新福利经济学，都建立在功利主义哲学的理论基础上，试图通过市场竞争机制和再分配福利政策增进社会福利。但市场竞争导向和再分配福利政策之间的长期理论分歧，导致难以形成一种规范的社会发展观和福利观。为此，当代福利经济学家阿马蒂亚·森（Amartya Sen）提出了一种基于亚

① 郭伟和．福利经济学．北京：经济管理出版社，2001.

里士多德（Aristotle）的功能主义的福利观，试图超越功利主义哲学的福利观。所谓功能主义的福利观，是指从人们自由追求幸福生活的可行能力出发，去实现人们满意的有价值的理想生活状态，也就是功能良好的生活状态。他认为，“一个人的可行能力（capability）指的是此人有可能实现的、各种可能的功能性活动组合。可行能力因此是一种自由，是实现各种可能的功能性活动组合的实质自由”①。可行能力既包括可以达到的功能水平，也包括可供选择的功能活动的范围，也就是可行能力的集合。所谓功能性活动，“反映了一个人认为值得去做或达到的多种多样的事情或状态。有价值的功能性活动的种类很多，从很初级的要求，如有足够的营养和不受可以避免的疾病之害，到非常复杂的活动或者个人的状态，如参与社区生活和拥有自尊”②。

二、中国特色社会主义社会的福利观

从革命根据地时期开始，中国共产党就探索马克思主义中国化的道路，经过一百多年的艰苦奋斗，以毛泽东、邓小平、江泽民、胡锦涛、习近平等为主要代表的几代中国共产党人团结带领全国各族人民，把贫穷落后的旧中国变成日益走向繁荣富强的新中国。党的十八大以来，我国进入了中国特色社会主义新时代。习近平总书记提出了新时代中国特色社会主义思想，不断开辟马克思主义中国化、时代化的新境界，并在民生保障和社会治理方面提出了一系列新思想、新观点、新论断。当代中国的社会福利观是在马克思主义经典理论的基础上，结合中国传统社会的民生思想而形成的以人民为中心的发展观，普惠性、基础性、兜底性的民生保障观，均等化、可及性的基本公共服务体系观。总体而言，当代中国的社会福利通过以人民为中心的发展观和公平的收入分配制度，让人民群众分享发展成果，解决人民群众的七个“有所”问题（幼有所育、学有所教、劳有所得、病有所医、老有所养、住有所居、弱有所扶），最终实现马克思主义社会发展观所说的共同富裕。具体而言，当代中国的社会福利措施主要通过普惠性、基础性、兜底性的民生保障政策，和均等化、可及性的基本公共服务体系，围绕人民群众最关心最直接最现实的利益问题，尽力而为、量力而行，解决人民群众的急难愁盼问题。

在党的二十大报告中，习近平总书记总结了党的十八大以来的民生保障政策，包括深入贯彻以人民为中心的发展思想，在幼有所育、学有所教、劳有所得、病有所医、老有所养、住有所居、弱有所扶上持续用力，人民生活全方位改善，人民群众获得感、幸福感、安全感更加充实、更有保障、更可持续，共同富裕取得新成效。未来，中国共产党要以中国式现代化进行社会主义强国建设、全面推进中华民

① 阿马蒂亚·森．以自由看待发展．任赜，于真，译．北京：中国人民大学出版社，2013：63.

② 同①62.

族伟大复兴，在民生福祉方面，必须坚持在发展中保障和改善民生，鼓励共同奋斗创造美好生活，不断实现人民对美好生活的向往。要紧紧抓住人民最关心最直接最现实的利益问题，坚持尽力而为、量力而行，深入群众、深入基层，采取更多惠民生、暖民心举措，着力解决好人民群众急难愁盼问题，健全基本公共服务体系，提高公共服务水平，增强均衡性和可及性，扎实推进共同富裕。①

三、社会正义的定义及其内涵

福利与公平、正义的关系到底应该如何处理？社会工作干预他人生活的正当性基础是什么？下文将从社会正义的角度，进一步讨论社会福利与社会工作干预的正当性。

约翰·罗尔斯（John Rawls）指出，“正义的主要问题是社会的基本结构，或更准确地说，是社会主要制度分配基本权利和义务，决定由社会合作产生的利益之划分的方式”②。因此，在罗尔斯看来，正义是一套调节社会组织方式的基本原则，是一套标准，从而区别于某种缺乏逻辑论证的风俗习惯，也区别于个人基于直觉的审慎的行为德性。也就是说，罗尔斯试图提供一种构成社会的基本权利和义务、社会合作利益之分配方式的合理原则。这种原则之所以是合理的，是因为论证这种构成社会的基本权利和义务、合作利益之分配方式的基本原则的原初状态是平等的，人们参与社会生活的基本资格和能力也是平等的，然后由此推导出的这些原则对每个人都是有益的。罗尔斯把这样的正义原则称为公平的正义原则：“这些原则是那些想促进他们自己的利益的自由和有理性的人们将在一种平等的最初状态中接受的，以此来确定他们联合的基本条件。这些原则将调节所有进一步的契约，指定各种可行的社会合作和政府形式。这种看待正义原则的方式我将称之为作为公平的正义。”③

罗尔斯的公平的正义原则包含两个基本要素，首先是原初状态被认为是平等的，其次是由原初状态推导出的分配权利和义务的原则对所有人都是有益的。那么，罗尔斯所说的平等的原初状态具体是指什么呢？平等的原初状态既不是实际的历史状态，也不是非文明之初的真实的原始状态，而是一种被理解为达到某种确定正义观的、纯粹假想的状态。“这一状态的一些基本特征是：没有一个人知道他在社会中的地位——无论是阶级地位还是社会出身，也没有人知道他在先天的资质、能力、智力、体力等方面的运气。我甚至假定各方并不知道他们特定的善的观念或他们的特殊的心理倾向。正义的原则是在一种无知之幕（veil of ignorance）后被选择的。”④ 这种纯粹假想的原初状态之所以是公平的，是因为它将所有人的所有社会

---

① 习近平．高举中国特色社会主义伟大旗帜 为全面建设社会主义现代化国家而团结奋斗：在中国共产党第二十次全国代表大会上的报告．北京：人民出版社，2022.

② 约翰·罗尔斯．正义论．何怀宏，何包钢，廖申白，译．北京：中国社会科学出版社，1988：5.

③ 同②9.

④ 同②10.

背景和禀赋都过滤掉了，让人在一种完全平等的、仅剩理性选择能力的状态下对其可能参与的社会规则做出选择。这样的选择所受到的干扰条件最少，因此被认为是公平的。

那在无知之幕背后，人们会对正义原则做出什么样的选择呢？罗尔斯认为主要是如下两个基本的正义原则[①]：

> 第一个原则：每个人对与其所拥有的最广泛的基本自由体系相容的类似自由体系都应有一种平等的权利。
>
> 第二个原则：社会的和经济的不平等应该这样安排，使它们被合理地期望适合于每一个人的利益；并且依系于地位和职务向所有人开放。

第一个原则实际上相当于平等对待基本自由权利，所以可被概括为自由的平等分配原则；第二个原则是对某种特殊类型的社会的和经济的不平等情况的限定性原则，又包括两个小的原则，一个是这种不平等对所有人的利益都是适合的，另一个是这种不平等建立在获得地位和职务等社会利益的机会对所有人开放之上。这相当于三个正义原则：第一个是自由的平等分配；第二个是机会的平等；第三个是在对大家都可能有利的情况下允许出现某种特殊类型的不平等。而且，罗尔斯认为这三个正义原则的顺序必须遵循词典式排序，也就是第一个原则是首要原则，其次是差别对待原则；但是第二个差别对待原则必须是被期望适合所有人利益的，而且还要建立在机会平等分配的基础上。

那么，罗尔斯所说的有条件地允许社会的和经济的不平等分配到底指的是什么呢？这个条件又分为两个要素：第一个要素是不平等分配的对象只能是社会的基本善品，而不能是黄、赌、毒等坏物品；第二个要素是只有社会上那些处于最不利阶层的人才能获得这种不平等的优待。第一个要素要求不平等分配的对象应该是社会的基本善品，这容易理解，关键是第二个要素，为什么不平等的优待只能给社会上处于最不利阶层的群体呢？他的论证非常复杂，但论证的出发点是，社会正义原则是为了保证社会基本结构和社会合作机制的，主要是为了减轻自然的偶发因素和社会机遇的随意因素导致的社会风险与危害。罗尔斯认为，基于前述无知之幕下的原初状态，每个人都会面临自然和社会的偶发随意因素所导致的生活前景不确定，而且每个人并不知道自己与他人相比有多大的竞争优势和先天禀赋优势。因此，每个人都会理性地选择最大最小原则，把社会的基本善品优先分配给未来可能跌落到最不利境况的群体。最大最小原则是人们在选择不确定条件下的概率性事件时倾向于采取的合理选择的原则，具体是指根据各种事件的可能出现的最坏结果的最大值来排列可选事件的优先序列。[②]

---

① 约翰·罗尔斯．正义论．何怀宏，何包钢，廖申白，译．北京：中国社会科学出版社，1988：56.

② 同①146.

总之，当代西方社会流行的公平正义原则突破了功利主义哲学以社会福利总量作为衡量标准的局限，都建立在自由的基础上，要么通过基本原则的词典式排序，在自由、公正的基础上，承认有条件地公平分配社会福利，要么通过公共政策来确保公民的基本资格权利，提升公民的可行能力，进而促进实质性自由。这与社会主义核心价值体系中的“自由、平等、公正、法治”等社会层面的价值理念是一致的。但是，相比于资本主义制度，社会主义核心价值体系中的社会层面的价值理念有着更加坚强的制度基础，更能在促进高质量发展的同时，提升人民群众的美好生活水平，实现共同富裕。

四、社会工作与社会福利的关系

目前我国社会政策与社会工作学科都是新生的弱小学科，共同寄存于社会学这门大学科之下，甚至有学者为了促进社会政策与社会工作学科的发展，从学科生态链的角度论证，在社会学这门大学科之下，上游的理论社会学和应用社会学都已很发达，但是从社会学研究到社会政策，再到下游的社会工作与管理则比较薄弱，因此需要促进社会政策与社会工作学科，以繁荣整个社会学生态体系。[①] 这样建议的目的是好的，有助于弱小的社会政策与社会工作学科的发展。但是，从学科生态出发，把社会政策和社会工作与理论社会学和应用社会学的关系理解成纵向的链式关系，有可能使人误解社会政策与社会工作两个子学科的关系，以及它们与社会学研究的关系。

实际上，社会政策（主要是社会福利）相比于社会工作，作为一个学科进入大学要晚很多。19 世纪后半期，民间慈善组织就开始雇用受过训练的社会工作人员开展专职服务，到 1919 年美国已经有 17 所社会工作学校，并在 1919 年就成立了专业社会工作训练学校协会（Association of Training Schools for Professional Social Work）。到 1923 年，其中 13 所社会工作学校被接纳为大学的社会工作学院，1927 年成立了美国社会工作学院协会（Association of Schools of Social Work）。而社会政策作为大学的一个学科，则是在二战之后，是福利国家为了培训社会政策行政人员才开始设置的专业。世界上首位社会政策学科教授是英国伦敦经济学院于 1950 年为理查德·蒂特马斯（Richard Titmuss）设立，其职位名称为社会行政教授（其实就是社会政策教授）。[②] 当时，伦敦经济学院的社会政策学科之所以叫社会行政系，而不是叫社会政策系，主要就是为了培养社会政策的实务人员，而不仅仅是为了训练研究社会政策的学术研究人员。美国的社会政策最初是作为公共行政学科的一部分，通过公共行政学科进入大学课程体系的。1951 年，哈罗德·D. 拉斯

① 冯仕政．学科生态、学科链与新时代社会政策学科建设．社会学研究，2019（4）．

② 鲁伊．重访蒂特马斯．三联生活周刊，2012（4）．

韦尔（Harold D. Lasswell）首次提出“政策科学”概念，之后在政策分析和公共管理专业之下被美国各所大学逐渐接受。[①] 伴随着 20 世纪 60 年代提出的“向贫困开战”政策，大规模的反贫困政策才成为美国公共政策的重要内容。

直到 20 世纪 70 年代，美国和英国的一些社会工作学者才开始讨论要把社会福利与社会工作整合起来，试图建立完整的社会福利与社会工作专业。在这个统一完整的专业规划中，传统围绕着个案、小组和社区而开展的服务性工作被称为直接服务性工作，具体手段包括治疗、辅导、教育、倡导、信息收集和转介等；原来围绕着社会福利制度而开展的工作被称为间接服务性工作，包括计划、政策分析、项目开发、行政和项目评估等。[②] 如今，虽然社会政策和社会行政作为间接社会工作方法，依然可能会是一个相对独立的课程项目，但是大家都清楚，其与直接社会工作是紧密联系的，两者一起才能构成一个完整的专业，共同致力于提升社会福利和促进社会公平正义。

五、社会工作与社会正义的关系

罗尔斯的正义论虽然也面临一些争论，但是至少相对于功利主义的社会福利函数模式，它从逻辑上推论出差别对待处于最不利阶层的群体与西方自由主义是兼容的，是一种公平的正义原则，为政府社会福利的积极干预措施提供了正当性基础。社会工作一方面是基于人道主义和功能主义的社会福利观而开展工作的，另一方面也离不开公平、正义的社会价值观。社会工作一方面通过干预人与环境的互动来提升个体的应对策略的可行能力，增强个体的社会功能，另一方面也通过同样的干预来促进社会关系、社会制度的公平合理，实现社会正义。

中国作为社会主义国家，有着比资本主义国家更加坚实的实行公平分配的经济基础和价值理念，生产资料公有制奠定了我国公平分配体系的经济基础，社会主义核心价值体系确保了我国公平分配的价值理念。正如党的二十大报告所说，中国共产党坚持以人民为中心的发展观，实现共同富裕是中国特色社会主义的本质要求，坚持把实现人民对美好生活的向往作为现代化建设的出发点和落脚点，着力维护和促进社会公平正义，着力促进全体人民共同富裕，坚决防止两极分化。为实现公平正义和共同富裕，党的二十大报告提出要完善分配制度，坚持按劳分配为主体、多种分配方式并存，构建初次分配、再分配、第三次分配协调配套的制度体系。[③] 中

---

① 彼得·德利翁．政策过程的阶段性方法：何去何从//保罗·A. 萨巴蒂尔．政策过程理论．彭宗超，钟开斌，等译．北京：生活·读书·新知三联书店，2004：21－41.

② GILBERT N，SPECHT H. The incomplete profession//SPECHT H，VICKERY A. Integrating social work methods. London：George Allen & Unwin，1977：219－232.

③ 习近平．高举中国特色社会主义伟大旗帜　为全面建设社会主义现代化国家而团结奋斗：在中国共产党第二十次全国代表大会上的报告．北京：人民出版社，2022.

国特色的公平正义观和三次分配体系，为中国社会福利和社会工作奠定了坚实的正当性基础与物质基础。

第三节　社会工作的发展历史

社会工作的历史起源问题是由社会工作的定义决定的。本教材讨论的社会工作是作为一项现代化事业的专业工作。因此，本节将围绕现代专业社会工作的历史，分别阐述西方和中国社会工作的发展历史。

一、西方社会工作的发展历史

西方社会工作发展史涵盖范围广泛，为简明起见，这里仅选取英国、美国、德国三个具有代表性的国家，对其专业社会工作的发展历史进行概述。

（一）现代社会政策与社会工作的起源

一般认为，世界上第一个社会政策立法是1601年英国伊丽莎白女王颁布的《济贫法》，把过去地方教会承担的救济责任转移到地方政府，任命贫穷救济官负责协调贫穷救济，以应对日益增多的流动人口问题。但那时《济贫法》基本上遵循的是惩罚原则和工作伦理，尤其是对于有劳动能力的乞丐给予严厉惩罚和强制收容安置，并没有现代社会工作所提倡的人道主义和科学精神救助原则。1661年颁布的《安置法》规定，在外流浪乞讨的穷人必须被遣返到其出生地给予安置和救济。[①]

1834年，英国颁布了《济贫法修正案》，以应对工业革命之后日益增多的流动人口问题。但是《济贫法修正案》规定了两个更加严格的措施：第一个是要求对贫困者的所有救济都要实行院内救济，不允许实行院外救济，而且要进行家庭生计调查；第二个是规定救济标准要低于在职工人的最低工资水平（Less Eligibility），以防止福利依赖。[②] 在某种程度上，正是政府公共救济责任的撤退激发了工业资本主义社会从19世纪后半期开始出现民间志愿慈善组织雇用经过训练的社会工作者，提供民间慈善救济和社会服务。[③]

---

① GARVIN C D，TROPMAN J E. Social work in contemporary society. Englewood Cliffs，New Jersey：Prentice Hall，1992：5.

② 迈克尔·希尔．理解社会政策．刘升华，译．北京：商务印书馆，2003：29.（在这本书里，译者把Less Eligibility翻译成“得到缓解”，这显然是误解了这个词的含义，这里我们翻译成“救济标准低于在职工人的最低工资水平”。）

③ 同①8.

1869年英国伦敦出现了世界上首个慈善组织协会（Charity Organization Society），并雇用专职受训的工作人员协助志愿慈善组织开展工作，这就是世界上专业社会工作的起源。美国的慈善组织则在1873年成立了美国社会科学协会（American Social Science Association），之后改名为全国慈善与矫正协会（National Conference of Charity and Correction），后又改名为全国社会工作协会（National Conference of Social work），最后改名为全国社会福利协会（National Conference of Social Welfare）。[①] 总之，在英美自由主义传统的国家，正是政府的消极保守主义导致了民间慈善力量基于宗教信仰或者志愿精神，投身于社会服务和社会福利事业，发展出职业社会工作。

（二）社会政策与社会工作的协同发展过程

就狭义的专业社会工作而言，早期一般将其限定在民间慈善组织雇用的经过训练的职业工作者的工作。但是，即使仅就民间慈善事业而言，社会工作的起源也有两个传统：一个是科学慈善事业活动，主要是雇用受训人员从事友善访问和个案服务；另一个是社区睦邻运动，主要是在社区建立睦邻中心，提供社区教育和互助合作。这两个传统的哲学基础和服务模式有所不同。[②]

科学慈善事业活动，在英国的奥克塔维亚·希尔（Octavia Hill）和查尔斯·S. 洛奇（Charles S. Loch），以及美国的里士满等人的努力下，主要沿着微观的家庭探访和个案服务的思路，培训专职人员对贫穷困难人员及其家庭生活环境进行调查和诊断，并提供个别化的干预措施。所谓科学慈善事业，就是假定贫穷问题是与个人的性格及生活环境的塑造过程有关的，因此慈善救济活动需要经过科学、详细的调查研究，才能诊断出致贫的个体、家庭及社会原因，进而提供科学的干预措施，从根本上解决贫困问题，防止出现进一步的堕落、懒惰等长期贫困陷阱问题。科学慈善事业一方面强调志愿精神和慈善服务，另一方面又内藏着一种社会达尔文主义式的对穷人的消极负面态度和治疗矫正的专业思路。[③]

社区睦邻运动是19世纪末期分别于英国伦敦的汤恩比馆（Toynbee House，1884年成立）、美国纽约的亨利街睦邻中心（Henry Street Settlement，1893年成立）和芝加哥的胡尔馆（Hull House，1889年成立）开创的一种社区服务模式。在萨缪尔·巴涅特（Samuel Barnett，汤恩比馆的开创者）、莉莉安·沃德（Lillian Wald，纽约亨利街睦邻中心的开创者）和珍·亚当斯（Jane Addams，芝加哥胡尔馆的开创者）等人的努力下，社区睦邻运动更强调社区环境对人的影响，以及通过

---

① GARVIN C D，TROPMAN J E. Social work in contemporary society. Englewood Cliffs，New Jersey：Prentice Hall，1992：18.

② 同①.

③ 同①.

教育和文化社交活动来改善人们的行为方式。她们主要在穷人的生活社区建立社区服务中心，与穷人一起生活，通过教育和文化社交活动来影响人们的社区生活，进而帮助新移民和底层群体融入移民城市，学习新技能和社会交往方式，改善生活境遇。

科学慈善事业活动和社区睦邻运动一起奠定了 20 世纪英美国家的专业社会工作的基础。最初它们各自成立了自己的专业组织来规范各自领域的工作。1946 年美国成立了全国社会工作教育委员会（National Council on Social Work Education），1952 年更名为社会工作教育委员会（Council on Social Work Education，CSWE），专门规范各所大学社会工作学院的课程体系。1955 年美国成立的社会工作人员国家协会，则主要是为了形成一种统一的社会工作专业认同，建立社会工作实务标准和伦理守则。

与微观的家庭探访和临床个案辅导以及社区睦邻运动等直接的社会工作对应的，是间接的社会政策倡导行动。如前所述，1834 年英国《济贫法》改革，除了激发出民间宗教慈善事业，同时也激发出了马克思主义社会运动和费边社会主义（Fabian Socialism）运动。成立于 1884 年的英国费边社，在悉尼·维伯（Sidney Webb）、比特里斯·维伯（Beatrice Webb）夫妇的领导下，也组织了大批具有社会进步思想和改良态度的学者深入伦敦、伯明翰、曼彻斯特等工业城市的工人居住区，进行穷人生活状况和劳动状况的调查，撰写了大量社会调查报告，披露城市贫民的生产、生活的艰苦条件和恶劣环境。基于这些社会调查，费边社会主义者积极参与英国公共政策讨论，并试图通过议会民主来影响英国的社会政策，希望通过渐进民主的办法逐渐过渡到社会主义。①

虽然费边社会主义者关于实现社会主义的想法不切实际，但是他们在 1909 年和伦敦慈善组织会社成员共同参与了一个英国皇家委员会，调查英国贫困救济问题，形成了有关英国《济贫法》改革的报告。报告分为两个部分：主流意见是由伦敦慈善组织会社起草的，建议由民间慈善组织负责救济穷人，取消只能院内救济和劣等资格标准的限制，以人道、科学的办法进行贫困调查和救济；少数派意见由费边社的比特里斯·维伯撰写，主张政府部门担负救济穷人的责任，但是要废除原来《济贫法》的原则和做法，提供更加积极的、分门别类的政府救助，包括教育、健康保险和精神健康服务等，主张权利与义务对等，而不是谴责和贬损穷人。② 二战后，费边社的许多政策主张，才通过威廉·贝弗里奇（William Beveridge）、理查德·蒂特马斯等人的积极倡导，转变为英国从摇篮到坟墓的福利国家政策。

---

① 曹绍濂．费边社思想的批判．武汉大学学报，1956（1）.

② GARVIN C D，TROPMAN J E. Social work in contemporary society. Englewood Cliffs，New Jersey：Prentice Hall，1992：10.

德国的汉堡市在1788年、爱尔伯福市在1852年就设置了济贫委员会，并分区设置救济员和监察员，负责各个区段的贫困救济工作，开创了德国城市社会救济的模式。但是，19世纪之前德国城市社会救济的做法都类似于英国1834年之后的慈善组织会社的做法，基本属于各个教会的义务行为。直到19世纪后期，德国作为一个新兴民族国家，也面临着工业化和社会治理问题，才开始考虑通过公共政策的做法来应对社会问题。1872年成立的德国社会政策协会，聚拢了一批古斯塔夫·冯·施穆勒（Gustav von Schmoller）那样的经济学家、马克斯·韦伯（Max Weber）那样的社会学家和阿道夫·瓦格纳（Adolf Wagner）那样的公共财政学家，试图为德国经济和社会发展提供政策建议。但是，德国社会政策协会并不是围绕狭义的贫困救济等议题而开展工作，而是围绕德国新生的民族产业保护、民族国家统一以及劳资关系问题而展开工作，处理的是一个更加广泛的社会政策议题。所以，德国的社会政策传统更加强调如何通过社会科学研究，来揭示德国不同地区经济发展状况的差别、西部城市工业资产阶级与东部容克地主庄园及其农业工人的冲突，以及面对这种地区之间、阶级之间的差异与矛盾，如何通过社会政策来实行国民经济的地区协调发展和劳资矛盾的调和。前期德国社会政策协会在施穆勒等人的主导下，试图通过一种更加保守的强制性国家政策来推动基于社会控制的社会政策立法；后期在韦伯的推动下，德国社会政策协会更加强调通过客观冷静的社会调查和历史分析，为民族国家转型和社会发展提供基于扎实的学术研究的政策建议。① 虽然韦伯努力试图为德国社会政策研究奠定一种客观冷静的社会科学基调，但是德国社会政策却始终保持着俾斯麦首相奠定的保守性质的国家法团主义传统，也即在国家社会政策的指导和积极协调下，由各个法人团体提供各类保险来解决工人阶级的职业风险问题，分行业促进社会团结。②

总之，西方社会工作的发展历史与社会政策的发展历史相互纠缠在一起，并在不同的国家有不同的侧重点。在有着自由主义传统的英美国家，虽然社会政策起源较早，但是一开始社会政策主要是为了管制穷人，对政策对象并不人道，且没有构成一种专业的社会福利服务。恰恰是在政府社会救济政策大撤退的背景下，才出现了民间科学慈善事业和社会政策改良运动，两者结合起来构成英美国家现代社会政策与社会工作的发展动力。在有着保守主义传统的欧洲大陆国家，起初的社会救济活动也是由民间宗教团体开展的，后来伴随着民族国家的形成，社会政策才成为民族国家解决发展问题的积极推动力量。但是，其社会政策与社会工作发展过程始终存在着较为明显的法团主义的保守特征。

---

① 熊跃根．动荡岁月的韦伯与德国社会政策的历史发展（1890—1920年）：一种历史社会学的分析．社会科学研究，2020（1）．

② 考斯塔·艾斯平-安德森．福利资本主义的三个世界．郑秉文，译．北京：法律出版社，2003．

二、中国社会工作的历史溯源与本土化进程

若仅从专业社会工作视角考察，中国社会工作的专业实践可追溯至20世纪初期西方传教士在华引入的现代服务模式，其发端与近代中国社会转型进程相伴随。在后续发展中，专业社会工作持续融入中国社会文化传统与社会主义制度框架，逐步形成具有中国特色的本土化发展模式。

（一）中国社会工作的历史起源

当前有关中国社会工作发展历史，一般都认同最早追溯到1912年美国传教士、北京基督教青年会干事步济时（John S. Burgess）在北京创办的社会实进会[①]，以及大约同期1913年上海沪江大学的葛学溥（Daniel H. Kulp）在上海杨树浦眉州路创设的沪东公社[②]。但是，因为社会工作与社会福利的关系错综复杂，有人提出，如果从社会福利发展史的角度考察，那么中国本土社会工作的发展历史可以追溯到更早，有人追溯到宋朝宋徽宗时期的京师居养院制度[③]，有人追溯到夏商周时期的社会福利思想与实践[④]。

前文已经阐明社会工作与社会福利的关系，民间慈善救济和政府社会福利确实是社会工作不可分割的组成部分，也是诞生现代社会工作的母体。但本教材所说的社会工作，至少是通过聘任受薪的专业人员，运用科学的社会调查和分析技术，从人与环境互动的角度去评估和判断社会问题，并提出个别化、专门化的干预方案的工作。所以，只有当一个国家的民间慈善救济和政府社会福利开始聘请受薪、受训的职业人员，进行科学、专门的预估、计划、实施等工作时，这个国家的慈善救济和社会福利工作才算是现代社会工作的起源，而之前的民间慈善救济和政府福利措施只能算是现代社会工作的母体。

伴随着20世纪初期西方教会在中国北京、上海等大城市引入职业化的社会服务工作，中国的一些教会大学、医院和当时的国立大学开始设置社会工作相关课程，开展社会工作教育和职业培训。1925年燕京大学社会学系（1922年成立）改为社会学与社会服务学系，开设“个案工作”“团体工作”“社会行政”“社会福利”等课程，培养了我国的第一代社会工作者。同一时期的教会大学和医院——金陵大学和金陵女子大学、上海沪江大学、北京的协和医院等——都开始设置专门的“社会工作”和“社会福利”课程，或者开展社会工作培训，培养和训练专业的社会工作者。

---

① 彭华民．中国社会工作学科：百年论争、百年成长与自主性研究．社会科学，2017（7）．

② 彭秀良．中国社会工作发展史几个问题的讨论．中国社会工作，2016（2）．

③ 彭秀良．中国社会工作的历史起源问题再认识．重庆工商大学学报（社会科学版），2021（1）．

④ 王子今，刘悦斌，常宗虎．中国社会福利史．北京：中国社会出版社，2002．

（二）民国时期开展的社会工作实践

1. 社会福利与社会工作。除了一些教会大学和医院本着基督教精神设置社会工作与社会福利相关课程之外，1928 年当时位于南京的民国政府的中央大学社会学系也开始设置社会工作相关课程。20 世纪 40 年代，时任国民政府教育部高等教育司司长的孙本文先生组织编写了部颁社会学教学大纲，将社会工作专业与社会学专业并列，对当时各所大学社会工作专业的发展起到了规范化的引导作用。1928 年，国民党政府颁布了《各地方救济院规则》，规范地方救济院的设置和运行管理问题。1929 年，国民党政府颁布了《监督慈善团体法》，1932 年颁布了《各地方慈善团体立案办法》，用来监督与规范民间慈善团体的成立和活动。1938 年，国民党临时政府成立社会部，1940 年社会部隶属行政院，拟定了《社会救济法》《劳工福利法》等，积极推动中华民国的社会政策发展。①

2. 平民教育和乡村建设运动。如果说上述介绍的内容都是民国时期试图引入的现代专业社会工作，那么晏阳初和梁漱溟两人推动的民国时期的乡村建设运动则是本土社会工作的发端。民国时期的乡村建设运动是在晚清时期的总体性社会危机这个大背景下，试图通过温和、改良性质的乡村教育和乡村组织，来找到一条消除中华民族总体性社会危机的道路。② 乡村建设运动在当时被称为第三条道路，以区别于国民党自上而下推动的民族国家建设道路与中国共产党自下而上开展的阶级动员和阶级斗争的共产主义革命道路。

乡村建设运动具体又分为两个支派，一派是晏阳初领导的河北定县（现河北定州）的平民教育运动，另一派是梁漱溟领导的山东邹平的乡村文化建设运动。晏阳初领导的平民教育运动基本上是从现代性的角度，判断中国农村存在着“愚、穷、弱、私”四大类问题，因此认为必须从平民教育的角度进行民族再造。晏阳初认为，搞乡村教育不能高高在上、指责说教，提出要想“化农民”，就先要“农民化”。他带领城市知识分子“走出象牙塔，走进泥巴墙”，到定县农村扎根，与农民一起开展扎实的教育活动。

梁漱溟领导的乡村文化建设运动则认为，中国传统社会本来是一种“伦理本位、职业分殊”的结构，不同于西方“个人本位、阶级对立”的结构，但是中国传统伦理文化和社会结构为近代西洋文化所破坏，才导致出现了“东不成、西不就”的文化失调状况。因此，梁漱溟提出挽救乡村的思路是，复兴旧农村、建设新文化的“老树发新芽”的思路，其具体做法是：围绕着村学和乡学，将原来的乡村组织

---

① 彭华民．中国社会工作学科：百年论争、百年成长与自主性研究．社会科学，2017（7）；王思斌．社会工作导论．北京：高等教育出版社，2004：45；彭秀良．南京国民政府的社会行政机关（一）：社会部．中国社会工作，2011（2 上）．

② 姚再明．晏阳初和梁漱溟乡建思想的比较分析，乡村论丛，2021（4）．

重新整合，组建成一套以文化教育为中心的乡村组织体系，然后通过挖掘传统社会的乡约礼俗等文化资源，并结合乡村在卫生、生计等方面面临的具体问题，构建出一种新的乡村治理和发展模式。

乡村建设运动由于难以撼动顽固的阶级力量和保守势力，再加上日本帝国主义的入侵，注定走向失败。[①] 但是，乡村建设运动所提倡的平民教育、乡村组织构建与文化再造等社区发展思路，对于今天已经解决了阶级问题、处于中国特色社会主义制度下的社区工作而言，仍然具有积极的启示作用。尤其是晏阳初和梁漱溟大力提倡并身体力行的“行动研究”策略，对于扭转今天社会科学研究与社会实践相脱节的局面，对于推动社会工作领域的实践研究，具有重要的意义。[②]

（三）革命根据地时期中国共产党的社会建设实践

早在井冈山革命根据地时期，中国共产党就已经开始探索自己的社会改造与社会建设的策略，到了陕甘宁革命根据地之后，中国共产党进一步明确了社会改造与社会建设的方针、思路和经验，开创了延安道路。在井冈山革命根据地时期，毛泽东就提出，“我郑重地向大会提出，我们应该深刻地注意群众生活的问题，从土地、劳动问题，到柴米油盐问题。……我们是革命战争的领导者、组织者，我们又是群众生活的领导者、组织者。组织革命战争，改良群众生活，这是我们的两大任务”[③]。

到了延安之后，毛泽东再次强调要把群众组织起来，通过互助组和合作社的办法，来解决生产劳动中分散个体化的缺陷。他说：“把群众力量组织起来，这是一种方针。……目前我们在经济上组织群众的最重要形式，就是合作社。……在农民群众方面，几千年来都是个体经济，一家一户就是一个生产单位，这种分散的个体生产，就是封建统治的经济基础，而使农民自己陷于永远的穷苦。克服这种状况的唯一办法，就是逐渐地集体化；而达到集体化的唯一道路，依据列宁所说，就是经过合作社。在边区，我们现在已经组织了许多的农民合作社，不过这些在目前还是一种初级形式的合作社，还要经过若干发展阶段，才会在将来发展为苏联式的被称为集体农庄的那种合作社。”[④] 因此，在革命根据地时期中国共产党就已经明确了革命胜利后进行大规模社会改造与集体化社会建设的思路。

总之，纵观民国时期中国社会工作的起源，既有从西方国家传入的基督教慈善组织开展的社会服务和教会大学提供的社会工作教育，也有民国政府试图通过社会政策立法进行的社会救济和劳动保护，还有民间人士开展的平民教育和乡村文化建

---

① 姚再明．晏阳初和梁漱溟乡建思想的比较分析，乡村论丛，2021（4）．

② 杨玲，陈云龙．民国乡村建设思想及其当代价值：兼论对农村社会工作教育与实务的当代启示．黑龙江社会科学，2022（6）．

③ 毛泽东选集：第1卷．北京：人民出版社，1991：138－139．

④ 毛泽东选集：第3卷．北京：人民出版社，1991：930－931．

设运动，更有中国共产党在革命根据地时期开始探索的社会改造和社会建设尝试。这些都为新中国的社会工作发展奠定了基础。

三、新中国成立后的社会工作及其专业化

新中国成立后，中国社会工作主要通过单位与社区的福利帮扶及思想政治教育工作开展，辅以民政部门的社会救济与福利安置。改革开放后，伴随市场化改革深入推进，社会结构与生活方式发生深刻变革，社会发展要求通过专业社会工作应对日益复杂的治理挑战。

（一）计划经济时期的行政性社会工作

新中国成立后，中国很快取缔了国外教会组织及其慈善服务和民间乡村建设运动。1952 年院校调整，也取消了社会学与社会工作学科。但是，发端于革命根据地时期的群众组织和集体化生产成为新中国社会改造和建设的基本方针。乡村经过土改和集体化运动，到 1958 年基本建立人民公社体制；而城市经过社会主义改造，到 1956 年建立了单位制为主、街道-居委会体制为辅的社会管理体制。在整个计划经济时期，中国的社会工作被王思斌概括为政府负责的（行政性）、非专业化的社会工作模式，具体含义是：第一，几乎所有福利性、服务性、公益性的活动都是由政府负责和推行的，行政管理架构承担了大量社会工作服务的职能；第二，从事社会工作的要么是非专职的义务工作者，要么是行政干部或者准行政干部，而且大都没有经过社会工作所要求的专业系统的训练。① 具体而言，与社会工作相近的行政部门和准行政部门的工作，主要包括民政部门、劳动就业部门、教育部门、司法部门等开展的相关社会福利和社会服务工作，工会、共青团、妇联、宋庆龄基金会等群团组织承担的社会福利和社会服务工作，以及基层单位的职工福利工作和城乡社区组织开展的社区服务工作。

（二）改革开放后的专业社会工作的恢复与发展

改革开放后，企业单位制逐渐剥离社会福利和社会服务职能，成为一种生产经营性单位。大批职工下岗失业，成为社会人，对其社会保障和社会服务功能逐渐改为属地化社区管理。同时，伴随着城镇化进程，大批农民工进城，成为流动人口，传统家庭结构和功能以及社区互助功能衰弱。两种力量推动城市基层社区加强社会服务和治理功能。正是在此背景下，社会学和社会工作学科得以恢复，为体制改革和社会转型提供理论指导。相较于社会学，社会工作教育恢复得较晚，“马甸会议”

---

① 王思斌．中国社会工作的经验与发展．中国社会科学，1995（2）．

被认为是中国恢复社会工作教育的重要节点。1987 年 9 月，民政部邀请原国家教育委员会、原人事部、原劳动部等部门的相关负责人，以及北京大学的周尔鎏、袁方、韩明谟，中国人民大学的贾春增，南开大学的苏驼、孔令智，上海大学的袁华音、袁缉辉，中山大学的何肇发，中国社会科学院的朱传一、陆学艺，辽宁省社会科学院的赵子祥等社会学专家，在北京北三环马甸桥附近的对外经济交流中心大厦召开“中国社会工作教育发展论证会”。[①] 从此，中国社会工作教育得以在北京大学、中国人民大学、南开大学、吉林大学、郑州大学、厦门大学等率先恢复，这开启了中国社会工作专业化进程。

但是从 1987 年到 2007 年，一直是社会工作教育先行，社会工作教育对我国本土社会工作实务模式影响不大。2000 年，中共中央办公厅、国务院办公厅联合转发了《民政部关于在全国推进城市社区建设的意见》，文中提到要采取公开招聘、民主选举、竞争上岗的办法，选聘社区居委会干部，努力建设一支专业化、高素质的社区工作者队伍。从此，全国各地开始把原来义务工作的社区干部转为受聘的职业社区工作者。然而，现实中的职业社区工作者主要是从事社区行政助理性质的工作，与专业社会福利和社会服务的内涵差距仍然较大。直到 2006 年中共十六届六中全会提出要“建设宏大的社会工作人才队伍”，专业社会工作才得以被真正重视。2006 年 7 月，人事部、民政部联合发布了《关于印发〈社会工作者职业水平评价暂行规定〉和〈助理社会工作师、社会工作师职业水平考试实施办法〉的通知》，首次在国家制度上将社会工作者纳入专业技术人员范畴，这标志着我国社会工作者职业水平评价制度正式建立。2007 年，民政部在深圳试点社会工作人才队伍建设，开创了通过政府购买社会工作岗位的方式，吸纳专业社会工作人才进入相关领域开展工作；2008 年，国家正式举办社会工作职业水平考试；2010 年，广州又借鉴新加坡的家庭综合服务模式，通过政府购买社会工作服务的方式，在广州市的各个街道推行家庭综合服务。

2010 年中央人才工作会议之后，社会工作人才队伍建设明确归中央组织部管理。2011 年，中央组织部、中央政法委、民政部等 18 个部门和组织联合发布了《关于加强社会工作专业人才队伍建设的意见》，提出要按照党管人才原则，建立健全符合社会工作专业人才发展规律、体现中国特色的管理体制机制；要以国家发展和社会需求为导向，以专业化、职业化为核心，建立健全不同学历层次教育共同发展、专业培训和知识普及有机结合的社会工作专业人才培养政策；要坚持以职业道德、能力和业绩为导向，以社会工作专业人才职业水平评价为基础，逐步完善符合国情、与国际接轨、科学合理的社会工作专业人才评价政策；要坚持以用为本原则，着眼于发挥社会工作专业人才作用、推动社会工作专业人才合理流动需要，以

---

① 彭秀良．三十年后再出发：纪念马甸会议召开三十周年．中国社会工作，2017（11）．

开发专职岗位和培育服务载体为重点，以畅通人才流动渠道为保障，逐步完善社会工作专业人才使用政策；要以激发社会工作专业人才积极性、稳定人才队伍、充分实现人才价值为目标，综合运用物质激励和精神激励方式，建立健全有利于社会工作专业人才长期、安心扎根基层、服务一线的激励保障政策。随后在 2012 年，中央组织部、中央政法委、民政部等 19 个部委和群团组织联合印发了《社会工作专业人才队伍建设中长期规划（2011—2020 年）》，明确提出："到 2020 年，社会工作专业人才总量增加到 145 万人，其中中级社会工作专业人才达到 20 万人、高级社会工作专业人才达到 3 万人。"

四、中国式现代化下的社会工作

总体上社会工作恢复重建将近 40 年，但快速发展期是近 20 年。前者从 1988 年教育部决定恢复高校社会工作与管理专业算起，后者从 2006 年党的十六届六中全会决定中建立一支宏大的社会工作队伍算起。当前中国社会工作的专业化和职业化程度离人们的目标期待还有很大差距。有关中国社会工作的发展动力，存在着专业化与本土化两种思路。所谓社会工作的专业化，是指一个国家的社会福利和社会服务体系朝着建立起一支专职受薪的并且受过训练、具备专业知识和专业能力的人才队伍的方向发展的过程。西方国家的社会工作也是经过了专业化进程，才由传统的民间慈善救济和行政性社会服务体系转为专业化社会工作。比如，美国的社会工作正是由于 1915 年全国慈善与矫正协会年会邀请了美国医学教育专家亚伯拉罕·弗莱克斯纳（Abraham Flexner）发表了题为"社会工作是一门专业吗?"的演讲，才激发了社会工作从业人员努力提升行业的教育水准和专业技术能力。经过了几十年的发展，到 1957 年，欧内斯特·格林伍德（Ernest Greenwood）才在美国社会工作人员国家协会的会刊《社会工作》上撰文指出，美国的社会工作已经具备五种专业特质：系统理论、专业权威、社会认可、伦理守则、专业文化等。[①] 当然，相对于医学、法律、会计等职业，社会工作的专业化程度依然较低，处于准专业（semi - profession）地位，但这并不是因为社会工作的理论体系不完善和专业能力较低，而是由社会工作的专业性质决定的。社会工作是一种依靠慈善资源和社会福利政策资源的助人专业，在其服务过程中形成了一种案主、服务人员和资源供给方的三角关系，正是这种三角关系导致了社会工作的专业权威和自主性受制于服务机构与资助方，成为一个准专业。[②]

在中国式现代化道路上，中国的社会工作在专业化和本土化的辩证关系中发展。我们既需要自觉地推进慈善救济和社会福利服务的专业化，更需要借鉴与学习

① GREENWOOD E. Attributes of a profession. Social work，1957，2（3）：45 - 55.

② ETZIONI A. The semi - professions and their organization. New York：Free Press，1969.

西方社会工作的专业理论和知识，并与本国文化和制度相结合，将其本土化。总体来说，要按照党的二十大报告中所提出的“以中国式现代化推进中华民族伟大复兴”这一总要求，推进我国慈善救济和社会福利体系的现代化，满足人民群众日益增长的对美好生活的追求。

基于上述讨论，我们提出转型社会工作发展策略，主要涉及中国本土慈善救济和社会福利体系的现代转变过程，以及社会工作所发挥的协同促进作用。[①] 如前所述，每个国家都有自己的慈善救济和社会福利体系，而专业社会工作则是传统慈善救济和社会福利体系现代转变过程中产生的一种新的职业体系。因此，中国社会工作的专业化、职业化取决于中国慈善救济和社会福利体系的现代化进程。

新中国成立前，我国主要靠民间的社仓、义庄、善堂、义冢等福利制度进行慈善救济和福利服务，但是这套民间慈善救济和福利服务体系受到传统文化中的福、命、报等福利观念的限制，发挥着融生产性和榨取性为一体的双重功能，并且借助于地方士绅的赢利型经纪人和保护型经纪人的双重角色，将土地权的超经济强制、国家通过贡赋汲取的农业剩余，融入以“份”为制度形态的具体公共福利实践模式，故而实际上是一套象征支配体系。[②] 因此，不能美化传统福利实践，既要看到其积极生产性的一面，也要看到其象征支配性的一面，才能促进传统文化和福利资源的创造性转化。

新中国成立后，我国的社会福利和社会服务主要是由政府负责的，是非专业的，构成一套政府部门、群团组织、单位福利和城乡社区组织体系等提供的社会福利和社会服务体系。[③] 这套社会福利和社会服务体系又嵌入在中国传统家庭体系与儒家文化之中。在这样的文化背景下，中国人的基本态度是“万事不求人”，实在不行了，也是遵循费孝通所说的差序格局原则，首先是依靠家人提供帮助，然后是借助亲戚朋友之间的互助人情体系，最后才是向单位或者社区、政府求助。[④] 而且，中国传统文化把“求人”视为一种无能的表现，人们在这种文化的影响下会产生一种羞耻心理，在很大程度上影响了人们的求助行为；而政府所建立的以单位制为主的社会福利体系，其蕴含的单位文化鼓励积极奉献和互帮互助，并不鼓励人们主动向单位伸手要福利。直到今天，中国的社会福利制度和社会服务体系仍然是以家庭责任为主、以社区为依托、以机构福利服务为补充的体系，国家社会福利主要以兜底性保障为主，是一种建立在家庭资产调查和家庭赡养责任的基础上的补充性福利体系。

面对城乡流动带来的家庭结构功能弱化和城乡社区互助功能弱化，我国社会福

---

① 郭伟和．转型社会工作再探讨：超越当前中国社会工作发展策略之争的新思路．社会工作，2022（3）.
② 张佩国．传统中国社会福利实践的社会逻辑：基于明清社会研究的解释．社会学研究，2017（2）.
③ 王思斌．中国社会工作的经验与发展．中国社会科学，1995（2）.
④ 王思斌．中国社会的求—助关系：制度与文化的视角．社会学研究，2001（4）.

利和社会服务体系必须向普惠性、基础性、兜底性民生保障转型，针对群众最为迫切的子女养育、老人赡养、残疾人康复、慢性病护理、青少年发展、妇女平权等问题，按照党的二十大报告提出的民生保障要求，紧紧抓住人民最关心最直接最现实的利益问题，坚持尽力而为、量力而行，深入群众、深入基层，采取更多惠民生、暖民心举措，着力解决好人民群众的急难愁盼问题，持续健全基本公共服务体系，提高公共服务的均衡性、可及性与整体水平，扎实推进共同富裕。党的二十届二中全会决定成立中央社会工作部，该部于2023年成立后，主要负责指导人民信访工作和人民建议征集工作、党建引领基层社区治理和基层政权建设、商会行业协会的党建工作、"两企三新"党建工作，以及社会工作人才队伍规划和政策制定、志愿服务体系建设等。党的二十届三中全会提出，要健全社会工作体制机制。2024年11月，中央社会工作会议传达并学习贯彻习近平总书记对党的社会工作的重要指示精神，要求社会工作部门"坚持以人民为中心，践行新时代党的群众路线，坚定不移走中国特色社会主义治理之路，健全社会工作体制机制，突出抓好新经济组织、新社会组织、新就业群体党的建设，不断增强党在新兴领域的号召力凝聚力影响力；抓好党建引领基层治理和基层政权建设；抓好凝聚服务群众工作，推动新时代社会工作高质量发展"①。

复习思考题

1. 谈谈社会工作基本含义的演变过程。
2. 如何理解社会福利、社会正义和社会工作的关系？
3. 如何理解社会工作的本土化和专业化的关系？

推荐阅读书目

1. 莱恩·多亚尔，伊恩·高夫．人的需要理论．汪淳波，张宝莹，译．北京：商务印书馆，2008.

2. 艾伦·迪肯．福利视角：思潮、意识形态及政策争论．周薇，等译．上海：上海人民出版社，2011.

3. C. 赖特·米尔斯．社会学的想象力．陈强，张永强，译．北京：生活·读书·新知三联书店，2005.

① 习近平．对社会工作作出重要指示：坚定不移走中国特色社会主义社会治理之路　推动新时代社会工作高质量发展．(2024-11-06)[2025-05-01] https://www.gov.cn/yaowen/liebiao/202411/content_6985137.htm? sid_for_share=95263_3.

第二章

社会工作的哲学基础与价值伦理

【教学目标】

学习社会工作的哲学基础，理解专业伦理的价值基础，并掌握分析社会工作伦理困境的方法和增强跳出社会工作伦理困境的能力。

【本章导学】

西方社会工作的价值伦理受其基督教传统的影响，尤其是新教伦理的影响，强调明爱（caritas）、助人自助。

中国社会工作的价值伦理受我国传统儒、释、道文化思想的影响，强调命运与福报，爱有差序。

现代社会工作的哲学基础奠基于启蒙运动之后的人道主义、实证主义和乌托邦思想。

现代社会工作的价值体系是建立在人与社会的权利与义务对等的基础上的，既强调人的潜能和成长的动力，也强调社会对人的保护与促进作用。

社会工作的专业伦理只是给社会工作者提供一种行动指引，旨在帮助他们在面对伦理困境时做出正确的分析和选择合适的行动步骤，并不是一种行动手册，不能照单全收。

【关键概念】

人道主义；实证主义；乌托邦；专业伦理；伦理困境

社会工作专业相较于其他专业，更加强调专业伦理对于专业行动的重要性，因为社会工作不仅把专业伦理作为一种使命和行为规范，而且社会工作行动本身就是一种道德实践。相较于别的专业，社会工作对他人日常生活的介入更加深入，所以更需要在专业实践过程中具有批判反思精神，有更加自觉的责任伦理意识和更加成熟的驾驭复杂伦理困境的能力。

第一节　社会工作的哲学基础

任何专业伦理都是建基于一般社会道德哲学之上的，而且专业社会工作作为一种现代化的产物，必然与启蒙运动所伴随的人的批判反思精神以及对科学实证主义和社会乌托邦理想的追求相联系。本节将围绕中西方社会与助人有关的哲学基础及其现代转型展开论述和讲解。

一、西方思想传统中的助人哲学及其现代转型

第一章已经指出，专业社会工作起源于19世纪的科学慈善事业。作为一种助人活动，社会工作必然以各个国家或地区的助人哲学为基础，从一种朴素的救助伦理向一种自觉的助人哲学转变。当然，助人哲学反映出特定的社会构成方式问题。西方社会自17世纪以来提出自然状态和自然法理论，试图从一种孤独的个体出发来讨论人与自然、人与人之间的关系，进而构成其基本的社会理论，试图解决人际交往中的自然秩序问题。然而，这种自然状态从来都是一种假想的理论起点，而不是真实的历史起点。真实的历史来自马克思和恩格斯在《德意志意识形态》中提出的“社会形态”概念，从一种共同体状态逐步过渡到资本主义社会状态。

（一）古希腊时期的城邦生活与助人哲学

如果从一种真实的历史出发，那么西方社会有关人类生活状态的假定可以追溯到古希腊时期亚里士多德在其《政治学》中提出的人是政治动物的基本假定，他认为城邦、家庭与村庄等都被视为自然构成的人类共同体，而城邦则是由村庄组成的“完满的”共同体，意味着人的政治性的成全。在《尼各马可伦理学》中，亚里士多德指出，完满的善就体现在自足上。所谓自足，并不是一种孤独的个体生活状态，而是“对一个人的父母、孩子、妻子以及所有那些亲人和城邦同伴而言是足够的，毕竟人在自然上是政治的”[①]。人作为政治动物，意味着人只有与亲人朋友生活在一起，才可能进一步完满地实现自身人性的内在目的。而生活是否自足，与一个人能否借助于善的目的为自己的生活建立整体的视野有关。[②]一种善的共同体需要借助于正义原则和友爱原则才能建立起来。正义和友爱是维系城邦共同生活的纽带。正义是基于某种合理的原则，通过外在的机制来促使人

① 李猛．自然社会：自然法与现代道德世界的形成．北京：生活·读书·新知三联书店，2015：49.

② 同①.

去培养自身灵活的内在的善；友善是基于人与人之间的情感相同性而形成的团结互助关系。这两者构成了西方社会早期思想中有关共同体生活的基本道德基础。虽然那个时候城邦生活中存在奴隶和野蛮人，但是作为一种价值理想标准，平等的自由人之间仍通过法律等奖惩机制来维护善的分配的正义原则，并借助于情感等感受能力来促进人与人之间的友爱互助，由此保障城邦共同生活的安全、美好和幸福。

（二）中世纪时期天主教世界的圣俗二分救赎哲学

中世纪的欧洲主要实行罗马天主教控制教区和不同王朝控制封建领主领地的双重管理模式，而基层社会却由分散的乡村共同体通过习惯法规范着土地耕种和日常生活。乡村共同体主要由在特定空间集体耕作的定居家庭组成，通过经济的、情感的联系而形成的这些“邻居”，组成了一个小社会。① 他们作为一个整体，虽然要对领主纳贡或者承担徭役，但是却享有很高的土地耕种权利，甚至会反对领主对土地的分割与划分。教堂是乡村茅屋间唯一大而结实的建筑物，人们在这里举行集会、磋商公共事务。教会甚至会批准教徒们成立教堂财产管理委员会，作为居民聚会、讨论共同利益以及相互承担共同责任的场所。② 或者，乡村居民会成立民间的宗教协会团体，主要负责建造教堂、维修公路和水井等，维护村庄的权利，保护村庄不受领主的危害。③

基于这样一种乡村共同体，中世纪的欧洲农民享有公共土地和一些公共利益，用来维持生计和解决生活上的困难。作为村庄公共土地，荒地和森林既是牲口牧场的补充，又给人们提供了木材以及林下经济作物等免费资源。在沼泽地，有泥炭和灯芯草供村民们用作燃料；在荒原，人们可以免费割取荆棘和草皮块作为肥料，或者将荒原作为临时耕地，垦荒耕种。④ 因此，中世纪的欧洲农民通过公共土地和乡村互助团体在生活方面获得了基本保障。

当然，在中世纪的欧洲，人们一方面通过世俗的农业劳动和公共土地来解决日常的生计问题，另一方面则通过罗马教廷的地方教会和基层教堂的神父教士们获得精神方面的救赎。平日里人们参加世俗的劳作，并不时地举办各种狂欢节日，寻求欢乐和享受。但是在礼拜日，他们则要去教堂参加各种礼拜仪式，并对自己的罪过进行忏悔，给教堂进行捐献，由神父给予祷告，祈求上帝的宽恕。在天主教时代，信徒们“通过圣事获得救赎作为对他自己缺点的补偿机制是可行的，而教士是在大众中间玩弄圣餐变体奇迹的魔术师。关键的权力已经赋予了教士。信徒们在悔过时

---

① 马克·布洛赫．法国农村史．余中先，张朋浩，车耳，译．北京：商务印书馆，1991：190.

② 同①193.

③ 同①194.

④ 同①202－203.

转向他寻求帮助。因为教士提供了赎罪的手段，并且赋予了救赎的希望和宽恕的确定性，所以他使信徒从巨大的紧张中得到缓解”[①]。

（三）新教伦理与资本主义世界的救赎哲学

大约从16世纪开始，欧洲社会开始出现大规模的土地圈占运动，圈占制土地占有方式取代了中世纪以围绕公共土地的条形土地轮作模式为特点的敞地制土地占有方式。圈地运动的发生，主要是因为大土地所有者为了追求私有利益，改变了过去领主贵族在领地上通过征收贡赋和劳役来获利的方式。在这一转变的背后，是城市规模的不断扩大以及纺织业的迅速发展，使市场对粮食和羊毛的需求大大增加。在这种利益的驱动下，一些封建贵族转型成为农场主，进而改变了原有的土地占有和使用方式。首先在英国，“最早发展的大工业（劳动者。——引者加）成了面包、肉类的一大消费者，土地越来越集中在大地产主这些自觉的革新者手中。在这样一个国家，‘新农业’找到了适宜的土壤；它在那儿迅速发展并得到极大的完善”[②]。圈占土地后耕作虽然也实行轮作方式，但不再采取休耕方式，而是采取了人工培植草场的方式，用饲料代替了麦类，主要种植豆科作物，如三叶草、苜蓿草以及芜菁，这样既增加了牲畜的饲料，也提升了土地的肥力。“于是人们在相当长的时期内建立起真正的‘人工草场’，发明了新的时间更长又更灵活的轮作周期，它从根本上彻底推翻了旧的耕作制度。”[③]

但是，这种农业革命一方面带来了农业资本主义的发展，另一方面却改变了乡村社会的习惯法规定的土地使用方式，破坏了乡村公共资源和互助体系，导致大批农民开始流离失所。正如卡尔·博兰尼（Karl Polanyi）在《巨变：当代政治、经济的起源》（*The Great Transformation*：*The Political and Economic Origins of Our Time*）一书中所阐述的，“他们（圈占土地的大地主。——引者注）实际上抢夺了穷人在公有土地上的权份，铲倒了他们的房子，依照传统的习俗，穷人们一向将这些权份视为他们及其子孙的产业。社会的基本结构遭到破坏；荒芜的村落和倾倒的住屋证实了这个革命的残暴性，它同时危及乡村的自卫能力，荒废了城镇，减低了其人口，把过度使用的田地变为废土，困扰了其人民并把他们从平常的农夫变为乞丐及小偷的乌合之众”[④]。

16世纪的农业革命是与同时期的新教革命相伴而生的。大约在16世纪的日内瓦和苏格兰、16世纪末和17世纪初的荷兰大部分地区、17世纪的新英格兰以及英

---

① 马克斯·韦伯．新教伦理与资本主义精神：罗克斯伯里第三版．苏国勋，覃方明，赵立玮，等译．北京：社会科学文献出版社，2010：73.

② 马克·布洛赫．法国农村史．余中先，张朋浩，车耳，译．北京：商务印书馆，1991：240.

③ 同②239.

④ 卡尔·博兰尼．巨变：当代政治、经济的起源．黄树民，石佳音，廖立文，译．台北：远流出版事业股份有限公司，1989：101-102.

格兰本土，都发生了加尔文宗的宗教改革，体现了一种更加严格的绝对无法忍受的教会支配形式。① 中世纪的欧洲，天主教虽然通过宗教礼仪和戒律来约束与限制信徒，但还是给信徒留出了通过忏悔和圣事来获得释放与救赎的机会。而加尔文宗开创的新教革命，则因其所秉持的上帝预定论，以及信徒需要通过日常履行天职、践行善工来荣耀上帝并确认自己被上帝拣选的教义，使信徒内心产生一种紧张感，进而催生出一套更加严格的约束机制和支配方式，以实现新教徒的有组织的自律生活。具体来说，新教革命通过如下方式实现了对信徒的救赎哲学的重构：

第一，在路德宗的"天职"观的基础上，加尔文宗修改了过去天主教和路德宗的经济传统主义立场（也即经济活动仅仅是为了满足基本生活需要），转向了一种通过完成上帝的"天职"性工作任务来获得救赎的工作伦理。"工作，而且只有工作才能消除宗教疑虑，并赋予个人置身于获救之列的确信。"② 从此，工作伦理成为资本主义更加严格的获得救赎的判断标准。

第二，相较于天主教和路德宗，加尔文宗更加强调预定论和选民观，也就是说，上帝绝对自由地决定着每个人的命运，一部分人将得救，其余的人则将下地狱。但是，每个信徒只有通过自己的坚定信仰，才能获得自己是上帝选民的确认，任何外在的手段都不足以证明和改变上帝的这种预定命运。这导致每个新教徒都是高傲的、孤独的个体主义者，努力通过自己的信仰和天职般的善工来荣耀上帝，并获得救赎。"在重生（regeneration）和随之而来的神圣感（sanctification）的基础上，才能通过实际的（而非只是表面的）善工，把他们的全部生活献给为上帝增添荣耀。"③ 这构成了后来西方社会工作的助人自助的基本原则，"在实践层面，这一教义基本上意味着上帝帮助自助者。因此，偶然也有人指出，加尔文教徒自己创造了他们的救赎"④。

第三，相较于天主教和路德宗，加尔文宗赋予了基督徒的"兄弟之爱"新的特殊取向。过去教徒之间的"兄弟情谊"是基于教徒之间的相互熟悉的情感，现在新教徒之间的"兄弟之爱"则是为了"明爱"（Caritas），也就是按照上帝的命令增加上帝在尘世的荣耀，一种不求回报的博爱精神。这也构成了后来西方宗教慈善事业的社会工作的基本精神："加尔文宗教徒的社会工作最终是为了上帝的更大荣耀。因此，天职中的工作也受到这一目标的影响，因而现世的工作服务于作为整体的社群。"⑤

第四，相较于天主教和路德宗的教徒，新教徒更加注重自身高贵的身份意识，

---

① 马克斯·韦伯．新教伦理与资本主义精神：罗克斯伯里第三版．苏国勋，覃方明，赵立玮，等译．北京：社会科学文献出版社，2010：18.

② 同①70.

③ 同①72.

④ 同①72.

⑤ 同①67.

以及基于这种高贵身份的平等关系，形成各种民间的自愿性联合体，一方面实行内部的自律管理，另一方面形成了教徒之间相互帮助的连带义务。新教徒是新教内部的通行证，无论走到哪里都会获得当地教会的接纳和帮助。由此，“慈善团体得到了如此高度的发展，以至于由于它们而招致的负担最后竟使得他们的传道倾向受到削弱”[①]。

总之，16—17 世纪的农业革命和新教革命，极大地改变了西欧社会的社会组织结构、生产生活方式，以及人们对于互帮互助和获得救赎的道德认知。在此之前，西欧社会的生活救助主要依赖地方社会，通过乡村的公共土地和邻里之间的互助关系来实现；而命运的救赎则是在天主教教士的引导下，通过忏悔和祷告来获得。在经历变革之后，情况发生了转变。在上帝预定论和自我确信的选民观的影响下，人们开始通过在天职中严格遵循清规戒律、践行善工来实现自我救助。同时，在荣耀上帝的信念的指引下，人们积极参与慈善团体活动，不仅为教会信徒提供品质担保，还承担起社会服务工作。这些变化所形成的理念和实践，构成了 17 世纪之后西方社会政策与社会工作重要的哲学基础。

二、中华思想传统中的助人哲学及其现代转型

韦伯认为，虽然中国的儒家文化同样属于一种理性主义范畴，但其内涵与西方基督教新教革命之后所形成的理性主义截然不同。其中最为关键的区别在于，新教伦理将人们在现世活动的意义与一种完全由上帝所预定的救赎观紧密联系起来，由此产生了一种人们内心难以调和的紧张关系。但是，“那种把对现世的紧张关系，无论在宗教对现世的贬低还是从现世所受到的实际拒绝方面，都减少到最低限度（在意图上）理性的伦理，就是儒教”[②]。韦伯对中华传统文化的掌握和理解肯定不如中国学者精深，但是作为一位比较宗教社会学研究领域的大家，韦伯对中国儒教、道教与西方新教伦理所进行的差异比较分析，令人折服！

中华传统文化经历了一个由巫到礼、释礼归仁的过程，到孔子时代形成了儒道互补的传统文化系统。[③] 经由汉朝董仲舒的公羊学派，到宋明理学、阳明心学，再到明末清初的实学，我们似乎见到了中华思想传统的理性化和经验论的发展脉络。但是，正如西方新教革命所催生的宗教伦理也只是与资本主义精神具有一种选择性的亲和关系，并不能从中发现某种历史规律一样，中华传统文化的理性化进程也不足以应对西方现代化所带来的压力，更无法孕育出现代社会科学。[④] 因为从总体上，

---

① 马克斯·韦伯．新教伦理与资本主义精神：罗克斯伯里第三版．苏国勋，覃方明，赵立玮，等译．北京：社会科学文献出版社，2010：137.

② 马克斯·韦伯．儒教与道教．王容芬，译．北京：商务印书馆，1995：280.

③ 李泽厚．由巫到礼、释礼归仁．北京：人民文学出版社，2022.

④ 约瑟夫·列文森．儒教中国及其现代命运．郑大华，任菁，译．桂林：广西师范大学出版社，2009.

大家都认识到，中华传统思想是一种注重实用理性的思想[①]，是一种比较贴切人性的内倾文化[②]，主要致力于培育满腹经纶的高雅之人的人文素质，而不是致力于训练专家的现代专业教育。[③] 然而，这套生活哲学虽然不足以形成中国现代转型的内在动力，但却足以为中国人的日常生活提供实践智慧，也构成了中国人的处世之道和救赎哲学。

（一）传统中国士大夫阶层的日常伦理实践

尽管在汉朝时期就已经有来自印度的佛教传入中国，并产生了中国本土的道教体系，但是在随后两千多年的历史长河中，中国社会的日常生活都是在儒家所确立的伦理纲常下运作的。“儒家道德体系得以成功的原因之一，在于它适应了世俗社会的现实需求，尤其是满足了中国农耕社会的核心架构——家族关系的需要。”[④]

梁漱溟指出，中国传统社会是一个特别注重伦理关系的社会。只不过在各种伦理关系中，“家人父子，是其天然基本关系，故伦理首重家庭”[⑤]。在家庭关系的基础上推广发挥，就构成一种四面八方的伦理社会。孔子和孟子界定了中国社会伦理关系的四个基本要素：仁、义、礼、智。按照冯友兰的解释，义就是《中庸》中所说的“义者，宜也”，也就是做事的“当然而然，无所为而然”[⑥] 的恰如其分的道德标准。但什么是恰如其分的当然状态呢？这又取决于人际关系中的道德判断。道德判断是靠人心共情和推理能力来实践的，也就是“仁”的实践能力。冯友兰说：“仁人必善体贴别人。因己之所欲而体贴别人，知别人之所欲；因己之所不欲体贴别人，知别人之所不欲。”[⑦] 因己之所欲而体贴别人之所欲，即所谓“忠”；因己之所不欲而体贴别人之所不欲，即所谓“恕”。“合忠与恕，谓之忠恕之道。”[⑧] 因此，义规定了中国人的恰当适宜的行为伦理守则，而仁则是中国人义行天下的道德实践方式。

如果说义和仁是中国人的行动法则与实践能力，那么礼和智就是中国人外在的行为规范与自觉的道德认知。因为人是有情感的，而且也应该有一种感受能力。按照孟子的说法，仁、义、礼、智都有发端于人心的心理感受基础：“恻隐之心，仁之端也；羞恶之心，义之端也；辞让之心，礼之端也；是非之心，智之端也。”（《孟子·公孙丑上》）但是，人应该“发乎情、止乎礼”，缘情制礼，以形成文质

---

① 李泽厚．由巫到礼、释礼归仁．北京：人民文学出版社，2022：39.

② 余英时．中国思想传统的现代诠释．南京：江苏人民出版社，2006：16.

③ 马克斯·韦伯．儒教与道教．王容芬，译．北京：商务印书馆，1995：173.

④ 杨庆堃．中国社会中的宗教：宗教的现代社会功能与其历史因素之研究．范丽珠，等译．上海：世纪出版集团，上海人民出版社，2007：255.

⑤ 梁漱溟．中国文化要义．上海：世纪出版集团，上海人民出版社，2005：72.

⑥ 冯友兰．新原道：中国哲学之精神．北京：北京联合出版公司，2018：17.

⑦ 同⑥23.

⑧ 同⑥23.

彬彬的行为方式。孔子说："质胜文则野，文胜质则史。文质彬彬，然后君子。"（《论语·雍也》）礼乐教化始终是中国传统社会培育君子之德的方式。

虽然礼乐教化是培育君子风范的方式，但如果只是养成一种循规蹈矩的行为习惯，而不知道礼乐教化的内在原理，那这也只是合乎礼的机械行为。要想提升到一种自觉的道德境界，就要依靠智。冯友兰解读《论语》里的"吾十有五，而志于学，三十而立，四十而不惑，五十而知天命，六十而耳顺，七十而从心所欲不逾矩"时说：所谓"志于学"，学的不是普通的知识，而是一种伦理道德；所谓"三十而立"，就是懂得礼数，能够克己复礼以成仁；所谓"四十而不惑"，就是因为对仁、义、礼有了完全的了解，才能真正做到智者不惑。①

当然，在孔子看来，君子日常道德实践的最高境界不仅是成仁尚义，而且还要知天命并乐天命，最终做到"从心所欲不逾矩"。甚至到了孟子那里，他把君子的道德境界提升到一种与天地同在的浩然之气的地位。② 也就是说，传统儒家所主张的日常伦理实践，基本上是在天道规定的命运下顺应而为的。儒家追求的最高境界，至多是达到与天地共生共在的和谐状态，从而努力克服西方新教改革之后出现的预定命运与能否被上帝拣选的不确定性所引发的紧张心理。经过汉唐佛、道思想的影响、宋明理学的阐释与演绎，孔孟之道又融入了佛家禅宗和道家修行的一些智慧，变成了中国传统士大夫内在倾向的向内用功的伦理实践方式。③

除了通过内在倾向向内用功，中国传统士大夫还有一种重要的策略，即归隐山水间，以达到"天下有道则见，无道则隐"的自由进退状态。④ 如果说在世修行是为了义行天下，那归隐山水间能够达到什么样的精神状态呢？这主要得益于佛家和道家所构造的一种山水世界的意境。在山水世界，人们可以登高望远、体会物我两忘、实现陶渊明所说的"纵浪大化中，不喜亦不惧"的内在和谐状态。⑤ 在山水世界，人们也可以体会冯友兰所说的山之为山、水之为水的山之理和水之理，最后实现"极高明而道中庸"的人生境界。⑥

（二）传统中国普通百姓的人情互助体系

在中国传统社会，普通百姓一方面受到宋明理学所倡导的道德礼仪的影响，另一方面则在长期的生活过程中逐渐形成了一套独具特色的人情互助体系。普通百姓所构建的人情互助体系，同样属于基于人际关系的伦理实践范畴。不过，其核心并非士大夫阶层所强调的"仁、义、礼、智"以及"浩然正气"，它是紧密围绕着日

---

① 冯友兰．新原道：中国哲学之精神．北京：北京联合出版公司，2018：27.
② 同①33.
③ 余英时．中国思想传统的现代诠释．南京：江苏人民出版社，2006：13.
④ 渠敬东．山水天地间：郭熙《早春图》中的世界观．北京：生活·读书·新知三联书店，2022：158.
⑤ 同④159.
⑥ 同①213－214.

常生活中的实际需求与问题来建构的。在中国传统社会，对于普通百姓而言，最为关键和重要的就是生计问题，以及围绕人生不同阶段而产生的人生礼仪问题，也就是人们常说的婚丧嫁娶之事。一方面，小农社会的生产力水平相对较低，普通百姓往往难以维持基本生计的稳定；另一方面，儿女婚嫁和老人丧葬这两大人生礼仪，在人们心中占据着极为重要的地位，被视为必须举办得隆重且体面的大事。基于这样的现实情况，普通百姓依据关系的亲疏远近以及彼此熟悉的程度，逐渐形成了一套人情互助体系，以此作为应对人生风险和操办重大礼仪的互助保障机制。

人情关系主要是在亲戚、邻居、师生、同学、同事、同乡等熟人之间发展出来的一套互助体系，太近的家人之间和太远的陌生人之间都不需要人情关系，因为家人之间奉行的是基于情感的需求原则，而陌生人之间奉行的则是基于工具性的公平原则。① 人情关系是一种混合性关系。所谓混合性关系，是指它既具有情感关系的特征，又具有工具性关系的特征，但又不完全等同于情感关系和工具性关系。这种混合性关系，主要是基于熟人社会中人际关系的特殊性和亲疏远近，形成了一种判断是否进行工具性资助活动的社会规范，所以它兼具情感性、工具性和规范性这三重属性。② 具体而言，在熟人之间，人情法则主要是一种特殊主义的恩惠仇恨的施与报的社会规范，也就是人们根据日常生活交往中积累的人情面子（施恩）来决定是否对求助者提供及时救助（报恩），并在此基础上进一步积累或者削减人情面子。所谓面子，是中国人对于自己在人情关系中能够产生多大影响力的主观心理地位。③ 面子既有基于个人道德实践的成分（脸面），也有非常现实的资源调动和权力支配的成分（好面子）。所以，有的人擅长拉关系、做人情、攒面子，有的人则为了避免陷入人情困境而努力规避人情关系。④

实际上，在中国传统社会，因为生计不稳定和婚丧礼仪问题，人们是无法逃避人情关系而自命清高的。在这样一种身不由己的社会生活情境下，“面子功夫”就成为中国人在处理人情世故时努力修炼的一项基本能力。“面子”的大小一方面取决于个人因所处的客观地位而拥有的资源和权力，另一方面则取决于个人在熟人社会中主观期望并努力获取的道德形象。前者通过“份”来体现熟人社会中的资源分配和权力大小问题；后者则通过“脸面”来体现熟人社会中的施恩与回报的实践机制问题。而且，“份”决定着“脸面”的大小，因为“份”是一种与社会地位相联系的应当性原则，而“脸面”则是调节客观社会地位的主观心理评价和可以整饰的道德形象。它是传统中国百姓为解决生计问题和婚丧嫁娶礼仪问题，用一种特殊主义的人际关系，来调节施恩与回报的互助行为的道德实践策略。人情法则一方面是

---

① 黄光国，胡先缙，等．人情与面子：中国人的权力游戏．北京：中国人民大学出版社，2010：6.
② 同①12－14.
③ 翟学伟．中国人的脸面观：社会心理学的一项本土研究．台北：桂冠图书股份有限公司，1995：102.
④ 同①25－30.

普通百姓获得生活帮助的福利实践体系，另一方面也是地方士绅和家族长老借助于儒家“仁义”伦理体系来实现象征性支配的方式。因此，中国传统社会的人情互助体系既有义行地方的一面，也有武断乡曲的一面。[①]

（三）中华传统文化的现代转型

作为一种实用理性主义的生活哲学，中华传统文化一直兼容并包，不断吸纳来自印度的佛学和西方的文化，实现内部的创造性转化和创新性发展。到了宋朝时期，中国经济发展已经出现了高度的商业文明和市民生活；到了明朝后期，这种商业资本主义萌芽再次出现，并带动了相应的戏剧、小说、科技等高雅文化的理性化转变。但是，限于封建专制主义的政治体制，民间商业资本主义萌芽和市民生活文化一直无法突破政治体制的束缚，实现工业革命。[②] 到了晚清时期，伴随着西方资本主义列强的入侵，中华帝国先后开展了秉持“中体西用”理念的洋务运动和维新变革。但是这些冲击-反应式的被动变革，只是加剧了地方财政、军事和政治力量的集中，进而导致了晚清帝国更加深刻的全面危机，终于在 1911 年爆发辛亥革命。[③]

中华民国成立后，开启了新一轮的民族救亡运动和新文化运动。1919 年的五四新文化运动主要采取“全盘西化”的立场，从西方引入“德先生”和“赛先生”，并用西方科学主义和人道主义批判传统儒家文化，尤其是与封建礼教相结合的家庭伦理。[④] 同时，在李大钊、陈独秀等早期共产主义者的积极推动下，马克思主义思想通过工人夜校等途径传播到中国工人阶级群体，成为新文化运动中具有革命性的进步思潮。俄国十月革命后，孙中山于 1924 年推动国民党改组，确立“联俄、联共、扶助农工”三大政策，实现第一次国共合作。在此期间，彭湃、毛泽东等中共党员以国民党中央农民部特派员的身份开展农民运动，创办广州农民运动讲习所，培养农运骨干，为马克思主义与中国农民运动相结合提供了实践基础。

随着 1927 年蒋介石发动“四一二”反革命政变，国共合作彻底破裂，中国共产党领导发动南昌起义。起义部队经转战后，于 1931 年在江西瑞金建立中央革命根据地，开展土地革命战争。自此，中国共产党更加自觉地将马克思主义基本原理同中国革命具体实际相结合，开辟了农村包围城市、武装夺取政权的正确道路。在根据地建设过程中，党逐步形成“从群众中来，到群众中去”的工作方法，通过关心群众生产生活、组织群众参与政权建设，构建起军民团结的血肉联系，为革命胜

---

① 张佩国．传统中国福利实践的社会逻辑：基于明清社会研究的解释．社会学研究，2017（2）.

② 彭慕兰．大分流：欧洲、中国及现代世界经济的发展．史建云，译．南京：凤凰出版传媒集团，江苏人民出版社，2010：130－131.

③ 李怀印．现代中国的形成：1600—1949. 桂林：广西师范大学出版社，2022：205－206.

④ 汪晖．现代中国思想的兴起：下卷第 2 部　科学话语共同体．北京：生活·读书·新知三联书店，2015：1208.

利奠定了坚实的基础。党的群众工作实践既注重启发农民阶级觉悟、破除封建思想束缚，又通过建立农会、赤卫队等组织培育新型社会关系，有效激发了广大农民投身革命的主体意识和斗争精神，并创造出一种互帮互助、批评与自我批评的同志关系。①

新中国成立后，中国共产党继承发扬革命根据地时期形成的群众路线，通过土地改革和农业合作化运动，逐步建立起农村集体经济体制。在社会主义建设时期，党坚持为人民服务的根本宗旨，持续开展社会主义思想教育，着力克服官僚主义、形式主义等作风问题，倡导艰苦奋斗、无私奉献的社会风尚。这一时期形成的集体主义价值理念，为中国特色社会福利体系建设提供了重要的精神资源。在集体化时期，中国社会工作逐步形成了生产自救、互帮互助、集体合作的社会工作实践模式②，依靠农村集体力量实现了农村"五保"救济、农村合作医疗、农村民办义务教育、农村纠纷矛盾调解的"枫桥经验"等社会福利、社会服务、社会治理的经验模式。

改革开放初期，我国通过推行家庭联产承包责任制取代人民公社体制，在释放农业生产活力的同时，充分发挥村民自治制度效能，统筹推进农村教育、医疗、文化等社会事业建设与基层治理创新。进入 21 世纪，国家发展战略更加注重经济社会协调发展、城乡融合发展与和谐社会建设，持续完善基层社会治理体系。

党的十八大以来，中国特色社会主义进入新时代，在习近平新时代中国特色社会主义思想指引下，中国取得了脱贫攻坚的伟大胜利，全面建成小康社会。中国共产党始终坚持把马克思主义基本原理同中国具体实际相结合、同中华优秀传统文化相结合，持续推进马克思主义中国化时代化，坚持守正创新，深化创造性转化与创新性发展，在发展社会主义先进文化、弘扬革命文化、传承中华优秀传统文化方面取得了新的历史性成就。③ 这是中国社会工作的当代哲学基础。

三、现代社会工作助人哲学的核心思想：人道主义-实证主义-乌托邦思想

现代思想起源于 14—16 世纪的意大利文艺复兴运动，后经过 16 世纪西欧的新教改革和 18 世纪的启蒙运动，逐步形成了如今的人道主义、科学实证主义和乌托邦思想的主流思想。阿兰·基思-卢卡斯（Alan Keith - Lucas）在《助人和受助》（*Giving and Taking Help*）一书中，承认现代助人专业是奠基于这种人道主义、

---

① 董亚炜．群众路线：建构党的领导．南京：江苏人民出版社，2016：50 - 53.

② 卢谋华．社会主义的社会工作//卢谋华社会工作研究文集：上册．刘云黛，整理．北京：社会科学文献出版社，2018：615 - 630.

③ 习近平．高举中国特色社会主义伟大旗帜 为全面建设社会主义现代化国家而团结奋斗：在中国共产党第二十次全国代表大会上的报告．北京：人民出版社，2022.

科学实证主义和乌托邦思想之上的。[①] 文艺复兴时期的人道主义只是把人作为自由而至上的设计者，人们通过文学艺术和科学探索去解读《圣经》中关于世界的描绘，逐渐突破了中世纪教会对于《圣经》中所描绘的人与世界的解释方式。在这一时期，人道主义并没有公开对宗教进行攻击，也没有后来的科学理性主义试图通过科学技术来掠夺自然资源和控制自然世界，但是已经奠定了人独立于任何超自然等级制度和宇宙秩序的自由信念。“解脱对‘魔幻般的’自然界的迷惑和抛弃对它的宗教的和神秘的解释开始被视为我们从自然必然性的奴役中解放出来的基本条件。”[②]

16 世纪西欧宗教改革运动虽然强调上帝预定论，但是“上帝选民”的荣光也激励着人们把世俗生活当作天职来认真对待，以虔诚态度投入实践。18 世纪启蒙运动的哲学家们进一步把人道主义与人的认知范畴联系起来。当英国哲学家大卫·休谟（David Hume）开始对经验主义哲学家弗朗西斯·培根（Francis Bacon）的归纳逻辑进行批判并怀疑这个世界背后的因果逻辑时，德国哲学家伊曼努尔·康德（Immanuel Kant）却坚定不移地认为，人可以通过先验范畴来理解这个世界，并通过统觉的先验统一性去把握世界背后的理性秩序的实在性。[③] 因此，启蒙运动之后的人道主义就与科学理性主义携手共进，一方面认为人具有理性认知能力和道德实践能力，进而成为历史发展的主人，实现自由解放；另一方面认为外在世界是客观的物质世界，由客观规律决定，是人认识和改造的对象，经过改造可以符合人的需求和欲望。因此，18 世纪启蒙运动之后的人道主义逐渐成为一种人类中心主义，强调通过人的理性认知能力来认识世界的本质，并让其服从于社会发展与经济繁荣的价值目标。“对这些价值或它产生并鼓励的那些‘需要’的任何改变都不可能带来幸福，只有组织好环境，使之更符合我们的行为表明我们具有的那些需要，才能创造幸福。”[④]

19 世纪之后，科学理性主义逐渐发展成实证主义认识论。实证主义认识论是一种唯名论的认识论。通过唯名论，实证主义虽然消解了本体论层面的世界的实在性，但是它把对世界本质的认识建立在更加严格的语言表达与逻辑推理之上，并强调经验只是赋予命题意义的条件，命题的意义在于其证实的逻辑演绎方法，这就是所谓的逻辑实证主义。它首先通过语言表现世界的原初命题，然后经过逻辑论证，进而形成对世界本质的认识的蓝图。[⑤] 20 世纪 50 年代之后，逻辑实证主义进一步演变成证伪主义（falsification），其代表人物为卡尔·波普尔（Karl Popper）。波普尔认为，无论是经验归纳法，还是逻辑实证主义，都不能证明科学规律是永远成

---

① KEITH－LUCAS A. Giving and taking help. Chapel Hill：University of North Carolina Press，1972.

② 凯蒂·索珀．人道主义与反人道主义．廖申白，杨清荣，译．北京：华夏出版社，1999：11.

③ 沈清松．哲学概论．贵阳：贵州人民出版社，2004：137－138.

④ 同③10.

⑤ 同③145.

立的，因为世界是开放的，未来任何一个反例都可以推翻以前所归纳和论证的科学规律。波普尔认为，真正的科学是通过演绎提出一个可以被经验检验的操作性命题，然后允许别人通过实验或者观察进行检验：如果没有被推翻，那么这就说明这个命题经受住了检验，具有科学坚实性；如果被推翻了，那么就需要提出一个新的理论和命题，来扬弃旧的命题。[①] 波普尔认为，区分科学与伪科学的标志不在于证据的多少，而在于是否允许反驳和证伪，不能被证伪的命题就不是科学命题。

如前所述，启蒙运动实现了人道主义与科学理性主义的联手，其目的是通过人的理性认知能力掌握世界的规律，进而对世界进行改造和利用，以将人从不自由的状态中解放出来实现人的自由。因此，人道主义也与某种乌托邦理想联系在一起。最早提出乌托邦理想的思想家是英国的托马斯·莫尔（Thomas More），在其 1516 年出版的著作《乌托邦》（*Utopia*）中，首次明确提出了“乌托邦”（Utopia）概念。之后，经过 18、19 世纪的发展，乌托邦理想逐步与人道主义和实证主义相结合，试图构建一种现实合理的人类发展理想。全世界最为科学的社会发展理想就是马克思和恩格斯提出的科学社会主义。他们把社会主义理想与辩证唯物主义结合起来，使社会主义由空想状态变成一种现实的理想。马克思和恩格斯的历史唯物主义是在扬弃黑格尔（Hegel）的绝对精神辩证法的基础上提出的一种历史观，它建立在对社会生产方式的历史分析之上，尤其是建立在对资本主义生产方式所导致的人的异化与剥削关系的批判之上，进而发现了资本主义经济制度剥削的秘密和日益严重的内在矛盾所导致的生产危机。在《1844 年经济学哲学手稿》里，马克思就对资本主义生产方式所导致的劳动异化问题进行了批判，在《德意志意识形态》中，马克思和恩格斯进一步系统阐述了他们的历史唯物主义理论，进一步对资本主义生产方式的异化进行了具体的批判，提出了人类真正解放的现实条件，以及共产主义革命的历史必然性。马克思和恩格斯所说的人类的真正解放，就是“各个人的全面的依存关系、他们的这种自然形成的世界历史性的共同活动的最初形式，由于这种共产主义革命而转化为对下述力量的控制和自觉的驾驭，这些力量本来是由人们的相互作用产生的，但是迄今为止对他们来说都作为完全异己的力量威慑和驾驭着他们”[②]。

现代社会工作正是在文艺复兴和启蒙运动之后，伴随着理性主义和科学方法发展而来的一种科学的、专业的助人活动，它的助人哲学奠基于人道主义、科学实证主义和乌托邦理想，将人们从自然界神秘力量和社会支配性力量中解放出来，成为社会生活的主人。尤其是 19 世纪之后马克思和恩格斯开创的政治经济学、历史唯物主义和科学社会主义，为具体而现实地批判资本主义生产方式的经

---

① 沈清松．哲学概论．贵阳：贵州人民出版社，2004：112．

② 马克思恩格斯选集：第 1 卷．北京：人民出版社，2012：169．

济剥削和劳动异化提供了理论武器，从而为实现自由联合和自觉驾驭共同生活的社会形式提供了思想指导。当然，在20世纪后半期，伴随着现象学、存在主义、诠释主义、后结构主义、建构主义、新实用主义等哲学的兴起，人们对人道主义和科学实证主义所声称的自由解放的理想开始表示怀疑，并发展出了形形色色的反人道主义的哲学思想，提供了更加多元的理解人与社会的发展历史的哲学思想。①

第二节　社会工作的价值体系

上一节介绍了中西方助人哲学的历史传统和现代转型，指出现代社会工作的助人哲学奠基于人道主义、科学实证主义和乌托邦思想。现代社会工作把“人在环境中”作为其助人的基本分析框架，强调人与社会的相互影响及其所发挥的适配功能。但社会工作之所以是社会工作，而不是一种单纯的功能主义的社会生态理论，就是因为强调人的主观能动性及其背后的价值理想，通过一种积极有为的干预策略，成为一种追求美好生活、社会正义的专业实践。也就是说，社会工作不是一门单纯的科学理性的技术性专业，而是一门基于某种价值理想的伦理实践专业。

一、社会工作专业中的价值体现

社会工作虽然相对于医学、工程、法律等而言，不是一门充分发育的、高度自治的专业，但这并不是由于社会工作的专业理论和专业方法不够精深，而是由于其专业属性决定了它不能脱离百姓的日常生活而成为一种单纯的技术理性。弗莱克斯纳早在1915年追问社会工作是否为一门专业时就指出，与专业目标范围清晰明确、所用技术方法较为专门化的医学和工程学等专业不同，社会工作具有一定的慈善志愿属性，其涉及的领域极为宽泛，知识运用呈现出高度的多元化特征。而且，社会工作主要依靠专业的智性品质和人文关怀来开展专业活动，而非依赖于某种单一的、具体的技术。总体而言，社会工作教育更像是一种旨在促进公民福祉和社会利益的综合性文化教育，有别于那种以培养单纯技术性专业人员为目标的教育。②

① 凯蒂·索珀. 人道主义与反人道主义. 廖申白，杨清荣，译. 北京：华夏出版社，1999：7.

② FLEXNER A. Is social work a profession? // NATIONAL CONFERENCE OF CHARITY AND CORRECTION. Proceedings of the National Conference of Charity and Correction at the Forty-second annual session held in Baltimore，Maryland，May 12-19，1915. Chicago：Heldman Printing Co.，1915.

在100多年的发展历程中，社会工作领域中一直有人致力于通过借鉴精神医学和心理辅导技术来增强社会工作的专业属性，或者借助于行为主义的实证研究成果来证明其专业效能。然而，大多数业内人士都认可，社会工作难以成为一门仅局限于技术理性、专业范围狭窄的小众专业；相反，它需要成为一门能够围绕自身专业价值使命来有效处理人与社会之间的复杂互动关系的专业。① 作为一门以促进人的解放和幸福、促进社会进步和公正为专业使命的专业，社会工作的专业价值观是体现在社会服务的全过程中的。医学、工程学等专业虽然也有职业伦理，但它们的职业伦理更多地扮演着开展相关职业活动的前提保障的角色，并且是它们追求的终极目标，而非这些职业活动本身的核心特征。与之不同，社会工作始终将人的解放和幸福、社会的进步和公正贯穿于社会服务的全过程，这些理念犹如灵魂一般指引着社会工作实践。从本质上讲，社会工作就是一种道德实践，其工作的各个环节都离不开价值判断的参与。②

案例一

强某是一名社区矫正对象，他曾经因犯故意伤害罪被判处有期徒刑二年，缓刑三年。社区矫正官经过调查评估，认为其存在说谎、酒精依赖、家庭暴力等问题，希望通过监管和行为矫正来降低其再犯风险。

依据实证主义的行为矫正模式，社会工作者聘请了心理咨询师，对强某进行认知行为治疗。然而，强某十分机智狡猾，对治疗师的治疗举措采取了抵触态度。每次都是在矫正官的强硬要求下，他才勉强参与治疗活动。但在治疗过程中，他既不透露真实信息，也不配合治疗师给出的治疗建议。如此一来，认知行为疗法在他身上难以产生应有的效果。面对这种情况，矫正官除了强制要求他每月参加8小时的志愿服务和8小时的集中学习之外，也没有更好的办法来应对他了。

矫正社会工作者也只能与强某维持基本的沟通互动关系。但是，因为矫正社会工作者没有特别的治疗目的，也不承担强制监管责任，只是保持接触和沟通，反而慢慢获得了强某的初步信任。强某把自己生活中遇到的麻烦告诉矫正社会工作者，希望获得矫正社会工作者的帮助：强某的妻子离家出走，把孩子留给强某，强某希望矫正社会工作者帮助其找回妻子。矫正社会工作者发现自己面临着一个艰难的伦理抉择：如果帮助强某和其妻子沟通，劝说其妻子回来，可能会违背其妻子的意愿，并存在产生家庭暴力的风险；如果不接受强某的请求和委托，将会破坏两个人建立起来的初步信任关系。

这显然不像认知行为治疗那般简单，仅需针对案主个人的认知行为模式进行干

---

① SPECHT H, COURTNEY M E. Unfaithful angels: how social work has abandoned its mission. New York: Free Press, 1993.

② CHU W, TSUI M, YAN M. Social work as a moral and political practice. International social work, 2009, 52 (3): 287-298.

预。社会工作者针对案主生活世界中复杂的人际互动关系进行干预，必然涉及其中多个互动主体之间的价值伦理问题。在此案例中，既涉及社会工作者与案主之间的互动关系及专业伦理，也涉及案主与其妻子之间的互动关系及夫妻伦理，还涉及社会工作者与案主妻子之间的互动关系及专业伦理。并且，这些价值伦理并非抽象的普遍价值标准，而是相互影响、相互矛盾的价值关系。

矫正社会工作者决定就这些伦理困难和强某进行坦诚沟通，告诉他自己很愿意帮助他解决夫妻关系问题，但是并不能直接劝说他妻子回来，因为如果自己劝说他妻子回来，将会违背他妻子的意愿，并可能导致家庭伤害。矫正社会工作者告诉强某，可以帮忙打个电话问问他妻子是否愿意一起来谈谈，寻求解决问题的办法。强某同意了矫正社会工作者的建议。但是，矫正社会工作者打通强某妻子的电话后，强某妻子听了矫正社会工作者的意见后直接告诉矫正社会工作者，她不接受调解，已准备离婚。矫正社会工作者把这个消息告诉强某后，强某陷入了痛苦之中，继续通过酗酒来缓解内心的痛苦；而且，酗酒后就给矫正社会工作者打电话，抱怨社会工作者没有帮上忙，将会和他的妻子斗争到底，坚决不离婚。

上述例子清晰地表明，社会工作专业实践与心理治疗存在显著差异。心理治疗往往仅需借助于专业技术实施治疗，只要确保不违背基本的专业伦理准则，其服务过程主要聚焦于技术手段的有效性问题。与之不同，社会工作实践的核心在于协助案主妥善处理日常生活中错综复杂的人际互动难题。这种对人际关系的介入式专业实践的每一个环节，都不可避免地涉及复杂的伦理关系。这就要求社会工作者在充分尊重每个当事人自我决定权利的基础上，切实保护好各方当事人的合法权益，积极寻求各方当事人之间的承认与理解，精准平衡沟通互动过程中的潜在风险，同时还要合理把握适当冒险可能带来变化的可能性。这里并没有一个简单明了的伦理抉择标准，而是需要把普遍的价值标准和具体的实践情境相结合，寻求动态的、权变的、务实的伦理抉择。当然，一些基本的伦理抉择原则和程序规则还是存在的，比如始终把生命权、公共利益放在首位，其次才是尊重案主自觉和保护案主隐私。

二、从抽象的普遍价值到具体的价值抉择

前文从社会交往过程与批判实践理论的角度阐述了社会工作专业的价值伦理的重要性，下面阐述社会工作专业如何处理普遍的价值标准与具体的价值判断之间的张力问题，以便为解决具体的伦理困境提供理论基础。社会工作专业的价值伦理无法脱离其所处的社会背景，自成一套抽象且绝对的专业价值体系，相反，它深深扎根于特定的社会文化环境之中。然而，就如同文化多元主义在发展过程中，极易演

变为相对主义的多元文化形态，从而致使社会共同生活丧失价值根基一般，社会工作专业在秉持文化多元主义的基础上，也需努力从人类生活中提炼出一些具有普遍性的价值；与此同时，还要适度保持文化敏感性，力求在文化的相对性与人性的普遍性之间寻得平衡。如此一来，社会工作专业方能在多元文化的现实情境中，既尊重不同文化背景下的价值差异，又坚守人类共通的基本价值准则，切实有效地开展专业服务，助力个体与社会的和谐发展。①

任何社会都有本社会的文化体系，其中都包含着关于人与世界的普遍的价值伦理。只不过，在现代社会到来之前，各个文化体系之间的价值伦理多由本民族的文化思想家进行概括，并可能与宗教或者政权相结合，成为一种主流的意识形态。伴随着现代化的到来，起源于西方的人道主义逐渐作为现代社会的一种普遍价值观流行开来。但是，在推行人道主义价值观的同时，人们发现其可能带来某种文化冲突，并且蕴含着内在的价值冲突问题。康德在阐述世界公民的普遍理性法则时就意识到了世界公民的发展历史中的内在张力，即“人类的非社会性的社会性”，并且承认这种“非社会性的社会性”正是人类社会由地方社群向世界公民转变过程中的发展动力。②

康德所提倡的普遍的人类法则是什么呢？在其概括的作为世界公民的普遍历史观念的命题二中，康德明确指出人类发展的自然禀赋就在于使用人的理性，并期望这种理性禀赋在全人类这个物种上充分发展出来。③ 只有通过理性，人类才能摆脱愚蠢、幼稚的虚荣和罪恶，去获得幸福和美满。但是，康德在命题四中又指出，“大自然使人类的全部禀赋得以发展所采用的手段就是人类在社会中的对抗性”④。他所说的这种对抗性，指的就是“人类的非社会性的社会性”。这显然是一种矛盾的属性，人一方面有使自己理性化的倾向，另一方面也有一种相互对抗的倾向，也就是“非社会性的社会性”。这种矛盾会进一步转化为舒适的地方社群文化与紧张的跨社群交往之间的张力。正是这种社会性与非社会性、地方性与全球性之间的对抗关系，推动着人类社会最终从一种病态地被迫组成的社会的一致性转化为一个道德的整体。⑤

康德早就指出了普遍理性发展的内在矛盾性，个体与群体、地方与全球始终是在一种对立统一的矛盾关系中发展着，逐渐达致一种世界公民的普遍理性法则。经过了两百多年的发展，康德的普遍理性的世界公民理念不断受到质疑与批判，尤其是当某些实践打着理性和解放的旗号，对其他民族和文化强行进行干涉时，往往会

---

① 齐格蒙特·鲍曼．作为实践的文化．苏婉，译．北京：中国人民大学出版社，2022：70-84.
② 康德．历史理性批判文集．何兆武，译．北京：商务印书馆，1990：7.
③ 同②4.
④ 同②6.
⑤ 同②.

导致一系列适得其反的人道主义灾难。[①] 然而，这并不就是要全部否定启蒙运动所提出的对理性的公开讨论与运用，而是如尤尔根·哈贝马斯（Jürgen Habermas）所言，要把一种狭隘的工具技术理性扩展为一种价值理性和沟通理性，进而形成一种理想的沟通情境，具体讨论各种声称的有效性。哈贝马斯提出，任何一种陈述或者表达的有效性的标准，都必须通过一种理性的沟通论证过程才能获得，这种沟通论证过程的理想标准条件包括如下三点[②]：

（1）必须彻底排除一切强制因素。在沟通中，除了基于真实动机外，不应掺杂任何其他动机。

（2）沟通过程需遵循特殊的论证规则：清晰呈现问题的有效性要求，使讨论摆脱行为和经验所带来的压力，以假设的形式提出观点，并依据合理理由来检验正方所主张的要求是否合理。

（3）论证的关键在于依据内在特质生成令人信服的论据。这里所说的论证的内在特质，主要体现在每一项声明都要有论据支撑以及合理的推理过程，并且必须符合自明性的逻辑规则，坚决杜绝强词夺理或单纯依靠雄辩技巧的情况。

从康德所提出的普遍理性的内在发展动力，到哈贝马斯关于沟通理性的实用主义具体语境条件的阐述，这些理论成果为社会工作专业价值从普遍到具体的多层次转换和应用，提供了理论指导。一方面，现代社会工作基于现代社会的普遍价值理性，把人的幸福、解放、人权、正义等作为其核心价值原则；另一方面，这些具有普遍性和抽象性的价值原则，在实际应用中需要与具体情境以及地方文化相结合；并且，要通过合理的伦理抉择程序，对这些价值原则在具体情境中正当性依据进行审慎判断，以确保社会工作实践既符合普遍价值导向，又切实满足不同情境下的实际需求。

三、社会工作专业价值观的三个层次

基于康德所提出的普遍理性的内在发展动力，以及哈贝马斯所阐述的沟通理性的实用主义具体语境条件，社会工作专业强调把遥远的抽象的价值观与具体的特定的现实问题对接起来。美国社会工作学者毕尤拉·R. 康普顿（Beulah R. Compton）和伯特·盖拉威（Burt Galaway）曾说，价值观越是抽象越是没有争议，越是具体越是容易产生分歧和矛盾，所以关键是要清楚在哪个层次讨论价值观问题，

① 齐格蒙特·鲍曼．现代性与大屠杀．杨渝东，史建华，译．南京：译林出版社，2002.

② 尤尔根·哈贝马斯．交往行为理论：第1卷 行为合理性与社会合理化．曹卫东，译．上海：上海人民出版社，2018：44-45.

以及如何把抽象的价值观用于解决具体情境中的现实问题。而且，他们提供了一个从抽象到具体，以及从具体到抽象的思维转换的概念图：

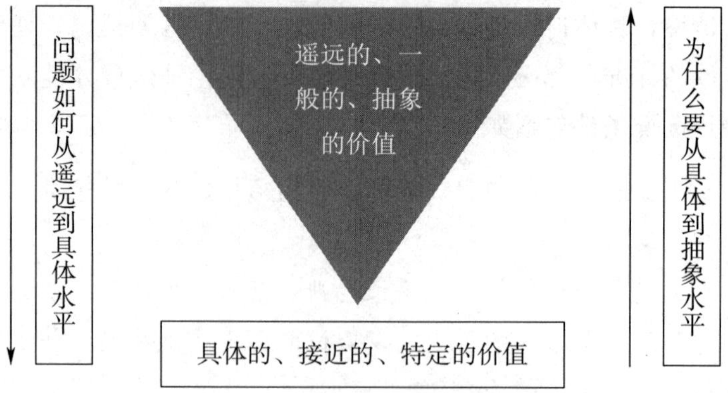

图 2-1 价值问题的抽象或者具体水平的概念图[①]

查尔斯·列为（Charles Levy）最早提出，社会工作专业价值根据其对待人的态度与方式分为三个层次：所偏爱的人的概念、所偏爱的人的结果和所偏爱的对待人的工具性方式。[②] 在此基础上，阿曼达·莫拉莱斯（Armando Morales）和布雷德福德·谢弗（Bradford Sheafor）提出了社会工作专业价值观三个层次的具体内容，如下[③]：

社会工作所偏爱的人的概念：

(1) 社会工作者相信人的内在的价值和尊严；

(2) 每个人都有内在的能力和动机走向变迁，从而让生活更加圆满；

(3) 每个人都对他自己和他的人类同伴——包括社会，负有责任；

(4) 人们需要归属；

(5) 每个人都有一些共同需求，但每个人都是独特的、不同于他人的。

社会工作所偏爱的人的结果：

(1) 社会必须给个人提供成长和发展的机会，进而让每个人充分实现个人的潜能；

(2) 社会必须提供资源和服务以帮助人们满足他们的需求，避免如下问题的发生：饥饿、教育不足、歧视、疾病后缺乏照顾、住房不足等；

(3) 人们必须拥有平等的机会参与塑造社会形态。

---

① COMPTON B R，GALAWAY B. Social work processes. rev. ed. Homewood，Illinois：Dorsey Press，1979：128.

② LEVY C. The value base of social work. Journal of education for social work，1973，9 (1)：34-42.

③ MORALES A，SHEAFOR B W. Social work：a profession of many faces. 4th ed. Boston：Allyn and Bacon，1987：205-207.

社会工作所偏爱的对待人的工具性方式：

（1）人们应该被尊重和有尊严地对待；

（2）人们应该有最大的机会去决定自己生活的方向；

（3）人们应该被促使和帮助与他人进行互动，去建设一个能够回应每个人的需求的社会；

（4）人们应该被承认是独特的个体，而不是因为一些特殊的特征或生活经验而被刻板化对待。

我们发现，莫拉莱斯和谢弗所提出的社会工作专业价值观的三个层次的具体内容把人本主义精神与社会公平正义结合了起来，具有一定的乌托邦理想色彩，缺少对现实的资本主义政治经济制度的批判。但是，作为一种理想的价值标准，它可以引导人们对现实的政治经济制度进行批判，进而务实地增进人的福祉和社会的公正。

第三节 社会工作的伦理守则与判断能力

本章前两节详细探讨了中西方助人哲学的历史发展脉络，以及现代助人哲学的核心要点；同时，借助于哈贝马斯的沟通理性的实用主义具体语境条件，成功搭建起了从普遍价值标准过渡到具体价值抉择的分析框架与实施路径。本节将以国际社会工作人员联盟于 2014 年发布的社会工作国际定义中的相关伦理原则，以及美国社会工作人员协会颁布的社会工作伦理守则为依据，紧密结合相关的现实案例，深入且具体地阐释在实际工作中应如何直面伦理困境，如何识别其中蕴含的价值标准，以及怎样做出合理有据的伦理判断。

一、社会工作的伦理守则

社会工作的伦理守则是伴随着社会工作的专业化进程而被逐步提上议事日程的。不同于一般价值体系，专业伦理守则主要规范具体的专业行为，保护公众和相关当事人的正当权益，避免专业人员因发生专业侵权行为而受到法律诉讼，保护专业共同体利益。[①] 所以，专业伦理守则更多是一种规范专业人员的从业行为、保护专业共同体的形象和声誉、促进专业发展的特定伦理守则。专业伦理守则尽管不同于一般的社会价值伦理，但是要符合一般价值标准，并且是从一般价值体系中延伸

---

① 拉尔夫·多戈夫，弗兰克·M. 洛温伯格，唐纳·哈林顿．社会工作伦理：实务工作指南．隋玉杰，译．北京：中国人民大学出版社，2005：32.

发展出来的。

比如，美国是世界上最早开始社会工作专业化的国家，但是在 1915 年弗莱克斯纳追问“社会工作是一门专业吗?”时，美国的社会工作专业训练也只是围绕慈善服务和社区睦邻而开展的职业方法培训，培养一种博学而综合的智性实践能力，强调志愿服务和利他奉献的精神[①]，并没有特别规定职业伦理守则。1924 年，美国社会工作人员协会才在其会刊《指南针》（*The Compass*）上提出，要拟订专业伦理守则。随后，美国社会工作人员协会成立了一个专业伦理全国委员会，研究制定专业伦理守则。直到 1951 年，美国社会工作人员协会才在其全国大会上采纳了一套专业伦理守则。[②]

1955 年，美国的几个社会服务组织联合起来，成立了社会工作人员国家协会。成立社会工作人员国家协会的目的就是，统一社会工作的专业身份，制定统一的社会工作定义和社会工作职业伦理守则。经过几年的研究、讨论，终于在 1960 年，社会工作人员国家协会颁布了美国第一部社会工作者伦理守则，并经过 1967 年、1979 年两次修改。[③] 1996 年，美国社会工作人员国家协会颁布了新的社会工作职业伦理守则，并于 2008 年和 2017 年两次修订，沿用至今。

国际社会工作人员联盟虽然是在 55 个国家社会工作人员协会的基础上于 1956 年就成立了，但最初只是一个国际交流组织，并没有起到规范国际社会工作发展的作用。直到 20 世纪末期，国际社会工作人员联盟与国际社会工作学校协会联合成立一个专门委员会，拟定社会工作的国际定义，并于 2001 年 6 月的丹麦哥本哈根大会上发布了首个社会工作的国际定义，之后又于 2004 年的澳大利亚阿德莱德大会上发布了首个《社会工作专业教育和训练全球标准》。经过了 10 年的发展，国际社会工作人员联盟又于 2014 年 7 月的澳大利亚墨尔本大会上发布了最新的社会工作的国际定义，试图让更多的国家和地区都能接受这个更具包容性的最新国际定义。

对比国际社会工作人员联盟 2014 年发布的最新国际定义中的基本原则与美国社会工作人员国家协会 2017 年修订的职业伦理守则，我们发现其中的基本价值和原则都是一致的。比如，国际社会工作人员联盟规定的社会工作专业的核心任务和基本原则内容如下：“社会工作专业的核心任务包括促进社会改变、社会发展、社会团结和人类的赋权、解放……社会工作的首要原则是尊重内在价值、人类的尊严并不造成伤害，尊重多样性、崇尚人权和社会公正……社会工作的合法性和任务在

---

① 亚伯拉罕·弗莱克斯纳．社会工作是一门专业吗？胡杰容，邓锁，译//王思斌．中国社会工作研究：第 10 辑．北京：社会科学文献出版社，2013.

② 拉尔夫·多戈夫，弗兰克·M. 洛温伯格，唐纳·哈林顿．社会工作伦理：实务工作指南．隋玉杰，译．北京：中国人民大学出版社，2005：35.

③ JOHNSON L C. Social work practice：a generalist approach. 6th ed. Boston：Allyn and Bacon，1998：51.

于它对人们与环境互动的干预。”[①] 而美国社会工作人员国家协会 2017 年发布的《社会工作人员国家协会伦理守则》则列出了六种核心价值：服务、社会正义、人的尊严和价值、人类关系的重要性、诚实、能力。这里似乎没有对多样性的重视，不考虑赋权和解放，但是在前言里，美国《社会工作人员国家协会伦理守则》也指出，“社会工作人员与案主一起或者代表案主促进社会正义和社会变迁。社会工作人员对文化和伦理的多样性保持敏感，努力消除歧视、压迫、贫困和各种形式的不公正现象”[②]。

所以，就社会工作的价值伦理的一般原则而言，美国社会工作人员国家协会的标准与国际社会工作人员联盟的标准基本一致，两者之间并没有本质区别。然而，真正的关键在于，当面对具体的伦理困境时，如何运用这些一般性的伦理原则去妥善化解问题，并切实提升社会工作者在伦理判断方面的能力。

二、社会工作的伦理困境

所谓社会工作的伦理困境，是指社会工作专业实践中所遭遇的一种特殊且复杂的情境。在这种情境下，存在着相互矛盾的情况，但矛盾的各方又都符合一定的价值标准。这种伦理困境的产生，可能源于社会工作实践中涉及多个当事主体，且这些主体各自秉持着不同的价值标准；也可能是因为对于同一事件，从不同的角度去审视和判断，会得出不同的结论。总之，它是一种涉及多个价值标准，但又无法按照既定逻辑顺序做出一致性抉择的矛盾情境。

根据社会工作的伦理困境产生的原因，可以把其分为两种不同类型：一种是多个当事人之间的价值立场差异导致的忠于谁的伦理困境；另一种是看待事情的多个角度的差异导致的价值观冲突的伦理困境。[③]

（一）多个当事人之间的价值立场差异导致的忠于谁的伦理困境

案例二

老旧小区加装电梯，是一项实实在在的惠民工程，但在现实生活中，高层住户与低层住户之间的利益冲突却可能引发纠纷。前不久，四川乐山一老旧小区 1 楼业主程某以侵权为由将同单元 2 楼及以上 10 户业主告上了法庭。涉案小区位于乐山

① 国际社会工作人员联盟．社会工作专业的国际新定义．李晓慧，译//王思斌．中国社会工作研究：第 13 辑．北京：社会科学文献出版社，2016：231－234.

② NASW. Code of ethics of the National Association of Social Workers. Approved by the 1996 NASW Delegate Assembly and revised by the NASW Delegate Assembly in 2017.

③ 拉尔夫·多戈夫，弗兰克·M. 洛温伯格，唐纳·哈林顿．社会工作伦理：实务工作指南．隋玉杰，译．北京：中国人民大学出版社，2005：9.

市市中区白云街，于1999年修建，属于单位集资房，小区内共有13个单元，各单元均为6层住宅，每层有2户业主。原告程某为该小区1楼业主，被告潘某某等10户业主为同单元的2楼及以上住户。2022年初，潘某某等多户业主发起在本单元加装电梯的申请，12户居民中有10户同意加装电梯。由于符合加装电梯业主表决规则，加装电梯的筹备工作正常启动。在此期间，1楼住户程某一直持反对意见。街道、社区多次走访协商调解，均没能达成一致意见。据小区所在的茶坊社区党委副书记刘军介绍，此前这个小区已经加装了好几台电梯，关于涉案楼栋底楼住户与楼上住户存在的分歧，街道和社区组织了两次调解，最终都未能成功化解矛盾。电梯加装工程开工前夕，程某以侵权为由将2楼及以上10户业主告上了法庭。程某认为，该电梯加装后，将影响其厨房和卫生间的采光、通风，电梯运行产生的噪声也将影响其家人的日常起居和休息，请求判令被告停止侵权，立即停止加装电梯工程，或者判令各被告在加装电梯时，不得对原告的采光、通风以及居住安全造成影响，并连带赔偿因加装电梯导致的原告房屋贬值损失。[①]

这是当前我国老旧小区改造过程中经常遇到的问题，根据一般价值标准来说，给老旧小区加装电梯，方便高层住户老年人上下楼和出行，有利于老年人的身心健康，是一件值得肯定的好事。但是楼房建筑把不同楼层的住户捆绑在一起，1楼/底层住户不需要电梯也能方便出行，加装电梯只会导致噪声，甚至还影响其采光和通风，有可能降低其房屋的市场价值。同一事件涉及多个当事人，但是不同当事人的价值标准不一致，自然产生了矛盾，到底该站在楼上住户的立场，支持加装电梯，方便老年人出行呢？还是站在1楼/底层住户的立场，反对加装电梯，保护他们的居住安静的权利呢？

（二）看待事情的多个角度的差异导致的价值冲突的伦理困境

案例三

杨四郎延辉在宋、辽金沙滩一战中，被辽军掳去，改名木易，与铁镜公主结婚。十五年后，四郎听说六郎挂帅，老母佘太君也押粮草随营同来，不觉动了思亲之情。杨延辉有段坐宫的唱词反映了他内心的矛盾纠结："想起了当年事好不惨然！我好比笼中鸟有翅难展，我好比虎离山受了孤单，我好比南来雁失群飞散，我好比浅水龙困在沙滩。想当年沙滩会，一场血战，只杀得血成河尸骨堆山，只杀得杨家将东逃西散，只杀得众儿郎滚下马鞍。我被擒改名姓身脱此难，将杨字改木易匹配良缘。萧天佐摆天门在两下会战，我的娘押粮草来到北番。我

① 红星新闻．老旧小区加装电梯引邻里分歧，底楼业主起诉楼上10户被驳回：应具适度容忍义务．(2023-04-14)［2025-03-06］https：//news.sina.com.cn/s/2023-04-14/doc-imyqhyiv3013076.shtml.

有心出关去见母一面，怎奈我身在番远隔天边。思老母不由得儿把肝肠痛断，想老娘不由儿泪洒在胸前。眼睁睁母子们难得见，儿的老娘啊！要相逢除非是梦里团圆。”

杨四郎之所以内心矛盾纠结，是因为面对两军对垒，他身兼两个角色，引发了价值冲突：首先，他被俘在辽营隐姓埋名，已经娶了铁镜公主，成为萧太后的驸马爷，理应忠于萧太后和铁镜公主的利益；其次，他是杨家佘太君的儿子，父母的养育之恩难以报答，孝敬父母的责任就成为他内心的难以承受之重。

三、解决伦理困境的决策模式

当社会工作者遭遇伦理困境时，是否存在有效的方法来分析困境并加以解决呢？从理论层面讲，的确存在一些指引性的原则与程序，能够辅助社会工作者对伦理困境进行分析，并做出相对合理的伦理抉择。然而，需要明确的是，由于伦理困境本身的复杂性和多样性，任何一种方法都无法确保所做出的伦理抉择能够让所有相关方都感到满意。目前，社会工作领域提供了三种不同的解决伦理困境的决策模式，分别是弗雷德里克·雷默（Frederic Reamer）提出的伦理规则排序法决策模式、弗兰克·M. 洛温伯格（Frank M. Loewenberg）和拉尔夫·多戈夫（Ralph Dolgoff）提出的伦理原则排序法决策模式、马瑞安·马提森（Marian Mattison）提出的实用主义情境分析框架决策模式。

（一）雷默的伦理规则排序法

雷默是社会工作领域的著名伦理学家，出版过多部有关社会工作的价值伦理和伦理困境的书籍。他根据道德哲学家阿兰·格沃斯（Alan Gewirth）提出的伦理价值内在一致性标准，提出了一种解决社会工作伦理困境的决策模式，把涉及的相关价值标准从高到低进行排序，形成一种词典式的伦理规则排序，供人们分析遭遇的伦理困境。雷默的伦理规则排序如下[①]：

(1) 针对行动的必要前提（比如生命、健康、食品、庇护所、精神健康等）的保护规则，优先于针对行动的非必要前提（比如隐藏或者披露保密信息，或者涉及休闲、教育和财富等附加物品的行动）的保护规则；

(2) 一个人的基本幸福的权利（包括那些行动的基本要素的物品），优先于另一个人的自我决定的权利；

(3) 一个人的自我决定的权利，优先于他/她自己的基本幸福的权利；

---

① REAMER F G. Social work values and ethics. 4th ed. New York: Columbia University Press, 2013.

(4) 如果一个人自愿与自由地认同那些法律、规则和规定，那么，他/她遵循这些规则的义务就优先于他/她以一种与这些法律、规则和规定相冲突的方式自由对待这些法律、规则和规定的权利；

(5) 一个人追求幸福的权利一旦与法律、规则、规定和志愿协会的协议发生冲突，他/她的幸福权利就优先于这些法律、规则、规定和协议；

(6) 预防饥饿等基本伤害的义务，和促进住房、教育、公共援助等公共利益的义务，优先于一个人对自己财产的完全控制权。

针对前述老旧小区加装电梯案例，如果按照雷默的伦理规则排序法，那么无论是一楼的程某，还是二楼及以上的居民，他们提出的诉求均不是行动的必要前提，所以无法套用第一条规则。这个案例不符合第二条规则，因为二楼及以上居民做出的加装电梯的决定不是其基本幸福的权利，所以不能优先于一楼居民的自我决定的权利。这个案例不符合第三条规则，因为不是一个人自己决定自己的事务，所以无法套用第三条规则所说的“一个人的自我决定的权利，优先于他/她自己的基本幸福的权利”。这个案例不符合第四条规则所说的“个人自愿与自由地认同的法律、规则和规定，自己就应该遵循”，因为一楼居民压根就不认同加装电梯的民主投票规则。一楼程某的行为倒是符合第五条规则所说的“一个人追求幸福的权利优先于这些法律、规则、规定和协议”；但是，二楼及以上居民的决定符合第六条规则所说的“促进住房、教育、公共援助等公共利益的义务，优先于一个人对自己财产的完全控制权”。按照排序，第五条排在第六条前面，因此，一楼居民的行为应该优先于二楼及以上居民的集体决定。但是，这种价值的内在一致性标准是建立在个体权利基础之上的，而个体权利和集体利益最大化之间并不存在逻辑上的优先顺序问题。相反，这取决于不同国家和地区的文化传统。

（二）洛温伯格和多戈夫的伦理原则排序法

洛温伯格和多戈夫主编的《社会工作实务中的伦理决策》(*Ethical Decisions for Social Work Practice*)，到2011年已经出版了9版，是美国社会工作教育委员会推荐的社会工作伦理教材，其第7版的中文版以《社会工作伦理：实务工作指南》为书名，由中国人民大学出版社于2005年出版。在这本被广泛使用的教材中，作者们首先提出了一种社会工作实务工作中的伦理评估筛查方法，然后在此基础上提出了一种分析伦理困境的伦理原则的词典式排序方法。他们提出的社会工作伦理评估筛查方法如下图所示：

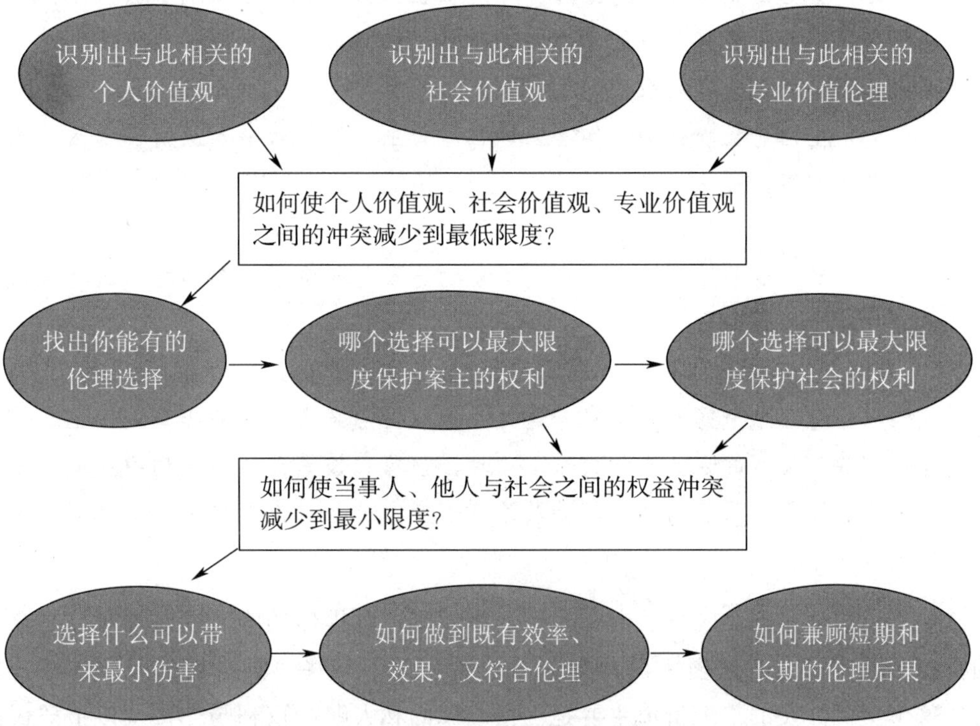

图 2-2 社会工作伦理评估筛查方法[①]

在此基础上，作者们提出了伦理准则的筛查方法：首先看《社会工作人员国家协会伦理守则》是否有什么准则适用；有的话，按照《社会工作人员国家协会伦理守则》做出决策；没有的话，按照作者们提出的伦理原则词典式排序做出决策[②]：

（1）保护生命。生命权是最基本的权利，是其他一切权利的基础，所以应该优先保护案主和他人的生命，这一原则高于所有其他义务。

（2）平等与差别平等。这是基于罗尔斯所提出的有关公正的词典式排序而形成的原则，也就是首先保证所有人在同等条件下获得同等对待；但是，如果差别对待有关当事人（比如弱势群体优先原则）可以带来较大的社会进步，或者符合社会成员的潜在利益，那么就应该差别对待那些特殊对象。

（3）自主和自由。社会工作者应当培养案主的自主性，并尊重案主的自我决定，但前提是优先保障原则 1 提出的生命权。不允许案主做出伤害自己和他人生命的自主决定。所以，当发现案主或者他人的生命受到危害时，社会工作者应该根据风险收益概率及时做出干预，把伤害风险降到最低程度。

（4）最少伤害。当面临不得不产生伤害的困境时，比如如何保护受虐儿

① 拉尔夫·多戈夫，弗兰克·M. 洛温伯格，唐纳·哈林顿. 社会工作伦理：实务工作指南. 隋玉杰，译. 北京：中国人民大学出版社，2005：57.

② 同①59-61.

童，是把受虐儿童与其父母分开，还是警告和教育其父母正确管教孩子？任何一种选择都可能伤害儿童的利益。这时只能根据伤害最小原则去权衡哪种选择造成的伤害最小、时间最短，而不是任其发展。

（5）生活质量。社会工作者应该推动案主、相关当事人及所在社区的生活品质持续改善。

（6）隐私和保密。社会工作者应该尊重案主的隐私，并最大程度地为案主保密。当然，这条原则的前提也是案主的隐私与秘密不能对案主个人和他人的生命权益造成伤害。

（7）真诚和毫无保留地公开信息。社会工作者要真诚地与案主和相关当事人沟通，充分地披露相关信息。这样才能取得与案主和相关当事人的信任，并与他们建立良好的专业合作关系。当然，当信息披露涉及案主的隐私时，要征询案主的同意，除非信息披露涉及法律规定，社会工作者有义务配合司法程序做出专业证据。

仍然以前述老旧小区加装电梯为例，相较于雷默提出的明确的伦理规则，洛温伯格和多戈夫提出的伦理抉择原则似乎要更为灵活一些。根据其伦理评估筛查办法，这个案例涉及的伦理价值主要是一楼居民的私人财产权利与二楼及以上居民的追求集体幸福权利之间的冲突。如何根据伦理抉择原则来解决这个伦理冲突呢？首先，并没有具体的国家伦理守则来做出抉择指引，所以无法引用国家伦理守则；其次，根据洛温伯格和多戈夫所列出的词典式伦理原则顺序，这个案例并不符合上述七条原则中的任何一条，至多与第二条原则有点接近，应该平等对待该楼的所有居民。但无论是一楼居民还是二楼及以上居民，都不是弱势群体，所以他们都不应该获得差别优待。因此，如果同意一楼居民的诉求，那么显然就会违背第五条原则，应该推动案主、相关人所在社区的利益持续改善；如果同意二楼及以上居民的集体决定，那么显然就会违背第二条原则所说的平等对待所有居民。所以，就算是比较灵活的伦理评估筛查法和伦理原则排序法，也无法解决所有伦理困境。

（三）马提森的实用主义情境分析框架

无论是雷默提出的伦理规则排序，还是洛温伯格和多戈夫基于伦理评估筛查所构建的伦理原则排序，他们都明确承认，这些关于伦理规则或原则的排序并非毫无争议。在实际应用中，最终仍需依靠一线实际工作者依据具体的实践情境，做出谨慎且恰当的决策。例如，从普遍认知来看，“保护生命”这一原则通常被视为毫无争议的首要准则。然而，当面对一位身患不治之症且已进入晚期的患者时，情况就变得复杂起来。此时，继续治疗不仅会消耗大量家庭和社会资源，还会让病人承受巨大痛苦。在这种情况下，是尊重患者及其家人的意愿停止治疗，还是坚持消耗资源强行进行医疗介入以维持其生命呢？这不仅是当下医疗领域中极具争议的伦理困境，同时也是医务社会工作者面临的职业伦理困境。再比如，一般认为法律规则高于职业伦理，而职业伦理又高于个人价值偏好。但当遭遇僵化、官僚化的司法程序，且该程序严重损害了案主的利益以及社会公众所追求的公平正义时，社会工作者是否只能作为一线执行者，机械地按照相关程序办事呢？实际上，在这种情况下，并不存在绝对统一的标准。正是由于伦理规则或原则排序存在诸多争议且难以形成绝对统一的标准，才有人主张放弃对价值原则进行排序，转而提供一种实用主义情境分析框架。通过这种框架，引导实践者逐步梳理、澄清相关的伦理议题，从而帮助实务人员在复杂情境中做出清醒、审慎且符合实际情况的伦理决策。马提森所提出的情境分析框架，就是这种实用主义伦理决策模式的典型代表，其具体步骤如下：

（1）收集与评估个案的背景信息和具体材料；

（2）把实践考量与其蕴含的伦理成分区分清楚；

（3）辨识实践行动中的价值张力；

（4）辨识案例中承载的社会工作职业伦理守则中的一些原则；

（5）辨别可能的行动步骤；

（6）估计哪个伦理义务值得优先考虑，并证明行动步骤的合理性；

（7）解决问题和反思实践。

马提森提出的实用主义情境分析框架，与前文提到的哈贝马斯提出的实用主义具体语境条件类似，都没有绝对的价值原则排序，而是要求实践者区分具体案例中所蕴含的价值张力，然后分步骤地辨识每一步实践行动所涉及的伦理义务，澄清自己对这些伦理义务的优先顺序，并给出合理的理由。一般来说，常见社会工作实践中的价值张力包括如下几种情况：案主自我决定的权利与专业父权主义之间的张力；为案主保密原则与基于法定和专业伦理披露信息之间的张力；法律义务与工作者感知的更好状态之间的张力；对机构政策的担责与自由裁量之间的张力；案主自我决定与社会工作者的价值判断之间的张力；个体权利与家庭系统的整体利益之间的张力。[①]

还是以前述老旧小区加装电梯为例，其中存在的伦理张力体现为一楼居民的财产权利与二楼及以上居民（尤其是老年居民）的行动便利权利之间的冲突。一楼居民的财产权利能否凌驾于二楼及以上居民的行动便利权利之上？又或者说，二楼及以上居民通过集体选择做出的行动，是否可以压制一楼居民的个体权利？面对这样的两难伦理张力，并没有一个如同词典式顺序那样清晰、固定的伦理规则或原则可

---

① MCGOWAN B G，MATTIISON M. Professional values and ethics//MATTAINI M A，LOWERY C T，MEYER C H. Foundations of social work practice：a graduate text. 3rd ed. Washington，DC：NASW Press，2002.

供遵循。但至少，当事人应当清楚自己行动背后的伦理价值是什么，以及这些不同的伦理价值之间产生冲突的原因何在；同时，还应当思考能否找到一些方法来协调这一冲突。例如，在这个案例中，二楼及以上居民可否与一楼居民协商，通过给予一楼居民适当的采光损失和噪声污染补偿，来换取一楼居民对加装电梯的同意。当然，一楼居民也需要适当考虑二楼及以上居民的行动便利权利，并且认识到作为整个建筑物的公共设施，加装电梯是一种促进公共利益的行为，自己是否也需要为了公共利益做出一定的牺牲，比如少要求一些补偿，以维护居民之间的团结友好关系。

当然，任何人在确定价值义务的优先顺序时，都期望有一个清晰明了、内在一致的价值原则排序，比如先遵循法律规定，接着是职业伦理，然后是机构规则，再是专业自由裁量权，最后是个人的假设偏好，等等。或许，这对于初涉此领域的人来说，是一个安全可靠的决策模式。然而，如果想要成为一名成熟的社会工作者，就必须不断依据具体的案例情境，提升自己在专业行动中对伦理价值的敏感性，准确分辨诸多价值张力在特定情境下的轻重缓急以及利害得失；唯有如此，才能不断提高自己的伦理决策能力，做出合理且正当的伦理决策。

复习思考题

1. 西方社会助人哲学的现代转型过程和机制是什么？
2. 中国社会传统助人哲学如何发生现代转型？
3. 现代社会工作助人哲学的三大核心思想是什么？
4. 面对伦理困境，如何进行伦理困境的逐步分析并做出合理决策？

推荐阅读书目

1. 马克斯·韦伯．新教伦理与资本主义精神：罗克斯伯里第三版．苏国勋，覃方明，赵立玮，等译．北京：社会科学文献出版社，2010.

2. 张佩国．传统中国社会福利实践的社会逻辑：基于明清社会研究的解释．社会学研究，2017（2）.

3. 拉尔夫·多戈夫，弗兰克·M. 洛温伯格，唐纳·哈林顿．社会工作伦理：实务工作指南．隋玉杰，译．北京：中国人民大学出版社，2005.

第三章

社会工作的理论基础

【教学目标】

学习社会工作的理论基础，理解理论与实践之间的辩证关系，提升专业社会工作的理论自觉性。

【本章导学】

社会工作理论是为了阐明干预实践理由和过程机制，不是为了解释社会现象的一般社会理论。

社会工作理论来自一般社会科学，但并不是为了机械应用社会理论，而是在理论的启发下提升实践的有效性。

社会工作理论除了推理性因果逻辑理论，还包括地方性知识、过程性知识和个人性实践智慧。

社会工作理论需要基于社会工作的人性观、社会观和宗旨目标进行批判性反思，以促进社会福利和社会正义。

【关键概念】

基础理论；实务模式理论；地方性知识；实践智慧；批判反思

社会工作作为一门以促进社会变革为目标的实践型专业，虽不具备基础学科属性，却需依托多元社会理论构建专业干预的知识基础，以此强化实践过程的理论自觉与行动效力。需要强调的是，基础学科的研究成果并不能直接移植于社会工作场域，使其简单异化为应用社会科学范式的技术工具。社会工作实践的理论根基，本质上源于对专业干预动态性、复杂性的深刻把握——它要求实践者在干预目标与行动策略的能动选择中，持续与场域内的结构性制约（包括资源配置、制度框架及技术条件等客观限制）展开辩证对话。这种在实践理性与客观情境张力间的持续反思，推动着理论要素的适应性重构，最终形成具有实践解释力和指导性的知识体系。

第一节 社会工作理论分类模式

自从1915年弗莱克斯纳提出“社会工作是一门专业吗?”的疑问之后，美国的社会工作就开始努力提升自己的专业理论和专业教育水平。然而，什么是社会工作理论?是不是把相关科学理论套用到社会工作实务上就是社会工作理论?或者采取折中态度对待不同理论概念以阐明实务模式?面对这个提问，英国学者大卫·豪(David Howe)通过区分“为了社会工作的理论”(theory for social work)和“社会工作的理论”(theory of social work)，阐明了社会工作实务模式与理论基础的不同，不能采取折中态度来混淆不同的理论层次。① 他所谓“为了社会工作的理论”，其实是社会科学的基础理论；而“社会工作的理论”，其实是社会工作的实务模式。与大卫·豪提出的静态理论分类针锋相对的，则是马尔科姆·佩恩(Malcolm Payne)提出的社会建构论观点。佩恩秉持社会建构论立场，提出无论在何种文化背景下的国家，社会工作均是由三个要素建构起来的：社会工作者、案主和处境。人们是在社会工作领域通过社会工作实践创造了社会工作理论，无论社会工作者、案主，还是其互动处境，都是通过行为、预期和文化规范建构出来的。② 正是因为这种社会建构论立场，佩恩才明确主张社会工作理论应该采取折中的方法，把不同理论的相关方面放在一起，同时应用于同一个案例情境，并根据案主或者时间的变化来改变理论的组合策略。③

一、大卫·豪的二维分类模式

大卫·豪虽然不是最早把社会工作实践理论化的学者，但却是最早借鉴社会学理论分类框架，来对社会工作实务模式进行理论分类的学者。组织社会学家G. 伯瑞尔(G. Burrell)和G. 摩根(G. Morgan)在1979年提出一种解释组织行为的理论框架，从两个维度分类，形成了四种分析组织行动的理论范式：一个维度是主观到客观的划分，另一个维度是秩序维护与冲突变迁的划分，两个维度相互交叉，构成四个象限或者说四类社会学理论范式，分别是激进人文主义范式(radical humanists)、激进结构主义范式(radical structuralists)、解释主义范式(interpretiv-

---

① HOWE D. An introduction to social work theory: making sense in practice. Aldershot: Wildwood House Limited, 1987: 166.

② PAYNE M. Modern social work theory. 2nd ed. London: Macmillan Press Ltd., 1997: 15.

③ 同②53.

ists）、功能主义范式（functionalists）。[①] 大卫·豪在此基础上，把伯瑞尔和摩根的四种分析组织行为的社会学范式转换成四种社会工作角色理论范式：

功能主义范式：巩固者（fixers）；
解释主义范式：意义追寻者（seekers after meaning）；
激进人文主义范式：意识提升者（raisers of consciousness）；
激进结构主义范式：革命者（revolutionaries）。

经过转换之后的社会工作角色理论分类框架如下图：

激进变革社会学

主观性	意识提升者	革命者	客观性
	意义追寻者	巩固者	

规制社会学

图 3－1　社会工作理论分类[②]

大卫·豪认为，这四种社会工作角色理论更多是一种宽泛的范畴，类似于托马斯·库恩（Thomas Kuhn）所说的“范式”（paradigm）。所谓范式，并不是一个严格的定义，规定清楚其内涵和外延，而是特定时期科学共同体内部成员共同认可的一种问题意识，便于大家在从事具体科学研究时提出问题和寻找问题的答案。[③] 基于上述理论分类，大卫·豪分别对应四种社会工作角色理论给出相应的社会工作实务模式理论。对于巩固者角色，大卫·豪认为精神分析社会工作和行为主义实践模式都属于社会秩序的巩固者；针对意义追寻者角色，他认为案主中心实践取向是最好的示例；针对意义提升者角色，他举出激进社会工作是这一理论的对应实务模式；针对革命者角色，他认为马克思主义社会工作实践流派最符合革命者角色，尽管马克思主义社会工作实践也会涉及意识提升角色。[④]

二、马尔科姆·佩恩的折中类模式

如前所述，大卫·豪的理论分类基本上算是理性主义的理论引导实务的思路。马尔科姆·佩恩则反对这种范畴先行的分类方式，主张先描述各种社会工作实务模式，然后再对它们进行归类。佩恩曾把社会工作理论分为三大视角：反思性-治疗

---

① BURRELL G，MORGAN G. Sociological paradigms and organizational analysis. London：Heinemann，1979.

② HOWE D. An introduction to social work theory：making sense in practice. Aldershot：Wildwood House Limited，1987：50.

③ KUHN T S. The structure of scientific revolutions. Chicago：University of Chicago Press，1970：viii.

④ 同②.

视角；社会主义-集体主义视角；个体主义-改良主义视角。反思性-治疗视角，主要是通过促进个体、小组、社区的成长和自我实现来促进人们的幸福，通过持续的反思互动来相互影响对方，并使个体获得一种力量来驾驭他们的情感和生活方式，进而克服生活中的苦难和劣势。社会主义-集体主义视角，主要是通过合作和互助来使受压迫、身处劣势的人们获得驾驭生活的力量。该派社会工作强调通过赋权来促使人们参与学习和合作过程，反对精英控制和支配社会生活。个体主义-改良主义视角，把社会工作者当作福利服务者，主要是为了满足个体的需要，改善福利服务，并不参与社会变革，也不鼓励个体和社区的自我实现。[①]

然而，佩恩在其著名的《现代社会工作理论》(*Modern Social Work Theory*)第 2 版中，虽然也提到了这三大视角，但是他并没有把他列举的十大社会工作实务理论归类到这三大视角下。这十大社会工作实务理论分别是：心理动力视角、危机干预和任务中心模式、认知-行为理论、系统和生态视角、社会心理学和沟通视角、人文主义和存在主义视角、社会和社区发展、激进和马克思主义视角、反歧视和反压迫视角、赋权和倡导等。至于为什么要选择十大社会工作实务理论，他并没有做出解释。并且，这十大社会工作实务理论中，有的是实务模式，有的是视角，有的是理论，其中基础理论和实务模式理论并未得到清晰的区分。正如他所说，在后现代主义看来，理论的意义是松散的，可以采取三种形式：模式、视角和解释性理论。他自己正是采取这种后现代主义的宽松的理论概念，所以选择的社会工作实务理论既包括实务模式，也包括视角，还包括实证主义的解释性理论。[②] 因为佩恩并不认为需要严格区分理论与实践，而且认为社会工作实践中的理论应用是个复杂的政治问题，所以他主张做到在社会工作实践中进行理论性思考就可以了。所谓在实践中进行理论性思考，主要包括三种取向：用理论相互探测、澄清和批判对方；选择性使用理论；把理论放在一起相互修正。[③] 所以，他采用的完全是一种折中主义的理论观，根据实践中的理论需要，折中地采取各种理论，主要是为了更好地理解理论之间的关联、对立和内在一致性，批判性地对待理论，以便在实践中选择合适的理论。[④]

三、探寻社会工作的“人在环境中”实践框架的三重理论基础

无论是大卫·豪的类型学理论框架，还是马尔科姆·佩恩的折中主义归纳法理论概括，其实都难以对社会工作实践的理论基础做出全面系统的概括。如前所述，大

① PAYNE M. What is professional social work? Birmingham: Venture Press, 1995.
② PAYNE M. Modern social work theory. 2nd ed. London: Macmillan Press Ltd., 1997: 37.
③ 同②48.
④ 同②55.

卫·豪的分类框架的理论根源是组织社会学家伯瑞尔和摩根所提出的主观-客观、秩序-冲突的二维分类模式。这一分类模式提出后就遭到了 C. 威廷顿（C. Whittington）和 R. 霍兰德（R. Holland）（1985）、C. 罗杰克（C. Rojek）（1986）等人的批判。他们认为，这种二维分类模式太过僵硬，难以全面概括现实社会工作实务模式，应该把这种二维分类框架当作两个连续体，以便把有些实务模式放在特定的两个连续体的特定空间位置上，甚至允许实务模式在两个维度的连续体上移动，以适应后现代世界的不确定性和流动性。① 人们尽管对这种分类模式提出了挑战和批判，以适应后现代状况下的不确定性和流动性，但仍然认为这种分类框架经过调整和修改后是可被用于对 21 世纪的社会工作实务进行理论概括的。

马尔科姆·佩恩则认为，与其采取一种范畴分类框架，不如基于现实社会工作实务模式而采取归纳方法，这样更能较为全面地概括社会工作的实务经验。但是，其实也很难说佩恩的三归类法概括了社会工作实务的所有理论要素，最多只不过是一种方便的概括而已。比如，社会理论界比较新颖的身体理论、社会行动的结构化理论、实践智慧理论等，都很难被归为哪一种类别。

因此，无论是大卫·豪的基于先验范畴的分类框架，还是马尔科姆·佩恩的基于实务经验的归类模式，都很难说是社会工作实务的理论基础。他们的做法，要么是把某种理论框架套在繁杂多样的社会工作实务经验上，要么是对社会工作实务经验进行简单化的概括归类，都不是基于社会工作的实践特征，探寻其中蕴含的理论要素和实践机制问题。因此，有必要另辟蹊径，探寻适用于社会工作实务的理论基础。近年来，美国南加州大学的约翰·布雷克（John Brekke）教授在美国社会工作研究协会 2011 年的年会上正式提出“社会工作学”（science of social work）这一概念。但是，他所提出的社会工作学，主要是想把北美地区基于实证主义的实验研究证据进行汇总，从而构建一种实证社会工作科学。这种把社会工作学建基于实证研究证据之上的努力，容易把社会工作实务的核心特征“人在环境中”化约为微观的行为主义科学，容易忽视人的能动性与外在环境之间的辩证转化关系。② 因此，探寻社会工作实务的新的理论基础必须符合如下标准：

（1）必须从安东尼·吉登斯（Anthony Giddens）所说的社会科学的双重诠释转向实践理论的双重实践逻辑：无论是当事人的实践，还是专业人员的干预，都是基于共同的实践逻辑；

（2）必须围绕社会工作实务的“人在环境中”的核心特征来探寻其理论基础，而不能割裂人与环境的相互影响；

（3）必须能够把实践中行动者的价值宗旨目的和实践过程的因果机制整合

---

① MCGREGOR C. A paradigm framework for social work theory for early 21st century practice. The British journal of social work，2019，49（8）：2112－2129.

② 何雪松．社会工作学：何以可能？何以可为？学海，2015（3）.

起来，而不能是纯粹意识的理解或者纯粹因果机制的解释。

20世纪后半期社会理论的实践转向，产生了一些实践理论符合探寻社会工作实务的理论基础的标准，为探寻社会工作实务的理论基础提供了新的理论来源。发生实践转向的社会科学，既不同于康德意义上的道德律令指引下的实践理性，也不同于实证主义科学指引下的技术理性，而是遵循马克思主义和新马克思主义路径，围绕社会实践和政治实践所展开的社会科学研究。尽管要对这一新的实践转向下一个定义非常困难，但是正如总结这一转向的学者西奥多·R. 夏茨基（Theodor R. Schatzki）给实践理论划出的边界，所谓的实践理论主要是：

（1）发展关于实践的说明；

（2）把实践领域定义为主观事务的性质和转换的地方。

夏茨基认为，实践是“由相互关联的人类活动所构成的复杂体”，而“实践理论最核心之处是把实践界定为具身化的，（但却是靠。——引者加）物质调节的围绕着实践性理解组织起来的人类活动序列”①。

夏茨基关于实践的定义里有三个关键要素：第一个是具身化，第二个是实践性理解，第三个是物质调节。所谓具身化，是说社会活动都是和身体习性联系在一起的。因此，实践活动并不是一种理智的思维活动，也不是一种理智引导下的理性行动，但是却有身体技巧和实践性理解。所谓实践性理解，也就是所谓的实践智慧，是指在反复演练中刻画出来的一种“如何做”的知识，而不是关于“是什么”以及“为什么”的推论性知识。所谓物质调节，是指行动序列和一种非人类的有序的实体构型相互编织在一起，不能任意行动。②

实践理论关于实践的定义，与社会工作专业关于干预实践的定义既有联系，也有区别。社会工作专业的干预实践太过强调理性和理智，是要在特定价值目标引领下寻求改变的行动，与韦伯所说的工具理性行动一致。然而，实践理论中所说的实践，是一种非理性的、具身化的、依靠实践性理解（也就是实践智慧）并受制于物质调节机制的行动过程。因此，需要调和工具理性行动与具身化行动之间的关系，构建一个能够阐明当事人的具身化实践与专业干预的理性行动的双重理论框架。这个有关实践的双重理论框架又是基于社会工作实务的“人在环境中”这一核心特征的，应该能够说明人的身体习性、行动模式和实践场域的多重互构关系的实践理论。下文从三个层面来建构社会工作实务的理论基础：身体、人格和身份理论；生命周期理论与生命历程理论；生态系统理论与场域结构理论。

---

① SCHATZKI T R，CETINA K K，VON SAVIGNY E. New practice turn in contemporary theory. London：Routledge，2001：11.

② 同①12－13.

第二节　从人格结构理论到身份认同理论

本节主要介绍与身体、身份以及主体性相关的理论，这些理论与个案工作的理论基础密切相关。在主流教科书中，通常以弗洛伊德精神分析理论下的人格结构理论作为临床辅导的理论根基，同时结合人本主义心理学大师卡尔·R. 罗杰斯（Carl R. Rogers）所提出的有效治疗同盟的条件来建立专业关系。然而，实证主义分组实验研究表明，认知行为主义疗法在临床干预策略中效果最为显著。但认知行为疗法并不认同所谓的潜意识理论，而是聚焦于意识层面的认知图式以及可客观观察的行为模式来实施干预。由此可见，主流心理学的三大理论流派在应用于临床社会工作实务时，存在一定的争议。基于此，本教材将进一步结合社会工作"人在环境中"的实践框架，突破主流心理学三大理论流派的局限，介绍现象学的互为主体性理论，以及实践理论中的行为惯习理论、文化身份理论中的承认理论，将这些作为通用社会工作实务的理论基础。

一、精神分析流派的人格结构理论

启蒙运动奠定的现代理性主义思维范式，其经典人性观可追溯至笛卡尔（Descartes）提出的"独立沉思的自我"形象。所谓沉思，特指一种基于自我意识的反思性状态——通过逻辑推理对认知进行系统性重构。笛卡尔认为，唯有具备此类反思能力的主体方能成为独立自存的理性主体，并实现对前现代朴素思维范式的超越，抵达理性自觉（而非单纯经验直观）的哲学高度。[①] 然而，西格蒙德·弗洛伊德（Sigmund Freud）开创的精神分析理论，正是对这种启蒙运动之后的理性主体的批判与重构。启蒙运动之后的理性主义都是在意识层面进行思考和反思的，但是弗洛伊德认为在意识下面还存在着前意识和无意识（潜意识），而且，就如同海平面之下的冰山相对于海平面之上的部分一样，相对于意识状态，人的无意识领域才是巨大而没有被揭示出来的领域。弗洛伊德把人的意识分为三个层次：无意识、前意识和意识。无意识包括人们没有觉察到的个性的所有方面；前意识包括不在意识范围内但很容易得到的东西；意识就是那些人们可以立即觉察到的头脑中的东西。[②] 后来他又指出，前意识和无意识都是没有觉察到的意识，只不过前意识是一种潜伏的但是能够

---

① 肖瑛．反思与自反：反身性视野下的社会学与风险社会．北京：商务印书馆，2020：90.

② Robert D. Nye. 三种心理学：弗洛伊德、斯金纳、罗杰斯的心理学理论．石林，袁坤，译．北京：中国轻工业出版社，2000：9.

变成意识的状态，而无意识则是一种被压抑的、压根就不能变成意识的状态。[①]

如果仅仅区分出无意识领域，那么这并无什么重要意义，关键是弗洛伊德还认为，在无意识领域存在着重要的动力机制，正是这个领域的动力机制决定着人们的一些行为模式，但人们还以为是自己意识领域的逻辑思维在起作用，其实那不过是一种自我欺骗的合理化借口而已。那么，这个无意识领域的动力机制是什么呢？这就不得不说到其人格结构理论。弗洛伊德在其晚年最具里程碑意义的理论著作《自我与本我》（*The Ego and the Id*）中，系统地构建了人格结构的“三重动力学模型”理论。该理论突破性地提出：人格是由本我、自我与超我构成的动态系统，三者通过能量分配机制（如压抑、升华）、冲突调节机制（如焦虑信号）及妥协形成机制（如防御机制）实现相互作用。本我是个性中最原始的部分，是人与生俱来的带有物种属性的原始本能，包括生的本能和死的本能。生的本能就是个体保持物种生存的原始驱动力，表现为饥饿、口渴和性欲望等生命力的原动力；死的本能就是把有机体的生命带回到无生命的状态。他认为，生命本身就是存在于这两个趋向间的一种冲突和妥协，一个要延续生命，另一个要破坏生命恢复到生命出现前的某种状态。[②]

在本我的上方是自我，自我又可以分为两种类型：一种来自外部知觉系统，包括听觉、视觉、触觉、知觉等，会立即或者通过记忆的残余形成前意识和意识，产生自我；另一种则来自内部知觉系统，虽然人们对此知道的很少，但是最基本的内部知觉是愉悦情感和不愉悦情感的区分，其实都是来自本我的原始欲望精力的贯注过程所产生的体验，如果精力贯注得到顺利实现，那么就是快乐的，如果精力贯注受到压抑，那么就无法被自我意识到而停留在无意识领域。

一旦涉及内部知觉的压抑问题，就会引出人格层面的另一个东西——超我。弗洛伊德说：“在自我中存在着一个等级，在自我内部存在着不同的东西，可以把它称作‘自我典范’或者‘超我’。”[③] 超我主要是指个人内心世界对本我进行审查和评判的标准体系。这个标准体系最初来自对父亲的认同，随后，在个体与宗教、学校和社会道德体系的持续接触中逐渐发展演变，最终超我以良心的形式或者可能以无意识罪恶感的形式表现出来。[④]

那么，上述意识层次与人格结构是什么关系呢？上文在阐述其人格结构时就已经提到人格结构与两种知觉系统有关。外部知觉系统影响了人的记忆，而记忆的残余构成了前意识和意识，构成了自我的觉识。这部分是常规的认知心理学处理的内容。但是，弗洛伊德精神分析最奇特的部分是处理内部知觉系统与本我、自我和超

---

① 西格蒙德·弗洛伊德．自我与本我．林尘，张唤民，陈伟奇，译．上海：上海译文出版社，2011：199－200.

② 同①233.

③ 同①217.

④ 同①225.

我的关系，以及对它们在无意识或者意识层面分布情况的探讨。具体而言，内部知觉系统的表达、审查和压抑，是人格系统的关键机制，而这个系统要么被压抑到无意识领域，要么被释放到意识领域，不存在前意识领域。如前所述，内部知觉系统其实就是本我的原始欲望精力的贯注过程所产生的体验，这个精力贯注过程本身是受快乐原则支配的，而且也是无意识的和躯体性的。然而，外在的文明世界则是有规则和约束力的，这首先表现在家庭内部父权、母爱与孩童之间的三角关系上，孩童在性器官期的原始欲望贯注对象首先是母亲的肉体，然而这个贯注对象受到父权的调节，于是孩童就会形成一种恋母与弑父的复杂的俄狄浦斯情结。为了解决这个矛盾的情结，孩童必须调整自己的精力贯注方式，由对象性贯注向自居作用（object-identification，翻译为客体认同似乎更明白）转变，甚至发生对父权的自居作用（认同）。孩童的欲望贯注过程如果是不受压抑的、自然发生的，那就有可能通过反省成为自我意识。但是，它受到父权和文明规则的审查与审判，变成了一种罪恶感，就会被压抑到无意识领域，成为一种潜在影响人的性格类型的内在机制。

因此，就人格系统而言，本我、自我和超我的关系既是地形学的，也是功能性的。作为一种地形学的结构，本我是人格结构的原始来源，它要冲向其实现的对象，中间受到超我的审查和压抑，部分可以实现满足成为现实的自我，不能被实现的则会发生各种变形，成为自恋、恋物、投射、升华等各种类型的认同方式。作为一种功能性人格，这种人格结构的形成机制的核心是审查和压抑机制问题，而且这个机制是在无意识层面运作的。只有通过审查的部分，才能进入意识领域而被觉识到。所以，弗洛伊德最早提出，除了常规的认知心理学所说的意识自我，还有一种无意识的躯体自我。[①]

精神分析理论在20世纪40—60年代经历了范式转型，其核心脉络体现为自我心理学（ego psychology）与客体关系理论（object relations theory）的双重发展。这一转向实质上是理论焦点从弗洛伊德早期强调的本我驱力动力学，逐步拓展至自我功能分析（如防御机制、适应能力），以及前俄狄浦斯期的客体贯注研究，聚焦母婴关系对心理结构的形塑作用。精神分析的这一转向更加关注人的自主性与亲密关系对人格形成的影响，更加符合辅导实践的需要。总之，无论是经典精神分析理论，还是后来发展出来的自我心理学和客体关系理论，都对社会工作实务产生过巨大影响，是社会工作走向专业化过程中的第一个理论来源。虽然社会工作者不像精神分析专家那样，深入个体的精神世界去分析和治疗其人格问题，但是这一理论流派对于社会工作实务模式中的诊断学派、心理社会学派都有很大影响。在社会工作实务中，诸多策略都深受精神分析理论的影响和启发，比如对案主问题内在根源的诊断，引导案主宣泄被压抑的情绪，帮助案主重建超我与本我之间的平衡机制，以

---

① 西格蒙德·弗洛伊德．自我与本我．林尘，张唤民，陈伟奇，译．上海：上海译文出版社，2011：214.

及帮助案主学会从现实中获得资源，合理满足自己正当的欲望和需求等。

二、行为主义和社会学习理论

弗洛伊德致力于将自己开创的精神分析理论科学化，并试图挖掘潜意识中人格结构的压抑机制，以此作为解释人类精神与行为问题根源的关键。然而，弗洛伊德的精神分析理论主要源于其临床案例分析，缺乏实验等硬科学证据的支撑。对于人们内心世界是否存在潜意识，以及潜意识中是否存在本我与超我之间的冲突，目前尚无法通过观察和实验加以证实。因此，精神分析理论面临着两个方面的挑战：一方面是实证主义科学中行为主义的质疑，行为主义者认为精神分析理论的科学性不足；另一方面是来自人本主义和现象学的挑战，后者认为根本不能运用科学范式去解释人类精神现象。

在行为主义大师伯尔赫斯·弗雷德里克·斯金纳（Burrhus Frederic Skinner）看来，心理学不是研究心理的科学，而是研究行为的科学，因为内心世界的理论都是模糊不清的，缺乏严格的因果机制。他认为，精神论的概念只能使人产生混乱和误解，将注意力从例如惩罚之类的真正的原因上吸引过去；他也反对所谓的个体选择的能动性，主张所谓的个性其实就是行为模式，“是由主观世界中过去和现在的事情所决定的。其中相关的过去事件不仅包括个人的生活历史，还包括能导致个体遗传天赋的变异过程”①。

行为主义者着重关注外部环境与人的行为之间的塑造关系，这种关系体现为一种能够通过实验方法进行验证的客观因果机制。在行为主义者看来，唯有借助这种方法，才能推动心理研究朝着科学化方向发展。最早的行为主义塑造模式被称作反应性条件反射，它最初是由苏联心理学家伊万·巴甫洛夫（Ivan Pavlov）通过对狗进行实验而得出的一种行为塑造模式。该模式指的是，一种行为仅仅是对某种前置刺激的反应，因此也被称为经典条件反射，后来斯金纳将其概括为反应性条件反射。以巴甫洛夫的实验为例，在每次喂狗之前摇铃，摇铃作为刺激条件，随后喂狗，经过多次重复后，只要摇铃，狗就会分泌唾液。这便是典型的刺激——反应性行为塑造机制。反之，如果每次摇铃后不再喂狗，多次重复后，狗听到摇铃便不会再分泌唾液，这体现的是反应性行为消退机制。由此可见，在反应性条件反射中，关键在于将中性刺激与对象所需的刺激进行匹配并联合刺激。若无法做到这一点，特定刺激就未必能引发特定的反应行为。

除了反应性条件反射机制，还有操作性条件反射机制。操作性条件反射机制，又叫现代行为主义，是指利用强化物或者负强化物，通过强化或者惩罚的机制来塑

---

① Robert D. Nye. 三种心理学：弗洛伊德、斯金纳、罗杰斯的心理学理论．石林，袁坤，译. 北京：中国轻工业出版社，2000：57.

造某种期望的行为后果。所谓强化物和负强化物，是指人们在特定情境下能够配合做出某种行为所需要的物品，或者能够削减某种行为的厌恶物品。而所谓强化机制，就是根据期望的行为后果，给予人们需要的强化物或者撤走人们厌恶的负强化物。如果通过给予强化物来塑造期望的行为后果，就是强化机制；如果通过撤走负强化物来塑造期望的行为后果，就是负强化机制。与强化和负强化机制对应的行为后果塑造机制是惩罚与负惩罚机制。所谓惩罚机制，是指如果不想出现某种行为，那就在那种行为出现后增强负强化物；所谓负惩罚机制，是指如果出现了非期望的行为，那就撤走其喜欢的强化物。所以，无论是强化还是负强化，都是强化，只是所用手段分为强化物和负强化物；无论是惩罚还是负惩罚，也都是惩罚，能使用方式也是分为强化物和负强化物。①

随着操作性条件反射理论的提出，现代行为主义日益成为日常生活中应用广泛的行为塑造和控制理论。比如，在儿童教育与犯罪矫治中，都大量使用斯金纳所发明创造的行为塑造技术。最为流行的行为塑造技术是代币制和厌恶疗法，前者是通过强化机制来塑造某种行为，后者是通过惩罚机制来消除某种行为。总体而言，斯金纳提倡采取强化机制，反对使用惩罚机制来塑造行为。即使面对反社会的偏差越轨行为，他也主张在忽视反社会行为的同时，强化塑造亲社会的行为。因为惩罚机制使用的厌恶刺激会产生一系列副作用，会导致人们更加厌恶相应的行为和情境。比如，为了促使孩子学习，采取惩罚策略，惩罚引发的恐惧和焦虑会导致孩子更加厌恶学习。②

现代行为主义采取激进的环境决定论，一方面提升了行为科学的科学证据的水平，另一方面却导致了对认知发生机制的忽视。为了弥补这个缺陷，在 20 世纪 60 年代，著名心理学家阿尔伯特·班杜拉（Albert Bandura）综合认知理论和行为主义理论，提出了社会学习理论。社会学习理论综合了认知理论中的信息加工理论和行为主义理论中的强化理论，创造了模仿学习或者融入式学习（vicariows learning）理论，并把这一新的行为塑造技术融入日常生活，开创了认知行为矫治的新方向。

班杜拉社会学习理论的核心在于提出了示范观察学习过程，超越了斯金纳行为主义的结果强化机制的单一学习模式。所谓示范观察学习过程，是指“人们从观察别人中形成了有关新行为如何操作的观念，这一编码的信息在以后场合中就作为一个行动的导向”③。他把这一学习过程分为四个阶段——注意过程、保持过程、运动再现过程和动机过程，具体内容如下：

> 注意过程是指引发人们关注的示范性行为原型，通过有意或者偶然的方式，引起了人们的注意，这是社会学习的第一步。通常是那些迷人有趣的行为

---

① Robert D. Nye. 三种心理学：弗洛伊德、斯金纳、罗杰斯的心理学理论．石林，袁坤，译．北京：中国轻工业出版社，2000：69-74.

② 同①104.

③ 阿尔伯特·班杜拉．社会学习理论．陈欣根，李伯黍，译．北京：中国人民大学出版社，2015：18.

模式引发人们的关注。

保持过程是指人们对于那些好奇的示范行为，通过自己的记忆来保持注意。这个过程通常借助于符号体系，通过编码和演习来回忆那些示范性行为。

运动再现过程是指把通过符号记忆的行为模式变成自己的行为反应，而且要与示范性行为在时空上保持一致。当然这个再现过程也需要借助于认知加工、自我发起和监测以及信息反馈等方法来矫正和精练。

动机过程是指人们对自己的行为所产生的评价反应，这会成为调节和引导人们去反复操作练习某种行为的内在动机。因此，这里的动机不是弗洛伊德所说的内驱力，而是一种自我评价产生的满意度。

班杜拉的社会学习理论改变了正统行为主义中的结果强化机制，强调除了自身经验到的外部强化，还有替代性强化机制和自我强化机制。所谓替代性强化，主要是指通过观察他人的行为结果和强化机制，可以产生相应的自我强化效果。为什么能产生替代性强化机制呢？关键就在于个体具有信息加工、激发动力、情绪体验和评价标准，这其实就是所谓的个体行为控制的内在根源问题。所谓自我强化，则是指个体自己确定行为标准，并且以自我奖赏或自我惩罚的方式来对自己的行为做出反应。① 一旦个体能够自己设定行为标准，便会激发自身的内在动机和自我定向能力。个体若通过自己的努力达到自己设定的标准，就会产生自我满足感和效能感。如此一来，一个完整的内在自我强化机制便形成了闭环。

总之，社会学习理论开创了把信息加工的认知机制与行为塑造的强化机制（包括外在的强化与内在的自我强化）相结合的新方向，之后亚伦·贝克（Aaron Beck）的认知行为疗法和阿尔伯特·艾丽斯（Albert Ellis）的理智-情绪疗法，都是受此影响而发展出来的具体心理辅导策略。在当今证据为本的实践趋势下，最能获得科学实验证据支持的干预策略当数认知行为疗法。

三、人本主义个人形成理论

人本主义心理学被认为是与精神分析、行为主义并列的第三种力量，而最能代表这第三种力量的当数人本主义心理学大师卡尔·R. 罗杰斯。卡尔·R. 罗杰斯是一位有着美国纽约罗切斯特市儿童服务经历的心理学家，他与社会工作交集密切。正因为如此，社会工作个案工作中的同情、关怀、接纳、尊重等原则，对其人本主义心理学产生了很大影响。他在晚年的总结性著作《个人形成论：我的心理治疗观》（*On Becoming a Person: A Therapist's View of Psychotherapy*）一书中说："个案工作者显得头脑敏锐、富有洞察力，而且聪明机警，能够使访谈很快进入问

① 阿尔伯特·班杜拉. 社会学习理论. 陈欣根，李伯黍，译. 北京：中国人民大学出版社，2015：111.

题的核心。”[①] 以至于很长一段时间，美国心理学界并不认可罗杰斯的心理学家身份，而他只能“在社会工作领域中变得活跃起来，晋升到地方性的以至全国性的学会的领导职务。直到美国应用心理学协会成立以后”，“才作为一个心理学家真正活跃起来”[②]。

与精神分析理论和行为主义理论相比，人本主义心理学既不认同无意识的内驱力决定论，也反对外在环境中的强化机制决定论，主张人是在内在的自我实现动力的驱动下不断走向自我成熟的。罗杰斯指出，“在个体自身中具有走向成熟的能力和倾向。……这种能力表现为一种倾向，即当事人能够用更加成熟的方式重新组织他的人格，组织自我和生活的关系。不管我们说它是一种成长的倾向，一种趋向自我实现的驱动力，还是前进的趋向，它都是当事人生活的主要推动力”[③]。

当然，个人的成长形成过程也要借助于特定的环境，但是这种有助于个人成长的环境并不是行为主义所说的强化机制和惩罚机制，而是一种充满人性的人际环境。具体而言，罗杰斯认为，助益性人际关系主要有三个特征：（1）真诚透明；（2）接纳，把对方当作具有不可替代内在价值的、独一无二的当事人来接纳；（3）深入的共情理解。“达到了这些条件后，我就成了当事人的同行者，我陪伴他在曾经令他害怕、现在他能够自如承担的自我探求之路上一道前行。”[④]

如果说罗杰斯把人的自我实现作为人的主要推动力，那么另一位人本主义心理学大师亚伯拉罕·H. 马斯洛（Abraham H. Maslow）则进一步从人的需要层次出发，阐明人的自我实现其实是人的最高层次的需要。马斯洛在《动机与人格》（*Motivation and Personality*）一书中，将人的需要分为相互重叠的三大类别：意动需要（conative needs）、认知需要（cognitive needs）和审美需要（aesthetic needs）。意动需要就是人们因为匮乏所祈求的东西。他把这类需要分为五个层次[⑤]：

（1）生理性需要。这是最低层次的也是最强烈和明显的生存性需要，包括食物、饮料、住所、衣服、休息和性等基本生理需要。

（2）安全性需要。其直接含义是避免危险和风险，引申含义包括职业稳定、社会保险与秩序安全等。

（3）爱与归属的需要。人们生活安定之后，就会追求群体归属和社会友爱，乃至于更加亲密、相互信赖的爱的关系。

（4）尊重的需要。它包括自尊、自重和来自他人的敬重。尊重进而给一个

---

① 卡尔·R. 罗杰斯．个人形成论：我的心理治疗观．杨广学，尤娜，潘福勤，译．北京：中国人民大学出版社，2004：10.

② 同①11.

③ 同①32－33.

④ 同①32.

⑤ 马斯洛．马斯洛人本哲学．成明，编译．北京：九州出版社，2003：52－57.

人带来自信和自我肯定，进而才能发展自己的潜能，走向下一种需要。

（5）自我实现的需要。它是一种使人的潜能得以实现的倾向与需要。

马斯洛认为，这五种需要构成人们行为的动机，是由低到高依次出现的，也就是当较低层次的需要得到基本满足后就出现较高层次的需要，这些依次出现的需要引导人们依次追求生存条件、安全条件、社会交往、个人尊严和人生价值。当然，马斯洛认为，除了这五种需要，还有认知和审美需要，因此人有可能超越自我实现，到达一种更高的忘我的存在境界。在其《动机与人格》中，马斯洛提出人的行为分为因应性行为和表现性行为，前者是有目的和动机的，后者是没有动机的、本然的、不受控制的行为表现。动机又分为匮乏性动机和成长性动机，因应性行为大多是受匮乏性动机驱动的，但是成长性动机则是自我实现的动机。后来，在其《论超越的种种含义》（"Various Meanings of Transcendence"）一文中，马斯洛进一步明确，超越"指的是人类意识最高而又最广泛或整体的水准，超越是作为目的而不是作为手段发挥作用并和一个人自己、和有重要关系的他人、和一般人、和大自然，以及和宇宙发生关系"[①]。他甚至提出，那些自我实现者最终都会产生一种献身精神和忘我意识，专心于某种社会事业，为这些事业的内在价值所吸引。这些内在价值和存在性价值相互交叉、有所重叠。所谓存在性价值，体现为在高峰体验中所经历的那种物我两忘的精神状态。处于这种状态中时，个体并非追求对成果的占有，而是感受人与世界之间的创造性的和谐共生，进而产生一种共同存在感。

总之，人本主义心理学提出了一种新的人性论，这种人性论与其说是一种科学，不如说是一种哲学，一种关于人的精神世界的现象学和存在主义哲学。当然，人本主义只是一种特殊的现象学和存在主义哲学，一种具有人文浪漫主义色彩的现象学和存在主义哲学。[②]

四、身体习性的即兴发挥与反思性实践者

精神分析理论、认知行为理论和人本主义，这三大主流心理学理论基本上都把人与环境的互动问题化约为个体的人格和认知行为问题，忽视了环境对个体习性的塑造过程。基于莫里斯·梅洛-庞蒂（Maurice Merleau-Ponty）的知觉现象学，皮埃尔·布尔迪厄（Pierre Bourdieu）的实践理论进一步阐明了日常生活实践的身体习性构造与实践智慧的塑造机制和发挥机制问题。

布尔迪厄通过"身体习性"（habitus）这个概念来连接个体行动和实践场域的

① 马斯洛．马斯洛人本哲学．成明，编译．北京：九州出版社，2003：29.

② Robert D. Nye. 三种心理学：弗洛伊德、斯金纳、罗杰斯的心理学理论．石林，袁坤，译．北京：中国轻工业出版社，2000：118.

关系。所谓身体习性，又叫行为惯习，不是机械性重复的条件反射性质的行为习惯，而是可持续的身体倾向性系统，是先前被结构化且作为结构化结构来运作的结构。① 身体习性发挥良好就是一种实践智慧，一种默会的具身化的结构化行动与实践情境匹配合适的即兴发挥。布尔迪厄进一步指出，日常生活中的实践逻辑不是逻辑的实践，不具有清晰连贯的规则意识。实践逻辑其实就是一种实践智慧，一种既需要具身化的自动发挥，也需要半意识的警觉和合理化言说的实践能力。它采用包括了各种地方性的谚语、成语、谜语、专家秘密、俗话在内的常识性的半学术性的语法来表示实践智慧。这些智慧有着“规则”这个词所隐含的模糊身份，它不需要系统性逻辑，而是从系统性逻辑中脱离出来，鼓励孤立地在分裂状态下看待每个象征。但每个象征的具体运用又都是开放的、不确定的、不准确的，甚至是不连贯的，要根据具体情境基于实践功能需要来确定其具体如何实践使用。②

因为实践情境是开放的、不确定的、不连贯的，所以实践者就需要根据实践情境的局势迅速采取及时有效的策略进行应对，这种实践的紧迫性要求实践者只能根据以往实践情境造就的身体习性做出恰当的反应。当中所用的实践智慧，不是理性逻辑的推演与算计，而是能够解决相同形式问题的模式类比转移。③ 所谓模式类比转移，就是通过把过去类似情境中的行动模式应用于新的感知和行动的领域而产生新的意义，它可以把自然空间之间的图式运用于人与人之间的关系，也可以把人与人之间的关系运用于人与自然，比如天地阴阳转变成男女夫妻关系等。因此，实践智慧具有情境局限性，而且具有模糊不定的实用性，需要根据时空的变动而灵活调整，但整体上是与一种相对稳定的时空结构相匹配的，不能发生太大的时空转变。一旦出现较大的时空转变，实践智慧就可能出现时间滞后效应，或者乃至代际冲突等无效情况。④

也正因为如此，不能高估实践智慧问题，而需要理解情境变动下的实践惯习的适用性问题，乃至社会转型所带来的各种资本类型的失效问题。以布尔迪厄的《世界的苦难》（*La Misère du Monde*）为例，他带领一个调查团队，广泛调研了 20 世纪 80 年代法国社会转型给底层民众带来的种种问题，包括失败、冲突、矛盾等社会秩序层面的困境。⑤ 不可否认，社会转型引发的社会失序性苦难，很难通过社会工作干预得到解决。就像布尔迪厄在《世界的苦难》中所展现的那样，法国基层社会工作者在面对底层百姓的苦难时，往往表现得极为无奈。他说：“以社会工作者和教员为首，那些负责本地举措的人往往费力不讨好，因为全局性的机制总是使他

---

① 皮埃尔·布尔迪厄．实践理论大纲．高振华，李思宇，译．北京：中国人民大学出版社，2017：213－214.

② 同①257.

③ 同①218.

④ 同①217.

⑤ 皮埃尔·布尔迪厄．世界的苦难：布尔迪厄的社会调查．张祖建，译．北京：中国人民大学出版社，2017：5.

们完成事情的努力付诸东流。”[①]

然而，除了社会批判之外，若要对实践惯习与实践情境局势的错配进行干预，那么就需要制定一种干预策略，将依赖惯习的、具身化的、带有模糊性的、即兴发挥的实践智慧，转化为一种更为自觉的、能够依据社会转型的需求而适时调整自身性情倾向的实践能力。在职业教育领域，美国实用主义职业教育家唐纳德·A. 舍恩（Donald A. Schön）提出，通过行动中反思的策略来培养专业人员的跨情境的专业实践能力。舍恩提出，专业实践活动更多和日常实践一样，是靠内隐的行动知识（实践性理解）进行即兴表演，只有当出现意外情况，仅靠默会性内隐知识无法解决问题时，专业人员才需要停下来重新对自己遭遇的混杂情境进行反思。所以，专业实践有一种核心专业能力，那就是面对不确定的、混杂的、价值冲突的实践情境，专业人员厘清信息、设定问题、进行专业判断的行动反思能力。

在行动中反思的能力，具体来说是通过一种“现场框架实验”方法来展开的。现场框架实验方法的逻辑既包括常规的假设检验，也包括行动过程中的探索性实验和移动-探测实验。所谓探索性实验，是指不带任何预测和期望的自由探索活动，采取某个步骤，然后来看它能产生什么结果；所谓移动-探测实验，是基于人们想要的某个结果，采取一种预判的行动措施，看是否实现了预判结果。[②] 一般而言，科学研究往往将探索性实验和移动-探测实验视为不系统的研究方法而予以排斥，仅发表经过系统检验的控制实验研究成果。然而，真正具有创造性的行动过程，或许恰恰是行动者与实践情境之间展开的一种互动“游戏”。在这个过程中，行动者试图让情境契合自身的假设，但同时对假设是否成立始终保持开放的态度。他们在与实践情境的持续对话中，通过不断地干预和试验去探寻解决问题的有效途径，而非遵循研究者不干涉的原则，单纯地观察两个独立变量之间的因果关系。[③]

五、身份认同与承认理论

如前所述，弗洛伊德的精神分析理论认为，孩童的本我欲望发展到性欲望阶段，其欲望贯注方式会出现俄狄浦斯的矛盾情结，由对客体的贯注出现对客体的认同，出现心理学所谓的自居作用。这是个体人格形成的内在机制。但是，对于社会心理学而言，人的身份认同并不是来自欲望贯注模式的改变所导致的自居作用，而是来自对文化传统的认同以及集体归类的认同。[④] 也就是说，身份问题从

---

① 皮埃尔·布尔迪厄．世界的苦难：布尔迪厄的社会调查．张祖建，译．北京：中国人民大学出版社，2017：85.

② 唐纳德·A. 舍恩．反映的实践者：专业工作者如何在行动中思考．夏林清，译．北京：教育科学出版社，2007：121.

③ 同②124－125.

④ 戈登·奥尔波特．偏见的本质．徐健吾，译．北京：中国人民大学出版社，2021：17.

来都是一个文化问题和社会问题。① 即使是个体身份，也是一种个体通过信息管理所呈现出来的独一无二的标记和特征，或者是个人的生平细节的独特的组合，以区别于他人。② 所以，个体身份无非是个体可以通过信息管理来进行适当控制的社会身份。

人必须借助于范畴来思考，而范畴化的基本表现就是分类与集群，围绕这个分类-集群来归类，并形成某种认知功能和情感表达功能。③ 关键是，范畴一旦形成，就会为个体的自我归类提供模板，在后续的社会交往中，持续地产生内群偏好和外群偏见的极化现象。社会分类范畴不断调节着群体成员的立场、态度和情绪反应，有可能促使群体成员朝着群体刻板化的原型立场和态度产生极化认同，这样与其他群体的差别才更加明显。④

正是身份认同中的这种群体分化与群体极化的运作机制，才导致社会交往的偏见与刻板印象，乃至导致污名化和由其引发的更加严重的身份政治。此外，在现代转型过程中，那些因为移民、社会流动等因素而导致原有身份丢失且新的公民身份又未能完全获得的群体，尤其容易被唤起原乡情结，进而促使他们回归自己的传统族群身份/原乡身份。⑤ 更为关键的是，基于原乡情结的群体认同，又会与其他性别、职业、阶层等分类标志相结合，形成交叉群体身份，产生各种身份政治策略，有时联盟，有时分裂，导致不同的社会后果。⑥

解决身份政治的核心其实是，在现代化过程中，如何消除群体刻板印象和偏见，推动人与人之间的相互承认和信任的问题。一般认为，现代社会是市场经济社会，通过再分配追求物质利益是一切政治活动的中心。但是阿克塞尔·霍耐特（Axel Honneth）却提出了一种承认的政治。霍耐特强调，他所谓的“承认的政治”，不仅仅是作为新社会运动的身份政治的理论基础，更是一种有关社会正义的新理论基础，“那种由于被贬低和蔑视而被取消社会承认的经历，必须置于社会地引发的苦难和不公的一个有意义的概念的中心”⑦。在霍耐特看来，无论是过往的阶级斗争，还是当下的身份政治，都应被置于社会不公的框架内加以认识。这种社会不公通过被蔑视和羞辱的现象得以体现，正因为如此，人们才会要求社会承认其个人的完整性，并且期望以一视同仁的制度规则和衡量尺度来认可他们的差异性身份。当然，关于将对个人完整性的差异身份的承认，作为现代社会公平正义统一

① 欧文·戈夫曼．污名：受损身体管理札记．宋立宏，译．北京：商务印书馆，2009：2.

② 同①78.

③ 同①19－20.

④ 约翰·特纳，等．自我归类论．杨宜音，王兵，林含章，译．北京：中国人民大学出版社，2011：107.

⑤ 哈罗德·伊罗生．群氓之族：群体认同与政治变迁．邓伯宸，译．桂林：广西师范大学出版社，2008.

⑥ 曼纽尔·卡斯特．认同的力量．曹荣湘，译．北京：社会科学文献出版社，2006.

⑦ 南茜·弗雷泽，阿克塞尔·霍耐特．再分配，还是承认？：一个政治哲学对话．周穗明，译．上海：上海人民出版社，2009：101.

的理论基础，使其涵盖现代政治斗争中利益追求与文化承认的二元特征，仍存在诸多不同看法。南茜·弗雷泽（Nancy Fraser）坚持一种“二维”正义观点，把追求利益的再分配与文化承认分开，以此来对现实中的不同政治斗争进行分类，前者用来解释当代社会的阶级不平等的斗争策略，后者用来解释身份不平等的斗争策略。①

第三节 从生命周期理论到生命历程理论

当前，“社会工作导论”相关教科书主要介绍国际上流行的通用社会工作实务模式。该模式以动态的生命周期理论和生态系统理论为基石。本节将先讲解发展心理学中的生命周期理论。不过，从社会学的视角来看，发展心理学所提出的生命周期理论存在一定的局限性，它过于侧重中产阶层子女生命周期的理想标准，却忽略了不同阶层、性别、民族在生命历程上所呈现的多样性，以及这些生命历程与宏观社会历史变迁之间相互影响的互动进程。所以，本节不仅会介绍各类标准的生命周期理论，还将引入生命历程理论，帮助学习社会工作的学生将个体生命周期置于宏观社会历史变迁的大背景下，深入分析两者之间相互影响、相互塑造的复杂关系。

一、生命周期理论

生命周期（life cycle）理论，亦被称作毕生发展（life span）理论。心理学家尝试依据个体在成长发展进程中所面临的任务、挑战，以及其应对的方法与能力，提炼概括出人类生命发展所具有的阶段性特征与周期性规律。该理论最初聚焦于儿童成长发展规律的研究，之后将范畴拓展至全生命周期的发展规律，进而形成了生命周期理论。依据发展维度的差异，生命周期理论衍生出多种不同类型的发展周期。其中较为著名的有弗洛伊德的性欲发展阶段理论、爱利克·H. 埃里克森（Erik H. Erikson）的人格发展理论、让·皮亚杰（Jean Piaget）的认知发展理论和道德发展理论、劳伦斯·柯尔伯格（Lawrence Kohlberg）的道德发展理论。

（一）弗洛伊德的性欲发展阶段理论

如前所述，弗洛伊德认为，本我中的两种冲动对个人的人格构成起决定性作

---

① 南茜·弗雷泽，阿克塞尔·霍耐特．再分配，还是承认?：一个政治哲学对话．周穗明，译．上海：上海人民出版社，2009：2.

用，尤其是生的冲动，其实就是有机物生命发展的基本动力，可以说是一种广义的性欲望，又叫力比多。这种广义的性欲望根据其获得快感的区域和功能，可以分为五个阶段：口唇期、肛门期、性器官期、潜伏期、生殖期。

1. 口唇期。口唇期是指 1 岁之内的婴儿阶段，这一时期婴儿主要通过口唇的接触来获得快感。

2. 肛门期。肛门期是指 1～3 岁的儿童阶段，这一时期儿童主要通过排便的控制来获得快感。

3. 性器官期。性器官期出现在儿童的 3～6 岁阶段，此阶段儿童开始萌生出真正指向性器官的欲望。这一时期，儿童的性欲望呈现为复杂的俄狄浦斯情结。同时，这一时期也是男性与女性人格特质形成的关键阶段。弗洛伊德指出，在性器官期，男童会对母亲产生性欲，然而，男童只有放弃这种对母亲的性欲，并通过升华的方式加以消解，同时运用合理化的策略，认可父亲行为的合理性，将对父亲的仇恨转化为尊敬与崇拜，才能逐步形成自身的男性人格特质。女童在性器官期的俄狄浦斯情结的发生和转化机制，与男童截然不同。女童渴望获得父亲的亲昵，却遭到母亲的阻拦，由此对母亲产生羡嫉心理。女童必须通过与母亲建立认同机制，消除这种羡嫉心理，从而形成女性人格特质。①

4. 潜伏期。潜伏期是指儿童进入学龄期之后，因为学习和社会压力加大，又加上前期的俄狄浦斯情结，性欲望遭到压抑而进入潜伏状态。

5. 生殖器。生殖期是指人进入青春期之后，第二性征发育成熟，性器官欲望再次勃发，但是已经走出家庭进入社会，在社会上寻找异性，发展自己的亲密关系。而且，这时候爱欲的表达已经经过文化的塑造，会以一种比较文明文雅的方式来表达，并且要服从社会的规矩和法律。② 生殖器的爱欲表达需要一生去学习和发展。

（二）埃里克森的人格发展理论

埃里克森将弗洛伊德的性欲发展阶段理论往前推进了一步，延伸至成年期和老年期，形成了一个完整的人格发展理论。而且，埃里克森把推动人格发展的动力机制由弗洛伊德所说的内驱欲望改为个人需要与社会要求之间的冲突机制，认为解决了一个阶段的冲突，就能获得那个阶段的人格特质，否则就会形成人格障碍。具体来说，埃里克森在其《童年与社会》(*Childhood and Society*) 一书中，把人格发展的生命周期分为如下八个阶段③：

---

① 西格蒙德·弗洛伊德．自我与本我．林尘，张唤民，陈伟奇，译．上海：上海译文出版社，2011：222-223.

② 西格蒙德·弗洛伊德．文明与缺憾（英汉双语）．王冬梅，马传兵，汉译．北京：中国出版集团公司，中国对外翻译出版有限公司，2012：40-41.

③ 爱利克·埃里克森．童年与社会．高丹妮，李妮，译．北京：世界图书出版公司，2018：227-253.

1. 基本信任对基本不信任阶段。此阶段对应于 0～1.5 岁婴儿的内心冲突，相当于弗洛伊德所说的口唇期。婴儿最早借助于对特定客体对象的“咬”等方式来认识外部世界，而外部世界的不确定性影响着婴儿内心的安全感与信任感。若父母或其他如父母般的照顾者能给予婴儿充分的照料与关怀，营造稳定的外部客体环境，婴儿便能克服这一心理冲突，产生安全可靠的信任感。

2. 自主对羞怯和怀疑阶段。此阶段对应于 1.5～3 岁婴儿的内心冲突，相当于弗洛伊德所说的肛门期。在这一阶段，儿童通过控制大小便来获得某种自主性，且容易沉溺于保持和释放大小便的“游戏”中。所以，父母应坚定地支持孩子学习这种自主性控制与排放行为，使孩子习得不失尊严的自我控制。孩子若未能习得这种自主性，则将会长期受到羞怯和怀疑情绪的影响。

3. 主动对内疚阶段。此阶段对应于 3～6 岁儿童的内心冲突。在这一阶段，儿童开始跑动、学会语言和想象，容易产生恐惧。加之俄狄浦斯情结及其伴随的复杂情绪，儿童会主动接近异性但又害怕被禁止并受到惩罚。所以，父母应帮助孩子学习适当的角色扮演，将性驱力转化为可接受的行为。此时，良知和超我开始建立，管控那些主动产生的内驱力。成功解决这些问题，儿童就会产生持续的自我调节的品质；否则，将产生羞耻感。

4. 勤奋对自卑阶段。此阶段对应于 6～12 岁学龄期儿童的内心冲突。埃里克森将这个阶段称为潜伏期，但不同于弗洛伊德所说的性潜伏期，而是内心相对平静的阶段。在这一阶段，儿童以学校的学习任务为主，需要投入精力勤奋努力、克己自律。然而，儿童也可能出现厌恶学习、不守纪律、成绩不佳等问题，进而伤害自尊心和上进心，产生自卑心理。这就需要老师和家长共同为学龄儿童创造一种积极奖励、适度约束的学习环境，循循善诱地鼓励儿童学习，防止儿童自暴自弃，形成自卑心理。

5. 自我认同对角色混乱阶段。此阶段对应于 12～18 岁青春期孩子的内心冲突。在这一阶段，孩子身体发育迅速，第二性征分化明显，男女生之间的差异凸显，但他们对自己的身体发育缺乏理性认识，容易对性别身份产生困惑。同时，孩子的社会参与欲望强烈，群体归属感超过独立自主性，容易出现角色混乱。若前期形成了羞怯、怀疑、不自信、自卑心理，这一阶段面对身体特征和群体压力，就更容易产生角色混乱问题。

6. 亲密对孤独阶段。此阶段对应于 18～20 多岁成年早期的内心冲突。在这一阶段，人们需要建立友谊、爱情和合作关系；否则，就容易产生孤独寂寞的心理。

7. 繁殖对停滞阶段。此阶段对应于 20 多～65 岁成年中期的内心冲突。在这一阶段，人到中年，精力充沛，处于养家创业时期，应让人生充满活力；反之，则容易陷入停滞、消极状态。

8. 自我整合对绝望阶段。此阶段对应于65岁之后老年期的内心冲突。在这一阶段，人们回顾一生，可能感到充实、成就满满，对人生感到连贯而整合；也可能觉得人生失意、充满挫败，从而陷入悲观厌世的绝望状态。

总之，埃里克森的人生八个阶段理论，系统总结归纳了个人一生发展过程的主要心理冲突模式和需要克服的任务，为人格发展提供了一种相对标准化的参照模板，为社会工作临床辅导评估案主的发展阶段性问题提供了参考标准。

（三）皮亚杰的认知发展理论和道德发展理论

除了上述两种人格发展理论，另外两种著名的生命周期理论是认知发展理论和道德发展理论。认知和道德发展领域最有名的理论家当数瑞士心理学家皮亚杰和美国发展心理学家柯尔伯格。皮亚杰认为，儿童认知能力的发展不能通过逻辑推演来测量，这是测量认知水平，而不是解释认知能力的发生机制。皮亚杰提出，要从发生学的角度来研究认知能力的发生发展过程。这个发生发展过程，本质上是人与客体的交互作用。人通过与生俱来的对动作的协调作用和同化-顺应等适应能力，将这种外在的互动转化成内在的抽象图式。随着发展，其形式化运算的抽象程度逐渐提升，展现出一种认知能力结构化的构造过程。① 所谓认知图式，本质上是一种关于思维活动的推论性理论建构，而不是靠观察发现的物理或者大脑结构。② 具体来说，皮亚杰根据儿童认识外在世界的方式，把认知能力的发生发展分为如下四个阶段③：

1. 感觉运动阶段（0～2岁）。儿童起初仅能协调感觉与动作，在感知外在世界时，形成某种直观行为模式，随后借助于天赋的协同能力来组织运动模式。在这一阶段，儿童逐渐学会对事物进行基本表征与想象，能够预测事物的出现与消失，进而形成某种客体永恒的意识。

2. 前运算阶段（2～7岁）。儿童开始运用简单概念符号来认知世界，取代了此前依靠感觉运动来认知世界的方式。前运算阶段又可细分为前概念化阶段（2～4岁）和直觉思维阶段（4～7岁）。前概念化阶段主要以语言和想象游戏为主，有助于提升儿童解决问题的能力；在直觉思维阶段，儿童学会数数、分类及开展相关性行为，开始构建以自我为中心的连接组合模式。不过，这一阶段的思维多从自我出发，由随意的词语和符号组合而成，缺乏逻辑能力。

3. 具体运算阶段（7～11岁）。儿童开始更加注重推理思维，而非单纯的知觉性认识。在这一阶段，儿童掌握了两种具体的运算能力：颠倒和补偿。颠倒或拆解

① 皮亚杰．结构主义．倪连生，王琳，译．北京：商务印书馆，1984：53.

② ROBBINS S P，CHATTERJEE P，CANDA E R. Contemporary human behavior theory：a critical perspective for social work. Boston：Allyn and Bacon，1998：234.

③ 同②235－237.

行为帮助儿童理解行为过程，补偿思维则使儿童学会从多个角度来理解事物。如此一来，儿童就能从客观逻辑角度对具体问题进行推理。这一阶段有两大主要成就：一是儿童能够形成序列；二是儿童学会分类认识事物，并掌握了转换性思维。因此，儿童的因果推理能力得以提升。

4. 形式运算阶段（11～15 岁）。在这一阶段，人们开始具备抽象思维和科学推理能力。青少年能够借助于假设检验来解决问题，还能理解人际互动的多重维度，这些都通过语言符号系统等形式化运算能力而得以实现。皮亚杰认为，一旦具备这种形式化的思维运算能力，成年人的推理能力便不会有质的变化，而仅存在量的增长。

除了上述的认知发展理论，皮亚杰还提出了儿童道德判断能力的发展理论。道德判断能力的发展其实是儿童社会化的一个方面，通过社会化过程，社会规则内化到儿童的内心世界，成为他们个人的价值观。因此，道德判断能力的发展过程取决于儿童认知能力的发展。随着儿童的成熟发展，儿童认知的自我中心主义逐渐转变成基于社会互动的社会推理能力，儿童认知开始展现出相互性，也就是把他人的目的、观点和情境考虑在内。皮亚杰将儿童的道德判断能力的发展与认知觉识能力的发展相联系，把儿童道德判断能力的发展阶段划分为两大阶段：前道德阶段和道德推理阶段。其中，道德推理阶段又细分为道德现实主义（或多元异质道德）与道德相对主义（或者自主性道德）。

1. 前道德阶段。这一阶段主要对应于 5 岁之前儿童的道德能力。在这一阶段，儿童仅仅根据自己的兴趣来玩游戏，自己制定规则，很少会意识到规则及相关推理问题。

2. 道德现实主义（或多元异质道德）。这一阶段主要对应于 5～10 岁儿童所持有的道德观念。在这一阶段，规则主要由父母和权威人物设定，儿童虽然不理解规则背后的缘由，但在社会化过程中，将规则视为不可违背的、绝对且神圣的存在。

3. 道德相对主义（或自主性道德观）。这一阶段主要对应于 10 岁直至成人阶段的道德观念。在这一阶段，人们了解规则背后的意义与理由，并且知晓规则是通过相互同意与尊重而构建的。这种规则意识以及规则构建能力，与认知能力、社会角色扮演技巧紧密相连。只有发展到这一阶段，真正的社会正义才得以建立，因为社会正义并非由权威强制施加的，而是基于互惠、合作和相互尊重等社会交往认知能力的。①

（四）柯尔伯格的道德发展理论

皮亚杰的道德发展理论还是一个比较粗糙的划分模式，美国发展心理学家柯尔

---

① ROBBINS S P, CHATTERJEE P, CANDA E R. Contemporary human behavior theory: a critical perspective for social work. Boston: Allyn and Bacon, 1998: 244 - 245.

伯格在此基础上，提出了一个更加精细的道德发展理论。柯尔伯格认为，道德推理能力的发展是一个比较漫长且复杂的过程。他认为，这个过程取决于两个因素：一个是认知失衡，意识到自己在道德推理上的不足；另一个是采纳其他视角能力的进步，因为可以理解他人的视角了。基于这两个道德能力的发展因素，他提出了道德发展的三个水平六个阶段理论[①]：

水平 1：前习俗道德（约 2～9 岁）。处于这一水平的儿童，尚未将是非观念内化，所遵循的规则是由外部权威强加的。他们服从规则的目的，要么是避免惩罚，要么是获取奖赏。这一水平的道德观可进一步细分为两个阶段。阶段 1——服从与惩罚取向（避免惩罚）：在这一阶段，儿童遵守规则的动机是规避惩罚。在他们眼中，只要不受到惩罚的行为就是正确的。阶段 2——工具性目的与交换（获取利益/奖励）：在这一阶段，儿童遵守规则，是为了赢得奖励或者获得他人的赞许，行为的对错以能否给自己带来实际利益为衡量标准。无论是逃避惩罚还是争取奖赏，这一阶段儿童的行为都并非基于道德意识，而仅仅是一种对外在刺激的行为反应。

水平 2：习俗道德（9～15 岁）。处于这一水平的儿童，其道德判断能力建立在习俗规范和规则之上，行为的目的在于赢得他人认可、顺从社会秩序，而并非出于自主的伦理道德意识。这一水平的道德观同样可进一步细分为两个阶段。阶段 3——人际和谐与顺从（做“好孩子”，获得认可）：在这一阶段，孩子的行为主要依据父母或权威人物的认可与赞扬；他们努力成为他人眼中的“好孩子”，以获得积极的评价。阶段 4——法律与秩序导向（维护社会权威系统）：在这一阶段，孩子遵守规则，是为了避免受到权威的批评；他们开始能够从社会法律和规则等更宏观的视角来考量并决定自己的行为；在他们的认知里，道义规则具有刚性和法制性，其存在是为了维护社会秩序的稳定。

水平 3：后习俗道德（少数个体 16 岁后可能达到）。这一水平的道德判断能力是自主的、自我接纳的，代表着成熟的道德观念。柯尔伯格指出，多数成年人并未达到这一水平。这一水平的道德观还是可进一步细分为两个阶段。阶段 5——社会契约导向（法律作为可变的社会契约）：这一阶段的道德观以契约性法规为导向，道德依旧以法规的形式呈现，但这种法规是通过协商约定而形成的，且被认为应当公平、正义，一旦违背公平正义原则，便会面临挑战与修订。阶段 6——普遍伦理原则（超越法律的正义/人权原则）：这一阶段的道德观以普遍的伦理原则为导向，基于个体内心的良知，是真正自主决定的道德观。这些伦理原则多为抽象概念，如正义、同情、平等，以及人的尊严，等等。它们超越了法律的具体形式，成为人们内心自觉遵守的道德准则。

---

① ROBBINS S P，CHATTERJEE P，CANDA E R. Contemporary human behavior theory：a critical perspective for social work. Boston：Allyn and Bacon，1998：246－247.

二、生命历程理论

无论是人格发展理论，还是认知与道德发展理论，都试图建立一个普遍的发展模式，或者总结出普遍的发展规律，作为指导和评判人格、认知、道德发展的标准。这种知识形态一旦进入应用和实践领域，就很容易成为一种诊断缺失与问题的标签，甚至成为一种判断个人正常与偏差的霸权，必然遭到文化相对主义和性别主义的批判与反对。然而，生命周期理论所强调的沿着生命扩展过程去分析生命的发展变化轨迹的思路，还是得到了肯定。尤其是在社会学界，生命历史或者生命自传理论成为研究个体生命与外在环境的动态互动模式的一个策略，打开了一种开放变动的，但又可以寻找生命轨迹的微观能动性、外部压力、机遇事件和生命转折点的新的研究思路。

社会学界最著名的生命历程理论是美国社会学家 G. H. 埃尔德（G. H. Elder）在《大萧条的孩子们》（*Children of the Great Depression*）里所提出的生命历程理论。埃尔德认为，生命周期理论虽然可以把一个人的一生划分为不同阶段，并把个人生活嵌入社会关系中，能够让人们深入了解个体发展与他们的职业生涯联系在一起的社会化和社会控制过程，但是这个概念无法表现多重家庭和工作生涯，无法应对多重角色的研究，也无法反映社会时机和历史定位。[①] 埃尔德开创的生命历程理论则强调如下四个主题：

1. 社会时空环境的塑造作用。个体的生命历程被深深地嵌入其所处的历史时间以及在生命进程中所经历的各类事件中，并且受这些时间与事件的塑造。这一观点着重突出了社会时空环境对个体发展变化所产生的影响。

2. 时间与时机的关键意义。一系列生活转变或生命事件对个体发展的影响，取决于这些转变或事件在个体生活中发生的时间点。这一观点强调了时间因素以及事件在个人生命特定阶段发生的时机因素。

3. 生命的相互依赖与关系网络的调节作用。生命处于相互依赖状态，社会-历史的影响通过个体所共享的关系网络得以呈现。个人的社会关系网络为压力和危机事件提供了调节机制，它既可以加重外在压力，也可以起到缓冲作用，减轻压力对个体的冲击。

4. 个体能动性与历史机遇的交互影响。个体能够凭借自身的选择和行动，利用所拥有的机会，突破历史与社会环境的限制，进而构建自身的生命历程。这一观点突出了个体能动性以及个体与历史机遇相互匹配所带来的生命轨迹转变。[②]

总之，与生命周期理论相比，生命历程理论更加强调与出生组有关的年龄问

---

① G. H. 埃尔德. 大萧条的孩子们. 田禾，马春华，译. 南京：译林出版社，2002：441.

② 同①426-432.

题，因为年龄反映的是出生年代的历史社会背景和发生的事件，以及特定年代的家庭社会关系对个体适应社会事件的缓冲调节机制，从而使个体的生命轨迹具有变化的转机可能性。这实际上与下一节要介绍的社会工作领域流行的布朗芬布伦纳的生态理论有许多相似之处。[①]

第四节　从生态系统理论到场域结构理论

上一节提到，生命历程理论其实就是把个体生命轨迹放在社会环境里，去看历史事件对个人产生的影响，以及个人与环境的互动，积极建构出一个小的生态环境来吸纳转化社会压力，主动抓取新机遇窗口，产生生命轨迹的转折点。那么，到底生态系统理论对于“人在环境中”意味着什么呢？本节将进一步介绍通用社会工作实务模式中的生态系统理论，但是生态系统理论受到了生命历程理论和实践理论的批判。所以，本节将在生态系统理论的基础上，进一步介绍结构主义的实践场域理论和后结构主义的话语实践理论，期望能够超越生态系统理论的不足，奠定通用社会工作实务模式的坚实理论基础。

一、生态系统理论

自从 20 世纪 60 年代卡洛尔・H. 梅耶（Carol H. Meyer）等人把生态系统理论引入社会工作之后，美国通用社会工作实务模式逐渐把生态系统理论作为通用社会工作实务模式的理论基础。生态系统理论是把生态理论和一般系统论组合在一起的一个理论框架。生态理论关注的是有机物与环境之间的适应性匹配，以及实现动态均衡和成熟的过程。这一过程被称作“多重互动过程”（transactional process）。也就是说，某一变动无论是源于外部因素（外生）还是内部因素（内生），都会通过复杂的关系网络，引发整个系统的扰动。随后，经过系统内部复杂的互动，最终回归到均衡状态，这便是所谓的均衡结果导向的动态调整过程（equifinality）。这里涉及系统概念，系统论实际上源于生物学研究，因为都是针对复杂系统开展探索，进而提炼出一般系统论。所谓一般系统论，是一门研究一组要素之间的整体性互动模式的学科，或者说是一门关于一组变量之间的系统性关联模式的学科。这种要素之间的系统性关联模式，代表着一种系统性思维方式，其中包含三个核心概念：一是从传统的客体观转变为互动关系网络视角，并将其视为现实世界的构成要素；二是在这些关系网络中，自组织过程至关重要；三是在自组织系统里，最重要

---

① G.H. 埃尔德．大萧条的孩子们．田禾，马春华，译．南京：译林出版社，2002：448.

的是多样性。[①]

总之，系统性思维不同于线性思维，不再根据单一的因果机制来理解事物的本质，而是强调事物之间的相互关联性，以及基于这种相互关联性而形成的多重因果机制，因此系统性思维要承认与顺应世界所具有的复杂性、多重性和不确定性。[②]具体而言，生态系统理论的突出特征包括如下四个方面：

1. 系统具有边界，作为一种自组织，系统通过创造边界来构成自身。需要注意的是，系统边界具有渗透性，既不能过于紧密，导致与外部失去联系，也不能太过松散，致使内部缺乏整合。系统边界既可以是有形的物理空间边界，也可以是无形的社会边界和心理边界。在社会工作评估与介入过程中，无形的社会边界和心理边界可能比物理空间边界更为重要。其中，所谓社会边界，是指在日常交往中，那些能够构成相互密切互动、具有内聚力的群体范围；所谓心理边界，则是个体成员在自己心理层面设定的亲疏远近界限。

2. 系统是一种能够动态调整、不断趋向均衡的复杂结构，也可被看作一种复杂互动模式网络，以及基于该网络而形成的层级结构。系统依靠动态调整来维持动态平衡，以实现自身的互动模式（结构）。作为一种活跃的动态结构，系统会受到外部和内部的冲击，此时必须做出相应调整，改变组织方式，从而达到新的平衡状态。

3. 系统中的互动模式呈现互为因果、多重因果的关系。对于一种动态的复杂系统，人们难以采用化约策略，在控制其他条件的情况下仅仅分析两个要素之间的因果关系。相反，应从任何一个引发关注的热点（如求助的案主）入手，通过其所处的互动网络，逐步梳理清楚系统内部的交往互动模式。通常采用的分析方法是，考察系统内部要素之间交往的频次、强度，以及交往组合所形成的结构及其产生的功能性结果。

4. 正如生命历程理论所表明的，系统是一种开放且动态变化的体系。在初始阶段，系统结构及其产生的功能性结果，会随着生命轨迹中所遭遇的新事件、新机遇和新资源，产生新的互动模式，并带来新的功能性结果。因此，不能依据封闭的静态结构来判断最终结局，而应从动态、开放的生命轨迹中的交往互动的对象、机遇和资源等方面，分析其发展变化的可能趋势。

生态系统理论为通用社会工作实务模式奠定了宽泛的理论基础，其显著优势在于能够整合传统“人在环境中”这一核心概念的两大要素，即把人与环境同时纳入考量范围，并且以系统性思维去审视两者间的复杂互动网络，有效避免了以

---

① MATTAINI M A，MEYER C H. The ecosystems perspective：implications for practice// MATTAINI M A，LOWERY C T，MEYER C H. Foundations of social work practice：a graduate text. 3rd ed. Washington，DC：NASW Press，2002：7.

② 同①10.

往在人与环境两极之间摇摆不定的状况。然而，生态系统理论也存在一定的局限性：一方面，它极易沦为一个宽泛的框架，难以聚焦关键问题与核心机制，从而在实践层面缺乏可操作性；另一方面，它倾向于将社会生活视作一种非人性化的客观演化进程，过度强调适应与匹配，在案主赋权以及对社会的批判方面有所欠缺。鉴于此，我们将目光转向社会科学中的实践场域理论，探究其能否克服生态系统理论所呈现的机械客观性问题，为社会工作实务提供更具针对性与实效性的理论支撑。

二、场域结构理论

如前所述，根据布尔迪厄的实践理论，身体习性是在特定的实践场域中被刻画塑造出来的结构化的并能促使结构生成的主观结构，而场域“可以被定义为在各种位置之间存在的客观关系的一个网络（network），或一个构型（configuration）”[①]。所以，乍一听，“场域”概念和上述“系统”概念的核心内涵是差不多的。然而，布尔迪厄又是反对结构主义的，强调从关系视角进行思考。那么，关系视角，相对于结构主义，有什么特定意义呢？因为上述生态系统理论也强调所谓的复杂互动，本质上也是关系主义的。而且，客观关系本身就是一种结构模式，那到底场域结构与生态系统结构的区别是什么呢？

这就要回到“实践理论”这个概念。如前所述，实践是一个具身化的、依靠实践性理解又受物质条件调节的行动。这里涉及身体习性与场域结构的关系问题。在过去的社会科学领域，客观结构与主观意识一直是分开的，就像社会工作界把人与环境两个要素分开一样。生态系统理论虽然提供了一种互动论概念框架，但是又把人的能动性融入了一种自动的动态均衡机制，消融了人的能动性。那么，实践理论能否把人的能动性与场域里的客观结构统一起来呢？

第一，在布尔迪厄的实践理论中，他把外部世界划分成一个个相对自主的小世界，也就是一个个具有自身逻辑和必然性的客观关系的社会空间，即场域。

第二，布尔迪厄认为，人在特定场域中的实践并非生态系统理论所主张的适应匹配的动态均衡机制，而是类似于一种游戏。作为游戏，其中必然存在参与者的动机与兴趣，同时也需要一定的资本与策略。不过，布尔迪厄反对将人视为依据客观规则来理性规划行动策略的主体，他主张人们是基于具身化的实践惯习，即实践性理解的实践智慧，来参与游戏互动的。所以，场域理论的核心在于，基于客观的结构位置与资源组合，人们在特定场域中展开一场竞争性游戏。这场游戏并非依靠工具理性来行动，而是通过已内化为身体习性的默会知识进行即兴发挥，参与者甚至

---

① 皮埃尔·布迪厄，华康德．实践与反思：反思社会学导引．李猛，李康，译．北京：中央编译出版社，1998：133-134.

会借助于文化符号来掩盖或否定自身行动的目的，以此获取具有社会合法性的竞争利益。

第三，参与特定实践场域游戏的人，其身体习性是在该场域中被塑造形成的，因而具有一定的结构性。这使参与者能够依据自身特定的客观社会地位，自动采取与之相应的行动策略，从而实现客观结构位置与主观行动结构的自动匹配。

第四，客观结构位置与主观行动结构的匹配，并非基于系统论中功能协调的均衡原则，而是基于实践过程中斗争策略的需要。人们的斗争策略主要依据动态的社会情境和局势来制定，通过判断何种斗争策略契合自身的社会位置，进而把握时机获取实践利益。这里所说的局势，是一种具有开放变动性的关系类型，它将具有不同身份地位的人围绕特定事件临时组合成一种态势，从而有可能打破常规的社会地位结构，实现常规支配或者反转。

这就是场域结构实践理论和生态系统理论的重要区别。他说："场域理论排除了一切功能主义和有机论：一个既定场域的产物可能是系统性的，但并非一个系统的产物，更不是一个以共有功能、内在统合（cohesion）和自我调控为特征的系统的产物；这就是说，对于系统理论中如此之多的基本假定（即共有功能、内在统合、自我调控等），场域理论都拒绝接受。"①

当然，正如前文已经阐述的，人们依靠身体习性进行即兴发挥，甚至利用符号体系来掩盖和否认自身的实践利益，这一方面体现了一种实践智慧，但另一方面也可能引发滞后效应与代际冲突。因此，对实践策略展开反思，深入审视自身身体习性被构建的社会建构过程，从而形成更为自觉、灵活的实践方式，便成为社会工作专业能力培养的核心问题。

三、后结构主义理论

布尔迪厄的结构实践理论虽然宣称反对结构主义，但无论是场域中所蕴含的客观关系结构，还是主体所具备的身体习性结构，都明显带有结构主义的印记。只不过，他强调在实践过程中需依据特定的实践情境局势，灵活地展演、挪用、倒转各种结构程式，以达成特定的实践效果。尽管在其晚年，布尔迪厄主持社会调查，揭示了社会转型所面临的重重困难，但这未能为赋权和解放提供切实可行的出路。为突破结构主义的桎梏，法国的一批后结构主义学者提出了解构主义以及差异化话语实践策略。其中，米歇尔·福柯（Michel Foucault）研究的就是多元话语体系或者说论述体系的构型问题，"它是由实际陈述（口头的和书面的）的整体在它们的散

---

① 皮埃尔·布迪厄，华康德. 实践与反思：反思社会学导引. 李猛，李康，译. 北京：中央编译出版社，1998：141-142.

落和在各自所特有的层次上构成的”[①] 话语空间中的事件群体。话语体系不是语言体系，话语分析也不是语言分析。语言分析是对字、词、句、篇章结构和思想体系的分析，所以“语言分析提出的问题永远是：这一陈述是根据什么规律形成的？其他相似的陈述又是根据什么规律构成的？而话语事件的描述提出的完全是另外一种问题，即这种陈述是怎么出现的，而在其位置的不是其他陈述”[②]。

话语事件也就是陈述行为，也有一个主题和范围，并且围绕这个主题形成一个陈述事件群，每个陈述就出现在特定范围的特定位置上。这听上去也类似于一种结构分析。然而，福柯说，与其探求主题、形象、观点的持久性和辩证法，倒不如测定这些选择点的散布，并在任何选择和对主题任何偏爱的范围内，确定一个策略可能性的范围。[③] 由此，福柯萌发了描述这些话语散布本身的想法：“它们连续出现的次序，它们的同时性中的对应关系，在共同空间中可被确定的位置，相互作用，被联结和等级化的转换。……这样的分析……不是重建某些‘推理链’（正像人们经常在科学史或者哲学史中所做的那样），也不是制作‘差异表’（像语言学家们那样），而是描述散布的系统。”[④]

话语分析涵盖话语对象的形成、陈述方式的形成、概念的形成和策略的形成这四个体系。话语对象、陈述方式、概念和策略构成一个整体，不过这个整体并非遵循普遍规律，而是一个具有特殊规则性质、有限话语边界的复杂关系网络。这个关系网络明确了在话语实践中应构建何种关系，从而使话语实践能够指向这样或那样的对象，运用这样或那样的陈述方式，借助这样或那样的概念，并制定这样或那样的策略。此外，这个关系网络中的特殊规则体系具备促使对象转换的能力，进而催生出新的陈述方式、新的概念和言语策略。所以，话语的形式并非一成不变，而是会随着时间的推移，与话语事件体系以及其他事件、转换、变化和过程体系相互协调，同步发生转变。[⑤]

因此，福柯的知识考古学是一种用于分析话语陈述的复杂网络散布形态及其历史转变的方法。福柯认可话语实践网络存在一定的规则与结构，不过，这些并非历史规律或语法结构，而是关于特定事物的陈述方式、概念化过程以及导入策略的形成规则。并且，这些特殊规则与社会政治经济等前话语体系紧密相连。一旦时代背景发生变化，一整套话语体系就会随之改变。值得注意的是，这种变化并非连续的，而是呈现出断层性。正因为如此，人们需要借助于考古学的方法来探究不同时代的话语体系是如何散布的，其形成遵循何种规律，以及经历了哪些断层与转换。

---

① 米歇尔·福柯．知识考古学．谢强，马月，译．北京：生活·读书·新知三联书店，1998：31.

② 同①32.

③ 同①46.

④ 同①47.

⑤ 同①93－94.

他说："我们称一种话语形成替代另一种话语形成并不意味着一个对象、陈述、概念完全新颖的理论选择的整体突然地装备完善、组织良好地出现在某一文本中，这个文本对它作出一劳永逸的安置，而是意味着会产生关系的整体转换，但是这种转换不一定更改所有的成分；也就是说，陈述服从于一些新的形成规律，并不意味着所有的对象或概念，所有陈述或所有理论选择都消失了。"①

后结构主义话语分析对社会工作的启示是，人与世界的构成并不是服从某种客观结构和发展规律，而是通过某种话语陈述来建构对象的位置和关系，这种陈述方式会随着时代的更迭而发生转换，它们本身并没有什么规律，而是服从于那个时代的政治经济社会背景。也就是说，话语是与某种权力体制联系在一起的，但却呈现出一种真理形式，因此，这也提供了转变与颠覆的可能性。通过揭示话语陈述方式演变的谱系学及其背后所潜藏的权力关系，便能为另类陈述和行动开辟出可能的空间。②

四、马克思主义中国化时代化

在当今西方，社会工作实务的理论基础多依托于生态系统理论。这一概念框架的确有其优势，它能够整合"人在环境中"这一关键实践要素，并展现出个体生命历程中生活形态的动态变化。然而，正如布尔迪厄所批判的那样，生态系统理论存在着以共同功能为核心进行整合的有机均衡论倾向，它在看似科学的表象下，掩盖了人与社会协同转变的可能性。西方的结构实践理论以及后结构的话语实践理论，突破了生态系统理论的有机均衡模式，为实践转型提供了新的可能。然而，在将视角转向中国国情时，必须明确，唯有坚持马克思主义基本原理与中国具体实际相结合，与中华优秀传统文化相结合，推动马克思主义中国化时代化，才能为构建中国社会工作实务的理论基础找到正确的出发点。

西方诸多实践理论，追根溯源，实则是在马克思主义实践理论的根基上发展而来。中国共产党自革命战争时期起，便踏上了将马克思主义基本原理与中国具体实际相结合的探索征程，矢志不渝地推动马克思主义中国化。毛泽东思想、邓小平理论、"三个代表"重要思想、科学发展观，都是马克思主义中国化的具体表现。党的十八大以来，习近平总书记提出的新时代中国特色社会主义思想，无疑是马克思主义中国化时代化进程中的崭新篇章。这一思想，是当代中国马克思主义、二十一世纪马克思主义，汇聚了中华文化和中国精神的时代精华，开辟出马克思主义中国化时代化的全新境界。党的群众工作路线，以及在践行过程中所积累的促进民生福

① 米歇尔·福柯．知识考古学．谢强，马月，译．北京：生活·读书·新知三联书店，1998：224.

② 阿德里娜·S. 尚邦，阿兰·欧文，劳拉·爱泼斯坦．话语、权力和主体性：福柯与社会工作的对话．郭伟和，等译．北京：中国人民大学出版社，2016：95.

祉、推进基层治理的宝贵经验，构成了中国社会工作坚实的现实基础。中央社会工作部的设立，则为中国社会工作的蓬勃发展提供了有力的制度保障。社会治理现代化的相关论述，更为中国社会工作专业化进程明确了崭新方向。我们坚信，中国社会工作定能秉持博采众长、兼收并蓄的态度，充分汲取各方精华，开创出既具有鲜明中国特色，又契合人类文明共同特征的全新理论形态。

复习思考题

1. 三种心理学有关人格特质和行为特征的论述有什么异同？
2. 人格结构理论与身份认同理论有什么异同？
3. 生命周期理论与生命历程理论有什么异同？
4. 生态系统理论的基本特征有哪些？
5. 如何理解身体习性和实践场域的辩证关系？
6. 简述福柯后结构主义的基本内容及其对社会工作的启示。

推荐阅读书目

1. 阿德里娜·S. 尚邦，阿兰·欧文，劳拉·爱波斯坦．话语、权力和主体性：福柯与社会工作的对话．郭伟和，等译．北京：中国人民大学出版社，2016.

2. Robert D. Nye. 三种心理学：弗洛伊德、斯金纳、罗杰斯的心理学理论. 石林，袁坤，译. 北京：中国轻工业出版社，2000.

3. 唐纳德·A. 舍恩．反映的实践者：专业工作者如何在行动中思考．夏林清，译. 北京：教育科学出版社，2007.

第四章

通用社会工作实务模式

【教学目标】

学习通用社会工作实务模式的形成过程、基本阶段、基本要素，熟悉通用社会工作的基本方法，掌握开展社会工作的通用实务能力。

【本章导学】

从20世纪50年代开始，英美国家的社会工作就开始提出要整合个案工作、小组工作、社区工作方法，形成整合的或者统一的社会工作实务模式。

英国的整合社会工作实务策略长期坚持的是干预策略连续统的折中模式。

北美地区的整合社会工作实务策略是引入生态视角和一般系统论，逐渐形成了生态系统分析框架，形成了通用社会工作实务模式。

通用社会工作实务模式，在生态系统分析框架的基础上，结合了美国实用主义传统中的问题解决过程模式，并且强调从当事人的优势和资源出发来寻找解决问题的方案。

生命模式是基于生命历程与生态视角相结合而提出的一种具体的通用社会工作实务模式。

问题设定框架实验法是基于美国实用主义传统而提出的另一种职业能力训练的新方法。

通用社会工作实务模式逐渐成为国际社会工作基本概念和基本标准的核心。

【关键概念】

整合社会工作；通用社会工作；生态系统理论；问题设定框架实验法

通用社会工作已然成为21世纪国际社会工作教育的基本内容，无论是国际社会工作学校协会和国际社会工作人员联盟2004年颁布的《社会工作专业教育和训练全球标准》，还是美国社会工作教育委员会2008年颁布的美国社会工作专业本科和硕士《教育政策和评级标准》(*Educational Policy and Accreditation Standard*)，都列出了社会工作教育标准的共同核心目标和能力，当中都把整合个案工作、小组工作、社区工作、社会行政等多个层面的工作技能，形成的通用社会工作实务模式作为基本内容。本节就整合/通用社会工作的形成历史、基本内涵和整合策略进行讲解。

第一节 通用社会工作实务模式的基本内涵

从社会工作发展史来看，社会工作是从民间慈善事业发展而来，但是从一开始就形成了家庭友善访问和睦邻运动两个分支，随后又进一步分化出个案社会工作、小组社会工作、社区社会工作三个不同的传统。20世纪50年代之后，美国社会工作人员国家协会成立，试图寻找社会工作的共同基础，统一三大社会工作方法，形成统一的社会工作专业共同体。20世纪60年代之后，随着系统理论和生态理论被引入社会工作领域，社会工作学者开始以此为基础整合社会工作。到了20世纪80—90年代，逐渐形成了通用社会工作实务模式，并以此为基础逐渐形成了当代社会工作专业教育的通用核心能力。

一、从整合社会工作实务模式到通用社会工作实务模式

二战后，随着福利国家体系的建立与社会服务需求的多元化，社会工作领域面临方法分立与实务整合的双重挑战。英、美两国基于不同的理论与实践路径，分别探索了整合个案工作、小组工作与社区工作的可能性。下文将梳理这一历史进程，分析从“方法连续统”折中策略到“系统理论/生态理论”统一模式的演进逻辑，并探讨通用社会工作实务模式下干预策略的分类争议，揭示社会工作专业在回应复杂社会问题时的理论张力与实践创新。

(一) 二战后福利国家体系下整合社会工作的提出

二战后，英国完成了福利国家体系下的医疗和社会福利服务体制建设，开始雇用社会工作者参与政府的社会福利服务。同时，在伊琳·杨赫斯班(Eileen Younghusband)的带领下，1947年发布了《社会工作者的就业和训练报告》(*Report on the Employment and Training of Social Workers*)，形成了以个案工作为主的社会工作教育训练课程体系。但是在英国，政府雇用的社会工作者(主要是个案社会工

作者）被要求完成综合性服务，比如改善就业和社区环境，促进案主的社会功能。这样一来，传统的个案社会工作就不能只针对个案和家庭进行干预，而必须介入社区中的群体和机构等层面开展工作。这就促使英国的社会工作教育吸纳了小组工作和社区工作进入课程体系。[①]

美国则是在 1955 年成立社会工作人员国家协会，着手建立统一的社会工作专业共同体，试图统一个案工作、小组工作、社区工作这三大分支，形成一个统一的社会工作实务概念。在美国社会工作人员国家协会 1958 年发布的《社会工作实务的工作定义》（“Working Definition of Social Work Practice”）中，它已经用人与环境的协同均衡来统一个案工作、小组工作、社区工作的共同内核。这个工作定义指出了社会工作的三个目的[②]：

> （1）帮助个案和小组辨识、解决或最小化那些来自人与环境之关系失衡的问题；
>
> （2）辨识潜在的个人、小组与环境之间关系的失衡，以预防失衡的发生；
>
> （3）除了这些治疗和预防性目的，还要寻找、辨识、加强个人、小组和社区的最大潜能。

与此同时，美国社会工作教育委员会也委托沃纳·博伊姆（Werner Boehm）于 1959 年发布了《未来社会工作课程体系的目标》（*Objectives of Social Work Curriculum of the Future*）的报告。在此报告中，博伊姆提出，社会工作的性质是围绕人与环境互动的双重焦点开展工作：一方面，要聚焦于个人的能力和小组互动；另一方面，要聚焦于社会资源来助益社会功能。在双重焦点下，社会工作者应该做到：一是增强个体之间及其与小组之间的互动有效性，二是通过协调改变或者促进更新来动员社会资源。[③]

之后，一直到 20 世纪 60 年代，调节人与环境的关系、促进人与环境的协调均衡发展，一直都是美国社会工作专业的共同内核。然而，调节人与环境的关系、促进人与环境的协调均衡发展，这仅仅阐述了社会工作三大方法的核心功能。在方法策略层面，如何将这些方法进行整合，进而形成一种统一的社会工作实务模式，长期以来都缺乏一个可以统合的理论框架。

如何克服仅仅把三大方法纳入课程体系，但它们之间依然相互分化、相互分裂的趋势呢？当时英、美两国社工界提出了两种不同的思路：一种是英国提出的社会

---

① YOUNGHUSBAND E L. Report on the employment and training of social workers. Dunfermline：Carnegie United Kingdom Trust，1947.

② COMMISSION ON SOCIAL WORK PRACTICE. Working definition of social work practice. Social work，1958，3（2）：5－8.

③ BOEHM W. Objectives of the social work curriculum of the future. New York：Council on Social Work Education，1959.

工作方法连续统的折中做法；另一种是美国提出的基于系统论和生态论的统一模式策略。①

（二）沿着社会工作方法连续统的折中性整合思路

二战后，英国社会工作者开始进入医疗与福利服务部门提供社会服务。尽管在杨赫斯班的领导下发表于1958年的《地方健康与福利服务当局的社会工作者工作小组报告》（*Report of the Working Party on Social Workers in Local Authority Health and Welfare Service*）中也提出了"通用社会工作者"（generalist social worker）概念，但那时的通用社会工作者是指一种能够执行较为广泛的功能的个案社会工作者，而不是指一种社会工作实务模式。②

1965年，英国政府委托弗雷德雷克·西博姆勋爵（Lord Frederic Seebohm）成立一个委员会，评估英国地方当局的社会服务职能。三年后的1968年，西博姆委员会（Seebohm Committee）发布了《地方政府及相关个人社会服务报告》（*Report of the Committee on Local Authority and Allied Personal Social Services*）。该报告推荐成立地方社会服务部门，把相关社会服务职能整合起来，以社区为本，为有需要的家庭提供综合服务。该报告要求社会工作者具备广泛的干预策略剧目，除了能与个人和家庭一起工作，还能与小组和社区一起工作。对应的社会工作教育应该是通用教育，培养学生综合性的适当处理社会问题的能力，包括处理个人、家庭、小组和社区等方面问题的能力。③

在当时，英国的社会工作教育多为两年制大专文凭教育，受学制所限，学生难以全面掌握个案工作、小组工作和社区工作这三大方法，因而教育重点主要集中在个案工作上。实际上，英国的社会工作教育在很大程度上仍遵循杨赫斯班提出的策略，即将个案工作、小组工作和社区工作分开训练，首先着重开展基本的个案工作教学，随后通过继续教育中的附加课程，来扩充个案工作者的专业技能储备。这一过程呈现出沿着专业技能连续统逐步拓展的特点，从个案工作起步，继而延伸至小组工作，最后拓展到社区工作。④

（三）沿着系统论或生态论的统一实务模式思路

北美地区在20世纪60年代提出的整合社会工作的策略，基本上是沿着系统论

---

① VICKERY A. Social work practice: divisions and unifications// SPECHT H, VICKERY A. Integrating social work methods. London: George Allen & Unwin, 1977: 36-59.

② YOUNGHUSBAND E. Report of the working party on social workers in the local authority health and welfare services. London: Her Majesty's Stationery Office, 1959.

③ 同①.

④ YOUNGHUSBAND E. Social work in the future: trends and training// SPECHT H, VICKERY A. Integrating social work methods. London: George Allen & Unwin, 1977: 109-115.

和生态论这两种接近的理论，试图形成一种统一的社会工作实务模式。把系统论引入社会工作领域的主要人物有戈登·赫恩（Gordon Hearn）、霍华德·高德斯坦（Howard Goldstein）、艾伦·平克斯（Allen Pincus）和安娜·米纳罕（Anne Minahan）等。一般认为，加拿大学者赫恩最早于1958年把一般系统论引入了社会工作领域，但是没有引起北美社会工作界的重视。[①] 引发广泛关注的则是美国学者高德斯坦，他是推动一般系统论进入社会工作领域的旗手级人物。他在其1973年出版的《社会工作实务：一个统一模式》(*Social Work Practice: A Unitary Approach*) 一书中指出，当时的社会工作缺乏整体性地评估社会问题的手段，来克服要么这个、要么那个的非此即彼的两难。他认为，能够提供整体性分析框架和综合性干预策略的就是社会系统理论。通过借鉴一般系统论的概念，把它们运用于人类行为事件，可以构建一个用来分析人类问题的系统模式。这些概念包括系统边界、均衡和稳定状态、输入和反馈、趋同和分化等。高德斯坦非常相信系统论，主张社会工作应该契合一般系统论的科学概念，借助它们来建立更加抽象科学的概念，以此解释人类行为和社会行为。[②]

另一派把系统论引入社会工作课程设计的是平克斯和米纳罕，但他们并不是引入一般系统论原理，而是从隐喻意义上引入系统概念，来构建其统一的社会工作实务模式。1973年，平克斯和米纳罕在教材《社会工作实务：模式与方法》(*Social Work Practice: Model and Method*) 中明确指出，尽管社会工作过往存在各种流派与形式，但其中存在着一些共同核心要素，包括社会工作实务的概念、技巧、任务以及活动等，这些才是社会工作实务的本质所在。而且，该教材所阐述的实务模式无意参与通用实务与专门实务的划分，其目的是为社会工作实务提供共通的知识、价值以及技巧等内容。平克斯和米纳罕认为，社会工作的专业任务在于解决人们的功能性问题。因此，社会工作实务的核心在于能够对各类资源系统进行分析，进而帮助案主恢复并增强解决和应对问题的能力。具体而言，要建立人们与资源系统的联系，促进和调整人们与资源系统之间以及人们在资源系统内部的互动和关系属性；推动社会政策的发展与完善，处理好物质资源的分配问题；与此同时，社会工作者还需承担起社会控制代理人的角色。[③]

另一种统一社会工作实务方法的思路是用生态理论来建构社会工作实务的统一理论基础。这方面的代表人物有梅耶、卡雷尔·B. 吉尔民（Carel B. Germain）和阿列克斯·吉特曼（Alex Gitterman）等。梅耶早在1970年就指出，为了应对日益严重的城市危机，需要发展出一种更加综合、包容的理论框架，把生态论和系统论

---

① HEARN G. Theory building in social work. Toronto: University of Toronto Press, 1958.

② GOLDSTEIN H. Theory development and the unitary approach to social work practice// SPECHT H, VICKERY A. Integrating social work methods. London: George Allen & Unwin, 1977: 60-73.

③ PINCUS A, MINAHAN A. A model for social work practice// SPECHT H, VICKERY A. Integrating social work methods. London: George Allen & Unwin, 1977: 73-105.

结合起来，创造出生态系统图的分析工具。[①] 明确把生态视角引入社会工作领域的则是吉尔民。[②] 到1980年，吉尔民和吉特曼出版了基于生态视角的社会工作实务模式专著——《社会工作实务的生命模式》（*The Life Model of Social Work Practice*）。[③] 相对于系统论，发源于生态学的生态视角更强调人与环境的交互影响和相互适应，把交界面（interface）和适配性（goodness of fit）当作其分析与干预的焦点。另外，相对于系统论中的自我反馈和恒定均衡等机械性逻辑，生态视角更加强调人的目的性和主动性，强调成长、发展和潜能等生物属性。

总之，20世纪60—70年代，北美地区的社会工作学者主要是把系统论和生态论引入社会工作领域，希望能够整合社会工作的三大方法，形成统一的社会工作实务模式。

（四）通用社会工作实务模式下的干预策略类别划分

无论是英国的折中策略，还是北美地区的统一模式，通用社会工作实务模式下的一项重要工作都是重新划分三大方法的干预策略，试图形成一个能够整合起来或者统一起来的干预策略分类体系。常见的划分方法有两种：一种是划分为直接服务策略和间接服务策略，另一种是划分为微观干预策略和宏观干预策略。这两种划分方法各有利弊，难以统一。

1. 直接服务与间接服务的划分方法。在社会工作中，对直接服务与间接服务进行区分，存在多种依据不同标准的划分方式。第一种是以案主为标准进行的区分：直接服务，是指那些直接关联特定案主或案主群体的干预行动。案主，即直接受益人和服务使用者，涵盖个人、家庭或小组。例如，为因失业陷入困境的个人提供职业辅导，或者针对一个存在沟通障碍的家庭开展家庭治疗，这些都属于直接服务范畴。间接服务，则是代表案主利益，与案主所处环境中的个人、群体或机构建立联系的干预行为。间接干预的对象虽然也可能是个人、小组或机构，但并非直接受益人，而是影响案主利益的相关方。比如，社会工作者为帮助贫困家庭改善生活条件，与当地社区福利机构沟通协调，争取更多资源，这便是间接服务。在此种区分方式下，准确界定案主是关键所在。

第二种是以问题情境为标准进行的区分：直接服务，是指针对特定问题情境展开的干预行动。这与系统论紧密相关，取决于焦点系统的选定，即直接对焦点系统进行干预。例如，当儿童出现行为问题时，针对其父母处理孩子行为问题的方式进行干预，这属于直接服务。又如，针对青少年的偏差行为，将其青春期与父母的关

---

① MEYER C H. Social work practice：a response to the urban crisis. New York：Free Press，1970.

② GERMAIN C B. An ecological perspective to casework practice. Social casework，1973，54：323-330.

③ GERMAIN C B，GITTERMAN A. The life model of social work practice. New York：Columbia University Press，1980.

系以及与同伴的关系作为直接干预对象，同样属于直接服务。间接服务，则聚焦于与问题情境相关的环境因素实施干预，也就是针对外围环境系统进行操作。比如，针对青少年的偏差行为，对其父母的就业状况、所在学校情况以及社区环境等外围因素开展的干预行动，就属于间接服务。

第三种是从广泛学科意义的角度进行的区分：直接服务，是指所有围绕案主利益而展开的服务工作。这意味着，与案主相关的各类机构、专业人员以及社区成员所开展的社会工作，均属于直接服务。举例来说，社区志愿者为独居老人提供生活照料服务，或者专业心理咨询师为有心理困扰的案主进行心理疏导，都在此列。间接服务，是指那些旨在促进整个社会福利的服务工作，如社会服务资源的开发与分配、社会服务机构之间的协调管理，以及社会政策的制定与变革，等等。此类工作实际上已超越狭义的社会工作专业范畴，涉及社区组织和社会行政等相关学科领域的内容。①

2. 微观社会工作与宏观社会工作的划分方法。当谈及社区组织和社会行政等内容时，相较于将其称作间接社会工作，用宏观社会工作来表述更为恰当。基于此，人们提出了关于微观社会工作和宏观社会工作的划分方式：传统上，旨在服务特定案主利益的直接服务工作，属于微观层面的干预策略；而那些没有明确指向具体受益对象，着眼于促进整个社会福利的社区发展以及社会行政类工作，则被称为宏观社会工作。以一本颇具影响力的《宏观社会工作实务》（*The Practice of Macro Social Work*）教科书为例，作者从干预焦点的角度对微观和宏观社会工作进行了清晰划分：凡是针对个体、家庭以及小组所开展的工作，均归为微观社会工作；凡是针对组织、社区以及政策领域所展开的工作，则属于宏观社会工作。②

当然，也有人提出，宏观社会工作虽然着眼于社区、组织、社会乃至全球层面展开干预，但本质上依旧是助力个人和群体解决问题。它与传统模式不同，并非从系统论视角出发，区分心理与生理层面以及社会环境层面的问题，进而划分直接干预策略和间接干预策略，而是切实立足社会层面进行干预，以此来帮助个人和群体解决问题。他们把这种从社会层面进行干预的社会工作，叫作宏观社会工作的社会行动模式（action - social model of macro social work）。③

实际上，社区工作在英国一直属于社会发展领域，在美国则属于社区组织与行动领域；而社会政策与社会行政原来也一直是一个相对独立的学科，在英国隶属于费边社会社的社会调查与政策倡导，在美国则隶属于慈善组织会社的社区组织与行政管理。但是，在二战后，英、美两国围绕社会福利政策形成了一系列改良措施，并形成

---

① VICKERY A. Social work practice：divisions and unifications// SPECHT H，VICKERY A. Integrating social work methods. London：George Allen & Unwin，1977：36 - 59.

② NETTING F E，KETTNER P M，MCMURTRY S L，THOMAS M L. Social work macro practice. 5th ed. Boston：Pearson，2012：5.

③ BRUEGGEMANN W G. The practice of macro social work. 4th ed. Belmont，California：Brooks/Cole，2014：8.

了较为完备的福利国家体系，率先吸纳民间慈善组织开展的社会工作和社区发展（社区组织）进入福利国家体系提供服务，并且要求提供更加综合性的教育训练和干预服务工作。这样一来，就需要将原来相对独立的个案工作、家庭工作、小组工作，与社区组织、社会服务机构管理和社会政策倡导整合起来。但是，到底如何整合，确实存在争议。比如，我国原来没有社会政策学科，现在正在增加社会政策学科，与社会工作学科分离开来。而英、美两国，虽然二战后出现整合统一趋势，但其实仍然存在相对独立的社区组织、社会服务管理和社会政策干预学科，又叫作宏观社会工作。

二、通用社会工作实务模式的理论基础

如前所述，虽然早在 20 世纪 60 年代，北美社会工作学者就提出了用系统论或生态论来统一社会工作实务，但是，直到 20 世纪 70 年代，随着吉尔民和吉特曼提出了生态系统理论，社会工作界才算全面接受了生态系统理论，生态系统理论才成为通用社会工作实务模式的理论基础。① 到了 20 世纪 80—90 年代，美国流行的社会工作教科书要么是系统论加问题解决模式作为通用社会工作实务模式的理论基础②，要么是生态论加生命周期理论作为通用社会工作实务模式的理论基础③。进入 21 世纪之后，美国社会工作人员国家协会出版的社会工作实务模式教材，就明确以生态系统理论作为对个人、家庭、组织、社区开展工作的通用实务模式的理论基础。④ 下面主要就一般系统论、生态论、结构功能主义等理论及其演变为生态系统理论的发展过程进行阐述。

（一）生态系统分析框架的形成过程

生态视角在 19 世纪和 20 世纪之交，广泛存在于人类学、生物学、社会学等学科领域。最初都是从进化论角度比较研究从生物群落到人类社会的不同生活形态，到后来逐渐形成了一种静态的分析人与环境的互动调适过程的结构功能主义科学范式。结构功能主义又分为人类学的结构功能主义、社会学的结构功能主义。人类学的结构功能主义，主要由 A. R. 拉德克利夫-布朗（A. R. Radcliffe - Brown）在广泛吸纳诸多人类学民族志案例的基础上构建而成。他以此形成了一种以人类生存的基本需要为导向的功能主义分析范式。⑤ 社会学的结构功能主义，则主要由美国社

① ROBBINS S P，CHATTERJEE P，CANDA E R. Contemporary human behavior theory：a critical perspective for social work. Boston：Allyn and Bacon，1998：27.

② JOHNSON L C. Social work practice：a generalist approach. 6th ed. Boston：Allyn and Bacon，1998.

③ GERMAIN C B，GITTERMAN A. The life model of social work practice. 2nd ed. New York：Columbia University Press，1996.

④ MATTAINI M A，LOWERY C T，MEYER C H. Foundations of social work practice：a graduate text. 3rd ed. Washington，DC：NASW Press，2002.

⑤ A. R. 拉德克利夫-布朗．原始社会的结构与功能．丁国勇，译．北京：中国社会科学出版社，2009.

会学家塔尔科特·帕森斯（Talcott Parsons）在整合法国社会学家埃米尔·涂尔干（Émile Durkheim）和德国社会学家马克斯·韦伯的理论，以及弗洛伊德的精神分析理论的基础上构建而成。他以此形成了一种以维护社会秩序为核心的结构功能主义。① 然而，社会工作学者在引入生态视角的时候，更多关心的是人与环境的适配性问题。吉尔民和吉特曼从生态视角出发提出，当面临因人与环境适应不良而产生的压力问题时，应思考如何对个人的应对策略，以及环境中的资源和权力关系进行调适，以更好地提升人与环境的适配程度。②

一般系统论是由加拿大生物学家卢德威克·冯·贝塔朗菲（Ludwig Von Bertalanffy）在生态学、物理学、社会学、人类学等多个学科的基础上逐渐形成的一种抽象的理论模式，然后将之推广运用至分析人类系统。③ 它最早吸纳了生态学中的结构功能主义理论，强调通过结构与功能之间的相互影响，维持系统的生存发展；后来它还吸纳了物理学中的系统自动平衡理论，强调通过系统内部的反馈回路，建立动态的均衡模式，实现熵的耗散，维持系统的功能运作。随着把系统论引入分析人类行为事件，人们逐渐认识到这种机械的、自动的、演进的、均衡的思维模式，难以符合人类的精神和主观能动性。于是，就在生态系统和物理系统的基础上，增加了人（主体）的目的行动，以及主体之间的互动模式，作为人类系统的基本内核，借此反对行为主义与功能主义系统论的化约性和机械性的假设。④ 然而，即使是人类系统，只要进入一个复杂的互动过程，就会生成（emerge）超越于个体主观意图的互动模式，并且这种生成的互动模式反过来也会影响个体的主观意图和行动模式。这样，就把个人的主观性与系统的客观性结合起来了，形成了一种多重复杂系统，作为分析人与环境交互影响的理论框架。

系统论主要是处理部分与整体的关系问题，以及主观能动性与客观结构的关系问题。为了分析两者之间的关系，需要区分焦点系统、次级系统和超级系统。焦点系统是指你要关注的重点分析单位，次级系统是在其下面的组成部分，超级系统是在其上面对其发生影响的外部环境体系。这三者的划分是相对的，可以随时根据分析的需要调整焦点系统。比如，以个人为焦点系统，那么其生理、情绪、认知和精神等就是其次级系统，而其家庭、工作单位、学校、教堂、邻里等就构成其超级系统；但是，如果把家庭作为焦点系统，那么家庭成员及其中的夫妻关系、亲子关系、同胞关系就构成了其次级系统，而家庭所在的社区、家族、教堂、学区等就构

---

① PARSONS T. The social system. London：Routledge and Kegan Paul，1951.

② GERMAIN C B，GITTERMAN A. The life model of social work practice. 2nd ed. New York：Columbia University Press，1996.

③ BERTALANFFY L V. General system theory：foundations，development，application. New York：George Braziller，1968.

④ ROBBINS S P，CHATTERJEE P，CANDA E R. Contemporary human behavior theory：a critical perspective for social work. Boston：Allyn and Bacon，1998：36.

成了其超级系统。①

通过整合一般系统论和生态视角，基于梅耶的生态系统图，社会工作学者不断地完善生态系统图分析框架，作为通用社会工作实务模式的分析工具。生态系统分析框架的具体内容上一章已经阐述，这里不再赘述。但是，为了更好地理解生态系统分析框架，这里把生态系统图这一具体的分析工具举例展示如下②：

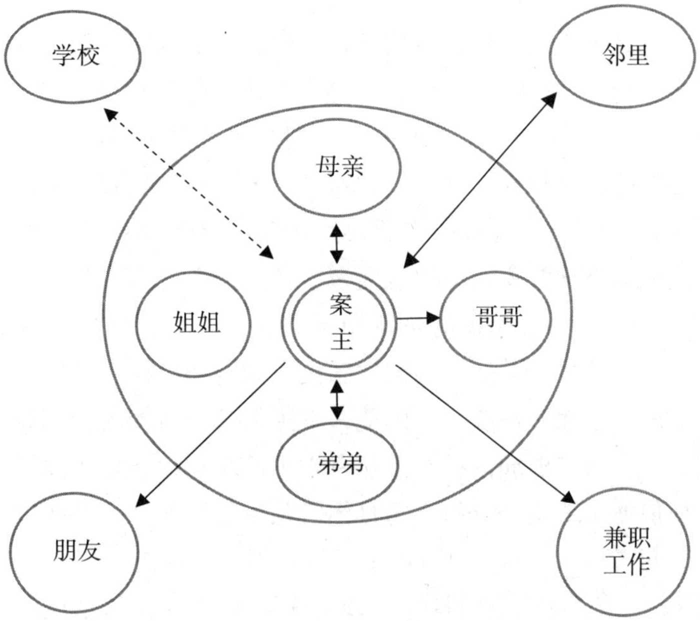

图 4－1　生态系统图

在图 4－1 中，圆圈代表各种系统，双圆圈代表案主，中间的家庭系统构成分析的焦点系统，家庭成员及其之间的关系构成次级系统，家庭之外的学校、邻里、朋友、兼职工作等构成周围环境超级系统。各种线条代表各种关系，箭头代表单向还是双向关系，粗细代表关系的强度，虚线代表回避的关系。在图 4－1 中，案主与母亲之间是密切的双向关系；案主想要与哥哥建立关系，但是哥哥却不愿意与他建立关系；案主与弟弟之间是正常的双向关系，与姐姐没有关系，与邻里也是密切的双向关系，但与学校是回避的弱关系；案主也想要发展朋友关系和寻找兼职。图 4－1 本身并不能告诉我们更多的内容，但是它提示社会工作者要进一步沿着系统内部以及系统与环境的关系去收集资料，分析案主的需求、动机，及其与次级系统和外部环境形成的互动功能模式，进而判断问题的成因和寻找解决问题的思路。

---

① ROBBINS S P，CHATTERJEE P，CANDA E R. Contemporary human behavior theory：a critical perspective for social work. Boston：Allyn and Bacon，1998：38－39.

② MATTAINI M A，MEYER C H. The ecosystems perspective：implications for practice// MATTAINI M A，LOWERY C T，MEYER C H. Foundations of social work practice：a graduate text. 3rd ed. Washington，DC：NASW Press，2002：3－24.

（二）社会工作干预行动的四个子系统

除了生态系统分析框架之外，平克斯和米纳罕还借鉴系统论，提出了社会工作干预行动的四个子系统概念，对于理解社会工作的实践特征具有启发性[①]：

1. 改变代理（能动）系统。该系统的功能主要由社会工作者来发挥。社会工作者，作为推动社会改变的能动力量，受雇于各类公私机构。然而，他们能发挥多大的改变作用，受制于所在机构提供的处罚、限制以及机会等条件。

2. 案主系统。案主系统具有多元性，案主并非仅指个人，还可能涵盖家庭、小组、组织或者社区。案主主动寻求帮助，期望借此获取特定利益。需要注意的是，案主并不必然等同于社会工作的干预对象，虽然传统治疗取向的社会工作者常将两者混为一谈。从更全面的视角来看，案主系统是需要帮助并将从中受益的系统，其可能直接成为干预对象，也可能通过干预其他系统而受益。

3. 目标对象系统。此系统指的是行动系统意图改变并针对其开展行动的目标对象。社会工作实务的核心就是，与案主系统协同合作，确立改变的目标，识别需要改变的人群对象，进而实现改变。因此，案主系统与目标对象系统可能重合，也可能有所不同。传统治疗取向的社会工作者常不假思索地将案主系统与目标对象系统视为一体。但依据系统论来分析，需具体研判谁是问题产生的根源，谁是真正需要改变的对象，两者可以一致，也可以不一致，不可一概而论。

4. 行动系统。行动系统是用具体行动去实际推动改变的主体，一般由社会工作者联合其他可动员的力量共同构成。各方力量携手合作，完成预定的任务，以达成改变的目标。

总之，社会工作学者广泛借鉴社会科学的一般系统理论和生态理论，创造性地构建起生态系统分析框架，并把社会工作干预行动划分为上述四个子系统，为通用社会工作实务模式的形成奠定了坚实的理论基础。

三、通用社会工作实务模式的问题解决过程

前面介绍了通用社会工作实务模式的理论基础，下面介绍其问题解决过程的内核。

（一）基于杜威实用主义的问题解决模式

通用社会工作实务模式不但运用生态系统理论把社会工作的三大方法统一起来，而且还运用美国实用主义哲学家杜威的行动理论，提出了一套问题解决模式，

---

① PINCUS A，MINAHAN A. A model for social work practice// SPECHT H，VICKERY A. Integrating social work methods. London：George Allen & Unwin，1977：73－105.

从而形成了一种通用社会工作实务的过程模式。杜威曾在《思维术》(*How We Think*；现在一般翻译为《我们如何思维》）一书中，提供了一种解决困难问题的五个步骤的逻辑方法：第一步是"感觉困难"，就是感觉到人与环境的失衡问题；第二步是"困难所在及其指定"，就是进一步明确和界定所存在的问题，为探究解决方案做准备；第三步是"意思（可能的解决）"，意味着提出各种解决问题的备选方案的假设；第四步是"以演绎之法发挥臆想中所涵之义"，也就是对猜测的解决方法在检验之前进行演绎推理，使之符合逻辑；第五步是"继续观察及实验，以凭驳斥或承诺所臆"，也就是用实际操作中的实用结果来检验猜测和演绎的方法是否奏效。①

一般认为最早把杜威的问题解决模式引入社会工作临床实务中的，是芝加哥大学社会服务行政学院的铂尔曼。她在1957年就出版了《社会个案工作：一个问题解决过程》，只不过那时候她是把自我心理学与杜威的解决问题的行动过程结合起来形成自己的个案工作模式，提出了所谓的"四P"解决问题模式：一个被问题（problem）围绕的个人（person）来到一个地方（place）寻求帮助，这个帮助过程（process）被定义为解决问题的个案工作过程。铂尔曼提出了比较系统的解决问题的三类条件：（1）提供治疗性关系，从而支持案主，以及影响改变他和问题有关的情绪；（2）提供系统而灵活的解决方法，让案主可以讨论和处理自己的问题；（3）提供适当的机会和帮助，让案主可以执行和完成自己的行动计划。② 铂尔曼提出的以问题解决过程为核心的个案工作方法，把心理动力学派自我功能的发挥和功能学派关注的实际问题解决联系起来，通过一个行动过程来增强人们的理性考虑问题并通过行动方案来检验自己的思想和感觉的能力。这种问题解决的行动模式逐渐成为社会工作实务的内核，不断地被精细化。

到了20世纪70年代，社会工作学者开始尝试把系统论和杜威的实用主义问题解决模式结合起来。这种结合后的理论与方法，可以适用于个案、小组、社区等方面的工作，从而有效解决各种类型的问题。比如，高德斯坦认为，运用一般系统论可以提升社会工作解决社会问题的一般性思维方法。具体来说，他认为，系统论从如下方面提升了社会工作解决社会问题的能力：给社会工作提供了分析问题的系统知识体系；可以系统评估问题的面向、意涵以及领域；和案主一起寻找解决问题的有力方法，系统调查参与问题解决的相关方；确定可能实现的长短期目标和方向；可能的策略和备用的行动；对新方法的有效性的确证，以及意识到自己的优势和能力可以转换到其他问题情境。③

---

① 陈亚军．实用主义：从皮尔士到布兰顿．南京：江苏人民出版社，2020：137－138.

② PERLMAN H H. Social casework：a problem－solving process. Chicago：University of Chicago Press，1957.

③ GOLDSTEIN H. Theory development and the unitary approach to social work practice// SPECHT H，VICKERY A. Integrating social work methods. London：George Allen & Unwin，1977：60－73.

平克斯和米纳罕也在系统论的基础上提出了具体的问题解决过程，这个过程包括如下步骤：发展改变的需要；建立改变的关系；澄清和诊断案主系统的问题；检查改变的另类路径和目标；把行动目的转换成现实的改变努力；把发生的改变一般化，巩固改变；结束工作关系等。[①]

（二）通用社会工作实务模式下的阶段划分

真正将问题解决过程作为自己著作的框架的，是康普顿和盖拉威。他们在 1979 年出版的《社会工作过程》（*Social Work Process*）一书中提出了独特的思路。康普顿和盖拉威在前人的问题解决过程模式的基础上提出了三步法的问题解决实务模式[②]：

> （1）接触（订立关系）阶段：主要工作包括建立关系和界定问题、界定操作性问题、辨识行动目标、初步协商工作契约、探索调查收集资料。
>
> （2）契约阶段：主要工作包括预估和评价、形成行动计划、预诊断。
>
> （3）行动阶段：主要工作包括执行计划、结束行动、评估成效。

与此类似，吉尔民和吉特曼在 1980 年出版的那本基于生态视角的社会工作实务模式专著——《社会工作实务的生命模式》中，也把社会工作实务过程划分为三个阶段。但是他们的划分相对于康普顿和盖拉威的划分，没有契约阶段，而是把行动阶段与结束阶段分开了。这个划分方法获得了大多数人的认可，具体内容如下[③]：

> （1）初始阶段：主要工作包括准备进入案主的生命世界以掌握相关信息，通过同理心建立关系，界定人们的生活问题和压力源，强调其适应能力。
>
> （2）后续行动阶段：主要工作包括协助案主改变生命历程中转变时期的内在压力、环境问题，以及不良适应问题，实现改变的目标。
>
> （3）结束阶段：主要工作包括通过处理结束过程中的情绪，更好地评估改变，并把取得的变化转换到其他生活情境。

迪恩·H. 赫普沃斯（Dean H. Hepworth）、罗纳德·H. 鲁尼（Ronald H. Rooney）和乔·安·拉尔森（Jo Ann Larsen）等人在 2015 年再版的《直接社会工作实务：理论和技巧》（*Direct Social Work Practice：Theory and Skills*）一书中，也把社会工作实务过程划分为三个阶段，与吉尔民和吉特曼的三个阶段划分类似，

---

① PINCUS A，MINAHAN A. A model for social work practice// SPECHT H，VICKERY A. Integrating social work methods. London：George Allen & Unwin，1977：73 - 105.

② COMPTON B R，GALAWAY B. Social work processes. rev. ed. Homewood，Illinois：Dorsey Press，1979：144 - 145.

③ GERMAIN C B，GITTERMAN A. The life model of social work practice. New York：Columbia University Press，1980：47 - 59.

分别是[①]：

阶段Ⅰ：主要工作包括探索、订立、预估和计划。

阶段Ⅱ：主要工作包括执行和实现目标阶段。

阶段Ⅲ：主要工作包括结束、维持改变策略和评估。

但是，劳伦斯·舒尔曼（Lawrence Schulman）在其主编的《助人技巧：个人、家庭、小组和社区工作方法》（*The Skills of Helping Individuals, Families, Groups, and Communities, Enhanced*）一书的第8版中，却保留了康普顿和盖拉威的契约阶段，同时也与吉尔民和吉特曼一样把行动阶段与结束阶段分开，这样就形成了四个阶段[②]：

（1）初始（或准备）阶段：主要工作包括通过初步接触相互了解，并建立治疗联盟，以及做好准备。

（2）开始（或订立契约）阶段：主要工作包括双方进一步深化关系，订立工作契约，预估问题的形成和案主的回应模式。

（3）中间（或工作）阶段：主要工作包括进一步借助工作关系动力来引导案主聚焦问题、分享资料，引导案主用新方式来看待问题，促进案主改变。

（4）结束和转换阶段：主要工作包括处理结束过程中的情绪，评估成效，并把取得的成效转换运用到其他情境。

目前美国社会工作教育委员会在其2008年颁布的美国社会工作专业本科和硕士《教育政策和评级标准》中，提出了社会工作的十大核心专业能力，其中第十项核心专业能力就是具备与个人、家庭、小组、组织和社区系统化地开展以下四个阶段专业实践的能力：接案（engagement）、预估（assessment）、干预（intervention）和评估（evaluation）。这四个步骤的主要工作内容是[③]：

接案：要求社会工作者能够准备好与个人、家庭、小组、组织和社区一起工作，运用同理心与其他技巧发展出相互同意的工作焦点和想要的结果。

预估：要求社会工作者能够收集、整合、解释案主的资料，预估案主的优势和局限，发展出相互同意的工作目的和具体计划，选择适当的干预策略。

干预：要求社会工作者能够发起行动以实现组织化目标，执行预防措施以增强案主的能力，帮助案主解决问题，代表案主进行协商、协调，为案主发声

① HEPWORTH D H, ROONEY R H, LARSEN J A. Direct social work practice: theory and skills. 9th ed. Pacific Grove, California: Brooks/Cole, 2015: 33.

② 劳伦斯·舒尔曼．助人技巧：个人、家庭、小组和社区工作方法：第8版．隋玉杰，吴蕾，张会平，等译．北京：中国人民大学出版社，2022：37.

③ COUNCIL ON SOCIAL WORK EDUCATION. Educational policy and accreditation standards. Alexandria, VA: Council on Social Work Education, Inc., 2008.

倡导，促进案主的情况转变，直至圆满结束服务。

评估：要求社会工作者能够批判性地分析、检测与评估干预过程和成效。

关于社会工作实务过程，存在多种阶段划分方法。例如，在常见的四阶段划分方法的基础上，有人将计划与契约环节独立出来，形成五阶段的划分模式。然而，预估阶段本身就应涵盖制定计划和形成契约的工作，无须将其单独剥离出来成为一个独立阶段。甚至还有更为细致的划分，有人把评估和结案分开，进而形成六阶段的划分模式。本教材后续章节在结构编排上，采用了与通用实务模式相契合的过程划分方式。这种划分方法与吉尔民和吉特曼，以及赫普沃斯、鲁尼和拉尔森等人提出的三阶段划分方法类似，即将探索、预估和计划归为一个阶段，把干预行动单独作为一个阶段，最后将结束和评估合并为一个阶段。

四、通用社会工作实务模式中的优势视角

问题解决模式虽然构成通用社会工作实务模式的核心行动逻辑，但主流的问题解决模式往往从分析问题的成因入手，并假定解决问题需要针对问题的成因进行干预。微观社会工作聚焦于个人或家庭，在此过程中，很容易倾向于从个人和家庭那里去探寻他们所面临问题的根源。加之长期受精神医学和心理辅导的影响，临床个案工作常常不自觉地将个人或家庭认定为问题的成因，并对其实施治疗与干预。人们将这种把社会问题的受害人当作问题的成因，进而对其开展治疗和干预的做法，称作“谴责受害人”（blame the victim）。[①]

当然，前文已经指出，在“人在环境中”的概念框架下，社会工作者已经提出了个人与环境的双重焦点，甚至有人借鉴系统论提出把个人与环境的交互影响（transactions）当作干预的焦点[②]，这就避免了谴责受害人的做法。然而，这还是不够，因为并不是把焦点从个人和家庭之上转移开来，就能避免谴责受害人的问题。于是，人们提出，社会工作区别于精神医学，甚至影响到心理分析并形成心理分析的人本主义第三种力量的，正是对当事人的尊重和关爱，并挖掘案主的潜能，发挥案主的优势，这样就形成了社会工作实务模式中的“优势视角”（strengths perspective）。

在优势视角下，社会工作的问题解决策略发生了转变，侧重于基于案主的优势来探寻解决问题的路径。该视角认可案主的独特性及其内在蕴含的力量，秉持与案主协同合作的方式开展工作，积极挖掘案主身边可利用的资源与潜在机会，着力强化案主的内在愿望及发展能力。优势视角通过运用一系列专业理念，如赋权、发展

---

① RYAN W. Blaming the victim. rev. ed. New York：Vintage Books，1976.

② JOHNSON L G. Social work practice：a generalist approach. 6th ed. Boston：Allyn and Bacon，1998：87.

成员关系、培育抗逆力、追求治愈与整体性、推动对话与合作、悬置怀疑等，为促进改变明确方向、提供动力，并拓展可能性。①

当然，优势视角并非如一些流行却片面的观点所认为的那样，是对案主现实问题的回避，沦为一种空洞的“心灵鸡汤”。实际上，优势视角并不回避案主所面临的现实问题，只是摒弃了传统精神医学模式中诊断案主病因并进行治疗的做法。优势视角强调与案主一起应对现实问题，挖掘并点明案主身处逆境时所具备的优势力量。借助于这股力量，帮助案主发掘新的资源与机会，最大程度上助力案主自主选择、掌控局面，并对新的发展可能性做出承诺，最终实现状况的扭转。②

第二节　通用社会工作实务模式的两种示范模式

上一节对通用社会工作实务模式的形成过程、理论基础和行动模式等进行了阐述，本节结合民族“三交”（指民族交流、交往、交融的意思）过程中的一个案例，来阐述通用社会工作实务模式的具体应用。

一、民族“三交”过程中的流动人口保护问题案例

案例一

民族地区的现代转型，一方面是通过在地城镇化的方式实现的，另一方面是通过异地流动的方式实现的。一般来说，民族地区的年轻群体出于对现代化的向往和生计压力，往往采取向大城市异地流动迁移的方式来实现生计方式的现代转变。然而，异地流动迁移往往会产生两个文化现象：一个是异地文化冲击问题，另一个是文化身份歧视问题。这两个文化现象都会转变成越轨性风险行为。

马某，甘肃临夏回族，28 岁，家里有父母、妻子和一个 7 岁的女儿（进入一年级就读）。2018 年左右，他到广州打工，先是去郊区的电子厂或者其他工厂做工，后来在老家人的介绍下开始做黄牛，进行美元交易。马某“因为不知道美元交易是违法的，而且来钱又快，所以去做了”，因为 148 万美金（合 900 多万的人民币）交易被抓，在 2019 年 5 月进行了简易判决，被判处有期徒刑 8 个月，缓刑 1 个月，没收非法所得 8000 元，并处罚 3 万元。马某在广州拘留三个月，现在取保候审，在老家进行一年的社区矫正，需要每个月到社区报到，并进行义务劳动（包括打扫

① SALEEBEY D. The strengths perspective in social work practice. 2nd ed. New York: Longman Pub Group, 1997: 9-13.

② SALEEBEY D. The strengths perspective in social work practice: extensions and cautions. Social work, 1996, 41 (3): 296-305.

卫生等）。

马某的案例就属于异地流动中的文化冲击带来的行为偏差风险问题。他是甘肃临夏回族自治州的回族人，上学不多，从小跟父母做茶叶生意，只是因为茶叶生意赚钱慢，才经过别人介绍开始做地下外汇买卖。他本身并不知道私自做外汇买卖是非法的，只知道做个中介，又不偷不抢，并不觉得有什么错误，更不知道这样做违法。大量少数民族青年流入城市谋生，他们对现代法治社会的制度性文化约束较为陌生，这使他们面临的偏差越轨风险相对较高。

高姐的儿子则属于另外一种社会风险。高姐一家居住在川西康定地区的姑咱镇，姑咱镇虽然自古就是川西平原进入康藏地区的交通要道，但因历史原因，文化差异延续至今，仍然存在着一些身份偏见和歧视。高姐说她的儿子愿意去成都打工，但是“去成都（打工），人家一看身份证上是藏族，都不要的嘛，打不到，打不到，我们藏族人出去了在外头打工，人家不收的嘛”。这样的表述，调研组不仅在姑咱镇听到过，在康定的其他地方也听到过，部分康定以东的汉族地区（包括雅安、成都等）并不太接纳藏族打工者，康定地区的藏族人比较容易获得打工机会的地方主要还是在藏区。

上述例子表明，当民族地区民众怀着对现代化的向往，开始向异地流动时，这种流动可能引发两种不同类型的风险：（1）对异地环境不熟悉所引发的文化冲击，会导致行为过失风险，例如马某的情况；（2）文化差异有可能引发身份歧视和排斥，进而促使少数民族青年产生故意越轨行为，像高姐的儿子等少数民族青年前往异地打工却遭受社会排斥的现象。面对这些风险和矛盾，存在两种应对策略。一种是积极预防策略，即开展有针对性的职业风险教育和民族文化教育。一方面，让民族地区青年了解现代城市的规则和文化，帮助他们更好地融入城市生活；另一方面，让城市青年认识民族地区青年的文化和特征，减少文化差异所导致的误解和歧视。另一种是退缩保护策略，当民族地区青年在异地出现偏差越轨行为，或者遭受歧视和排斥后，他们选择回到家乡，寻求社会的支持与保护，并在家乡谋求发展。显然，后者并非积极健康的应对方式，但在现实中，却往往成为无奈的选择。

二、生命历程理论下的通用社会工作实务模式

如前所述，生命历程理论下的通用社会工作实务模式，是在 1980 年由吉尔民和吉特曼结合生态视角而提出的一种通用社会工作实务模式。经过不断的发展修订，生命历程理论下的通用社会工作实务模式形成了比较完善的分析框架和干预手段。在完成其修订版后，吉尔民 1995 年去世。1996 年，哥伦比亚大学出版社出版了《社会工作实务的生命模式》的第 2 版。在这本书里，吉尔民和吉特曼提出，基

于生态视角的社会工作实务不是关注原因，而是关注结果，以及如何改变人与环境的不良适应关系问题。

（一）压力应对模式分析

如何改变不良适应模式呢？吉尔民和吉特曼借鉴了理查德·拉扎勒斯（Richard Lazarus）等人1980年在《压力、评价与应对》（*Stress*，*Appraisal*，*and Coping*）一书中提出的压力应对模式分析框架，该框架包括如下三大方面：压力源、压力和应对。[①]

生命历程理论中的压力源和压力是两个概念，不同于一般心理治疗中的压力管理。压力源是来自外部环境、表现为伤害或者损失等的压力形式，或者未来可能产生伤害或损失的威胁性事件（比如生病、丧亲、丢失工作、生命转折、人际冲突以及各种痛苦的生命事件）。

压力是指从内部产生、可能导致身体或者情绪上的某种压制性后果的状态，比如身体上的疼痛、心慌、消化不良等不适反应，情绪上的悲痛、压抑、焦虑、愤懑等不良反应。拉扎勒斯认为，外部压力源转化为内在压力，是经过人们的评价之后，超过了人们的应对能力和资源的那些生命转折、创伤性事件导致的身体心理后果，是一种身体和情绪上的反应。

人们在遭遇生命压力事件时，首先会做出初步的评估，给这些事件赋予意义，看看是否和自己相关、是好事还是一种压力源。只有在将其认定为压力源之后，人们才会进一步评估其代表的是伤害、损失，还是一种可能导致伤害、损失的威胁，抑或是一种挑战。

不同的评估结果导致人们采取不同的应对方式。如果认为压力事件是伤害和损失，那么应对方式就是克服、减轻或者容忍压力源；如果认为压力事件是一种导致伤害或者损失的威胁，那么应对方式就是尽量维持现状，预防那些可能发生的伤害或者损失；如果把生活事件看作一种挑战，那么，虽然也伴随着压力，但是人们相信自己可以动员内在和环境的资源来掌控这个事件，因为人们在面对挑战时，会被激发出热情，促进关系发展，调动自身能力，进入一种自我引导的积极应对状态。[②]

所以，在生命历程理论下，通用社会工作实务模式的干预策略主要就是协助案主面对生命压力事件，进而二次评估，看看是否超过了其应对资源和应对能力，引导案主重新评价自己和周围的资源，把压力事件看作一种挑战，更加积极地应对压力源。这些积极的应对措施主要是增强案主的社会关联性、胜任力（competence）、

---

① 理查德·拉扎勒斯，苏珊·福尔克曼．压力、评价与应对．曲晓艳，译．北京：中国人民大学出版社，2020.

② GERMAIN C B，GITTERMAN A. The life model of social work practice. 2nd ed. New York：Columbia University Press，1996：12.

自尊和自我引导等行动特征。[1]

社会关联性涵盖了从幼年时期的亲密依附关系，到成年阶段的亲密关系、友谊以及社会支持网络等多个层面。这些关系在人们应对压力源时，都能提供积极有效的帮助。在此需要明确区分情绪联结和社会联结：情绪联结一旦断裂，就无法单纯依靠社会联结来重新弥合，而是需要通过哀伤的过程来处理情绪上的创伤；然而，失业、搬迁等因素导致的社会孤立感和孤独感，却能通过构建新的社会关系网络而得以修复。

胜任力是个体在逐步掌控自身生活环境的过程中，效能感不断积累，进而逐渐形成的一种内在的感知与能力。人们在遭遇压力事件时，即便遭受了伤害和损失，也可借助于赋权策略，努力掌控自己力所能及之事，从日常生活的点滴小事中积累效能感，维持自我胜任力，避免自我胜任力的崩塌。

自尊作为人本主义心理学的核心概念，是个人成长发展的内在动力源泉。它体现在自我概念中，表现为对自我的尊重和爱护，即个体认为自己有能力、有意义且有价值。人们在遭遇压力事件时，极易丧失自尊，进而导致贬低自身的价值和意义，不再尊重和爱护自己，最终失去成长改变的动力。所以，社会工作者应秉持人本主义价值观，通过尊重和接纳案主，激发其自尊，为案主建立改变的动力。

自我引导基于个体对自己生活的掌控和负责，进而产生相应的决策和行动，以此帮助自己实现改变，导向期望达到的状态。因此，人们在遭遇压力事件时，需要外界助力其树立希望、明确方向，然后协助其进行赋权，掌控自己的生活，做出改变的决策并付诸行动，逐步摆脱压力事件的困扰。

（二）居住地和生态位置分析

生态视角下的社会工作实务模式，除了引用拉扎勒斯的压力应对模式，还要运用结构性思维来分析环境中的权力、无权和污染等不公正问题，也要分析人们在生态群落中的居住地和生态位置，以及个人生命历程中相关事件的发生机制等问题。[2]

在生态视角下的社会环境观是基于结构性思维，分析社会环境中的群际关系和阶级关系的不平等、资源配置和权力关系的不平等、发展方式的不可持续性等结构性原因所导致的歧视、压迫和剥削，以及环境污染等问题。依据马克思主义政治经济学，社会结构的本质是阶级结构，即生产资料占有的不平等所导致的生产关系中的资产阶级与无产阶级之间的压迫和剥削关系。然而，在当代社会，除了经典的阶级结构所导致的压迫和剥削关系，还有文化身份的分化所导致的身份群体之间的极化以及对应的歧视、排斥关系。这两种结构性关系，往往也会相互交叉，形成各种

---

① GERMAIN C B，GITTERMAN A. The life model of social work practice. 2nd ed. New York：Columbia University Press，1996：14－18.

② 同①19.

多重结构性支配关系和反支配的身份政治斗争。[①]

经济发展方式问题，以一种更加生态性的方式影响着整个人类的生存发展趋势。在工业革命以来的现代化进程中，经济发展主要是采取一种人类中心主义的攫取资源最大化的方式进行，改变了之前农耕文明时代人与自然相互平衡的资源利用方式。经过了工业革命以来 200 多年的资源开发利用，目前地球上的资源状况、生态环境都面临着枯竭和破坏的严重问题。解决这些问题的一种思路是，不断地开发新技术，去替代那些即将枯竭的资源，或者通过人造环境来保护人们的居住地。然而，这种技术进步能否赶上资源枯竭和环境破坏的速度并不确定。此外，关键在于，从伦理层面来说，这种人类中心主义的发展方式，对于其他物种以及底层群体是否公平，也是一个引发广泛争议的话题。因此，自 20 世纪 80 年代起，联合国提出了可持续发展理念，并持续更新具体行动议程，期望世界各国能够降低资源消耗、减轻大气污染、维护生物多样性，推动代与代之间、性别之间、种族之间的公平发展，保障底层群体能够维持有尊严的、体面的生计。[②]

所以，生态视角下的社会工作实务必须把上述结构性思维和可持续发展理念纳入分析框架，分析案主生活环境中的具体居住地和生态位置，从而帮助其改善资源的利用方式，改变不平等、不公平的社会关系，促进其与生活环境的良好适应。所谓居住地或者栖息地（habitat），是指人们所居住地理范围内的资源分布和相关设施条件。对于生物而言，是指可以生存下去的自然资源分布情况；对于人类而言，居住地的资源还包括而且主要指人造环境中的基础设施、公共服务及其对应的一套资格权利等体系。

所谓生态位置（niche），是某个生物体在生物链中的位置，用于人类社会，则是指个人在居住地的具体结构性位置。对于低等生物而言，它与其他生物之间的食物链关系影响着它的生存模式；对于人而言，他能获得的正式资格权利和非正式的社会支持关系影响着他的生存模式。[③]

因此，生态视角下的社会工作实务模式，除了采取个人的压力应对模式，还要采取结构性分析框架，分析人的居住地的群际关系、发展方式、资格权利，以及案主在这个结构性框架中的具体位置，从而为进行结构性干预提供具体思路。

（三）生命历程的多重时间分析

社会工作实务的生命模式，旨在将个体的生命历程置于历史进程和社会事件发

① 曼纽尔·卡斯特．认同的力量．曹荣湘，译．北京：社会科学文献出版社，2006.

② 吉尔贝·李斯特．发展的迷思：一个西方信仰的历史．陆象淦，译．北京：社会科学文献出版社，2011.

③ GERMAIN C B，GITTERMAN A. The life model of social work practice. 2nd ed. New York：Columbia University Press，1996：20.

展脉络中，以此来审视个体生命历程与历史进程中各类社会事件之间的互动关系。这种模式注重动态地看待人与环境的互动，在历史进程中，某些压力事件会演变为压力源，给个人带来或长或短的压力与挑战。正确且积极的应对方式有助于人们培育抗逆力，从而顺利渡过难关，当未来出现新的转折契机时，能够把握机会，实现正向积极的改变。消极的应对方式则可能致使危机加剧，甚至导致个体或系统陷入解组瘫痪的困境。社会工作者的职责便在于运用赋权的手段，协助案主积极应对压力源，促使案主从被动消极甚至瘫痪的状态，转变为积极抵抗逆境、实现绝地反弹的状态。

本书第三章曾指出，生命历程与生命周期存在差异。生命历程，指的是一个人从被孕育、出生直至老年的整个生命过程中，独特且多变的生命历史轨迹；生命周期，则是指一种相对固定、前后衔接、可预测的普遍人生发展模式。采用生命历程概念取代生命周期，强调的就是每个人生命历程所具有的独特性和多变性。这是因为人们的生命历程并非完全由自己掌控的标准周期，而是深受社会制度、社会结构、人际互动、文化以及次文化等多种因素影响的发展过程。在生态视角下，生命历程概念着重强调六个方面的内容①：

1. 人类的多样性。种族、族群、性别、文化、经济社会地位、宗教信仰、性取向、身体精神状况等，都会影响人的生命历程，要个别化地看待个人和群体的发展经验，而不要给人们强加一个标准的、可预测的发展周期。

2. 人的生命历程的自我引导、自我调节等非决定性特征。生命历程是可以自我引导和调节的，并具有自我成长改变的内在动力，也就是个人的能动性。

3. 环境的多样性。要充分考虑经济、政治、社会、文化等方面对个人生命历程及其功能的影响。

4. 新出现的家庭形式及其特殊任务和发展议题。比如，同居家庭、单亲家庭、收养家庭、未婚生育家庭、同性家庭、组合家庭等，这些家庭形式均需处理抚养子女以及亲密关系等关键事务。

5. 迅速变迁的社会和社区价值规范。比如，移民群体融入、次文化群体、不同生活方式的接纳与包容，都是现代人面临的挑战。

6. 全球化和地方化环境的批判性意义。全球化进程导致时空压缩，一方面带来了快捷和便利，另一方面也导致了地方意义的消失。而且，不同的群体对全球化的体验并不一致，精英阶层可以超越时空限制成为全球空中飞人，但底层群体却只能被困在某地消磨时间。

因此，从生态视角出发，个体生命历程与功能需被置于历史时间、社会时间和个体时间所构成的多重矩阵中加以分析。历史时间，是指不同年龄组在代际交替过

---

① GERMAIN C B，GITTERMAN A. The life model of social work practice. 2nd ed. New York：Columbia University Press，1996：21.

程中所经历的时间变化。这种变化引发的是具有普遍性的价值观念、生活模式以及工作模式的改变，对全体社会成员均产生影响。基于此，我们要有代际更替的时间观，不能要求不同代际在文化观念与生活方式上保持一致。

社会时间，是指一种集体生活所遵循的时间节奏，包括人生历程中的过渡仪式、节日安排以及历史神话等。在过去，集体时间呈现出相对标准的周期性循环特征，即便是在工业化社会，也存在将人们的生命周期标准化的倾向。然而，随着全球化流动社会的来临，这些集体循环仪式和标准化的人生周期已呈现出多样性与不确定性。

个体时间，是指个体在经历具体的历史变化和社会事件的过程中所体验到的意义与结果。个体可以将这些经历构建成生命故事或叙事，并赋予其意义，从而形成一种连续且整合的个体身份。需要留意的是，个体最初的遭遇在后续的叙述过程中，其内容和意义可能会发生变化，有的被遗忘，有的则被凸显；个体可能会将过往经历描述得更加悲苦，也可能渲染得更为英勇。采用生命历程模式的社会工作者，并不关注个体生命历史的真实性，而是将其视为一种叙事治疗手段，助力个体倾诉自身微不足道的生命故事，恢复其力量与权利，推动其走向复兴与成长。

下文运用生命历程视角下的通用社会工作实务模式，来分析前述民族“三交”案例中的马某案例，并提出相应的干预思路：

> 马某从小在甘肃临夏回族自治州长大，其居住地和生态位特征如下：虽然那里在历史上也是一个民族“三交”的关键节点，处在连接关中平原和西北边疆、甘南藏族和宁夏回族的东西南北交叉点上。这里有“小麦加”之称，一座小城有八座清真寺，围寺而居的回民大部分都以做生意为主，这里盛产八宝茶。而且，因为这里处于汉、藏、蒙、回四大民族的交汇之处，民族关系比较融洽，清真寺的建筑都融合了汉地传统建筑的圆顶或青瓦屋脊的特征。所以，这里并不存在民族隔阂和矛盾。
>
> 然而，此地地处西北，自改革开放带来快速而剧烈的社会变革后，临夏地区在发展速度与发展质量上，已远远落后于东南沿海地区。这自然引发了当地回族青年东南飞的心理，他们纷纷到东南沿海的大城市寻求新的发财机会。可是，临夏回族传统的茶叶贸易和制茶技术并不一定能适应东南沿海人们的喝茶习惯，遵循传统的生活经验和生意经，不一定能赚取利润。所以，根据布尔迪厄的实践理论，马某在临夏地区养成的生意模式和生命习性，到了广州地区，做生意就可能出现生命习性和实践场域的错配现象，导致马某的生意模式和生命习性失效。他还是沿着一般茶叶生意的思路，认为只要不偷不抢、诚实经营就没有问题，但是他没有意识到外汇买卖是受国家管制的专营业务，一般人和公司是没有资格进行外汇买卖的。正是这种不同场域的文化常识和制度规定的差异，导致马某仅凭个体生命经验就参与外汇买卖代理业务而犯罪。

基于这种生命历程和社会历史变迁的理论，社会工作者应该如何预防和干预此类案例呢？第一，从预防的角度，甘肃临夏的劳动部门和广州地区的劳动部门，应该针对流出和流入的外来务工人员、经商者，进行异地文化和法律规定的培训，使这些发生生命历程转换的流动移民人口，提前或者到了流入地之后能够知晓这些文化差异和制度规范，避免遭遇文化冲击和制度盲点导致的行为风险。

第二，对于那些已经遭遇异地流动所导致的行为风险的当事人，则要尽可能根据其再犯风险程度进行评估，减轻对他们的惩罚和限制，并提供社区教育和社区参与机会，协助他们认识到异地之间的文化和制度差异，从压力应对模式来看待文化差异产生的冲击，把文化冲击当作一种挑战，助力他们更加积极主动地应对文化冲击，同时通过提升社会交往中的个体自尊和胜任力，来增强他们应对文化冲击压力的能力，更好地促进民族“三交”和全方位嵌入地方社区。

三、现场框架实验的通用社会工作实务模式

如前所述，生态系统理论本来就是为了整合个案、家庭、小组和社区工作方法，建立统一的通用社会工作实务模式。生态系统理论提出，把社会互动而形成的多重系统作为干预的焦点，但是在系统论下任何层次的系统都可被再区分为子系统和外部环境，进而回到了人在环境中的双重焦点的分析框架。比如，生命历程理论下的通用社会工作实务，就是把分析焦点和干预策略区分为个人的压力应对模式与环境中的居住地的生态位置两个焦点。那么，除了人与环境的双重焦点之外，还有什么其他分析框架来整合社会工作的不同方法，以形成统一的实务模式呢？

实际上，沿着美国实用主义传统，20 世纪 70—80 年代之后，美国一些职业教育家提出了新实用主义的职业能力培养思路。其中最为突出的代表人物就是上一章提到的舍恩。舍恩是美国麻省理工学院的职业教育家，这里曾是团体动力学中场域理论学派的开创者库尔特·勒温（Kurt Lewin）工作的地方。舍恩继承了杜威和勒温的传统，与哈佛大学的克里斯·阿吉里斯（Chris Argyris）合作，一起复兴了实用主义传统下问题解决模式的情境分析框架，形成了情境主义的框架实验法的反思实践理论和行动科学。①

① 唐纳德·A. 舍恩. 反映的实践者：专业工作者如何在行动中思考. 夏林清，译. 北京：教育科学出版社，2007；克里斯·阿吉里斯，唐纳德·A. 舍恩. 实践理论：提高专业效能. 邢清清，赵宁宁，译. 北京：教育科学出版社，2008；克里斯·阿吉里斯，罗伯特·帕特南，戴安娜·史密斯. 行动科学：探究与介入的概念、方法与技能. 夏林清，译. 北京：北京师范大学出版社，2021.

勒温的情境分析，最初也是沿着人与环境的互动来建构其分析框架，他认为人的行为取决于个人特征与环境特征的交互函数［B=f（P，E）］。然而，后来他在麻省理工学院创建团体动力研究院时，逐渐把关注点放在了团体中的互动情境模式及其对个人产生的影响之上，而不是把个人特征与环境特征区分开来。这一转变为后来团体动力学的发展奠定了基础，团体动力学主要研究团体互动模式的过程，及其对个人的影响力。①

从一种特定的社会情境出发来研究社会互动，本来就是美国芝加哥学派米德提出的符号互动论的传统。它对杜威的实用主义问题解决逻辑产生了重要的影响，认为解决问题首先要提出一种整体性的问题设定框架（problem setting）。后来，舍恩和阿吉里斯开创的实践理论与行动科学就是沿着这个传统，强调实践是为了特定目的（解决问题）的行动过程，而解决问题要从设定问题开始。要设定问题，就要提出一套概念框架（framework），去整体性地看待问题情境。但是，这个提出框架的过程并不是靠理性主义所说的演绎推理，而是身在其中的行动者与所遭遇情境的对话过程。提出问题框架之后，就要通过移动检测（moving - test）来评价这个问题框架是否有效，能否产生满意的结果。如果与预期结果相一致，那么就算达成目标；如果不一致，就要对之前提出的问题框架及其背后的隐性知识进行反思，重新框定（reframing）问题。②

所以，行动科学的行动逻辑与一般逻辑实证主义的理性逻辑是不同的。逻辑实证主义从演绎逻辑开始推论出一些假设，然后通过随机分组的控制实验来检验特定变量之间关系的假设是否在统计上显著，若不显著就重新推理、重新设计实验，经验本身并不能提供反馈；而行动科学是根据一种特定的行动目的来审视特定的问题域，经过与问题的互动对话，提出一个问题设定框架，然后在此框架的指引下进行移动检验，看看是否达到预期目的，若不能实现预期结果，可以反思问题框架及其提出方式，进而调整问题框架，重新进行移动检验。所以，行动科学是一种实用主义取向的认识论，它从行动中的实际问题出发，综合性地提出问题解决方法，并根据实际行动效果来检验知识框架的有效性，这是一种可以自我反馈和调整的双路径学习过程。而主流的逻辑实证主义的实验法，是从技术理性出发的演绎推理与实验检验的单路径的假设检验过程。③

舍恩和阿吉里斯开创的情境主义的问题设定框架实验法，成为高等职业教育中以职业能力为本的教育改革方向的基本核心，对 20 世纪后期的高等职业教育改革产生了巨大的影响。通过英国职业教育家迈克尔·依拉特（Michael Eraut）和社会

---

① FORSYTH D R. Group dynamics. 2nd ed. Pacific Grove，California：Brooks/Cole，1990：13.

② 克里斯·阿吉里斯，罗伯特·帕特南，戴安娜·史密斯．行动科学：探究与介入的概念、方法与技能．夏林清，译．北京：北京师范大学出版社，2021：38－43.

③ 同②44.

工作教育家简·富克（Jane Fook）等人的介绍，舍恩和阿吉里斯的情境主义的框架实验法进入了社会工作教育领域，成为发展社会工作专业知识和职业能力的核心内容。[①] 在中国高等教育领域，夏林清作为阿吉里斯的华人弟子，也在积极引入舍恩和阿吉里斯的专业实践理论，并将之运用于中国的中小学和高等职业教育改革中。我们也尝试着把这一情境主义的框架实验法引入中国社会工作高等教育，希望提升中国社会工作教育的核心职业能力。[②]

下文就运用现场框架实验的通用社会工作实务模式，来分析前述民族“三交”案例中的高姐儿子的案例，并提出相应的干预思路：

> 前述四川康定姑咱镇高姐的儿子的案例，从表面上看，是一个地域文化差异导致的身份排斥和身份歧视问题。但是，如果姑咱藏民采纳了这一僵硬的身份排斥问题设定框架，那么他们的行动就会陷入这种身份排斥之中，害怕到成都等大城市打工，停留在康定寻求打工机会。这进一步限制了他们的视野和行动范围，也会进一步强化其他地区的同胞对藏族同胞的刻板印象，从而加剧身份排斥和身份歧视现象。
>
> 如何消除民族“三交”过程中的身份排斥和身份歧视现象呢？根据舍恩和阿吉里斯开创的问题设定框架实验法，可以改变过于抽象的基于文化刻板印象的身份排斥视角，而进入具体的情境领域，来看民族“三交”过程中的具体情境问题。比如，高姐谈到她儿子的打工问题，并不是谈到她儿子在成都的具体打工经历和遭遇的具体情境事件，而只是笼统地说打不到工，一看身份证上写着藏族就不要这样一种刻板印象。这只是一种总体而言的抽象概括，如果不进入具体情境，就无法寻找改变的可能性。所以，关键是要把一种笼统的抽象的刻板印象，转化成特定情境的具体的互动遭遇。只有这样，才能把特定情境的具体条件重新组合成特定框架，进而通过移动实验来检验问题设定框架的有效性。
>
> 比如，作者当年在康定地区调研的时候，在宾馆里看见一个藏族小伙子，特别帅气，身材消瘦、脸型分明、皮肤古铜，站在那里做迎宾，深深地吸引了作者的目光，停下来与其交谈、合影。所以，文化的冲击不一定就是身份排斥和身份歧视，也可能带来文化好奇和探索，进而成为社交的媒介。四川甘孜州理塘县的藏族小伙子丁真的走红就说明，文化差异也可能产生身份秀异和文明互鉴，并不一定是身份排斥和身份歧视。

---

① ERAUT M. Developing professional knowledge and competence. London：Routledge，1994；FOOK J，RYAN M，HAWKINS L. Professional expertise：practice，theory and education for working in uncertainty. London：Whiting and Birch Ltd.，2000.

② 郭伟和．杜威哲学教育思想对社会工作专业教育的影响//王思斌．中国社会工作研究：第18辑．北京：社会科学文献出版社，2020.

所以，基于框架实验法，面对文化差异，关键是不要把文化差异本质化和绝对化，而要如文化社会学家齐格蒙特·鲍曼（Zygmunt Bauman）所言，把文化当作一种发生各种行为可能的母体，并且要善于利用跨文化交流、交往、交融所产生的黏性，避免所谓的文化纯洁。要先敢于迈出文化舒适圈，进入陌生领域进行交往实践，然后去感知文化黏性，并通过一种多维的框架来理解文化黏性，一方面识别出文化混杂的路标，另一方面增加对混杂黏性的容忍度。只有这样，才能增强人类实践的创造力。①

复习思考题

1. 简述20世纪60—70年代，英美两国关于整合社会工作实务的不同思路与策略。

2. 简述通用社会工作实务模式下如何区分直接干预策略和间接干预策略。

3. 简述通用社会工作实务模式下问题解决过程的阶段划分。

4. 简述通用社会工作实务模式下问题解决的优势视角。

5. 就民族“三交”案例，比较生命历程理论下的通用社会工作实务和问题设定框架实验法的社会工作实务的不同。

推荐阅读书目

1. 郭伟和. 杜威哲学教育思想对社会工作专业教育的影响//王思斌. 中国社会工作研究：第18辑. 北京：社会科学文献出版社，2020.

2. MATTAINIM A, MEYER C H. The ecosystems perspective: implications for practice// MATTAINIM A, LOWERY C T, MEYER C H. Foundations of social work practice: a graduate text. 3rd ed. Washington, DC: NASW Press, 2002: 3-24.

3. 理查德·拉扎勒斯，苏珊·福尔克曼. 压力、评价与应对. 曲晓艳，译. 北京：中国人民大学出版社，2020.

① 齐格蒙特·鲍曼. 作为实践的文化. 苏婉，译. 北京：中国人民大学出版社，2022：280-290.

第五章

社会工作的专业关系与专业素质

【教学目标】

学习并熟悉社会工作的专业关系的历史演变和基本要素，及其与心理咨询治疗联盟的异同，掌握建立社会工作的专业关系的基本技巧。学习并熟悉社会工作者的专业素质和专业能力，理解如何通过专业社会化过程来构建社会工作者的专业禀赋。

【本章导学】

社会工作的专业关系产生于慈善组织助人过程中心灵对心灵的影响关系，既强调助人者的克里斯马魅力，又注重当事人的内在动力的激发和转换。

社会工作的专业关系既具有人本主义心理咨询治疗联盟的核心要素，同时又强调专业目的性、责任担当和专业权威。

建立社会工作的专业关系的能力，核心在于沟通过程中的编码与解码能力。可以借助于反映性倾听和动机性访谈技巧，来训练沟通过程中具体的编码和解码能力。

社会工作者的专业素质，主要是一个成熟的人所具备的勇气、开放、创新、愿意助人和自我反思等素质。

根据国际社会工作学校协会和国际社会工作人员联盟2020年颁布的《社会工作专业教育和训练全球标准》，社会工作者的专业能力主要包括特定处境下的社会工作能力和实践中的社会工作能力。

社会工作专业的社会化，主要包括学科性知识和实践性知识的处境化情境化的概念框定能力和批判反思的机构文化，两者协调共变的过程。

【关键概念】

专业关系；治疗联盟；专业素质；解码能力；动机性访谈；专业社会化

作为一门助人专业，现代社会工作与传统助人活动的最大区别是，传统助人活动是替别人做出决定和解决问题，而现代社会工作则是通过建立专业关系，促使个人发生改变，进而提升当事人自我解决问题的能力。基于这种助人自助的特定属性，现代社会工作特别强调专业关系的重要性，因为专业关系是影响受助对象实现成长改变的关键媒介，也是区分现代社会工作与传统助人活动的核心特征。中国古人虽然有“授人以鱼不如授人以渔”的说法，但是并没有发展出一种基于“授人以渔”的专门职业。在当时，这仅被视作传统助人活动的一种高级境界，而传统助人活动的常见模式，是基于庇护-依附关系的。现代社会工作则把基于个体人格的改变作为帮助人解决具体问题的核心方式。早在 1922 年世界上第一本《个案社会工作导论》中，里士满就指出：“个案工作者独特的工作方式实际上是通过个人自身的社会环境回到他的个体本身，并且在此介入方法上必须以他个人的方式进行调整。”[①] 如果想要促使个体发生调整，那么个别化的专业服务就显得非常重要。里士满在《个案社会工作导论》中列举了世界上著名的盲人作家海伦·凯勒（Helen Keller）成长过程的案例，指出海伦·凯勒的成长改变主要是由于她的私人教师安妮·曼斯菲尔德·沙利文（Anne Mansfield Sullivan）的长期陪伴与帮助，通过一种始终如一的坦诚相待，共情与热爱发挥了如此巨大的影响，沙利文把海伦·凯勒从一个暴躁、专横的盲人引导成一个对全世界盲人都有影响力的榜样。[②]

第一节　社会工作的专业关系

康普顿和盖拉威在《社会工作过程》一书中指出，虽然心理学和精神病学以及其他专业都积极研究助人关系问题，但是社会工作专业自其诞生之初就认识到了人际互动的重要性，并且为了其服务人群的利益试图有意识地和深思熟虑地采用关系观念。[③] 那么，到底什么是专业关系？社会工作的专业关系具有哪些基本要素呢？

一、社会工作专业关系的历史演变与属性辨析

社会工作专业的定义经历了一个逐步完善的过程。下面对其演变过程和基本属性进行介绍。

---

① 玛丽·埃伦·里士满．个案社会工作导论．刘丹，主译．上海：华东理工大学出版社，2018：83.

② 同①18－30.

③ COMPTON B R，GALAWAY B. Social work processes. rev. ed. Homewood，Illinois：Dorsey Press，1979：159.

（一）社会工作专业关系的历史演变

在早期的社会工作服务中，无论是20世纪初期的玛丽·埃伦·里士满，还是20世纪50年代的菲利克斯·比斯特克（Felix Biestek）、海伦·铂尔曼，都是从个案服务的角度来界定专业关系。后来的小组工作者们也认为，带领小组工作的主要策略就是通过引导不同的小组关系形成小组发展和组员改变的动力。随着系统理论被引入社会工作领域，平克斯和米纳罕又提出，专业关系还包括工作者与其他系统之间的互动关系。

早在1917年，里士满就在《社会诊断》（*Social Diagnosis*）一书中指出，个案工作意味着对社会关系的深入研究和使用。后来在1922年出版的《个案社会工作导论》中，里士满进一步把个案工作关系界定为心灵与心灵之间的关系和影响力。她说："当Sullivan女士为小Helen Keller分配一名护士，以帮助照看她时，当玛丽亚·比洛夫斯基的监护人承认将租金放在她的长筒袜里时，当A. B. 与习惯成瘾（habbit－ridden）的Clara Vansaca晚上走过街道时，当Young的婴孩被杀后地区总会秘书长与他父母一同经历了所有努力挣扎的阶段时，心灵和心灵之间就传递了永恒的关系和影响力。"①

到1957年，比斯特克出版了著名的《个案工作关系》（*The Casework Relationship*）一书。在此书中，他对专业关系做了各种比喻，比如气氛、血肉、桥梁和开放桌子等，目的是说明专业关系的性质和作用。总体上说，比斯特克认为，专业关系是专业知识和个案工作得以发挥作用的媒介与渠道。他把个案工作关系界定为："个案工作者与案主之间的态度、情绪的动态互动，目的是帮助案主在他们与环境之间实现更好的调整。"②

同年，铂尔曼出版了《社会个案工作：一个问题解决过程》。在此书中，铂尔曼非常重视个案工作关系，认为这是帮助案主提升解决问题的动力和能力的关键。她所说的关系，是一种情感互动的条件。在这种条件下，两个存在共同利益的个体之间会产生情感互动，双方既可能产生相同的情感，也可能产生相反的情感。无论情感是统一的还是敌对的，此刻这两个人已相互连接。当然，铂尔曼指出，作为专业关系，从有意识的目的性角度而言，必须是那种"基于专业知识且能达成专业目标"的关系。并且，能够促进案主成长的专业关系，必然涵盖接纳和期待、支持和激励等因素。她还识别出专业关系中的权威性因素，以区别于助人活动的其他方面。③

小组工作尤为注重组员互动产生的小组动力，以此作为促使个人改变的动力。

---

① 玛丽·埃伦·里士满．个案社会工作导论．刘丹，主译．上海：华东理工大学出版社，2018：89.

② BIESTEK F P. The casework relationship. Chicago：Loyola University Press，1957：12.

③ PERLMAN H H. Social casework：a problem－solving process. Chicago：University of Chicago Press，1957：64－68.

所谓小组动力，是指小组成员之间以及他们与小组带领者之间的互动和能量交换。小组带领者必须认识到，不能仅仅关注小组成员之间的口头交流，还得密切留意影响小组成员之间的各种潜在的小组交流，诸如缺乏信任、缺乏担责、玩弄权力、成员冲突、组员联盟、寻求关注，等等。此外，小组带领者必须关注小组互动模式，例如谁与谁谈话、每个组员的谈话频次，等等。在小组开始阶段，不能任由两个组员主导小组，也不能只让组员与小组带领者或某几个组员交流，同时要留意沉默不语的组员，并且避免小组带领者逐个回答组员的问题。因为带领小组的方向在于，引导所有小组成员充分互动交流，形成相互学习、相互促进的动力关系。①

以上引述的专业关系，无论是个案工作关系，还是小组工作关系，都强调一种强烈的情感性人际互动关系，虽然个案工作关系是一对一的情感互动，而小组工作关系是组员之间的多人情感互动。但是，随着系统论被引入社会工作领域，社会工作者不但要影响个人和群体的互动，还要影响较大的和较为正式的制度系统。这时的专业关系就要包括与正式系统的工作关系。平克斯和米纳罕指出，在与正式系统工作时，专业关系可以分为三种类型：合作型、谈判型和冲突型。②

综合上述各种论述，本教材采纳路易斯・G. 约翰逊（Louise G. Johnson）对专业关系的定义。所谓专业关系，是一种建立在工作双方都同意的专业目的之上的关系，一种有特定的时间框架的关系，一种工作者奉献于案主利益的关系，一种带有专业权威、专业伦理和特殊技巧的关系。而且，专业关系主要是一种由工作者保持其工作目的，觉察各种情感、反应和冲动，并对之负责的关系。③

（二）社会工作专业关系的属性辨析

1. 西欧文明传统下的专业关系的多重属性及其动态转化。如果采用韦伯关于价值理性与目的/工具理性的概念区分，那么社会工作专业关系就是一种兼具价值理性与目的理性的工作关系。它一方面需要借用基于关怀价值伦理的真情互动这种价值和情感，另一方面又是为了专业目的、发挥助人作用的目的性（工具性）行动。关键是：如何能够在一种关系中同时体现价值、情感与目的性这三种行动伦理属性呢？人们一般认为，根据韦伯的观点，价值理性与目的理性是相互冲突的，现代化进程就是社会生活的全面目的理性化，不可能在按照目的理性行动的同时，还能兼具价值理性和情感。然而，上述对韦伯的现代化理性过程的理解是一种教科书式的片面简单理解。

---

① JACOBS E E，HARVILL R L，MASSON R L. Group counseling：strategies and skills. 2nd ed. Pacific Grove，California：Brooks/Cole，1994：32－33.

② PINCUS A，MINAHAN A. Social work practice：model and method. Itasca，IL：F. E. Peacock，1973：69－73.

③ JOHNSON L G. Social work practice：a generalist approach. 6th ed. Boston：Allyn and Bacon，1998：168－169.

其实，韦伯在阐述社会生活的全面目的理性化过程时，并不是采取一种进化论式的线性历史观，而是指出了历史演变的各种情势之间的错综复杂的亲和关系，以及不同行动类型之间的相互转化的动态辩证关系。[①] 实际上，韦伯指出，加尔文教下的新教徒的行动模式，正是凭借“上帝要求信徒通过日常生活的修行来实现自我救赎”这一信念，来指引自己在日常行动中保持手段、目的与后果的前后一致性，进而把信念伦理（价值理性）与责任伦理（目的理性）统一起来。“他的‘责任伦理’概念的特点是把康德的道德形而上学及其对实践理性的批判转到了社会学经验层面上来，把研究道德形式的无矛盾性转变为研究道德内容的一贯性。……在韦伯社会学中就表现为：事实认识的内容在实践行动的层面上被纳入目的-手段的系列中，同时还要保持意志的一惯性。于是，对行动的目的合理性关系的认识，变成以按照目的合理性去行动的终极价值。这就是韦伯的‘责任伦理’。”[②]

在传统社会，人们生活在各种习俗规范以及情感浓厚的人际关系网络之中。从这种由习俗规范和情感关系构成的环境里挣脱出来，构建起自觉的理性化行动模式，不同国家和地区呈现出程度各异的理性化形式。然而，唯有西欧地区彻底摆脱了习俗和情感的束缚，踏上了全面理性化的进程。那么，这背后蕴含着怎样的内在历史发展过程呢？李猛指出，韦伯在论述西欧全面理性化的历史进程时认为，其理性化进程在初始阶段存在着多个历史走向，“理性化还可能在肯定的方向上朝向自觉的价值理性化，而在否定的方向上不仅牺牲习俗，也牺牲情感性的行动，并最终也会为了有利于某种丧失了价值的纯粹目标理性而牺牲受到价值理性束缚的行动”[③]。

那么，本来存在多种理性化可能的历史进程，怎么最终就以一种悲剧的命运形式，呈现出用目的理性压倒了价值理性呢？李猛认为，这一切与特定的卡里斯马人格及其日常化过程有关。在西方历史发展过程中，由于种种历史困境乃至于历史绝境，产生了从古代的犹太先知到后来的宗教领袖等各种卡里斯马人格。克里斯马人格类型中的先知或者宗教领袖，都具有一种超越现世习俗、巫术仪式和人伦关系的英雄气质，他们发明出一种基于上帝意志的绝对理想秩序的生活秩序，制造出人的现世生活与上帝召唤的理想秩序之间的紧张关系。这种人的现世生活与上帝召唤的理想秩序之间的紧张关系导致了一种特殊的超凡人格，它可以引导人们按照某种抽象的理性标准去全面地改造生活之道和社会秩序，从而具备一种反传统的革命属性。因此，在卡里斯马气质中，无论是目的理性还是价值理性，都是一种自觉的意识和内在不受约束的行动伦理，从而取代了习俗和情感对行动的内在约束。这是近代西欧的一种反传统的新传统，一种“能够不断‘全新’塑造生活之道和社会秩序

---

① 苏国勋．理性化及其限制：韦伯思想引论．北京：商务印书馆，2016：90－91.

② 同①96.

③ 李猛．理性化及其传统：对韦伯的中国观察．社会学研究，2010（5）：6.

的‘革命性力量’，就此成为西方文化世界的精神气质”[①]。

具有这种卡里斯马气质的人，本身就具备内在激情与献身精神。这种对某种理想生活秩序的献身精神与激情，不仅能塑造出反传统的激进革命人格，还能进一步重塑人与人之间的共同体关系。“这种新的共同体关系，发展了一种宗教性的‘博爱伦理’。‘博爱伦理’贬低自然的人伦关系，用博爱的共同体取代各种‘亲邻团体’，特别是否定了这些团体中盛行的亲疏远近、内外有别的伦理基本原则，而代之以一种所谓的‘爱的共产主义’或者说‘无差等的拒世之爱’。”[②]

虽然这种融合了某种抽象价值、激情与博爱的，以卡里斯马人格为基础的共同体生活，“只是在发生学的意义上才是有效的。……‘它存在的分分秒秒都不断加速地从与经济完全隔膜，但却充满疾风暴雨式的情感的生活迈向在物质利益的重负下慢慢窒息而死的结局’”[③]。然而，在卡里斯马人格基础上融合抽象价值、激情与博爱的社会关系，正是陌生人之间自我救赎与救赎他人的专业关系的基础。现代社会工作的专业关系虽然是一种基于专业目的的职业关系，不再以某种宗教信仰为使命，但是它却要求在这种专业关系中体现对人的生活之道的重塑使命，并以一种关怀和博爱的价值伦理建立充满真挚情感的人际关系，进而实现促进案主及其生活世界发生改变的专业目的。

正如苏国勋对韦伯几种合理性行动类型的相互关系所做的分析，“在韦伯心目中，信念伦理与责任伦理、价值合理性与工具合理性并非绝对两相对立的，它们彼此互为前提地共存于同一事务之中，是同一事务属性的不同方面。一个具有真正自由人格的人，能以价值合理性为动力，以工具合理性为行动准则，将信念伦理与责任伦理互补交融地结合起来。只有这样的人，才能做到以‘召唤’（calling）为天职（vocation）”[④]。作为一名以助人为天职的社会工作者，难道不正是需要在专业关系中，将信念与责任相结合，将专业价值、行动激情与行动事实融合为一个连贯的整体吗?

2. 中国文化处境下的专业关系及其动态转化。现代社会工作专业关系绝对不是费孝通所阐述的中国传统社会中的“差序格局”的人情关系。[⑤] 现代社会工作专业关系，本质上是对传统社会基于血缘的人伦秩序的否定与重构。它彰显出一种具有内在转化特质的、反传统的“革命性力量”，旨在推动人与环境之间生活模式的重塑。正如西方宗教以及共产主义文明在中国的传播发展进程带有革命性一样，现代社会工作专业关系在中国的引入，同样需要一场助人关系的革新。当然，这种新的专业关系要在中国落地生根，并不是通过简单的嵌入策略或者各种本土化举措就

① 李猛．理性化及其传统：对韦伯的中国观察．社会学研究，2010（5）：7.
② 同①27.
③ 同①28.
④ 苏国勋．理性化及其限制：韦伯思想引论．北京：商务印书馆，2016：98.
⑤ 费孝通．乡土中国；生育制度；乡土重建．北京：商务印书馆，2011.

能实现的。它建立在中国社会现代转型过程中所发生的传统社会关系与人伦秩序的转变的基础上。现今的中国社会已不再是乡土“熟人社会”，历经革命和现代化的洗礼，当下的中国社会正呈现出一种无根的“悬浮”状态[①]和个体化的流动状态[②]。也正是在这种悬浮的流动状态下，传统基于亲情、乡缘，讲究亲疏远近、内外有别的互助系统功能才会失效，进而需要构建一个建立在陌生人身份基础上的、遵循平等博爱伦理的专业助人系统。

当然，这并不是说，陌生人之间就没有互助友爱伦理，只能依靠专业助人系统才能提供助人服务。相反，即使进入了陌生人世界，中国人也总是会动员自己的社会与文化资源，去发展“拟亲属”的友谊关系。拉关系、攀亲戚，这是中国人适应社会、创造性转化传统文化资源的优势和能力。甚至，他们在面对专业社会工作者时，也会基于自己原有的文化习性，去发展与专业社会工作者之间的非正式的友谊关系，乃至发现和发明超越专业关系的亲属关系或“拟亲属”关系，从而希望获得某种熟悉的亲近感或者优待。这是在中国从事社会工作需要面对的特殊的“双重关系”问题。[③] 它不是西方社会工作伦理守则所要求的不能同案主或者前案主建立的双重或多重关系，以免有可能对案主造成剥削或者潜在伤害；它是在中国的语境下，案主的传统文化习性所提供的建立人际关系的认知图式，若不如此，就难以建立起彼此信任的专业关系。[④]

为了避免利用双重关系去剥削或者支配案主及其家属，西方社会工作专业团体或者法定组织大都通过专业伦理守则，要求建立清晰而严格的专业边界，分离专业关系与自然关系，从而回避职业风险和保护专业人员。这样一种专业关系与自然关系的分离模式主要是借鉴了医学模式，但是它对于以关心照顾和促进成长改变为专业目的的社会工作而言，就显得因噎废食、故步自封。如果想要与案主建立相互信任、发挥协同改变作用的专业关系，社会工作者与案主的专业关系就必须是亲切真诚、相互渗透和相互影响的，而且要借用自我披露、非正式的自然关系，去动态地反思讨论此种关系，逐步形成一种新的促进案主成长改变的专业关系。[⑤]

在中国的语境下，社会工作者与案主形成了信任关系之后，关键是要通过后续的专业关系去转化和改造传统讲究亲疏远近、内外有别的差序格局下的助人原则，形成一种新的基于平等和博爱的助人关系，把传统助人关系中可能产生的庇护-依附性的不平等关系，转化成协同成长改变的现代助人关系。换句话说，在一种动态转化的构

---

① 严飞．悬浮：异乡人的都市生存．桂林：广西师范大学出版社，2022.

② 贺美德，鲁纳．“自我”中国：现代中国社会中个体的崛起．许烨芳，等译．上海：上海译文出版社，2011.

③ 赵芳．社会工作伦理：理论与实务．北京：社会科学文献出版社，2016：139－150.

④ 赵万林．迈向友爱的专业关系：基于“杏林”社会工作项目的质性研究．北京大学博士论文，2023.

⑤ O'LEARY P，TSUI M－S，RUCH G. The boundaries of the social work relationship revisited：towards a connected，inclusive and dynamic conceptualization. The British journal of social work，2013，43（1）：135－153.

建专业关系的过程中，社会工作者肩负着推动案主成长改变的责任和使命，不能将专业关系视为纯粹的自然关系，任其自然地发展演变。这正是专业社会工作者应该具备的一种带有卡里斯马气质的专业身份的影响力所在。专业社会工作者要发挥自身的魅力和影响力，通过反映性倾听，去激发案主产生改变的动机，进而将那种自然的互惠关系或者庇护关系，转变成一种赋能案主、促进案主成长改变的专业关系。

二、社会工作专业关系的基本要素

经过了近百年的发展，关于社会工作专业关系的基本要素，学界基本上形成了比较统一的意见。许多社会工作教科书中描述的社会工作专业关系的基本要素都包括如下七个方面：目的性、关心他人、担当与责任、接纳与期待、同理性理解、真诚与一致、权威与权力。① 当然，也有不同的意见，比如 20 世纪 50 年代比斯特克提出了建立个案工作专业关系的七个原则：个别化原则、有目的表达感觉、有控制的情绪反应、接纳、非评判的态度、案主自我决定、保密。② 这些原则为界定专业关系属性和提炼专业关系要素奠定了良好的基础，但它们不是专业关系属性的内涵要素，而只是形成专业关系属性的行为原则。另外，沟通清晰同样是形成良好专业关系的手段，而不是专业关系的内涵要素。所以，本教材只选择这七个没有争议的要素，并给予具体阐述。

1. 目的性。目的性作为专业关系的核心要素似乎是无争议的，这是专业助人关系与普通人际关系的主要区别。作为一门助人专业，社会工作专业关系与日常朋友间的友爱互助关系存在本质区别。社会工作专业关系旨在改变人与环境的互动模式，增强案主应对困难的能力，提升案主的社会功能与社会福利，并非朋友间那种自然且基于即时情感的互助关系。然而，专业目的仅代表社会工作专业在规范层面的目标，当涉及具体案主的特定问题时，是否有必要将规范的专业目的转化为可操作的行动目标，这在业内仍存在一定的争议。如果是问题解决导向的社会工作，那么就强调要把专业目的具体化为可操作的特定的个别化行动目标③；如果是案主中心的个案辅导流派的社会工作，那么就并不强调要设定每一节访谈的具体目标，而是强调以非特定任务导向的关系为本的探索和体验。④ 然而，即使是案主中心的个案辅导流派的社会工作，也要把案主的成长改变作为潜在的专业目的。

---

① COMPTON B R，GALAWAY B. Social work processes. rev. ed. Homewood，Illinois：Dorsey Press，1979：168；JOHNSON L G. Social work practice：a generalist approach. 6th ed. Boston：Allyn and Bacon，1998：169.

② BIESTEK F P. The casework relationship. Chicago：Loyola University Press，1957.

③ COMPTON B R，GALAWAY B. Social work processes. rev. ed. Homewood，Illinois：Dorsey Press，1979：164－165.

④ 卡尔·罗杰斯，等. 当事人中心治疗：实践、运用和理论. 李孟潮，李迎潮，译. 北京：中国人民大学出版社，2013：50－51.

2. 关心他人。作为一名助人专业的工作人员，社会工作者在专业关系中肯定是要关心案主的。但是，关心案主到底意味着什么？是喜欢或者爱一个人吗？是把自己的所要、所想给予他人吗？从严格意义上讲，关心他人不是喜欢或者爱一个人，也不是将自己的所想、所要给予他人，而是特拉克斯（Truax）和卡克霍夫（Carkhuff）所说的积极地关注、关怀他人的状况，并且传递出这种关注、关怀的态度和情感。[①]

首先，关心他人是按照他人的处境、目的、能力、动机来关心、关照他人。这对于中国传统的家长和人情机制中的帮助者都是比较陌生的，因为在中华传统文化中，关心他人通常意味着按照自己的喜爱给予他人帮助，甚至会把自己的喜恶强加给他人。这就容易导致控制他人，而不是基于尊重他人的独立自主性去关怀他人。因此，现代助人专业提倡的关心他人，是建立在尊重他人的独立自由的基础上的，或者是为了成就他人成为一个独立自由的人。

其次，关心他人需要准确地传递这种态度和情感，要让他人感觉到助人者的温暖、支持、不评判、尊重、理解等相关态度和情感。因此，积极倾听，准确把握当事人的态度、情绪，并协助其澄清、框定、传递内心的真实态度和情感，才是表达关心的关键技巧。

3. 担当与责任。在通常的心理咨询专业关系和早期的临床社会工作文献中，担当与责任的重要性并未得到足够的强调。但是，人们逐步认识到，如果缺乏基本的担当与责任，那么个体是很难实现真正的成长和改变的。当然，在现代助人专业中到底如何界定工作者与受助者双方的责任，至今仍然存在着一定的不确定性。传统社会的助人关系强调的是“忠”“义”二字，就是受人之托、忠人之事，承担道义就意味着接受他人的委托并负责完成任务。现代助人关系强调的不是替他人解决问题与担当责任，而是要通过促进和支持，让当事人成长改变，提升当事人自己解决问题、承担责任的能力；助人者虽然不再替人担责、替天行道，但是要在专业伦理的指引下，为了案主的利益而开展工作。

因此，在现代社会工作专业关系中，工作者和受助者共同承担义务与责任，但分工有所不同。工作者的义务与责任在于，依照专业伦理要求，及时、尽责地投身工作情境，专注于案主问题，着力构建一种能够推动案主成长改变的协同工作关系。案主的义务与责任则是，秉持坦诚、开放的态度，如实告知自身情况与问题，以及已采取的应对方式和策略；同时，配合工作安排，按时参与访谈，并完成约定的工作任务，等等。

另外，根据社会工作专业伦理，社会工作者还要对间接的社会公正、专业共同体、机构与同事承担伦理责任。社会工作者要通过与同事的合作，一起完成机构的

---

① TRUAX C B，CARKHUFF R. Toward effective counseling and psychotherapy：training and practice. Chicago：Aldine，1967.

使命与任务，并推动专业共同体的发展，促进社会的公平正义。

4. 接纳与期待。在早期的个案工作关系中，比斯特克特别重视个案工作中的无条件接纳与不评判态度。现在，社会工作教科书一般把这个问题表述为专业关系中的接纳与期待。接纳不仅仅是不评判，更是意味着更加积极地接受一个人的现状。当然，接受一个人的现状并不意味着都赞同他的所作所为，而是去承认和理解他的所作所为背后的动机、情境与互动模式。而且，之所以承认和理解一个人的所作所为，是基于相信每个人都有内在成长和成熟的潜能与动机，只要有合适的条件和关怀重视的人际关系，人们就会朝着负起责任的方向自我成长改变。

在接纳的基础上，给予适当适度且积极正向的期待，已被证明对于一个人的成长改变是非常有用的。关注并重视一个人，会让其产生积极的合作态度，但是要让人发生正向且积极的改变，关键是要提出适当目标和方向的行为期待，这样才能引导当事人发生特定的改变。当然，工作者与受助者双方要不断地澄清和对焦各自的期待，寻找到恰当的共同期待的目标。许多停滞、挫折和失败就是双方的期待不一致导致的，过高和不切实际的期待也导致泄气与放弃。所以，因地因时地提出适当和真诚的期待，而且是经过双方协商达成一致的期待目标，才会有助于案主的成长改变。

5. 同理性理解。同理被认为是任何想要理解他人的内在体验和动机的最基本的能力。19 世纪晚期的经典诠释学家威尔海姆·狄尔泰（Wilhelm Dilthey），在谈到对他人及其生命表现的理解时就提出，理解他人及其生命表现需要移入一个人或者他的作品中，去复原其生命。通过从本己的自我向某种生命表现之总体的转移，形成最高形式的理解，在这种方式中，精神生命的整体参与到理解中，这种方式就是模仿或者重新体验。① 当然，狄尔泰所说的最高形式的理解，并不是仅仅理解一个人的具体而特殊且变动不居的差异化体验，更是要通过个体化体验去寻找其中所蕴含的时代背景的客观精神。他认为，这里存在着从个体生命表现到生命关系总体的归纳推理，通过归纳推理，可以理解一种整体关系。②

但是，现代助人专业关系中同理性理解的目的，正好与诠释学中同理性理解的目的相反，不是通过个体的进入和转移，进而通过归纳推理达到理解时代客观精神整体的目的，而是仅仅为了那个时刻、那个情境，去代入他人内在精神世界的思维框架和情绪模式，体察对方当时、当地的心境。罗杰斯等人指出，同理性理解就是尽可能准确地感知当事人的内在含义，就好像当事人一样观察世界，并好像当事人一样体会他的内心世界，试图和当事人要表达的态度同生共存，而不是仅仅观察它们。③ 当然，虽然要尽量做到同在同感同理，但社会工作者毕竟不同于当事人，而

---

① 威尔海姆·狄尔泰．对他人及其生命表现的理解．李超杰，译//洪汉鼎．理解与诠释：诠释学经典文选．上海：东方出版社，2001：93-109.

② 同①101.

③ 卡尔·罗杰斯，等．当事人中心治疗：实践、运用和理论．李孟潮，李迎潮，译．北京：中国人民大学出版社，2013：21-22.

是要作为协助者，能够进得去、出得来，所以仅仅是“好像”当事人，而不能丢失“好像”这个条件。[①] 比如，一个来访者，他的孩子遭遇灾难去世了，他一定会悲痛欲绝，并想要追寻灾难发生的情境与孩子遇难的原因。这些都需要社会工作者去感同身受，并理解其内心情感的变化。然而，社会工作者毕竟不是当事人，不能同当事人完全一样，要么归因于自己进而责备自己没有做好防范，要么归因于第三方进而完全避开自己的责任，而是同理到他此刻想要这样做的心情。

同理不同于同情和怜悯。同情是能感知到对方的心情，但不能站在对方的立场去理解对方的内心世界；怜悯是感知到了对方的心情，并能站在旁观者的立场去安慰对方，但仍然不能进入对方的内心世界去体验对方的心情；同理则是既要感知到对方的心情，也要能设身处地地体验并引导对方准确地表达那种心情。同理也不是与当事人完全保持一致和对其一味认同，而是要在理解与共情的基础上，开展主体之间的对话与交流，以提供不同的视角和出路，启发和支持当事人尝试不同的立场与做法，从而走出困在其中的情感旋涡。

当然，同理首先是一种态度，是否能够进入他人的内心世界去体验其内心感受，最终取决于人们的感受能力。社会工作者的感受能力部分取决于他们对当事人的不评判和无条件地接纳与关怀的开放态度；另外，也取决于他们的人生经验和对多元化差异情境的理解能力。因此，要想成为一名有同理能力的社会工作者，既需要罗杰斯所说的一些专业训练，培养倾听和表达等专业技能，也需要狄尔泰所说的关于历史背景和时代背景的知识基础，如此才能成为一名成熟的、具备同理性理解能力的助人者。

6. 真诚与一致。真诚与一致本来是人本主义心理辅导中被证明有效的助人关系的核心要素。[②] 然而，在人本主义心理辅导中，真诚与一致主要是为了提供一个诚实、连续和真实的人，从而让来访者感觉到助人关系的稳定性。毕竟，相较于在威严与宽容两极之间摇摆不定的人格，一个诚实、连续、真实的助人者，对受助者产生的积极影响更为显著。而且，这种诚实、连续和真实的人际关系，在客体关系精神分析理论中也被证明是促进人格健康发展的核心要素。客体关系精神分析理论认为，在心理治疗过程中，治疗工作主要是围绕情境移情而展开，它涉及治疗师的安全性与可靠性。因此，治疗师需要给患者提供一种“臂膀环绕”式的抱持性关系，这种抱持性关系尊重患者的自体，并且以最少威胁的方式来促进患者的成熟与成长。[③] 同样，社会工作者与案主之间的关系，也应该遵循人本主义心理咨

---

① COMPTON B R，GALAWAY B. Social work processes. rev. ed. Homewood，Illinois：Dorsey Press，1979：175.

② TRUAX C B，CARKHUFF R. Toward effective counseling and psychotherapy：training and practice. Chicago：Aldine，1967.

③ David E. Scharff. 重寻客体与重建自体：在精神分析中找到自己．张荣华，武春艳，许桦，等译．北京：中国轻工业出版社，2011：44-45.

询和精神分析理论所指出的真诚、一致、连续的品质，不能是那种操纵、利用、忽冷忽热的工具性关系。

然而，社会工作专业与心理辅导和精神病治疗有所不同。除了提供心理支持，形成相互信任与合作的专业关系，社会工作还会涉及对机构的资源、设施以及相关政策的调动与使用。因此，社会工作者需要把相关政策要求、资格条件，以及自己在机构中的职责、角色和任务要求等，如实地告诉案主，不能采取欺骗或者威胁的方式来操纵案主。当然，这并不意味着在一开始接触案主时就先给案主生硬地讲解这些规则和要求，而是在专业互动的过程中逐步澄清相关规则和要求，以使案主了解机构所能提供的协助，以及自己是否符合使用的资格。只有这样，才能使帮助行为达到促进案主成长改变的持久效果。

做到真诚与一致，并非易事。通常人们存在误解，认为心灵负责情感，大脑负责理性思维，两者相互分离；还觉得情感多变无常，而理性思维是理智且偏于自我的。实际上，这些基于偏见的认知，反映出人们心智的不成熟状态。倘若任由自私狭隘的情感自然生发，并指向身边的亲近之人，那么这就可能引发各种心理问题，甚至导致人格扭曲。所以，在亲密关系中，情感交流不能任其自发进行，而需要逐步引导和培养，形成一种身、心、脑一致的感受和感知方式。人们要能察觉并调节自身的感受与情绪，即便无法完全掌控和利用自己的情感，至少也要做到反思、认识自己的情感，并诚实、一致地表达出来。这正是当代情感劳动的核心内容。[①]

7. 权威与权力。之所以把助人关系中的权威与权力因素放在最后来谈，并不是因为它不重要，而是因为它常常引起误解和迷失。同为助人职业体系中的一种职业，社会工作不同于心理辅导和精神病治疗的地方在于，它是提供实质性、功能性协助的，而不仅仅是心理辅导和精神病治疗中的心理与精神的干预。它采纳了心理咨询和精神病治疗中的一些元素，目的是促进案主的成长改变，但是它把这种成长改变奠定在解决现实功能性问题之上，更多的是一种社会心理因素的改变，而不是那种深层人格和精神疾病问题的解决。正是因为社会工作聚焦于现实功能性问题，所以它必须把人与环境的互动作为干预的焦点，必须在干预策略中包含资源分配和权力关系的因素。如此一来，相较于在心理辅导和精神病治疗中，权威与权力问题在社会工作专业关系中就成为更为突出的因素。

那么，社会工作的权威与权力来自哪里呢？归纳起来主要来自两个方面：一方面来自机构的功能定位以及社会工作者在当中的位置和角色；另一方面来自社会工

---

① 阿莉·拉塞尔·霍克希尔德．心灵的整饰：人类情感的商业化．成伯清，谈卫军，王佳鹏，译．上海：上海三联书店，2020.

作者的职业身份及专业知识和经验所产生的主观影响。[①] 来自机构的权威与权力，是指通常社会工作者所供职的机构都是一些提供社会救助、社会服务、矫治改造的机构，这些机构本身就被赋予了一定的资源、设施和权力，在其中任职的社会工作者自然拥有机构所赋予的权威与权力。来自社会工作者职业身份的权威与权力，是指社会工作者经过训练和职业积累，掌握了一定的专业知识和经验，这些知识和经验会给案主提供应对压力与困难的一些新思路、新方法，解除其压力和焦虑，增强其安全和自信。这就构成了一种案主自愿接受的专业权威和影响力。

心理辅导和精神病治疗也是充满权威与权力因素的，但一般来说，这些权威与权力都是建立在专业知识和能力之上的，类似于社会工作的第二类权威来源。这种权威与权力从根本上不同于政治权力和司法权力，因为它们都是现代社会所发生的基于某种专业知识和专业活动的权力，法国哲学家福柯称之为规训权力。这类权力不是强制性和惩罚性的，而是基于监督、监视、规范性裁决、调查、训练、纪律等手段而形成的一种塑造自我的权力。[②] 当然，规训权力与政治权力和司法权力是一种连续体，共同构成现代治理体系的多种权力策略与技术，总体上代表着权力的温和化，但是却采取了更加彻底和全面的监控、裁决与规训手段，以确保一种新的驯服和温顺的主体创生。

因此，作为一种主体塑造的职业，无论是心理辅导和精神病治疗，还是社会工作，其实都需要坦诚地承认本专业的权威与权力，它与案主之间虽然不是强制性的控制与惩罚的关系，但是这并不意味着它没有是非对错的标准，也不意味着专业关系是完全对等、开放的，只是不会把自己的是非对错观强加给案主，而是相信专业人员可以在一种关心、理解、接纳、真诚一致的人性关系中产生积极影响，促使案主实现成长改变，成为积极、乐观、善良、勤奋、果敢的主体。这种专业互动也需要通过记录、观察、分析、反馈、监督等手段来保证其连续性和稳定性，如此才能达到预期效果。

三、社会工作专业关系与心理咨询治疗联盟的异同

在上述有关社会工作专业关系的基本要素中，我们已经看到其中含有心理咨询和精神分析的专业关系的要素。那么，到底社会工作专业关系与心理辅导的专业关系有什么异同呢？在心理咨询和精神病治疗领域，甚至在社会工作的临床个案工作中，专业关系也被称作“治疗联盟”。所谓治疗联盟，是指那种有助于达到治疗效

---

① COMPTON B R，GALAWAY B. Social work processes. rev. ed. Homewood，Illinois：Dorsey Press，1979：179.

② 米歇尔·福柯．规训与惩罚：监狱的诞生．刘北城，杨远婴，译．北京：生活·读书·新知三联书店，1999.

果的治疗关系。在临床个案社会工作者看来，治疗联盟应该是那种融洽、信任和关怀的治疗关系。[①] 在人本主义心理咨询师看来，有效的治疗联盟需要具备如下四个要素：无条件的积极尊重、接纳、同理、一致性。[②] 在客体关系和自体理论的精神分析师看来，有效的治疗关系则是一种由治疗师提供的“臂膀环绕”式的抱持性关系，这种抱持性关系尊重患者的自体，并且以最小威胁的方式来促进患者的成熟与成长。[③]

因此，无论是临床社会工作，还是人本主义心理咨询以及精神分析疗法，都认为有效的治疗关系具有共同的要素特征，那就是关心、温暖、融洽、尊重、接纳、理解和真诚。只有这样，案主/患者才能降低防御和抵抗，把自己最真实的内心情感展现出来，自由地探索自己的内心世界，并且去重组自我，从而实现成长改变。

然而，对于那些需要解决比较实质性功能性问题的案主而言，以及对于需要解决认知-行为问题的心理咨询流派而言，仅仅给案主提供一种特殊的人际环境，让案主自由地探索自己的内心世界并实现成长改变，是不够的。社会工作者还需要采取一些策略和手段来改变案主具体的认知行为模式、应对压力和问题的模式，增强案主的现实功能，促进社会环境的友好改变。事实证明，在这些方面，人本主义治疗关系并不能达到这种效果。罗杰斯等人提出的人本主义治疗关系的“不足之处在于，这些条件虽然是必要条件，但往往并非充分条件，而且这些条件有一定的适用范围。它适用的人群主要是奥托·克恩伯格（Otto Kernberg）所说的正常人格结构者和神经症性人格结构者，而不是边缘性人格结构和精神病人格结构者，尤其不适用于后两者的早期治疗上”[④]。不仅如此，即使针对正常人格结构者，如果治疗目的和治疗任务比较注重认知行为模式的改变、资源配置和权力关系的改变，那么人本主义所强调的治疗联盟中的那些因素就是不充分的。

因此，对于需要解决实质性功能性问题的案主，或者需要解决认知-行为问题的心理咨询流派而言，其专业关系就不能仅仅包含治疗联盟所说的那些元素，还需要增加指导性、责任性、权力性因素。认知-行为疗法比较强调去辨认案主存在的扭曲偏执的认知图式和行为模式，提供具体的指导和作业；通用社会工作者一般都需要承担一定的责任，与案主一起寻找资源、争取权利、充实权能、改变社会不公。这些都不是靠人本主义治疗联盟可以解决的问题，但却都是完成某类社会功能任务、改变认知行为模式的助人专业关系中所需要的因素。因此，非指导性的人本

① 劳伦斯·舒尔曼．助人技巧：个人、家庭、小组和社区工作方法：第8版．隋玉杰，吴蕾，张会平，等译．北京：中国人民大学出版社，2022：83.

② TRUAX C B，CARKHUFF R. Toward effective counseling and psychotherapy：training and practice. Chicago：Aldine，1967：1－2.

③ David E. Scharff. 重寻客体与重建自体：在精神分析中找到自己．张荣华，武春艳，许桦，等译．北京：中国轻工业出版社，2011：44－45.

④ 卡尔·罗杰斯，等．当事人中心治疗：实践、运用和理论．李孟潮，李迎潮，译．北京：中国人民大学出版社，2013：译者前言9.

主义的治疗联盟肯定是有效的，但关键是要分清楚它的适用人群。实际上，指导性较强的认知-行为疗法往往也强调要建立人本主义的治疗关系。[①] 一些新的基于人本主义的治疗方法，比如动机式访谈法（motivational interviewing），也整合了其他流派中所强调的具体的任务计划和行动承诺等因素。[②]

四、如何建立社会工作的专业关系

前述社会工作专业关系的核心要素，需要通过一些方法和技能，转化为社会工作者的实践能力，其中最核心的就是沟通和访谈的技能。所谓沟通，是指人际交往中的信息交流，一般包括如下基本步骤：编码信息、传递信息、接收信息、解码信息、编码反馈信息、传递反馈信息、接收反馈信息、解码反馈信息。[③] 由此可以看出，信息交流并不是简单明了的，而是需要编码和解码的。因此，沟通交流并不都是顺畅的，因为无论是在传递信息的过程中，还是在反馈信息的过程中，都可能受到噪声的影响，进而扭曲信息。

另外，著名家庭治疗师弗吉尼亚·萨蒂娅（Virginia Satir）指出，沟通分为明示层面的沟通（denotative level of communication）和元沟通层面的沟通（meta - communication level of communication），前者主要是指符号的字面内容，后者主要是指在字面信息之外通过声音、姿态和说话方式等行为传递的信息内容。[④] 正因为人们可以在沟通过程中同时传达几种不同的信息，所以就容易产生所谓的双重束缚信息问题（double bind messages）：同时传递相互矛盾的信息，让接收者处于一种“做也不是、不做也不是”的不知所措的位置。[⑤]

因此，虽然人们都会说话与沟通，但是沟通并不一定都顺畅有效。所以，人们需要通过一些技能训练来掌握有效的沟通方法，从而避免误会和扭曲问题。那么，沟通中的核心技能都有哪些呢？这取决于沟通的目的和背景条件。然而，无论是什么派别的咨询、辅导和治疗，都要建立在人本主义专业关系（治疗联盟）之上。建立治疗联盟的沟通技能包括如下五个方面：

1. 要建立一种舒适、安全的访谈环境。访谈最好在一个封闭的办公场所进行，

---

① 卡尔·罗杰斯，等．当事人中心治疗：实践、运用和理论．李孟潮，李迎潮，译．北京：中国人民大学出版社，2013：译者前言 10.

② William R. Miller，Stephen Rollnick. 动机式访谈法：帮助人们改变．郭道寰，王韶宇，汪嘉伟，译．上海：华东理工大学出版社，2013.

③ COMPTON B R，GALAWAY B. Social work processes. rev. ed. Homewood，Illinois：Dorsey Press，1979：205.

④ SATIR V. Conjoint family therapy：a guide to theory and technique. Palo Alto：Science and Behavior Books，1964：76.

⑤ BATESON G，JACKSON D D，HALEY J，WEAKLAND J H. Toward a theory of schizophrenia. Behavioral Science，1956，1：251 - 264.

里面的布置温馨、整洁、明亮，并且有隔断设施，可以避开其他人员的打扰与偷听。访谈时双方的座位安排最好能够保持适当距离和角度，不要正对和直视对方，不要让来访者感到逼迫，也不要让其感到疏远。社会工作者的穿着打扮要自然、大方，不要引起来访者的好奇，以免分散注意力。每次访谈的时间要根据来访者的情况掌握，不能太紧迫，也不能太拖沓。①

在访谈过程中，社会工作者一定要专心，通过自己的眼神来传递自己的关注与关心，但不是死死盯住对方，让对方感到被逼迫。所以，社会工作者要通过面部表情管理来传递出接纳、尊重和关怀等真诚的态度。

2. 要采用同理性沟通的技能，准确地同理到来访者的内心感受，并反映给来访者，从而实现共情，实现情感的同频共振。同理性沟通主要采取反映性倾听技能。反映性倾听也叫积极倾听，是指在倾听时，通过自己积极主动地合理猜测，去解码接收到的对方传递的信息，并且通过简洁明了的语句或表情反映给对方。然而，反映性倾听不是简单地复述案主的讲话内容，而是在此基础上合理推测案主的内心所想，通过反映引导案主深度探索内心世界。如前所述，沟通就是一个信息编码、传递信息、接收信息、解码信息的过程。反映性倾听就是解码基础上的反馈，其关键技能就是合理猜测。合理猜测需要加入倾听者的理解，也就是在接收到的对方传递的信息的基础上，基于对案主的合理猜测，并通过反映性语句（其实就是接续语句）反馈给对方以获得求证，从而引导案主探索新的内容。②

反映性语句比质疑和反问语句更有助于化解来访者的防御心理，也有助于帮助来访者进一步澄清和探索那些表达不充分、不清晰的内容。那么，什么是反映性语句呢？反映性语句，就是一种能够把自己的合理猜测平静地表达出来的陈述句，而不是疑问句或者反问句。比如，针对一名来访的失恋的大学生的询问：

> 我失恋了，想问问我该怎么办？

这时工作者不要马上扮演情感专家，试图给予分析与指导，而是通过合理猜测，用陈述句反馈对他目前状态的理解：

> 你现在失恋了，不知道怎么办（到此简单反映），感到很困惑（加这一句合理猜测，就是复杂反映，能够引导来访者进一步探索内心感受）。

如果换成了疑问句或者反问句，那么就会引发来访者的焦虑和紧张：

> 你去向对方解释了吗？

---

① JOHNSON L G. Social work practice: a generalist approach. 6th ed. Boston: Allyn and Bacon, 1998: 182.

② William R. Miller, Stephen Rollnick. 动机式访谈法：帮助人们改变. 郭道寰，王韶宇，汪嘉伟，译. 上海：华东理工大学出版社，2013：73.

或者：

难道你不会去给对方解释一下，以求得原谅吗？

反映性倾听并不是简单的重复，而是基于反映、澄清、再反映、再澄清的过程，逐步引导来访者深入、系统地探索他的内心理解和感受。反映性倾听虽然是以来访者为中心的探索过程，但是工作者起到协助、引导的作用，引导来访者深入、系统地探索身处其中的混沌、迷茫的困境，逐渐找到方向、信心和动力。因此，反映性倾听虽然不是按大纲提问，但是比发问更加艰难，需要根据当事人的个性、态度和情境，来解读其传递信息背后的心情、想法与动机，并把这些猜测组织起来，形成步步深入的访谈内容。

3. 使用动机性访谈技能，激发对方的参与动机。动机性访谈（motivational interview）技能的核心是 OARS 访问法：开放性提问（open questions）、肯定（affirming）、反映（reflection）和摘要（summarizing）。[①] 开放性问题是相对于封闭性问题而言的，就是答案可以由回答者自由阐述的那些问题。而且，即使是开放性问题，也不能连珠炮似的连续提问，而是要在对方回答问题之后，采用反映性倾听的技能，把工作者的理解反馈给对方，引导对方进行澄清和进一步探索。比如，针对失恋大学生的案例，开放性提问与反映性语句交替进行的示例如下：

工作者：看起来你今天心情不太好，能否谈谈你此刻的心情？（开放性提问）

来访者：我的心情糟透了，女朋友和我分手了，她也不理我，不解释原因就离开我了。我几次联系她，她都不理我。我不知道做错什么了？为什么她要这样对待我？

工作者：噢，那是很难受的，她没有解释原因就离开你了，你感到不知所措。（反映来访者的心情）

来访者：太郁闷了，总要给我一个理由吧！为什么就这样离开了呢？

工作者：你很痛苦，她一个理由都不说就离开了。（进一步反映来访者的心情）

除了采用开放性提问与反映技能，能够促进治疗联盟的技能是肯定技能。肯定技能其实是把同理性理解实践出来的一种具体策略，因为肯定就是顺着当事人内在参照框架去理解他此刻的感受和心情，体现出来的是对当事人心情的接纳与尊重，这本身就是一种同理性理解。表达肯定一定要使用第二人称“你”，焦点放在来访者身上，而且要看到对方积极正向的一面。比如，针对失恋大学生的案例：

① William R. Miller，Stephen Rollnick. 动机式访谈法：帮助人们改变．郭道寰，王韶宇，汪嘉伟，译．上海：华东理工大学出版社，2013：85.

来访者：我多次试图联系我的女朋友，问她离开我的原因，但是她都不理我。

工作者：你这么痛苦，但还是坚持到现在，你很坚强。（肯定对方的行为和品质）

来访者：我快要崩溃了，不知道该怎么办。

工作者：面对这么巨大的打击，换谁都是很痛苦的，但你却坚持了这么久，你很了不起。（挖掘对方看不见的另一面）

摘要技能是指经过一段访谈之后，通过提炼、概括、总结，把当事人表达的内容与态度等汇总起来，反映给当事人，起到澄清、肯定与过渡的作用。比如，针对失恋大学生的案例：

工作者：你刚才说你的女朋友没有告诉你理由就离开了你，这让你很痛苦，甚至要崩溃。（总结来访者的心情和态度）但是你坚持到今天才来寻求帮助，说明你很坚强，并正在寻找办法解决问题。（肯定来访者的坚强品格）接下来，可否探讨一下你们之间是如何相处的？（过渡到下一步，探索他与女朋友的相处方式问题）

4. 为了避免拖沓和散漫导致的来访者脱离，访谈要围绕某种主题，朝着明确的方向展开。可将访谈问题建构成一种漏斗型访问结构，即要从宽泛的开放性问题逐渐过渡到具体的焦点问题，形成一种漏斗形态。[①] 比如，当一名失恋大学生来到访谈室时，围绕失恋这个主题，一个漏斗型访问结构具体如下：

看起来你心情不太好，能否谈谈你此刻的心情？

你们是如何相处的？你能形容一下你们之间的关系吗？

你们是如何分手的？能否谈谈具体的分手经过？

你是如何理解女朋友分手这个问题的？

你是如何应对女朋友分手这个问题的？

这件事对你造成的影响是什么？

你现在的生活状况如何？

仔细分析这组问题，你会发现它是从关注此时此刻开始，然后从此时此刻延展到双方的背景和交往经过，再然后逐步聚焦到具体问题和这些问题可能产生的影响。这样，就形成了一个从背景、过程到具体问题及其现实影响的漏斗型访问结构。

5. 为了建立起相互信任和合作的专业关系，在早期阶段要避免如下陷阱：评

---

① COMPTON B R，GALAWAY B. Social work processes. rev. ed. Homewood，Illinois：Dorsey Press，1979：212.

估的陷阱、专家的陷阱、过早聚焦的陷阱、标签的陷阱、指责陷阱、闲聊陷阱等。[①] 评估的陷阱是指，看似理性和有条理地去逐条诊断与评估来访者的问题，通常是采取量表或者结构化的封闭式问题清单，这使来访者在面对社会工作者或者治疗师时，成为一个被动和无能的角色，进而把社会工作者或者治疗师设定为专家角色。这看似抬高了社会工作者或者治疗师的地位，但实际却导致来访者成为一个被动依赖的、虚弱无能的病人角色，失去了改变的内在动机和潜能。过早聚焦会导致来访者觉得社会工作者不是关心与倾听他的内心世界和完整的生活，甚至会导致来访者与社会工作者就核心话题产生争执，让来访者觉得不被尊重，有可能过早脱离来访。标签和指责就是对一个人的简单化和刻板化的认识，并去评判一个人的是非对错。这都有可能让来访者觉得不被接纳，进而产生抵抗与防御心理，致使脱离访谈。闲聊陷阱恰恰是很多人本主义辅导策略容易忽视的陷阱，以为当事人中心疗法就是任凭当事人自由漫谈，缺乏主题和深入探索。实际上，这种漫谈式访谈也容易让当事人觉得没有价值和意义，失去进一步访谈的动机。

总之，社会工作者虽然以解决功能性问题为主，但是兼具心理咨询的治疗联盟的专业关系特征。只有这样，社会工作者才能同案主形成相互合作与信任的专业关系，调动案主的积极性，促使案主参与到自己问题的探索和解决过程中，最终达到助人自助、赋权，以及促进案主实现成长改变和能力提升的效果。

第二节　社会工作者的专业素质与专业身份

上一节对社会工作的专业关系展开了阐述，重点聚焦于专业关系的属性、基本要素，以及建立专业关系的技能，并且已经指出，专业关系的最核心内容——治疗联盟，很大程度上是基于人本主义理念而构建的，这就要求社会工作者具备相当的成熟度，方能熟练运用那些关系性技能。本节将进一步深入探讨社会工作者所需的专业素质与能力，以及其养成机制。

一、社会工作者的专业素质

有关社会工作者的专业素质问题，从其专业形成的初期，那些奠基者就强调，社会工作者如果去帮助别人，首先自己要具备某种品质。比如，里士满早就在1899年出版的《贫民中的友善探访：慈善工作者手册》中指出，“友善探访员应具备的

① William R. Miller，Stephen Rollnick. 动机式访谈法：帮助人们改变．郭道寰，王韶宇，汪嘉伟，译．上海：华东理工大学出版社，2013：56－62.

基本素质”是“机智和善意”[①]，并进一步指出，“针对慈善工作最好的培训必须来自生活本身。如果我们对人类的悲喜情感不感兴趣，如果我们对我们自己的事务既没有判断能力也没有精力，如果生活整体上对我们来说是平淡无奇、毫无益处的，那么没有多少阅读时间会将我们彻底塑造成友善探访者。鉴于机智和友善精神，再加上少许精力，学习和吸取经验可以教会我们如何将这些素质转变成服务他人所需要的最佳品质”[②]。

在20世纪50年代，伴随着人本主义心理学浪潮的兴起，卡尔·R. 罗杰斯和罗洛·梅（Rollo May）等心理咨询大师都特别强调，心理咨询不是一种技术，而是一种实践，一种对人性基本假设的实践。这个关于人性的基本假设，在罗杰斯等人看来就是“个人有充足的能力来建设性地处理他生活中各种有可能被意识觉察的部分”[③]。罗洛·梅并不像罗杰斯那样，坚决相信人具有建设性地处理生活问题的能力，而是认为人存在着各种负面问题，这些负面问题包括控制、依赖、孤独、焦虑和异化等。因此，人们需要勇气，勇敢地与各种负面存在做斗争。只有这样，才能重新发现自我、整合分裂的自我，成为一个有创造性的自我。[④]

基于前人的这些基础性、开创性工作，到了20世纪70年代，人们开始系统地探索与研究助人者的特征和基本素质。大家一致认为，虽然助人者不可能是完美的，但是那些真正能够帮助到他人的人，大多程度不同地具备一些共同特征。这些共同特征的核心就是人本主义所说的，助人者自己要与他所希望展现的那种品质相符，努力做到表里如一，运用自己的品质而不是运用某种知识和技能来帮助他人。具体而言，康普顿和盖拉威总结出助人者的六种专业素质[⑤]：

1. 成熟性。有效的助人者通常都愿意经历生活、一起成长，深深地卷入成为某个人的过程中，而不是固守某种模式。正如罗洛·梅所言，人生来就是不自由的，但是要勇敢地通过各种奋斗去成为一个独立而自由的人。所以，助人者必须要与案主一同投身到各种奋斗过程中，视成长改变为一种刺激而不是威胁。尽管这个过程中有焦虑和紧张，但是只要保持程度适中，焦虑和紧张就恰恰是刺激探索新经验的动力。

2. 创造性。案主带来的问题通常都是非常规的艰难问题，并不存在简单的答案，而是需要进行创造性的探索，通过全方位的改变，才能跳出困境。这就需要一

---

① 玛丽·埃伦·里士满．贫民中的友善探访：慈善工作者手册．康娇，主译．上海：华东理工大学出版社，2018：27.

② 同①28.

③ 卡尔·罗杰斯，等．当事人中心治疗：实践、运用和理论．李孟潮，李迎潮，译．北京：中国人民大学出版社，2013：17.

④ 罗洛·梅．人的自我寻求．郭本禹，方红，译．北京：中国人民大学出版社，2013.

⑤ COMPTON B R，GALAWAY B. Social work processes. rev. ed. Homewood，Illinois：Dorsey Press，1979：184－187.

种容忍不确定性和矛盾性的创新态度。创造性需要一种不墨守成规的权变性态度，它需要人们与他们所熟悉的解决问题的认知行为模式拉开距离，处于一种既保持既有知识和经验又愿意开放与改变的矛盾状态。同时，创造性还需要人们秉持既重视问题又能放下问题的矛盾态度，类似于毛主席所说的“战略上藐视敌人，战术上重视敌人”的矛盾态度。只有保持这种既重视问题又能放下问题、既尊重知识又怀疑知识的开放权变的态度，人们才能创造性地看待问题、分析问题和解决问题。

3. 能够观察自我。这其实是指社会工作者要有自我觉识能力，从而保持在专业关系中所要求的真诚和一致。因为只有能够觉识自己的内在工作模式，也就是自己的需求、思想、承诺和价值，并通过后退来审视自己是否能够表里如一，才能进一步判断这样要求他人是否合理。比如，能否像爱自己一样爱他人，能否像尊重自己一样尊重他人，能否像信任自己一样信任他人，能否像接纳自己一样接纳他人，等等。只有通过自我审查和自我觉识，才能让自己具备灵活性、幽默感，接纳自己的不足，并准备好学习新经验。只有对自己保持一种不断审查和开放学习的态度，才能消除自我保护和自我防御心理，真正做到真诚、开放、正直、诚实。

4. 愿意提供帮助。发自内心深处的帮助他人自我选择和自我控制的欲望，绝对是助人者的基本品质。没有这种发自内心的欲望，就不能创造出助人关系，也不可能持续地从事助人工作。助人欲望是对自己责任的担当，不是他人让你这样做的，而是自己想要这样做的。只有这种对自己担责的欲望，才能给自己勇气，去认识自我和冒险给他人提供服务。

5. 勇气。如前所述，只有发自内心的帮助他人的欲望，才能提供勇气去冒险帮助他人。这是因为，如果助人过程是以助人成长改变和赋权为导向的，而不仅仅是给对方提供救助和福利，那么助人过程就一定充满千难万阻和布满荆棘。它可能会遭受误解、怀疑、威胁、打击报复，也可能会挑战自己的忍耐力、责任心、世界观、价值观，甚至怀疑人生。但是，正如基思-卢卡斯所说的：“这个人可能会害怕，但是他不会因为自己处于助人的位置而担心。”① 只有坚定自己助人的欲望和信念，才能不断鼓起勇气，去面对助人过程中的各种困难和风险。

6. 敏感性。助人方法并非尽善尽美，而是存在一定的局限性。对于身处困境的当事人而言，要让其愿意且能够分享自身的处境与内心抉择，面临的困难超乎想象。这是因为当事人遭遇的难题、所处状态，以及助人过程中潜在的未知威胁，都在持续影响着当事人的感受。因此，社会工作者若想帮助他人，就得具备一种敏锐觉察他人内在工作状态的能力。这种能力取决于一个人能否观察到他人微小的动作和变动，并立即推测其内心状态。这就是前文所说的同理性推测，需要进入他人的

① KEITH-LUCAS A. The giving and taking of help. Chapel Hill, NC: University of North Carolina Press, 1972: 100.

内心世界和思维方式里进行推测，并通过反映技能来获得澄清，而不是按照刻板印象去推测他人。

二、社会工作者的专业能力

20世纪八九十年代以来，国际社会工作界开始强调能力为本的社会工作和证据为本的社会工作。不论是能力为本的社会工作，还是证据为本的社会工作，都强调社会工作作为一门专业，不能再仅仅凭借信念和热情，还需要掌握一定的专业能力，并能够证明自己的专业服务成效。许多人提出，强调专业能力和服务成效，是20世纪80年代福利市场化改革和新管理主义背景下的产物，是对社会福利服务一线专业人员的专业自主权利的削弱，是对社会福利价值观的偏离，把社会福利和社会工作当作竞争性商品来看待。但是，必须承认，社会工作专业需要把价值理念和工作态度转化成专业能力，切实解决社会问题，提升社会福祉水平。所以，不在于是否需要发展专业能力，而在于如何避免把专业能力变成简单的评估指标体系。真正的社会工作专业能力，是一种建立在专业知识、价值和技能的基础上的，能够对案主赋权、促进案主成长改变、提升案主解决问题能力的专业能力。

“能力”在拉丁语里是competens一词，意思是指“适合、恰当和有品质的”。15世纪之后，这个词主要在法律职业中使用，意指法律人员的适合、恰当和充分的品质。后来，诗歌和文学中也使用这个词，指个人的一种自由裁量和预见能力。① 因此，能力早就被用来描述职业和个人品质，而不是一种管理指标体系。把专业能力简单等同于管理指标，是20世纪90年代以后新管理主义的问题，而不是专业能力的应有之义。

英国职业资格国家委员会（National Council for Vocational Qualification）对专业能力的定义是：“专业能力是一个较为宽广的概念，它具体指一种把技巧和知识转化运用到专业领域的新情境中的能力。它包括工作组织和计划、创新和应对非常规活动的能力。它还包括那些工作中需要处理与同事、经理和客户关系的个人效能。”②

基于这种通用的“职业能力”概念，英国社会工作教育和训练中央委员会（Central Council for the Education and Training of Social Workers），在1989年公布了首版《社会工作文凭规则和要求》（*Rules and Requirements for the Diploma in Social Work*），1991年公布了修订后的第2版，1994年公布了修订后的3.0版。英国《社会工作文凭规则和要求3.0》指定了社会工作的六项共同任务，作为其核

---

① O'HAGAN K. Competence in social work practice：a practical guide for professionals. London：Jessica Kingsley Publishers，1996：4.

② 同①5.

心专业能力[①]：

(1) 沟通和深度投入（engage）能力；
(2) 促进和使能能力；
(3) 评估和计划能力；
(4) 干预和提供服务能力；
(5) 组织中的工作能力；
(6) 发展职业能力的能力。

国际社会工作学校协会和国际社会工作人员联盟，也于20世纪90年代末开始组织全球社会工作专家学者，讨论全球社会工作的基本概念和通用标准，经过多年的争论，最后在2004年的澳大利亚阿德莱德大会上通过了《社会工作专业教育和训练全球标准》（以下简称《全球标准》）。2004年的《全球标准》就社会工作教育和训练的九大方面做了基本规定：(1) 学院的核心目标或者使命阐述；(2) 专业目标和结果；(3) 专业的课程体系，包括实习课程；(4) 核心课程内容；(5) 社会工作专业教职人员；(6) 社会工作专业学生事务；(7) 结构、行政、治理和资源；(8) 文化和族群多样性；(9) 社会工作专业价值和伦理守则。[②]

在核心课程部分，2004年的《全球标准》主要围绕社会工作的专业范围、专业人员、实践方法、专业范式等四个方面展开论述教育标准。具体而言，在社会工作的专业范围方面，2004年的《全球标准》主要提出，社会工作要能够从“人在环境中”和生命历程这个框架来理解和看待社会结构平等性、政治经济公正、传统文化习俗、社会福利政策法规、社会稳定和谐团结互助等对社会工作的起源、目的和发展的影响。

在社会工作的专业人员方面，2004年的《全球标准》主要围绕一个自我批评反思的专业实践者，如何整合个人生活经验和价值与专业伦理价值的关系，如何运用整全性框架与具有不同文化背景的人工作，如何能够概念化实践智慧，如何能够处理复杂性、精细性、多维度的工作等内容，做出规定。

在社会工作的实践方法方面，2004年的《全球标准》主要从社会工作的评估、建立关系、助人过程，如何对抗不平等和不公正问题，如何运用和评价研究成果以及各种社会工作相关知识，如何促进人们相互关怀、相互尊重、互担责任，如何提供实习督导等方面，给予了界定。

在社会工作的专业范式方面，2004年的《全球标准》主要强调社会工作承认

---

① O'HAGAN K. Competence in social work practice: a practical guide for professionals. London: Jessica Kingsley Publishers, 1996: 5.

② SEWPAUL V, JONES D. Global standards for the education and training of the social work profession. Social work education, 2004, 23 (5): 493-513.

与认可人的尊严、价值和独特性，承认社会微观、中观和宏观系统的相互关联性，通过倡导来改变社会结构和政治经济条件的不平等、不公正，聚焦各类人员与组织的能力建设和赋权，知晓与尊重服务使用者的权利，通过全生命周期来预测人们社会化中的任务和危机、提升问题解决能力，辨识与承认人类的各种优势和潜能，欣赏与尊重各类多样性。

到2008年美国社会工作教育委员会颁布了美国社会工作专业本科和硕士《教育政策和评级标准》，其中列举了社会工作的十大核心专业能力：（1）认同自己是一名专业社会工作者，并按照这个身份行动；（2）运用伦理守则指导专业实践；（3）运用批判性思维引导和沟通专业判断；（4）在实践中能够应对多样性和差异性；（5）倡导人权和经济正义；（6）深度参与研究引导的实践和实践引导的研究；（7）运用人类行为与社会环境知识；（8）深度参与政策实践、促进社会经济福祉和有效提供社会服务；（9）能够对塑造实践的情境做出反应；（10）能够与个体、家庭、小组、组织和社区系统化地开展以下四个阶段专业实践的能力，即接案、预估、干预和评估。[①] 这十个方面的内容与《社会工作专业教育和训练全球标准》中的核心课程规定的四大方面，差别不大。

伴随着2014年社会工作国际定义的发布和2018年《全球社会工作伦理守则》（*Global Social Work Statement of Ethical Principles*）的发布，2020年国际社会工作学校协会和国际社会工作人员联盟再一次修订了其2004年发布的《社会工作专业教育和训练全球标准》。2020年的《全球标准》仍然集中在学校、资源和设施、课程、人员、专业等五大方面。但是在核心课程方面，相比于2004年的《全球标准》，新标准把原来的四大方面整合成两大类内容：一类是特定处境下的社会工作能力；另一类是实践中的社会工作能力。

所谓特定处境下的社会工作能力，是指社会工作者要能够批判性地反思那些形塑社会工作的政治、社会、法律、文化和历史力量，进而能够通过政策策划、执行和评估，推动社会的变化，促进政治、社会、经济、文化、性别、环境的正义和可持续发展。

所谓实践中的社会工作能力，是指运用人类行为和发展的生命历程的知识，以及那些影响人类福祉的社会决定力量，去构建健康、整合和非压迫性的人际关系，促进社会包容；理解个人经验和个人价值与社会工作实践的关系，在实践中整合理论、伦理、研究和知识；培养评估、建立关系、赋权和助人过程等实践技巧，实现项目目标；培养政策分析能力、和平倡导能力、解决问题能力、优势为本的策略、

① COUNCIL ON SOCIAL WORK EDUCATION. Educational policy and accreditation standards. Alexandria，VA：Council on Social Work Education，Inc.，2008.

自我批判反思能力、处境化实践能力和处理复杂权力问题的能力。①

总之，20世纪八九十年代以来，全球社会工作教育逐渐走向一种职业能力导向的专业教育，而不再仅仅是一种专业价值和意识形态的灌输。当然，职业能力导向的专业教育依然依靠的是价值、知识和技巧的三位一体，通过与特定社会处境相结合，成为一种针对具体情境问题的预估、干预和效果评估的职业能力。它不仅不再是简单地灌输价值和知识，也不再是机械地训练一些职业技巧，而是围绕特定处境下的具体情境问题，综合性、创造性地运用专业价值、知识和技巧，从而转变成一种能够创造性地评估和干预问题的专业能力。

三、社会工作者的社会化与专业自我的养成

如前所述，虽然一名专业社会工作者与一个成熟的人具有相似的品质，但这并不是说任何一个自然人都能自动成为一名专业社会工作者。而且，也不是仅仅通过在学校里学习理论知识和专业技巧，更不是通过社会工作职业资格考试，就能成为一名有能力的专业社会工作者。成为一名专业社会工作者，需要经过学术训练和专业实习，把推理性命题性知识与过程性实践性知识结合起来，不断地通过特定实践情境练习，增强阅读情境、框定问题、解决问题的能力，逐渐养成社会工作者的秉性和气质。这个过程被称为“社会工作的专业社会化”过程。

专业社会化过程，并不是机械地运用相关理论规定的实践处方，也不是脱离理论仅凭自己的实践经验和个人直觉进行即兴发挥，而是能够把各类知识理论与实践情境结合起来，把自己的实践过程自觉理论化，从而增强专业能力，成为一名自觉的专业实践者。根据高等职业教育专家迈克尔·伊劳特（Michael Eraut）的观点，专业社会化需要通过如下四个方面，才能形成一种理论化的专业秉性②：

1. 获得和使用学科性知识。每个专业人员都要经过专门学校的训练，因此都会习得多门课程的学科性知识，关键是如何将这些在学校里学得的知识运用到实践过程中。

第一种（也是最简单的一种）观点是复制学科性知识。就像应试教育中的标准化考试题目一样，复制知识强调知识记忆的准确性和熟练性，但是与现实情境并无多大关系。

第二种观点是应用学科性知识。这是大多数职业教育所强调的，把课堂上某门学科的命题性知识直接应用于某种实践领域。但是，这种应用学科性知识的观点的

① COMMISSION OF INTERNATIONAL ASSOCIATION OF SCHOOLS OF SOCIAL WORK & INTERNATIONAL FEDERATION OF SOCIAL WORKERS—INTERIM EDUCATION. Global standards for social work education and training，2020.

② ERAUT M. Developing professional knowledge and competence. London：Routledge，1994：63－74.

影响力也日益减小，因为实践情境不是标准化的理想情境，难以直接应用书本上的标准化命题性知识。

第三种观点是解释性使用理论知识。所谓解释性使用理论知识，是指课堂讲授的理论知识与实践情境之间是一种可逆的、相互修正的关系，既可以运用课堂知识来审视和指引实践情境，也可以根据实践情境来审视和修正课堂知识，这样才能实现理论知识与实践情境的辩证发展过程。当然，这需要实践人员具备一种理论化的专业秉性，能够把自己的行动逻辑概念化，否则就是理论与实践的分离状态，或者名义上赞同某种理论，但事实上使用的是另一套逻辑。

第四种观点是关联性使用理论知识。所谓关联性使用理论知识，是指通过一些具有类比性质的形象，把理论知识与实践情境联系起来，从而提供某种借鉴或者启示。比如，社会工作曾经比照精神医学，把案主当作病人，把评估当作诊断，把干预当作治疗，逐渐地丢弃了对案主的尊重、关怀与赋权的元素；现在又开始强调优势视角，把案主当作暂时受困的、充满成长潜能和资源的对象，只要通过优势视角，挖掘其潜能和资源，就能实现案主的赋权和成长改变，但是往往容易陷入忽视具体问题和现实困境的另一种偏见中。因此，关联性使用理论知识，虽然对于复杂的理论和案例情境，通过各种比喻和隐喻，更能让人理解它们之间的关联性，但如果没有对理论知识和实践过程的深刻领会，也容易导致某种偏见。

2. 实践性知识和实践原则。实践性知识又被称为如何做的知识（know-how），即一种关于具体的人、情境、决定或者行动的特殊性知识，或者说，是那种关于实践性概念和原则的一般化知识。之所以提出实践性知识，主要是相对于学科性知识而言的，但是关于实践性知识的清晰性、一般性及其范围和道德内涵等方面，则存在很大的争议。

根据亚里士多德的分类，人们获取真理的方式分为五大类，即技艺、实践智慧、知识、科学和直觉。技艺是制作某种东西时推理的精神状态；实践智慧是与某种耦合性的情境有关的审慎思考的能力，这种情境主要是关于事情好坏的道德判断的情境，既不能靠技艺也不能靠知识，只能靠自己审慎决策的行动能力；知识则是关于普遍的必然发生的事务，经过示范性推理产生的东西；在产生知识的示范性推理过程中，必然有一个确定的第一原则，这个进行推理的第一原则涉及知识的来源，也涉及演绎推理的起点，但它本身既不是知识，也不是科学，只能来自直觉；而科学要么是指精确的艺术，要么是指一种一般化方法，这种一般化方法既能进行演绎推理，也能掌握第一原则。[①]

因此，在亚里士多德那里，实践智慧是一种审慎推理的能力，但只不过是一种关于人类道德事务的是非对错的审慎决断的能力。但是，后来在吉登斯和布尔迪厄那

① 亚里士多德．尼各马可伦理学．王旭风，陈晓旭，译．北京：中国社会科学出版社，2007：242-253.

里，实践性知识则被当作一种社会行动的具身性知识，或者一种行动程式性质的知识，不需要经过思考就能做出直觉判断。① 然而，就算是把实践性知识转变成不需思考的直觉判断的具身性知识，也仍然面临着这类具身性知识是否有效，以及能否伴随着实践情境的变化而做出调整和改变的问题。他们都认为，只有通过反思/反身性策略，才能把具身性知识转化成实践逻辑，从而成为一种社会科学知识的来源。

对于专业实践者而言，按照美国职业教育家阿吉里斯和舍恩的说法，如果要提升实践能力，正是要把那种内化于实践过程的知识与自己声称拥抱的知识（espoused knowledge）协调一致起来，不能说一套、做一套。② 尤其是，伴随着实践情境的权变，专业实践人员要能够敏感地意识到自己的那套具身化的直觉判断可能会失效，需要跟随情境的转变，反思调整那套具身性实践性知识，并通过在行动中反思和针对行动中反思的反思策略，提升自己阅读情境、框定问题、解决问题的专业能力。

如果要跟随实践情境，把具身性实践性知识转换到新实践情境，或者把他人的实践性经验运用到自己面临的具体情境中，就需要专业实践者具备基本的概念化能力，能够基于“人在环境中”这个社会工作实务的基本框架，对自己的实践经验进行最低程度的概念化，看看是否适合新的情境。而且，要不断地进行反思对话，保持灵活性和开放性，并通过实际效果来检验自己的概念化框架是否有效。

3. 影响实践经验理论化/概念化的处境。前文指出，学科性知识不是机械应用，而是解释性应用和关联性应用，实践性知识也需要经过最低程度的概念化，才能举一反三。专业社会化过程就是保持实践与理论之间的转换能力，并根据实践情境，不断进行反思调整。因此，专业人员的实践情境直接影响着专业人员能否进行理论对话、概念化、反思批判，并不断提升自己的专业能力。这可能在学术机构已经成为一种场域文化，大家习惯于自由讨论和批判对话，但是在一线社会工作机构或者社会工作行政机关，一线社会工作者则不一定被允许反思批判那些流行的专业术语和理论，更不被允许质疑领导的决策和管理层的考核指标。如果机构文化是纵向命令性关系和任务结果导向的管理风格，那么一线社会工作者就会慢慢学会隐藏自己的真实想法，学会用一套机构流行的行话来进行沟通和表演，导致社会工作专业效能越来越差，逐渐失去了案主的满意度和社会的认可。因此，能否创造出一种共学共治共享的机构文化，让一线社会工作者与机构的督导、管理层形成一种平等对话、务实灵活的机构文化，是影响一线社会工作者进行专业社会化的重要条件。

4. 逐渐养成一种理论化的专业秉性。虽然工作处境和机构文化是影响专业社会化的重要条件，但是专业人员的最大特征就是其专业自主性。专业自主性就是通

---

① 皮埃尔·布尔迪厄. 实践理论大纲. 高振华，李思宇，译. 北京：中国人民大学出版社，2017；安东尼·吉登斯. 社会的构成：结构化理论纲要. 李康，李猛，译. 北京：中国人民大学出版社，2016.

② 克里斯·阿吉里斯，唐纳德·A. 舍恩. 实践理论：提高专业效能. 邢清清，赵宁宁，译. 北京：教育科学出版社，2008.

过自己的专业努力去影响和改变专业实践的环境，来争取自己的自治空间和自由裁量权。社会工作者要想拥有专业自治空间和自由裁量权，就要习得在常规的具身化行动程式与审慎明智的专业判断之间进行理论化/概念化转换的能力。如前所述，理论化不是指背诵和机械套用学科性知识，而是把学科性知识当作一种理论资源，经过裁剪形成概念框架，用来启发和解释实践情境，并基于实践情境对自己的工作经验进行再概念化，用来反思批判相关理论。这种理论化能力也需要经过培养和锻炼，才能慢慢转化成一种专业秉性。也就是说，理论化并不是一种对理论知识的背诵和记忆，也不是机械套用理论知识，而是一种善于对实践情境进行概念化解读和框定的具身性特征，也是一种愿意基于具体的实践结果对概念框架进行反思和调整的灵活务实的态度。一旦养成了这种善于理论化思考和对话的专业秉性，也就养成了一种提升专业实践能力的专业自我，进而成为推动基层社会工作机构文化转型的能动者。

当然，理论化专业秉性的养成与机构文化的转型是一个协同辩证过程，机构愿意就案主问题、服务策略、另类行动方案进行开放的讨论和交流，专业人员才能在实践中学习如何把案主问题和服务方案进行概念化。这种专业习性反过来会进一步推动一线社会工作机构改变行政化和指标化管理模式，转向一种共学性专业服务机构。

复习思考题

专业关系情境模拟

情境设计：假设一名大学生失恋后来到大学辅导中心，试图寻求帮助。

角色要求：5人一组。一人扮演求助者，一人扮演辅导员，其他三人观察。然后依次轮换。每次扮演5分钟。

思考讨论题：

（1）求助者对求助过程的感受。

（2）辅导员在接待过程中的心理。

（3）是否形成了专业关系？

推荐阅读书目

1. William R. Miller，Stephen Rollnick. 动机式访谈法：帮助人们改变．郭道寰，王韶宇，汪嘉伟，译．上海：华东理工大学出版社，2013.

2. 克里斯·阿吉里斯，唐纳德·A. 舍恩．实践理论：提高专业效能．邢清清，赵宁宁，译. 北京：教育科学出版社，2008.

3. 卡尔·罗杰斯，等. 当事人中心治疗：实践、运用和理论. 李孟潮，李迎朝，译. 北京：中国人民大学出版社，2013.

第六章

社会工作的服务对象与服务领域

【教学目标】

通过本章学习，要求学生掌握社会工作介入对象的两种范畴，并能够把人群与场域情境充分联系起来。

【本章导学】

按生命周期和功能性问题来划分社会工作的服务对象；掌握各类别服务对象的特点、问题和服务方法。

按照服务领域区分，社会工作服务可以区分为机构社会工作、社区社会工作两大类，社会工作经历了从机构服务到社区服务的转变，更加强调在真实自然的社会环境中提供服务。

社会工作服务虽然与心理辅导、精神卫生、慈善救助等专业具有相似的服务对象与服务领域，但社会工作以其“人在环境中”的多重互动为核心特征，区别于心理辅导、精神卫生、慈善救助等相近专业。

【关键概念】

服务对象；服务领域；机构化；去机构化；专属领域

不同于作为社会管理的社会工作，作为一种职业的社会工作，必须有自己的工作对象和工作领域。作为一种职业，社会工作主要是针对人的生命周期不同发展阶段的发展性问题，以及人与社会交互过程中的功能性问题进行干预，因此其工作对象分为具有不同发展性问题的人群和具有不同功能性问题的人群。作为一种职业，社会工作的干预策略经历了从机构、院舍服务到家庭、社区服务的转变，从事后治疗、康复策略到事前预防、教育策略的转变。作为一种在开放社会环境中针对人的发展和功能性问题进行干预的职业，社会工作的专业性是难以像医疗、法律等仅仅针对单一类型问题的职业那样高的。而且，专业性的高低主要根据职业的垄断程度来判断，并不意味着该职业的专业知识和专业方法的高低。本章主要介绍作为一种职业的社会工作的服务对象、服务领域和专业化问题。

第一节 社会工作的服务对象

社会工作的服务对象，是指接受社会工作服务的对象（也称案主），通常是弱势群体，即在日常生活中遇到困难的个人或者群体。按照个体的生命周期，社会工作可分为儿童社会工作、青少年社会工作、成人社会工作、老年人社会工作等；按照功能性问题，社会工作可分为健康社会工作、残疾人社会工作、矫正社会工作、救助社会工作、就业社会工作、反家暴社会工作、反歧视/反压迫社会工作等。

一、按照生命周期划分服务对象

依据个体生命周期理论，每个个体成长都会经历出生、成长、成熟、衰老及死亡的历程，美国发展心理学家埃里克森按照个体心理-社会的交互作用需要完成的社会任务，把个体生命周期分为八个阶段：婴儿期、童年期、学前期、学龄期、青春期、成年早期、壮年期、老年期。每一阶段都存在一种“危机”（Crisis），这里的危机不是指灾难性的事件，而是指生命发展中重要的转折点所需要解决的特定社会心理任务，包括从儿童期的信任-自主-主动性的获得、青春期的自我同一性形成、最后老年期的生命整合等不同发展阶段的心理-社会任务。[①] 依据服务对象的生命周期，可以将社会工作分为儿童社会工作、青少年社会工作、成年人社会工作、老年人社会工作等，每个生命阶段都有需要解决的心理-社会任务、不同的发展性问题以及社会工作可以提供的对应服务。

（一）儿童社会工作

1. 儿童观与儿童的定义。儿童观，是指人们对儿童的看法和态度的总和，主要涉及儿童的特点、儿童的地位与权利、儿童期的意义、儿童的特质和能力、儿童生长发展的形式与原因，以及儿童教育等问题。[②] 18 世纪以前的西方，人们普遍采用成人的标准来看待儿童，对于儿童究竟与成人有哪些不同、儿童应该如何被教育，没有给予特别的关注。12 世纪以前，几乎没有任何有关儿童的绘画或者其他记载，儿童似乎是一个不存在的群体。之后，开始在各种绘画作品中出现儿童的形象，但其形象是成人化的。直到文艺复兴之后，儿童在绘画作品中的形象才有了其独特的年龄特征和面部表情，当时人们甚至觉得，7 岁之后儿童期就结束了。14 世

---

① 爱利克·埃里克森．身份认同与人格发展．王东东，胡蘋，译．北京：世界图书出版有限公司北京分公司，2021.

② 卢乐山，林崇德，王德胜．中国学前教育百科全书：教育理论卷．沈阳：沈阳出版社，1995：14.

纪后期，儿童才出现在遗嘱里，在有的国家儿童的死亡并不被登记性别。16 世纪以前，没有关于养育儿童的书，也没有关于母亲如何履行母职的书籍。[①] 史料显示，15—16 世纪儿童开始有了区别于成人的服装，19 世纪才出现了儿童专用的艺术作品、服装、药品、玩具、读物等，儿童群体与成人群体才有了更多的区别，表现方式也越来越多。而我国传统社会的儿童观也是成人本位的，认为儿童是“小大人”“成人（或家庭）的附庸”，没有把儿童当作独立的个体来对待。到了 20 世纪初期，现代国家才逐渐把儿童当作独立的法律主体，并赋予其生存权、发展权、受保护权和社会参与权等四大权利。

儿童的年龄界定因不同学科的视角而变化。联合国《儿童权利公约》（*Convention on the Rights of the Child*）规定：“儿童是指 18 岁以下的任何人，除非对其适用之法律规定成年年龄低于 18 岁。”这其实是从法律保护角度规定的不负法律责任的最为宽泛的未成年人的界限。《中华人民共和国未成年人保护法》也将未成年人定义为未满 18 周岁的公民。但是，对 18 周岁以下的未成年人是否需要负法律责任，法律又根据情况做出了区分。《中华人民共和国劳动法》规定：禁止用人单位招用未满 16 周岁的未成年人。《中华人民共和国刑法》规定：已满 16 周岁的人犯罪，应当负刑事责任；已满 14 周岁不满 16 周岁的人，犯故意杀人、故意伤害致人重伤或者死亡、强奸、抢劫、贩卖毒品、放火、爆炸、投放危险物质罪的，应当负刑事责任；已满 12 周岁不满 14 周岁的人，犯故意杀人、故意伤害罪，致人死亡或者以特别残忍手段致人重伤造成严重残疾，情节恶劣，经最高人民检察院核准追诉的，应当负刑事责任；对依照前三款规定追究刑事责任的不满 18 周岁的人，应当从轻或者减轻处罚。依照社会的称谓习惯，人们将 0～1 岁儿童称为婴儿、1～6 岁儿童称为幼儿、6～12 岁的称为儿童、已满 13 岁未满 18 岁的称为少年。[②] 本教材则把儿童期界定为 12 岁以下，包括婴儿、幼儿和学龄期儿童等三个阶段，不包括进入青春期的青少年。总体而言，儿童是身心处于快速发展状态的脆弱群体，儿童社会工作者需要充分了解这种由脆弱相伴随的成长过程，综合运用专业的价值理念、科学知识和方法，改善或者消除儿童因脆弱性而受伤害、被歧视或排斥等问题，为儿童顺利成长提供有效保障。

2. 儿童期的身心特征和需要。“儿童”是一个生理性概念，同时也是一个心理性、社会性的概念。儿童期是一个人在生理、认知、个性、社会性等方面快速发展的时期，也是一个人发生多次转折而容易遭受压力、挑战而出现困难和危机的时期。本书第三章在介绍生命周期理论时，分别介绍了埃里克森的人格发展理论、皮亚杰的认知发展理论和柯尔伯格的道德发展理论。根据埃里克森的人格发展理论，广义儿童期的心理-社会任务可被细分为需要解决基本信任的婴儿期、需要解决自

---

① 尼尔·波兹曼．消逝的童年．吴燕莛，译．北京：中信出版社，2015：27-28.

② 王思斌．社会工作概论：第 3 版．北京：高等教育出版社，2014：169.

主性的幼儿期、需要解决主动性的学龄前期、需要解决勤奋的学龄期；根据皮亚杰的认知发展理论，儿童期的认知能力通过内心图式的同化与适应，会经历感觉运动阶段、前运算阶段和具体运算阶段；根据柯尔伯格的道德发展理论，儿童期的道德判断方式从前习俗阶段的自我中心与外部奖惩导向，逐渐发展为习俗阶段的好孩子标准和权威规范遵循。除了这些发展心理学理论，其实还有各种流派的微观社会学的社会化理论，强调儿童通过身体媒介、符号媒介参与不同情境的社会互动，在玩耍、游戏中逐渐学会了从生物个体的自我中心主义到社会自我的角色扮演、角色认同，并逐渐学会了社会角色所需要的行为规范、认知程式和互动方式等。

然而，上述有关儿童发展和儿童社会化的一般规律并不是在自然环境中野蛮生长的，而是需要通过家庭、同伴群体、社区、学校、社会服务机构、政府部门、国际组织等多个层次的社会系统，构建有助于儿童成长发展的物质条件和社会环境，才能促进儿童健康成长。然而，关于儿童健康成长所需要的物质条件和社会环境，长期以来大家的认识是不一致的，这导致不同家庭、同伴群体、社区、学校、社会服务机构、政府部门提供的实际条件和成长环境千差万别，进而导致儿童发展的健康程度也千差万别。因此，现代社会才逐渐认识到，儿童发展不再是一个家庭、社区等地方性私人问题，而是一个有关国民素质、人类发展的公共议题。早在1924年，国际联盟就通过了由英国救助儿童会的主要创始人之一埃格兰泰恩·杰布（Eglantyne Jebb）起草的《日内瓦儿童权利宣言》(*Geneva Declaration of the Rights of the Child*)。该宣言提出：儿童应享有生存与发展的保障；困境中优先获得救济；免受经济剥削；被培养为对社会有益的人；受人道主义原则保护。然而，这一宣言仅为道德倡议，不具备法律约束力。1946年，联合国大会成立了联合国国际儿童紧急基金会（现称联合国儿童基金会），将全球的儿童事务作为工作重点。1948年，联合国大会通过了《世界人权宣言》，其中第25条规定，母亲和儿童有权得到“特殊照顾和帮助”以及“社会保护”。1959年，联合国大会通过了《儿童权利宣言》(*Declaration of the Rights of the Child*)，提出儿童除其他权利外，还享有受教育、玩耍、生活在良好环境以及卫生保健服务的权利。1978年，联合国人权委员会提出了一项《儿童权利公约》草案，供由成员国、相关机构以及政府间和非政府组织所组成的工作组审议。1989年，联合国大会通过《儿童权利公约》。该公约承认儿童在社会、经济、政治、公民和文化领域的作用，作为人权事业的一个里程碑得到了广泛赞誉。该公约承诺并全面设立了保护儿童权利的最低标准。

我国的儿童保护工作长期以来都是以家庭为抚养照顾儿童的第一责任主体，只有当家庭无法承担抚养照顾责任时，才由政府承担托底性保障责任，社会组织提供关爱服务。新中国成立后，中国政府颁布了一系列涉及儿童保护的法律、法规，包括《中华人民共和国宪法》《中华人民共和国婚姻法》《中华人民共和国未成年人保护法》《中华人民共和国义务教育法》《中华人民共和国预防未成年人犯罪法》等。但是，在这一系列法规中，儿童保护的法律哲学基础并非根植于普遍、均等的儿童权利，而是基于家庭契约逻辑，建立在以亲权为基础的儿童保护制度之上。[①] 我国的儿童保护责任首先是由《中华人民共和国婚姻法》规定的：父母有抚养儿童的义务；对于父母已经死亡或父母无力抚养的儿童，对他们有抚养义务的是直系亲属，即有负担能力的祖父母、外祖父母，以及有负担能力的兄、姐。只有孤儿才可以享受国家救助安置的权利。伴随着事实无人抚养儿童的数量增多，国务院在 2016 年发布了《国务院关于加强困境儿童保障工作的意见》，该《意见》规定："对于失去父母、查找不到生父母的儿童，纳入孤儿安置渠道，采取亲属抚养、机构养育、家庭寄养和依法收养方式妥善安置。对于父母没有监护能力且无其他监护人的儿童，以及人民法院指定由民政部门担任监护人的儿童，由民政部门设立的儿童福利机构收留抚养。对于儿童生父母或收养关系已成立的养父母不履行监护职责且经公安机关教育不改的，由民政部门设立的儿童福利机构、救助保护机构临时监护，并依法追究生父母、养父母法律责任。"2019 年，民政部等 12 个部门联合发布了《关于进一步加强事实无人抚养儿童保障工作的意见》，该《意见》规定："事实无人抚养儿童是指父母双方均符合重残、重病、服刑在押、强制隔离戒毒、被执行其他限制人身自由的措施、失联情形之一的儿童；或者父母一方死亡或失踪，另一方符合重残、重病、服刑在押、强制隔离戒毒、被执行其他限制人身自由的措施、失联情形之一的儿童。"该《意见》要求加强对事实无人抚养儿童的基本生活、医疗康复、教育资助、监护责任、关爱服务等重点内容的保障。

3. 儿童社会工作的内容。儿童社会工作是把儿童作为工作和服务的对象，以儿童权利为价值理念，以儿童发展的科学知识和社会工作实务理论为依据，运用社会工作专业方法，结合所在社会的环境资源，为促进儿童健康成长、保护儿童免遭伤害而开展的专业服务活动。[②] 其内容包括但不限于：

第一，提供家庭支持服务。补充和改善家庭经济状况，为困难儿童家庭链接政策资源，帮助其改善家庭经济条件；为家长提供亲职辅导，提高父母亲职能力，做合格的家长；进行婚姻辅导、家庭辅导、亲子关系辅导等，改善家庭关系、亲子沟通，恢复健康的家庭功能，为儿童健康成长提供基本保障。

第二，开展儿童支持服务。针对儿童自身的行为问题、与他人的人际交往问题、心理健康问题、身心障碍的康复与治疗问题等开展专业服务活动；引导儿童健康休闲与娱乐；引导儿童社会化。

第三，救助和保护儿童。救助和保护儿童是指针对那些永久或者临时失去家庭监护的儿童，或者虽有家庭照护但是处在被疏忽、虐待、剥削、压制等恶劣成长环

---

① 尚晓援，王小林，陶传进．中国儿童福利前沿问题．北京：社会科学文献出版社，2010：77.

② 全国社会工作者职业水平考试教材编写组．社会工作实务：中级．北京：中国社会出版社，2021：83.

境中的儿童，提供的替代家庭的照顾、监护服务，以及针对恶劣成长环境的干预工作。所谓替代家庭的照顾、监护服务，是指社会工作者运用专业知识、方法，将失去或暂时失去家庭监护的儿童（如孤儿），安置在相关儿童福利机构、并在条件具备的情况下选择一个合适的家庭进行寄养或者收养，并帮助儿童与寄养或者收养家庭建立良好的情感联结。[①] 另外，在将家庭监护缺失儿童集中安置在儿童福利机构，由机构工作人员集体看护、照料的情况下，社会工作者需要为机构集体养育的儿童尽可能创造一种家庭的氛围。

保护儿童是指通过系统性干预，保障儿童免遭身体虐待、性侵害、疏于照顾、剥削和情绪上的恶意对待。身体虐待通常跟家庭暴力、父母吸毒酗酒和心理健康问题等密切相关，因此社会工作者在保护儿童的同时，为家长提供情绪管理、为人父母的技巧等课程，当家庭因为失业和经济原因压力上升时为家庭提供支持性的服务。[②] 性侵害案件的处理需要遵循创伤知情原则：采用儿童友好型询问机制，避免二次心理伤害；通过心理治疗、社会支持网络重建及法律援助促进儿童身心康复；开展反性侵公众教育，强化未成年人自我保护意识与成人监护责任。[③]

（二）青少年社会工作

1. 青少年的界定。青少年是指进入青春期后身心发育尚未完全成熟的未成年人，处于从儿童向成人的过渡阶段。其起始年龄通常为学龄期结束的 12 岁左右（青春期开始），终止年龄则以身心成熟为界。这一界限因时代背景与社会环境而存在差异。目前联合国及我国法律规定的未成年人年龄上限为 18 岁。本教材亦采用 12 岁至 18 岁作为青少年的年龄标准。

2. 青少年的身心特征和需要。从生理特征来说，青少年是生理各方面发育迅速、肌肉发达、骨化逐渐完成、心血管系统发育加快、各种活动能力（灵敏、精确、耐力）得到进一步发展、体力增强的时期，特别是生殖器官与第二性征开始发育的时期，而性的发育完全成熟，则表示青春期的结束。激素水平的变化和外貌特征的改变，会在一定程度上影响青少年的自我认知和自我评价。

从心理特征来说，青少年开始进入心理、智能、情绪的成熟期，自我意识得到较大发展，但同时因为处在“心理断乳”（开始脱离父母的管控，逐渐走向独立的阶段）期，会出现一些适应不良的情况，从而导致自我同一性危机。[④] 在埃里克森人格发展理论的基础上，詹姆斯·马西亚（James Marcia）根据个体探索身份形成

---

① 奈杰尔·托马斯．儿童青少年社会工作：照管社会工作理论与实践．田国秀，李少春，蔡鑫，等译．北京：中国人民大学出版社，2010.

② 王思斌．社会工作概论：第 3 版．北京：高等教育出版社，2014：276－280.

③ 同②273－275.

④ 爱利克·埃里克森．身份认同与人格发展．王东东，胡蘋，译．北京：世界图书出版有限公司北京分公司，2021：101.

的方式，提出了四种身份形成模式：身份弥散（identity diffuse）（既不探索也不固定）、身份停滞（identity moratorium）（不断探索但缺乏认同）、身份预定（identity foreclosure）（按照预定模式对待新问题）、身份成就（identity achievement）（经过探索后确定的新身份）。[①] 当青少年度过这个身份探索的危机时期，心智发展成熟，情绪稳定，逻辑与抽象思维能力增强时，个体就结束了青少年期而进入成人期。

正是因为青少年具有上述生理、心理的发展特征，且容易出现混乱和危机状态，所以一般把这个阶段称为狂飙时期。在这一时期，青少年会表现出对父母、老师等原来的权威形象的反叛和抵制，易为各种同伴群体所吸引，尝试体验各种极限边界的突破与违规，并对其他群体或者外部人员变得格外排斥、不宽容甚至残酷。这些都是其生理和心理的快速发育导致的内外部特征的自我认同紊乱的表现。为了应对认同危机，青少年会形成小团体，将自己、自己的理想原型和自己的敌人刻板化，从而帮助彼此暂时度过这个充满不安的阶段。[②]

基于这种生理、心理特征及其产生的认同危机和刻板化思维模式，社会有必要对青少年提供干预和保护。青少年干预和保护工作并不能通过严格的法制化措施来解决其深层问题，因为严格的法律制裁只是用外在强制力量暂时限制了青少年因极端化体验和刻板化思维而产生的社会危害，并不能协助他们解决这个身心快速发育所导致的深层的认同危机问题。为了解决这个深层问题，青少年干预和保护工作应该协助其通过安全、友爱的群体关系来共同体验那些令其困扰的生理、心理现象，在安全、可靠的体验式活动中学会重建自身身份的统一、连续性，以及对他者的宽容、接纳与尊重。

3. 青少年社会工作的内容。青少年社会工作是指以青少年为对象的社会工作，其主要内容为学业辅导、生活辅导、职业培训和职业介绍、心理咨询、婚前教育与婚姻介绍、矫治服务等。其核心是，根据青少年的生理和心理状态、兴趣倾向、特长嗜好、家庭背景以及智力等实际情况，通过社会工作专业介入，使青少年获得正常的发展与进步，最大限度地启发青少年的潜能，协助其度过身体心理的狂飙时期、重建健全的身份认同。其内容包括但不限于：

第一，青少年支持服务。对青少年进行思想引导、身心健康促进服务，其内容包括：帮助青少年树立正确的世界观、爱国观、生命观；帮助青少年了解青春期的相关生理和心理知识，积极应对心理困惑，增强解决问题的信心和能力；帮助青少年认识自我，并实现自我肯定；帮助青少年形成健康的人格，践行健康的生活方

---

① MARCIA J E. Development and validation of ego identity status. Journal of personality and social psychology，1966，3 (5)：551 - 558.

② 爱利克·埃里克森. 身份认同与人格发展. 王东东，胡蘋，译. 北京：世界图书出版有限公司北京分公司，2021：103.

式；引导青少年形成良好的婚恋交友观，帮助青少年建立良好的人际关系；帮助青少年就业创业，协助其链接就业创业资源；帮助青少年提升就业创业能力；开展就业创业指导及职业生涯规划服务。

第二，青少年社会融入与社会参与服务。对于残疾、有困境的青少年提供救助、关爱和支持性服务，内容包括：帮助青少年建立良性社会支持系统；提升青少年社会参与和社会融入的能力，帮助青少年积极有序地参与政治生活和公共事务；营造青少年社会融入的良好环境；提升青少年参与社会公益和志愿服务的意识与能力。

第三，青少年权益维护与犯罪预防。其内容包括：开展青少年权益保护相关政策法规宣传教育服务；拓展青少年权益表达渠道，支持青少年进行正当利益诉求表达和反馈；开展侵害青少年合法权益行为预防和干预服务；协助青少年提升自我保护能力；营造家庭、校园和社区的安全环境；开展法治宣传教育；协助开展青少年社会文化环境、网络环境优化和整治服务；开展重点青少年群体服务管理工作；提供青少年司法社会工作服务。[①]

（三）老年人社会工作

1. 老年人的界定。老年人也是一个跟随时代变化，在不同国家和地区有不同含义的概念。《中华人民共和国老年人权益保障法》把老年人定义为 60 周岁以上的公民，60 岁通常也是个体退出劳动领域，开始退休生活的年龄。老龄化国家是指 60 岁以上人口占全国人口达到 10%的国家，或者 65 岁以上人口占全国人口达到 7%的国家。我国统计局数据显示，2023 年底，我国大陆地区 60 岁及以上人口总量为 2.96 亿，占总人口的 21.1%；预计到 2050 年前后，我国老年人口总量将达到峰值 4.87 亿，占总人口的 34.9%，80 岁及以上人口总量将达到 1.5 亿。[②] 因此，对于老年人的关怀与重视，具有特别重要的意义。

2. 老年期的身心特征和需要。当个体步入老年期，身体在生理器官、循环系统、激素分泌等各个方面都会发生一些变化，进而导致身体肌肉比例降低、新陈代谢变慢，引发各种慢性疾病，器官功能也开始衰退，部分老年人开始受到睡眠问题的困扰。除生理功能发生变化外，老年人的认知能力也开始呈现出衰退趋势。埃里克森认为，老年期面临的主要挑战是个人生命意义的整合。个体在回顾生命历程时，如果觉得一生的经历是有价值的，就会在晚年觉得生命有意义，从而实现生命的整合，也能更坦然地面对死亡，不会留有太多遗憾；而若陷入人格整合失败与意义绝望的困境中，就会对死亡怀有更多的恐惧和无助。[③]

---

① GB/T 36967 - 2018. 青少年社会工作服务指南．[2024 - 08 - 26] https：//openstd. samr. gov. cn/bzgk/gb/std _ list？ p. p1＝0&p. p90＝circulation _ date&p. p91＝desc&p. p2＝GB/T%2036967 - 2018.

② 王红漫．中国健康老龄化发展蓝皮书：积极应对人口老龄化研究与施策（2023－2024）. 北京：华龄出版社，2024.

③ 卫庶，熊建. 以健康老龄化应对人口老龄化. 人民日报（海外版），2024 - 07 - 25（9）.

老年人的特殊需求究竟是什么呢？其实并非统计学意义上统一的“老年人”这一名称所能涵盖。他们需要有充足的收入以保障生活，保持身心健康，拥有合适的住房（无论是独居还是与其他亲人同住），能享有有尊严的退休生活，并且在希望继续工作或在其他领域发挥余热时有机会参与，在养老或护理机构能得到妥善的身心照料，还能获得满足个体需求的社区服务。此外，老年人仍然需要对自己的生活拥有控制力和掌控感。社会工作者在提供老年社会工作服务时，应让老年人感受到尊重，保有尊严。①

人的一生会承担多种角色。随着年龄增长，个体从劳动领域退出，开始丧失职业角色（同事、上司、下属）；在家庭层面，有的家庭角色会丧失（比如丧偶、父母的离世等），有的家庭角色也会增加（比如成为祖父母）。针对老年人社会角色和社会功能的变化，出现了退出理论、活动理论和建构理论等不同的老龄化理论流派。退出理论认为，老年人应该逐渐退出各种主流社会角色舞台，把更多的空间留给年轻群体，接受自己退出主流社会的状态，完成代际交替，促进社会向前发展。活动理论认为，老年人在参加各种活动中可以重建自我概念、重获自我价值，虽然老年期会丧失一些社会主流角色，但在一些独特的老年活动中能够获得一些其他社会角色（比如社区志愿服务者、老年大学学员、社区文娱队队员等），积极活跃的老人比退缩的老人的生活满意度更高，更能适应社会生活。建构理论则认为，“老”本身其实是一个社会建构的概念，老年人不都是“失去能力的、身体衰弱的、有问题的、依赖其他人的”，人们要正确理解老年人如何和环境互动，以及他们如何描述自己的现实体验和生命经验。老年人如何成功老龄化或者积极老龄化，会因为每位老年人的身心特点不同而有所不同的，社会工作者要更多地关注老年人跟环境的互动和生命历程中发生的一些关键性事件，比如患上严重的疾病、面临配偶的离世、自己身体的失能或者半失能状况，在关注问题的同时，也要看到老年人自身的优势和资源，发展不同的应对策略和干预模式。②

3. 老年人社会工作的内容。老年人社会工作主要是针对老年人及其家属，基于老年期的特定身心特征提供社会工作专业服务，以帮助老年人提升老年生活质量、保有尊严和完成生命意义的整合。其内容包括但不限于：

第一，救助服务和环境适应。社会工作者需评估并协助困境老年人获取经济与物质救助，保障其基本生活权益与安全宜居的生活环境，切实提升老年人的生活质量。具体工作包括：困境评估与救助介入，即重点评估独居、高龄、失能、失独等困境老年人的基本生活保障水平及经济状况，链接社会救助资源；环境安全评估与改造，即系统评估老年人居住环境的安全性及便利性，推动无障碍设施建设与适老

---

① O. 威廉姆·法利，拉里·L. 史密斯，斯科特·W. 博伊尔. 社会工作概论：第9版. 隋玉杰，等译. 北京：中国人民大学出版社，2005：245.

② 彭华民. 人类行为与社会环境. 北京：高等教育出版社，2011：392-399.

化改造工程，构建老年友好型生活环境。

第二，照顾安排和精神慰藉。社会工作者协助开展老年人能力评估，协助有需要的老年人获得社区居家养老、日间照料、机构养老等服务，同时为老年人提供精神慰藉，识别、评估、处理老年人的情绪问题，帮助他们摆脱孤独感、无意义感、焦虑等负面情绪。社会工作者可以通过人生回顾、动机激发、意义疗法等方法，帮助老年人适应角色转变、重新定义自身价值、整合生命意义。尤其是当老年人遭遇退休后角色适应、突发疾病、丧偶等关键性事件时，社会工作者协助老年人处理好这些关键性事件对老年人产生的冲击，使老年人安全渡过这些难关，从而获得平稳、祥和的生活状态。

第三，社会支持网络建设和政策倡导。政府、社区及社会组织提供的正式支持，老年人的家庭、邻里、志愿者等提供的非正式支持，对老年人都有重要意义。社会工作者可以帮助老年人加强社会支持网络建设，推动其参与老年社区活动、开展终身学习，保护老年人的各项权益（比如不受虐待、遗弃和疏于照顾），并在整个社会倡导爱老敬老的社会文化，推动相关政策措施的落实。

第四，生命教育与临终关怀。社会工作者可以通过开展生命教育，帮助老年人树立理性的生死观，与医疗、护理等专业进行跨专业团队合作，做好临终期老年人的生活照料和痛症管理，提供相应的心理支持，帮助临终期的老年人有尊严地走完人生。①

根据埃里克森的个体生命周期理论，除了儿童期、青少年期和老年期，个体有非常长的一段时间是成人期，也就是个体的成熟期。在成人期，个体有可能遭遇两个危机问题。第一个危机问题是，在成年初期，个体要解决亲密对孤独的矛盾问题。弗洛伊德曾经定义健康的人是充满爱且有工作的人，也就是说，人要能够胜任工作且建立健康的亲密关系。第二个危机问题是，成家后的成年人面对的繁殖与停滞的危机。在这个阶段，个体要在建立家庭之后生育、养育下一代，但是可能因为工作、夫妻关系等原因而搁置或停滞下来。总之，成年人的生活并不是一帆风顺的，也应该成为社会工作的服务对象。然而，因为成年人通常有资源、有能力寻求正式心理辅导服务和非正式的社会支持，所以只有那些困难和失业成年群体才成为社会工作的关注对象。这个问题属于下面将要介绍的功能性问题和相应的社会工作服务。

二、按照功能性问题划分服务对象

社会工作的专业任务就是解决人们的功能性问题，因此社会工作实践的核心就是分析各种资源系统，然后帮助案主增强、恢复解决和应对功能性问题的能力，建

① MZ/T 064－2016. 老年社会工作服务指南．［2024－08－26］https：//www.mca.gov.cn/gdnps/n2445/n2575/n2580/n2582/n2590/c117049/attr/273081.pdf.

立人们与资源系统的联系，促进和修正人们与资源系统之间以及人们在资源系统内部的互动与关系属性，促进社会政策的发展和修正，处理物质资源的分配问题，同时扮演社会控制的代理人角色。[①] 功能性问题主要是贫困、失业、残疾、疾病、行为偏差、移民导致的歧视和排斥、压迫和剥削等问题。按照功能性问题划分社会工作服务，可以分为健康社会工作、残疾人社会工作、矫正社会工作、救助社会工作、就业社会工作、反家暴社会工作、反歧视/反压迫社会工作等。

（一）健康社会工作

1. 健康的定义及健康政策的转变。世界卫生组织定义的健康，不仅是没有疾病或者残疾，而且是身体、心理和社会福利状态等各个方面都达到良好的状态。因此，健康是指身体健康、心理健康和社会适应的良好状态。世界各国的健康政策经历了由狭义的医疗救治，向预防疾病、健康生活、卫生保健的转变和扩展。

我国《“健康中国2030”规划纲要》提出，要以人民健康为中心，坚持以基层为重点，针对生活行为方式、生产生活环境以及医疗卫生服务等健康影响因素，落实预防为主，推行健康生活方式，减少疾病发生，强化早诊断、早治疗、早康复，实现全民健康。我国的健康服务模式正在从治疗服务向预防服务和健康管理服务转变。

2. 健康社会工作的定义。健康社会工作是指基于健康的广义定义，从个人与环境互动的角度，参与整个健康体系的预防、治疗、康复的全过程的社会工作服务，包括医务社会工作、精神健康社会工作、公共卫生社会工作等。健康社会工作开始于贫困人群的医疗救助，之后是医院社会工作。健康社会工作不仅仅是在医院开展，更是扩展到家庭和社区。健康的社会决定论指出，个体的健康水平不仅与个体身体机能相关，也与个体的工作环境、生活条件甚至社会经济地位存在密切关系。[②] 这些健康差距是引起人类健康问题的重要原因之一，是全球普遍存在的问题，实现健康公平，既是世界卫生组织也是我国的基本价值目标。

3. 健康社会工作的干预策略。健康社会工作包括医务社会工作、精神健康社会工作和公共卫生社会工作，它们各自的干预策略如下：

第一，医务社会工作的干预策略。医务社会工作的干预策略主要是指把社会工作的知识、技术、态度与价值应用于医疗机构，协助患者与家属排除医疗过程中的障碍，在帮助医患沟通、家属沟通、资源链接等方面发挥作用，同时也为医务人员提供心理情绪支持，减轻医务人员的工作压力，协助解决因疾病救治而产生的各种社会问题。

---

① PINCUS A，MINAHAN A. A model for social work practice// SPECHT H，VICKERY A. Integrating social work methods. London：George Allen & Unwin，1977：73－105.

② WILKINSON R G. Unhealthy societies：the afflictions of inequality. London：Routledge，1996.

第二，精神健康社会工作的干预策略。精神健康社会工作的干预策略包括直接干预策略和间接干预策略。一方面，社会工作者进行心理社会评估、确定目标、提供心理社会治疗和干预，与案主和系统一起预防和解决精神健康问题，干预的范围既包括心理层面的问题，也包括人际关系和社会环境，帮助案主从精神疾病和药物滥用中康复；另一方面，社会工作者也要积极为案主链接资源、监督康复计划的执行、参与精神疾病防治的倡导，等等。[①]

第三，公共卫生社会工作的干预策略。公共卫生是指以维护整个人口健康环境为目标的一系列行动，它面向全部人口，而非个体患者或单一疾病。因而公共卫生社会工作是实现疾病预防和健康促进的重要方法，与医务社会工作、精神健康社会工作有着明显的差异。医务社会工作和精神健康社会工作通过个案管理等服务主要在微观领域进行直接的干预，而公共卫生社会工作则围绕疾病预防控制、突发公共卫生事件应急和职业健康、营养健康、老龄健康、妇幼健康等方面开展公共卫生社区教育，更加关注中观和宏观领域的资源调配与平衡，与医务社会工作和精神健康社会工作的介入的层次和工作重点有一定的差异性。

公共卫生社会工作主要根据弱势优先的公平原则，在公共卫生事件中，帮助民众获得信息和情感支持、学习疾病预防措施、链接各种资源，帮助民众重新获得对自己生活的控制感，并且进行社区宣传、政策倡导，以及疾病的“去污名化”等服务。

（二）残疾人社会工作

1. 残疾与残疾人的定义。世界卫生组织根据残疾对人的生理功能、社会功能影响的不同情况，把残疾分为三类：第一类是身体形态受损的残疾（impairment），它是指意外伤害和疾病的后遗症致使人体结构发生残缺或异常的状况；第二类是丧失功能残疾（disability），它是指人体的功能障碍致使人体丧失应具备的能力（与其性别、年龄、文化程度和职业等相应的能力）；第三类是社会功能残疾（handicap），它是指身体的形态和功能的缺陷或异常而影响残疾人参加正常社会活动的情况。显而易见，所谓残疾，是人的生物器官在结构和功能上出现较严重的问题，进而影响了人的正常社会生活的状况。[②]

《中华人民共和国残疾人保障法》规定：“残疾人是指在心理、生理、人体结构上，某种组织、功能丧失或者不正常，全部或者部分丧失以正常方式从事某种活动能力的人。”从这个定义可知，残疾人并非仅指生理功能受损，还包括心理功能异常导致生活与活动能力受限。并且，只有当这种状况达到一定程度，才能被定义为残疾人（比如单眼盲人，另一只眼睛的视力达到一定标准的，目前不能被认定为残

---

① Roberta G. Sands. 精神健康社会工作．余潇，许俊杰，译．上海：华东理工大学出版社，2015：3－5.

② 王思斌．社会工作概论：第3版．北京：高等教育出版社，2014：235.

疾人）。我国将残疾分为视力残疾、听力残疾、言语残疾、肢体残疾、智力残疾、精神残疾和多重残疾。

2. 残疾人社会工作的定义。残疾人社会工作是指以残疾人为服务对象，整合运用社会工作的价值理念、理论、方法和技巧，协助残疾人解决身体、心理以及行为上的问题，改善及提高其社会功能，使其在社会生活中享受平等参与的权利，共享社会发展成果的社会服务活动。残疾人社会工作要回应残疾人正常化和回归社会的需求，一方面帮助残疾人撕去标签，融入社会；另一方面也要用优势视角聚焦于服务对象自身的能力和优势，协助他们恢复社会功能。

3. 残疾人社会工作的干预策略。残疾人社会工作的干预策略包括微观层面的干预策略和宏观层面的干预策略：（1）微观层面的干预策略主要是帮助残疾人进行预防与康复，包括残疾风险知识普及和残疾服务对象的信息支持等积极的预防性工作；最大限度地恢复残疾人的生物机体功能或进行功能补偿，增强残疾人参与社会生活的能力。在帮助残疾人进行医疗康复、教育康复、职业康复和社会康复中，要为促进残疾人融入社会、参与社会发展并分享社会成果创造良好的社会条件。（2）宏观层面的干预策略主要是积极维护残疾人的合法权益，推进残疾人社会保障政策体系的建构，比如残疾人的就业支持和保护、无障碍设施的建设等。

（三）矫正社会工作

1. 实证法学的兴起和犯罪矫正的理论基础。越轨和犯罪是各个国家都需要面对的重要问题之一。人类历史上对于反社会的行为通常是采取肉体刑罚或者是死刑，直到18世纪末才开始对于犯人采取监禁的形式，以人道主义的限制自由代替非人道的肉刑等折磨犯人的刑罚措施。19世纪末期，伴随着实证法学的兴起，越来越多的实证研究发现，无论是肉体惩罚还是剥夺自由的刑罚措施，都无法降低犯罪率和再犯率。犯罪和再犯主要是由个体的认知、行为问题和社会环境的剥夺、资源配置问题导致的。因此，刑法理论开始发生改变，由古典刑法强调的正当惩罚，向现代实证法学强调的矫正和社会帮扶转变。由此，心理辅导、社会工作等专业才系统性地与司法体系相结合，全面参与到犯罪起诉、审判、定罪、矫正、回归社会等各个环节中。社会工作对待罪犯的态度不是惩罚他们，而是用专业方法和技巧帮助他们改过自新，最后回归社会。①

矫正工作的核心是如何预防犯罪的发生和再发生，降低社会危害，而要想真正降低犯罪率和再犯率，就要找到导致犯罪的关键因素。20世纪50年代，犯罪心理学家赫维·克莱克利（Hervey Cleckley）提出，那些惯犯背后都有一种独特的反社会人格。所谓反社会人格，是一种心理病态，但又区别于通常所说的精神病。之

---

① O. 威廉姆·法利，拉里·L. 史密斯，斯科特·W. 博伊尔．社会工作概论．隋玉杰，等译．北京：中国人民大学出版社，2005：284.

后，美国精神病协会编辑的《精神病诊断和统计手册（DSW－V）》（*Diagnostic and Statistical Manual of Mental Disorders*：*DSM－5™*）列出了反社会人格障碍（antisocial personality disorder），其主要表现有欺骗和操纵、冲动、攻击、不负责任、缺乏同情心等，这些导致犯罪的人格特征显然不是精神分裂或者躁狂症引发的反社会行为。20 世纪 80 年代，犯罪学家罗伯特·海尔（Robert Hare）提出了一个包含 20 项指标的容易导致反社会行为的心理病态检查清单，进一步把容易导致犯罪的病态心理人格特征归纳成一个量表。

2. 矫正社会工作的定义。矫正社会工作是指社会工作在矫正体系中的运用，它是指社会工作者在社会工作的价值理念的指引下，运用社会工作的专业理论、方法和技巧，为罪犯（或具有犯罪危险性的人员）及其家人，在审判前、监禁处遇、社会处遇、刑释时期，提供思想教育、心理辅导、行为纠正、信息咨询、就业培训、生活照顾以及社会环境改善等服务，使罪犯消除犯罪心理结构、修正行为模式、适应社会生活的一种福利服务。①

20 世纪 90 年代，循证矫正科学开始兴起。循证矫正科学认为，导致犯罪的个体心理动力和认知行为模式是通过一般社会学习理论在社会环境中习得的，导致反社会人格和反社会认知行为模式的社会环境主要包括家庭、学校、同伴群体、就业机构、社会娱乐等较为直接的微观环境。至于政治经济、社会结构和文化等宏观结构因素，其实是借助于家庭、社交、学校和就业等中间变量而起作用的，可以通过精准干预措施对这些因素进行干预，以实现有效矫正。②

伴随着循证矫正研究的开展，专业矫正手段开始强调精准化有效干预，而不是笼统的教育帮扶手段。精准化有效干预主要是针对再犯风险中的罪因性需求进行的定向干预。所以，在干预之前一定要进行再犯风险评估，基于风险程度、风险类型，提供不同类型的干预要点和干预策略。循证矫正把上述矫正模式概括为 RNR 原则，即瞄准风险对象（risk）、罪因性需求（criminogenic needs）和犯罪反应性（responsivity）三个原则进行干预。同时，矫正人员应该整合客观性再犯风险知识、工具性认知行为改变技术、文化解释主义提出的地方文化知识问题，以及批判诠释理论提出的主体参与和反思对话问题，以提高矫正专业的实践能力。③

3. 矫正社会工作的干预策略。广义的矫正社会工作的干预策略是基于整个司法实践的流程，在审前、审中、审后等各个环节所参与的社会工作干预活动，采取预防性司法、康复性司法、恢复性司法等不同于传统报复性司法的策略手段。其主要包括在司法审判前提供服务、在监狱处遇中提供服务、在社会处遇中提供服务、

---

① 王思斌．社会工作概论：第 3 版．北京：高等教育出版社，2014：242.

② 郭伟和．专业实践中实证知识和实践逻辑的辩证关系：以循证矫正处境化实践为例．社会学研究，2019（5）.

③ 郭伟和．矫正、预防反社会人格：司法社会工作的路线图．中国社会工作，2017（22）.

对刑释人员提供服务、对附条件不起诉的违法犯罪青少年提供服务。具体来说，工作内容如下：

第一，司法审判前提供的社会工作服务，包括出具犯罪嫌疑人背景的调查报告、针对这些犯罪嫌疑人的陷入困境的家人提供帮助。

第二，监狱处遇中提供的社会工作服务，主要是在监狱服刑人员中开展的社会工作，以消除或减弱罪犯思想和行为上的负面因素，加强其与社会的联系沟通，以恢复重建其社会功能为主要目标。

第三，社会处遇中提供的社会工作服务，是指以社区为基础的治疗康复性的措施，主要针对被判管制、缓刑、假释、临时监外执行等各种在社区中执行的非监禁性罪犯的矫正、帮扶教育措施。

第四，对刑释人员提供的社会工作服务，主要是帮助刑满释放人员提升社会适应能力的恢复性措施，提供中途住宿场所、就业就学辅导、生活辅导和医疗保健、物质援助等帮扶措施，以利于这部分人顺利度过释放后的最初阶段，顺利回归社会。

第五，对附条件不起诉的违法犯罪青少年提供的社会工作服务，主要是指基于教育和帮扶原则，根据检察机关的司法建议，对违法犯罪青少年做出的附加条件的不起诉管教措施，包括个案辅导、团体治疗、社会技能学习、职业辅导等服务。

（四）救助社会工作

1. 社会救助与反贫困理论视角。社会救助是指当社会成员陷入生存危机或不能维持最低限度的生活水平时，由国家和社会依照法定的程序与标准，向其提供满足最低生活需要的物质和其他援助的一项社会保障制度。[①] 社会救助是国家社会保障体系中兜底性、基础性的制度安排，也是最后一道“安全网”和“防护网”。

我国的社会救助可以分为基本生活救助、专项社会救助和临时社会救助。基本生活救助主要包括最低生活保障和特困人员供养；专项社会救助包括医疗救助、教育救助、住房救助、就业救助和司法救助等；临时社会救助主要是针对受灾群体救助和对城市生活无着的流浪乞讨人员进行救助。[②]

社会救助是反贫困的重要内容，而贫困的发生具有复杂的经济和社会原因。贫困的个人主义范式理论认为，贫困是由个人劳动能力或者动机缺失所导致的。马克思主义从生产方式视角研究贫困问题，认为主要是资本主义生产方式使工人处于被剥削的地位而导致了贫困。结构功能主义则认为，贫困不是贫困者本身缺乏劳动技

---

① 史柏年．社会保障概论：第2版．北京：高等教育出版社，2012：199.

② 社会救助暂行办法.（2014－02－27）[2024－08－26] https：//www.mca.gov.cn/n155/n182/n635/n680/c3394/content.html.

能或劳动动机带来的，而是就业结构、产业结构等结构性因素带来的。贫困文化理论则认为，贫困人群社会交往形成贫困亚文化，其后代也进一步学习这种亚文化，形成贫困的代际传递。社会排斥与社会融入理论则认为，贫困是个体社会参与不足造成的，要通过促进贫困人群的社会参与和社会融入来解决贫困问题。① 这些贫困理论提示人们，在进行社会救助和反贫困工作时，要关注社会结构性因素对个体的影响，既要促进贫困人群的社会参与和社会融入，减少贫困人群的被边缘化，同时也要提升贫困人群的反贫困能力。

2. 救助社会工作的定义。救助社会工作是指在社会救助领域，社会工作者根据社会救助的性质和特点，以社会工作的价值理念为指导，以反贫困相关理论为依据，采用社会工作的专业方法和技巧来干预社会救助对象的社会交往功能。②

2014 年出台的《社会救助暂行办法》特别提到，要“发挥社会工作服务机构和社会工作者作用，为社会救助对象提供社会融入、能力提升、心理疏导等专业服务”。2023 年，国务院办公厅转发民政部等 10 个部门《关于加强低收入人口动态监测做好分层分类社会救助工作的意见》，进一步提出“积极开展社会工作服务，为低收入人口提供心理疏导、资源链接、能力提升、社会融入等服务，推动形成‘物质＋服务’的救助方式”③。2024 年，民政部和财政部联合印发《全国服务类社会救助试点工作方案》，部署在全国开展服务类社会救助试点，推动各地积极发展服务类社会救助，实现社会救助由单一物质救助向“物质＋服务”综合救助模式转变。此《方案》要求：“试点工作要聚焦困难群众急难愁盼问题，为有需要的低收入人口提供有针对性的照护服务、生活服务、关爱服务；坚持政府主导、社会参与，强化政府主体责任，引导社会力量积极参与；坚持需求导向、精准施策，准确评估低收入人口救助服务需求，精准对接各类政策和资源；坚持尽力而为、量力而行，立足各地实际，聚焦基本服务需求，合理确定服务类社会救助项目。”④

3. 救助社会工作的干预策略。救助社会工作的干预策略主要包括如下方面：

第一，发现受助需求、甄别受助对象、协助项目申请。社会救助具有较强的政策性，涉及多个类别和项目。救助社会工作的服务对象，通常受文化水平、资源获取渠道、认知能力等限制，缺乏对救助政策的了解和理解。社会工作者在熟悉和掌握社会救助政策的基础上，积极宣传社会救助政策，主动发现受助者，帮助甄别受助对象，同时协助受助者按规定、程序申请相关社会救助项目。比如，社会工作者

---

① 《社会政策概论》编写组．社会政策概论．北京：高等教育出版社，2021：231－253.

② 全国社会工作者职业水平考试教材编写组．中级社会工作实务．北京：中国社会出版社，2021：280.

③ 国务院办公厅转发民政部等单位《关于加强低收入人口动态监测做好分层分类社会救助工作的意见》的通知.（2023－10－23）［2024－08－30］https://www.gov.cn/zhengce/zhengceku/202310/content_6911066.htm.

④ 民政部　财政部部署开展全国服务类社会救助试点.（2024－08－14）［2024－08－30］https://www.cwl.gov.cn/c/2024/08/14/585978.shtml.

可以通过外展活动让城市街头的流浪人员知晓社会救助站政策，通过入户探访、邻里询问、信息核查等协助甄别低保对象，协助住房困难群体申请住房救助等。

第二，疏导和解决服务对象的心理困扰。救助对象通常是因为自己和家庭无法改变的原因或不可抗力而处于生存困境之中，可能会产生自卑、抑郁、悲观、焦虑和抱怨社会不公等情绪，因此社会工作者要注意疏导和解决服务对象的心理困扰。比如，社会工作者可以为低保家庭的成员提供心理支持、调节家庭关系；在教育救助中，社会工作者关注贫困学生的情绪和压力，帮助他们更多看到自己的优势和潜能；在受灾人员救助中，对有需要的服务对象进行危机干预等。

第三，促进服务对象的社会融入和社会支持。贫困或者遭遇困境的个人或家庭会出现社会参与不足的情况，他们处于社会边缘位置，被排斥在正常的社会交往和互动之外。社会工作者可以鼓励救助对象积极参与社会活动，扩大交往范围，促进受助者的社会融入，同时帮助他们重建社会支持网络。比如，社会工作者创造机会使低保对象积极参与社会活动；鼓励教育救助中的贫困大学生积极参与社会实践、校园和社会活动等。

第四，协助服务对象提升反贫困的能力。社会救助对象通常因为自身身体条件、家庭资源等，没有就业和收入来源，或者有就业但是收入较低，从而处于生存困境之中。但是有部分受助对象是短暂处于困境之中，比如灾害救助对象和其他有部分劳动能力的对象。社会工作者可以通过提供就业辅导、链接社会资源等，提升救助对象的职业技术和能力，挖掘他们的潜力，促使他们通过自身的努力改变贫困状况、改变生存困境。[①]

（五）就业社会工作

1. 就业的含义与充分就业理论。就业是指在劳动年龄内（16 岁到退休年龄之前）、有劳动能力、有劳动意愿的个体，能够拥有劳动机会，投入劳动力市场。与之相反的就是失业，失业是指找不到劳动就业机会，从而处在没有工作就业的状态。这里面就包括未能首次就业的青年就业困难群体和有过就业经历后又失业的中青年就业困难群体。失业按是否个人自愿，可以分为自愿失业和非自愿失业。非自愿失业又分为摩擦性失业、结构性失业、季节性失业和周期性失业。一般的失业统计，只统计非自愿失业，而不统计自愿失业。比如，英国著名经济学家约翰·梅纳德·凯恩斯（John Maynard Keynes）提出的“充分就业理论”，就是指除了自愿失业和摩擦性失业之外（比如工作转换等），所有人都能找到就业岗位的状况。对于个体和家庭来说，劳动就业情况决定个体和家庭的生活状态与质量；而对于社会和国家而言，劳动就业情况关乎国计民生和社会稳定。这就是国家高度重视就业工

---

① 全国社会工作者职业水平考试教材编写组．中级社会工作实务．北京：中国社会出版社，2021：281－296.

作，并要促进高质量充分就业的根源所在。

2. 就业社会工作的定义。就业社会工作是指在社会工作者社会工作的价值理念的指导下，根据服务对象的身心特点、动机需求、兴趣爱好，充分运用社会工作的专业理论、方法和技巧，启发其就业意愿，帮助其调整就业认知、提升就业能力和解决就业困难的专业服务活动和服务过程。

3. 就业社会工作的干预策略。就业社会工作的干预策略主要包括如下方面：

第一，启发服务对象的就业意愿。就业社会工作跟救助社会工作不同的是，救助社会工作的服务对象大部分是老、弱、病、残等缺乏劳动能力的弱势群体，而就业社会工作的服务对象是具有劳动能力的群体（也包括有一定劳动能力的残障人士）。因此，就业社会工作要激发服务对象的就业意愿，帮助广大在就业年龄内、有劳动能力的失业群体树立自立自强的信念，鼓励他们积极面对困难，通过就业改变生活状态。

第二，帮助服务对象调整就业认知。社会工作者帮助服务对象明确自己的要求，了解自己的能力、优势与劣势，转变就业观念，实现与就业市场需求的良好衔接；同时，通过辅导，帮助求职失败者克服困难、摆正位置，以积极、务实的态度面对就业问题。

第三，协助服务对象提升就业能力，链接就业资源。当服务对象存在求职意愿，但知识、技能和资源受限时，社会工作者就要协调联络相关资源，对求职者进行知识和技能培训，提升求职者的能力，帮助他们提升就业竞争力；同时，向求职者进行就业政策辅导，协助求职者了解就业市场，与劳动就业管理部门、用人单位建立联系，促成双方相互了解和相互接纳。

（六）反家暴社会工作

1. 阐释家庭暴力的理论视角。家庭暴力是指家庭成员以及共同生活的成员之间的暴力行为。联合国将“家庭暴力”（domestic violence）或“亲密伴侣暴力”（intimate partner violence）界定为：在婚姻、恋爱、同居等关系中用来获取或维持对亲密伴侣的权力和控制的一系列行为模式。[①]《中华人民共和国反家庭暴力法》定义的家庭暴力，是指“家庭成员之间以殴打、捆绑、残害、限制人身自由以及经常性谩骂、恐吓等方式实施的身体、精神等侵害行为”。具体而言，家庭暴力主要包括身体暴力、性暴力、精神暴力和限制人身自由等。2022 年，最高人民法院发布《关于办理人身安全保护令案件适用法律若干问题的规定》，认定以冻饿以及经常性侮

---

① UNITED NATIONS. What is domestic abuse?（2020 - 05 - 14）[2025 - 03 - 17] https：//www. un. org/en/coronavirus/what - is - domestic - abuse.

辱、诽谤、威胁、跟踪、骚扰等方式实施的身体或精神侵害行为也都属于家庭暴力。①

家庭暴力具有性别化的特点。男女两性都可能是家庭暴力的受害者，但不管在何种文化背景下，女性都更容易成为受害者，而且往往可能遭受更严重的暴力形式。同时，在家庭暴力中的未成年人也是需要给予特别关注的。家庭暴力发生本身具有一定的隐蔽性，我国长期以来“家丑不可外扬”的社会文化规范使家庭暴力更不易被发现。同时，家庭暴力也具有持续性的特点。暴力循环理论（cycle of violence）认为，暴力会呈周期性的循环，有愤怒积蓄期、暴力发生期、道歉和原谅期、蜜月期等四个阶段。施暴者积累愤怒，控制不住自己的情绪，就会进入暴力发生期；在施暴过后，施暴者常常会通过检讨、道歉、送礼物等行动赢取受虐者的原谅，受虐者也常常倾向于相信施暴者不再施暴的承诺，选择原谅对方；双方关系进入平静期和蜜月期。之后，暴力可能会再次爆发，并不断升级循环。

心理学、社会学、法律、犯罪学等专业对家庭暴力的成因、识别、预防各自有不同的解释。心理学从个体的人格特质及心理异常角度来解释家庭暴力的发生。社会学习理论（代际传递理论）认为，生长在暴力家庭中的人会通过习得的行为将暴力直接传递给下一代，由此形成一个暴力不断再生的传递过程。社会冲突理论指出，家庭暴力是家庭动力功能丧失的表现，暴力是伴侣双方权力争夺和冲突升级的产物。女性主义则结合性别、阶级、种族、民族等因素，来探索针对妇女暴力的多重压迫机制。②

2. 反家暴社会工作的定义。反家暴社会工作是指社会工作者在社会工作的价值理念的指导下，将社会工作的专业方法和技巧用于对家庭暴力的识别、干预和预防，维护家庭健康与稳定。家庭是社会最基本的组成细胞，家庭暴力破坏家庭健康与稳定，特别危害妇女儿童的身心健康。因此，社会工作需要针对受虐妇女儿童，提供积极有效的干预。

3. 反家暴社会工作的干预策略。反家暴社会工作的干预策略主要包括如下方面：

第一，发现与识别家庭暴力。家庭暴力并不限于身体虐待，也包括精神暴力等，所受的创伤不易看见，具有一定的隐蔽性，难以甄别和界定，社会工作者应通过社会工作的专业方法和技巧，帮助发现与识别家庭暴力。《中华人民共和国反家庭暴力法》指出：“学校、幼儿园、医疗机构、居民委员会、村民委员会、社会工作服务机构、救助管理机构、福利机构及其工作人员在工作中发现无民事行为能力人、限制民事行为能力人遭受或者疑似遭受家庭暴力的，应当及时向公安机关报案。”

---

① 最高人民法院发布《关于办理人身安全保护令案件适用法律若干问题的规定》.（2022-07-15）[2024-08-30] https://www.thepaper.cn/newsDetail_forward_19121061.

② 张柳，王曦影. 家庭暴力的社会生态学个案研究. 中国研究，2020（1）.

第二，确保受暴者的安全，给予其情绪支持。根据社会工作伦理原则，生命安全是首要的，社会工作者在帮助受暴者时，应注意保护受暴者的安全，比如为受虐妇女提供庇护场所，为受虐儿童提供保护性服务和替代家庭性服务等，通过社会工作的专业方法和技巧对受暴者进行情绪疏导和给予情绪支持，通过开展婚姻家庭辅导等方式来改善婚姻关系和代际关系。

第三，联动多方参与，积极链接资源。社会工作者要发挥专业技能，联动警察、检察院、妇联、医院、法律援助、庇护场所等多方力量预防和应对家庭暴力，积极链接资源为受害者提供外展、危机介入、心理辅导、医疗检查及护理、报警及相关程序、法律援助及临时庇护等多种服务，并避免受暴者受到二次伤害。[①]

第四，倡导性别平等，帮助女性赋权。家庭暴力的主要受害者是女性，社会工作者在专业服务中应具有社会性别视角，尊重、理解和接纳女性的现实处境，一方面要通过积极社会政策倡导和社会支持网络来保障女性的合法权益，另一方面要通过创伤知情干预激发女性的主体意识，帮助女性赋权。

（七）反歧视/反压迫社会工作

1. 阐释歧视/压迫现象的理论视角。阐释歧视/压迫现象的理论视角主要包括阶层分化理论和文化身份理论，以及两种理论视角的交叉。阶层分化理论最早来自马克思主义的阶级分化理论，认为人类社会中最基本的社会关系来自生产关系，而生产关系自有了私有制之后，就由一种原始共产主义的共同占有生产资料的共同劳动关系，转变为生产资料私有制下的阶级压迫和剥削关系。二战之后，伴随着科技人员、管理人员的大规模崛起，中产阶层出现，导致资本主义阶级分化被一种可渗透的、模糊的阶级边界所改变。20 世纪 90 年代之后，伴随着全球化资本自由流动的加速，当代资本主义的劳动关系进一步出现了全球规模的劳动分工和协作生产，那种固化的阶级结构隐而不见。与此同时，符号媒介通过宣扬个体自由主义意识形态，进一步消解了人们对阶级支配关系的批判性认识。[②]

文化身份理论主要来自文化人类学对于族群文化和集体身份的研究，强调不同族群各自有其独特的文化模式和集体认同。然而，伴随着现代化的到来，不同文化群体之间开始发生大规模的文化接触，进而发生了主流文化对边缘弱势文化的同化、融合现象，引发了边缘弱势族群的文化敏感与抵抗，进而产生了文化多元主义，各种文化群体试图建立一种相互包容、相互尊重的多元文化模式。但在现实中，各种文化群体总是与其占领的社会空间、资源类型和社会机会等社会地位有关，从而导致文化群体与阶层群体相互交叉，产生文化群体之间的系统化歧视、排

---

① 张柳，王曦影．家庭暴力的社会生态学个案研究．中国研究，2020（1）．

② 埃里克·奥林·赖特．后工业社会中的阶级：阶级分析的比较研究．陈心想，皮小林，杨玉明，等译．沈阳：辽宁教育出版社，2004．

斥和压迫、剥削等阶层分化现象。[①]

2. 反歧视/反压迫社会工作的定义。反歧视社会工作是指运用社会工作的专业策略来反抗社会中广泛存在的制度化歧视现象，其范畴涵盖种族、民族、性别、残障、性取向、年龄等各种文化群体的差异化排斥机制。反压迫社会工作是指一种以反对社会中结构性压迫/剥削为目标的社会工作方法和行动，结构性压迫/剥削主要是指阶级压迫/剥削、性别压迫/剥削、种族压迫/剥削、新移民压迫/剥削等。

3. 反歧视/反压迫社会工作的干预策略。反歧视/反压迫社会工作的干预策略主要包括如下方面：

第一，具有文化敏感性和促进社会公正。反歧视/反压迫社会工作首先需要尊重不同种族、性别、阶层等群体的生活方式和文化模式，要求具有较强的文化敏感性和社会公正性。反歧视/反压迫社会工作的干预策略分为三个层面：首先，从个人态度和行为角度，对人际关系进行分析和干预，提升个体的文化敏感性和意识觉醒；其次，从群体文化层面，分析特定群体共享的思维方式、情感方式和行为方式，尊重和包容多元文化；最后，从社会结构方面，分析不同文化群体在既存的社会结构以及社会秩序中的权力关系、资源配置及其使用方式等，促进社会公正平等。

第二，意识觉醒和集体行动。反歧视/反压迫社会工作的主要目标是，通过提升个体的意识觉醒，反思其文化身份和社会地位，进而增强其文化敏感性和社会公正感，通过集体合作的方式，回应文化身份和阶层身份交叉导致的双重社会不平等和压迫、剥削问题，促进文化包容、尊重和社会公正平等。在反歧视/反压迫社会工作实践中，社会工作者既关注社会中的文化歧视问题，也关注社会不平等和压迫现象，而且试图分析与理解这两种现象的交叉联系所导致的弱势累积效应。

第三，倡导和赋权策略。反歧视/反压迫社会工作采取一系列策略和方法，旨在解决文化歧视和社会不平等问题，包括提供资源支持、组织社区文化互鉴、进行政策倡导、推动制度改革等。另外，反歧视/反压迫社会工作实践强调对个人和团体的赋权，即通过增强个人和团体成员的能力、信心与资源，帮助他们克服社会歧视和压迫问题，具体措施包括提供教育和培训，促进团体的合作和交流，通过反思对话扩展自己的文化边界和意识觉醒，进而提升个体的自主能力和社会的团结能力，促进社会包容、尊重和公正。

第四，批判反思策略。反歧视/反压迫社会工作实践还注重反思和挑战社会工作本身所涉及的权力关系。社会工作者需要意识到自己的角色和立场，并努力消除自己在实践中可能产生的压迫性影响。总的来说，反歧视/反压迫社会工作实践是

---

① 米尔顿·M. 戈登. 美国生活中的同化：种族、宗教和族源的角色. 马戎，译. 南京：译林出版社，2015.

一种旨在反对文化歧视、社会压迫，促进社会公正平等的社会工作方法和行动。[①]

三、从社会问题当事人到成为社会工作案主

如第一章所述，社会政策与社会工作是现代社会系统性应对社会问题的专业。然而，解决社会问题是分层次的，对于社会学而言，是想从社会结构、社会运行规律层面来分析社会转型、社会结构、社会运行问题，希望形成一种结构合理、秩序稳定、生活幸福的社会形态。这通常只是社会学的一个理想目标，因为现实社会是由各个系统自主运行的，社会学家主要通过向社会管理者提供政策建议，供他们来决策和执行。但就算国家作为现代社会的管理者，也只能通过公共政策来调节和规制社会运行，而不能完全控制社会结构和社会运行。社会政策与社会工作就是现代公共政策的一种干预策略，它主要是通过把社会问题转化成人们的基本生活需要，进而通过资源再分配和专业干预，提供各种福利措施和社会工作干预措施，进而满足国民的基本需要，提升个体与社会相互适应的功能状态。因此，从社会问题当事人到成为社会福利政策和社会工作专业的案主，是社会工作解决社会功能性问题的重要一步。

社会问题的研究和解决是开放的，任何专业服务的关键点都是根据社会主流价值观对社会现象做出问题化的判断，然后把社会问题转变为可操作、可干预、可改变的对象。如何解决社会问题，各个专业有不同的价值立场和专业技巧，与社会工作相关的专业分别是社会福利、心理辅导等，但是这三个专业理解社会问题与解决社会问题各有其不同的价值判断和专业方法。社会福利的专业方法是把社会问题转变为人类的基本需要，通过满足基本需要来解决社会问题，例如贫困问题的解决，社会福利的核心就是提供资金、物资、住房等满足贫困人群的基本需要。作为干预案主功能性问题的专业，社会工作认为解决案主的社会功能性问题不能仅仅是满足其基本需要，关键是考察社会问题当事人的需要类型和满足需要的应对策略是否妥当，以及当事人评估自我需要、满足自我需要的认知行为方式是否合适。所以，跟社会福利只强调满足基本需要不同的是，社会工作借鉴了心理学的知识和社会学的知识，从人与环境的互动模式出发，全面评估个体的认知、态度、行为模式，及其与环境中的价值规范、资源配置、资格条件的匹配程度，进而提供有针对性的专业干预策略。

而与同样作为辅导专业的心理辅导不同的是，社会工作在改变个体的认知、态度、行为模式的过程中，不认为服务对象仅仅是“病人”，是“焦虑症”“抑郁症”

① 马尔科姆·派恩．现代社会工作理论：第3版．冯亚丽，叶鹏飞，译．北京：中国人民大学出版社，2008：288-290.

“恐惧症”等心理疾病的患者，也就是不完全从病理学角度来诊断个体的心理缺陷（当然社会工作也不排斥在收集、诊断和解决问题时使用部分临床心理辅导技巧），不把个体看作有缺陷和有病症的，而是看到个体的优势和能力，重视对服务对象的赋权和能力建设，挖掘其潜能和资源，为服务对象（或者与服务对象一起）创造条件，使其可以独立成长与发展（这也是人们常说的“助人自助”的体现）。同时，社会工作更加重视人与环境的互动以及环境对个体的影响，认为个体是处在一种多人互动的系统之中。因此，第一章在阐述社会工作的核心特征时，就将社会工作的核心特征归纳为“人在环境中、社会互动、解决问题、优势视角、助人自助、赋权和解放”。

总之，社会工作者需要把社会问题当事人转换为社会工作案主，首先是承认其面对的困境和问题，但是并不仅仅把其当作一种有缺陷的、病态的当事人，而是将其当作一种人与环境的互动模式失调的当事人，并且相信人们无论身处何处，都有与生俱来的价值，都有潜在的动力和能力，只要给予真诚的关怀和共情性理解，提供非评判性接纳和适当的支持，他们就会启动自己的动力和能力，与环境发生积极互动，并逐渐找到人与环境的功能协调的匹配状态。

第二节　社会工作的服务领域

我国社会工作经历了近 20 年的快速发展，已在民政系统、司法领域、教育领域广泛开展，进入医院、救助站、福利院、学校等机构中，服务对象包含青少年、老年人、流浪人群等各类群体。然而，任何专业，都需要有自己的专属领域，形成一定的专业管辖权，与其他专业形成既合作又分化的专业服务关系。国际上，社会工作的专属领域通常是各类面临功能失调问题的人群，通过福利服务机构或者在家庭、社区场域提供服务，与社会福利、心理辅导、精神卫生、司法、警察等专业形成分工合作关系。

一、专属领域——专业化的标志与争议

现代社会是为各种具有高度专业化技能的职业所占据和统治的。在英语里，从最原始的意义上讲，“profession”（专业）一词意味着声明或者宣誓（professing）的行为与事实，它意味着某个职业的从业者们声称对某些事务具有较他人更多的知识，尤其是对其客户的事务具有较客户本人更多的知识。梳理职业社会学专业化的理论，按照研究的历史顺序和理论基础，关于“专业化”的研究大致经过了从专业特质论、专业地位集体行动论，到有关职业专属领域的竞争理论等发展阶段。

专业特质论是从静态的、结构功能的角度，指出一个职业之所以是一门专业所需要具有的特质。在社会工作诞生之初，1915 年，美国医学教育专家弗莱克斯纳就提出过一个疑问："社会工作是一门专业吗?"面对这样的提问，1917 年，社会工作专业的创始人里士满出版了《社会诊断》一书，对个案社会工作的方法与技巧进行研究，试图从医学模式来解释社会工作的专业性和科学性，但也没能完全回应弗莱克斯纳的疑问。之后，经过大约半个世纪的发展，1957 年格林伍德从专业特质论的角度，在美国《社会工作》杂志发表了《专业的特质》（"Attributes of a Profession"）一文，提出系统理论、专业权威、社会认可、伦理守则、专业文化等五种特质，作为衡量一个职业是不是一门"专业"的五个标准（也就是五种专业特质），并认为社会工作已经是一门准专业。[①]

在专业特质论讨论之后，学术界的研究焦点从职业特征转移到"职业化"过程，集中于职业化过程中专业知识的作用以及行业团体实现服务垄断的社会条件，并发展出功能学派、结构学派、文化学派与垄断学派等不同理论流派。[②] 功能学派强调职业与其所处的外部社会环境的关系，理解职业在现代社会中的意义以及职业化的社会功能。结构学派强调各种结构性制度和职业内部组织结构（如培训体系、职业团体、规章制度、资格团体等）在职业化过程中的决定性作用。[③] 文化学派则重视讨论职业生活中的文化意涵，从民主理念到科层制以及国家对职业生活的干预。[④] 20 世纪 70 年代，玛格丽·S. 拉尔森（Magali S. Larson）的《职业主义的兴起：一项社会学分析》（*The Rise of Professionalism: A Sociological Analysis*）一书标志着垄断学派的成立，把职业化研究推向一个高峰。[⑤] 垄断学派认为，职业化的关键首先在于职业教育对"生产者的生产过程"（the production of producers），职业技能是有交换价值的，这种价值的高低与职业教育的年限相关，服务市场中的收入以及职业位阶中的地位与工作特权的垄断可被用来巩固职业的社会结构和地位，标准化和垄断化是职业教育的两个社会特征。杰弗里·L. 博尔兰特（Jeffrey L. Berlant）认为职业的垄断化取决于以下五个条件：（1）以垄断的方式实施会员制度的能力；（2）以限制性的方式控制会员规模的能力；（3）排除竞争团体的能力；（4）法律环境的友善性；（5）与有权力的其他团体的共同利益。[⑥]

---

① GREENWOOD E. Attributes of a profession. Social work，1957，2（3）：45－55.

② 刘思达．职业自主性与国家干预：西方职业社会学研究述评．社会学研究，2006（1）.

③ WILENSKY H L. The professionalization of everyone? American journal of sociology，1964，70（2）：137－158；MILLERSON G. The qualifying associations：a study in professionalization. London：Routledge，1964：10.

④ BLEDSTEIN B J. The culture of professionalism：the middle class and the development of higher education in America. New York：W. W. Norton and Co.，1976.

⑤ LARSON M S. The rise of professionalism：a sociological analysis. Berkeley：University of California Press，1977.

⑥ BERLANT J L. Profession and monopoly：a study of medicine in the United States and Great Britain. Berkeley：University of California Press，1975.

20世纪80年代末，安德鲁·阿伯特（Andrew Abbott）在批判专业特质论和行动论的基础上提出了“职业管辖权”（jurisdiction）这一重要概念。他认为，一个职业形式属性的发展是和它追逐管辖权、打败职业对手紧密联系在一起的，这种追逐、竞争和职业知识体系的权力有关，即和这些知识体系运用新方式界定老问题的抽象能力有关，抽象知识使职业得以幸存。阿伯特将职业定义为：一些排他性的行业群体，它们把某种抽象知识用于特定事项。当管辖权出现空位状态时，职业就获得了发展机会。管辖权之所以会出现空位状态，可能是因为它们刚刚产生，也可能是因为早前的占据者彻底放弃了它们，又或者是因为这个占据者已经无法牢牢掌控它们。以英国的会计师职业为例，从破产事务到审计事务，并向成本核算领域迈进，又逐渐进入管理领域，这个过程就是会计作为一门专业跟法律专业和管理专业竞争管辖权的过程。职业管辖权很大程度上体现为对某一类问题进行分类（诊断）、推断（推理），并针对该类问题进行行动（治疗）。具体而言，处于同一工作领域的各个职业构成了一个相互依赖的系统，每个职业在这一系统中都对某些工作拥有一定程度的“管辖权”，医生、律师、工程师都对自己的职业拥有明确的“管辖权”，进而形成这个职业的专属领域。①

二、处于竞争中的社会工作服务领域

1988年，教育部批准北京大学、中国人民大学、吉林大学设置社会工作与管理专业，标志着中国高校开始恢复重建社会工作专业。1991年，中国社会工作者协会（2015年更名为中国社会工作联合会）成立，标志着中国社会工作者有了自己的组织。1994年，中国社会工作教育协会成立，标志着中国社会工作教育界也有了自己的组织。2006年，党的十六届六中全会通过《中共中央关于构建社会主义和谐社会若干重大问题的决定》，首次在中央层面提出要“建设宏大的社会工作人才队伍”，标志着中国社会工作的职业化和专业化进程正式启动。

2010年，中共中央、国务院印发《国家中长期人才发展规划纲要（2010—2020年）》，把社会工作人才作为第六类人才，明确提出要“培养造就一支职业化、专业化的社会工作人才队伍。到2015年，社会工作人才总量达到200万人。到2020年，社会工作人才总量达到300万人”②。2011年，中央组织部、中央政法委、民政部等18个部门和组织联合发布了《关于加强社会工作专业人才队伍建设的意见》，进一步明确了专业社会工作人才与一般社会工作人才的分别。③ 之后，

① 安德鲁·阿伯特．职业系统：论专业技能的劳动分工．李荣山，译．北京：商务印书馆，2016：70.

② 国家中长期人才发展规划纲要（2010—2020年）.（2010-06-06）[2024-08-29] https://www.gov.cn/jrzg/2010-06/06/content_1621777.htm.

③ 中央组织部等．关于加强社会工作专业人才队伍建设的意见（中组发〔2011〕25号）.（2011-11-08）[2024-08-29] https://www.gov.cn/gzdt/2011-11/08/content_1988417.htm.

2016年，民政部、中央综治办等12个部门联合印发了《关于加强社会工作专业岗位开发与人才激励保障的意见》，进一步提出要加快推进社会工作专业岗位开发，明确社会工作职业任务，明确社会工作专业人才配备要求，规范社会工作专业岗位聘用（任），切实做好社会工作专业人才激励保障工作。[①] 2021年颁布的《国家职业资格目录》将社会工作者职业资格列为水平评价类专业技术人员职业资格，由民政部与人力资源社会保障部共同组织实施职业水平考试与资格评价。在2022年修订的《中华人民共和国职业分类大典》中，社会工作被确定为第二大类“专业技术人员”下第七中类“法律、社会和宗教专业人员”的第十小类“社会工作专业人员”（GBM20710)。此小类包括三种职业：社会工作者、社会组织专业人员、心理咨询师。

不管是西方发达国家，还是我国，到目前为止，都没有形成高度专属的、排他领域的社会工作，呈现出的都是跟其他专业混合、交叉的专业特征。[②] 不管是在传统民政领域，还是在基层治理和乡村振兴领域，又或者是在教育、司法、医疗等领域，社会工作都存在着与心理辅导、思想政治教育、照顾服务等专业的竞争。

以基层治理和乡村振兴领域为例。首先在基层治理领域，国家政策导向上是“支持”“鼓励”“引导”社会工作积极参与，而社会工作是作为一支“社会力量”，协助参与基层治理工作。在实践层面，民政部于2020年开始推进乡镇（街道）社会工作人才队伍建设，提出力争“十四五”末实现乡镇（街道）都有社会工作站、村（社区）都有社会工作者提供服务的建设目标，切实打通社会福利传递和为民服务的“最后一米”。2021年2月，《民政部关于巩固拓展民政领域脱贫攻坚成果同乡村振兴有效衔接的实施意见》（民发〔2021〕16号），明确将乡镇社工站纳入乡村振兴工作范畴。2021年4月，《民政部办公厅关于加快乡镇（街道）社工站建设的通知》（民办函〔2021〕20号），对社工站建设进行统筹部署，提出方向性要求以及组织安排。2021年6月，《民政部 国家发展和改革委员会关于印发〈“十四五”民政事业发展规划〉的通知》（民发〔2021〕51号），从管理体制、社工制度、资源配置三方面细化了社工站建设要求。截至2022年初，全国乡镇（街道）社工站建设在形式上已经基本完成，部分省市还制定了乡镇（街道）社工站的地方性标准。但基层治理体系以党的全面领导为根本，然后是乡镇（街道）政权治理、村（居）群众自治制度，社会工作作为社会力量参与治理的定位处于从属地位，其在社会治理领域的职业管辖权是模糊的。2023年，中央社会工作部成立后，原属民政部门的社会工作人才队伍建设、基层政权建设和社区治理职能划转至该部，民政

① 中华人民共和国民政部．关于加强社会工作专业岗位开发与人才激励保障的意见（民发〔2016〕186号）.（2016-10-14）[2024-08-29] https://xxgk.mca.gov.cn:8445/gdnps/pc/content.jsp?id=116601&mtype=.

② 郭伟和．后专业化时代的社会工作及其借鉴意义．社会学研究，2014（5）.

部门购买社会工作服务的职能弱化，基层治理领域社会工作的专业服务定位更加模糊。在乡村振兴领域，《中华人民共和国乡村振兴促进法》的“人才支撑”部分提出了“社会工作参与乡村振兴”的要求，与社会工作人才并列的是“农业科技人才、经营管理人才、法律服务人才”，同时加强“乡村文化人才队伍建设”。可见，社会工作在乡村振兴领域的职业管辖权也需要与其他专业竞争。

在另外一些领域，社会工作也需要与不同专业竞争职业管辖权。儿童、青少年、妇女等特殊人群服务领域虽然提出需要社会工作参与服务，比如《中国妇女发展纲要（2021—2030年）》和《中国儿童发展纲要（2021—2030年）》中提出，社会工作可以在“妇女心理健康促进”“妇女基层治理参与”，以及“留守儿童假期关爱”“家庭教育指导”“未成年人司法工作”中发挥作用[①]，但是这些领域的职业管辖权更多归属于教育、司法、民政等国家机关，以及共青团、妇联等群团组织。以儿童服务领域为例，心理抚慰、情绪疏导、教育支持、权益维护等职能，长期由教师（班主任、思想政治辅导员）、特殊教育教师、心理咨询师等承担。共青团中央一直积极呼吁、推动发展青少年事务社会工作，但在青少年服务的主要场域——学校系统中，社会工作却因为在教育部门中的认同度不高而发展缓慢，成效甚至弱于同属助人领域的心理咨询。《中小学心理健康教育指导纲要（2012年修订）》中要求，各地各校要逐步配齐心理健康教育专职教师，专职教师原则上须具备心理学或相关专业本科学历。[②] 相较于社会工作，心理学和心理咨询在学校系统中对小学生的职业管辖权更具有优势。除此之外，在精神卫生、残疾人、就业、老年人等服务领域，社会工作更是需要跟精神科医生、康复师、护理人员等专业群体竞争服务领域。

三、机构化与去机构化——服务领域的转变

按照场域区分，社会工作区分为机构社会工作、社区社会工作两大类。机构社会工作是指在各种社会服务机构给案主提供社会工作服务，社区社会工作是指在社区场域下给案主提供社会工作服务。20世纪60年代以后，社会工作经历了从机构服务到社区服务的转变，更加强调在真实自然的社会环境中进行评估和干预。

19世纪，西方各国开始建立众多机构，为需要照顾的孤儿、老人、精神病人集中提供服务，成为社会工作服务机构化的开端。机构服务能够把各类资源、服务集中在一起，为案主提供集成化的服务。但是，机构服务同时把案主与其生活世界

---

① 国务院关于印发中国妇女发展纲要和中国儿童发展纲要的通知（国发〔2021〕16号）.（2021-09-08）［2024-08-29］https：//www.gov.cn/gongbao/content/2021/content_5643262.htm.

② 教育部关于印发《中小学心理健康教育指导纲要（2012年修订）》的通知（教基一〔2012〕15号）.（2012-12-18）［2024-08-29］http：//www.gov.cn/zwgk/2012-12/18/content_2292504.htm.

隔离开来，封闭在一个社会空间内，形成一种全面控制属性的制度化环境。这种环境容易催生机构化人格（比如长期在监狱服刑会导致监狱人格），最终导致案主的社会功能进一步退化。

以精神病患者的照顾为例，两次世界大战期间，英美等国家的精神病患者激增，部分精神病院需要接纳超出原接纳能力 5～10 倍的患者，这使精神病院舍的状况变得更加糟糕。[①] 同时，精神病患者长期生活在机构的封闭环境中，对机构和照顾者产生极大的依赖，情绪表达、与人沟通、对社会环境的适应等方面的功能越来越衰退，变成更为孤独和自我的个体，与外在真实自然的社会环境进一步隔离，从而导致社会功能更加退化。[②] 美国社会学家 E. 戈夫曼（E. Goffman）在研究有关精神病患者的庇护所时指出：一个封闭的机构里面常常是千篇一律的活动，极度缺乏自我的空间和身份，员工与病人相互排斥和斗争，员工会利用自己手中的权威来操纵和控制病人，病人也会在表面迎合专业人员的同时，发展一些地下的自主行动网络。戈夫曼认为，应该反思对精神病患者的封闭服务，让精神病患者“正常化”和“回归社会”，使他们处于正常的社会关系之中。[③] 法国思想家福柯也提出，监狱、收容院、精神病院等机构通过一种时间和空间的规划、管理和环形敞视的监视措施，对院内人员进行连续、全面、细致的监控，这种规训权力虽然相对不那么残酷，但是其权力范围之广、程度之细，足以消灭一个人的自由意志，把人变成一种被规训的主体。[④]

20 世纪 60 年代，英国社会工作专业委员会将基于对精神病院舍调研撰写的报告递交英国政府，提出可以让病患回归社区和家庭进行治疗与康复。随后，英国大量官员、员工、自我觉醒的病人以及受人道主义精神影响的学者，大力呼吁和倡导社区照顾，去机构化运动达到高潮，社区照顾成为精神病患者、残疾人、老年人回归社区的典型模式。[⑤] 一方面，“去机构化”基于人道主义立场，使服务对象可以在自己熟悉的社区里生活，接受治疗、康复训练、教育；另一方面，“去机构化”也不是单纯反对机构的存在和机构照顾，而是提出缩小机构的规模、改善机构的环境、提供社区服务等，把专业服务与社区服务结合起来，支持服务对象顺利回归社会。[⑥]

中国的社会福利服务长期以来强调的是家庭为本、社区支持、机构为辅助的政

---

① 叶锦成．精神医疗社会工作：信念、理论和实践．上海：华东理工大学出版社，2018：215.

② WING J K，BROWN G W. Institutionalism and schizophrenia：a comparative study of three mental hospitals 1960－1968. New York：Cambridge University Press，1970.

③ GOFFMAN E. Asylums：essays on the social situation of mental patients and other inmates. Garden City，NY：Anchor Books，1961.

④ 米歇尔·福柯．规训与惩罚：监狱的诞生．刘北城，杨远婴，译．北京：生活·读书·新知三联书店，2007.

⑤ 王思斌．社会工作概论：第 3 版．北京：高等教育出版社，2014：239－240.

⑥ 宋梅．个体化时代的社区福利建设研究．北京：中国社会出版社，2013：51－58.

策方针。这一方面是因为我国长期处于发展中国家阶段，没有那么强的经济实力实行普惠性福利服务，另一方面是因为我国的传统文化以儒家文化为主，强调家庭伦理和社区互助。与之相应，中国社会工作职业化、专业化进程虽然始于福利机构的社会工作探索，但是却在社区中生根发芽。2001 年，民政部颁布了《老年人社会福利机构基本规范》《残疾人社会福利机构基本规范》《儿童社会福利机构基本规范》三个强制性行业标准，明确规定每个社会福利机构至少配备一名大专及以上学历、社会工作专业毕业的专职社会工作者，开启了我国福利机构内社会工作服务的职业化进程。从 2007 年开始，民政部与深圳市政府合作，开展社会工作人才队伍建设试点，采取政府购买社会工作岗位的办法，开启了在政府部门系统设置社会工作岗位的职业化进程。在学习中国香港特别行政区及新加坡社会工作发展经验的基础上，广州市 2011 年通过政府购买社会工作机构服务的方式，构建起在街道、社区建设家庭综合服务中心，为市民提供综合社会工作服务的职业化模式。2017 年广东省民政厅为配合乡村振兴战略，在粤东、粤西等相对落后的农村地区开启了社会工作服务的“双百计划”，到 2020 年 11 月，“双百计划”升级为“双百工程”，采用基层政府直聘社会工作者推动镇（街）社工站建设的做法，发挥社会工作在打通民政服务和社会治理的“最后一米”的作用。[①] 但在“双百工程”的上岗社工中，有大量非科班从业人员。在“双百工程”的第一批上岗社工中，社会工作专业毕业的共 204 人，仅占总人数的 22.13%，持有社工证的共 289 人，占总人数的 31.34%。[②]

无论是社会福利机构提供的社会工作服务，还是基于社区提供的社会工作服务，这些场域中都是多个职业群体（包括大量社区志愿者）共同服务特定对象。社会工作专业需要和生活照料、医疗护理、心理辅导、精神卫生、思想政治教育、慈善救助等相近专业以共同的社会问题当事人为服务对象，一方面需要与不同专业相互协调与合作，另一方面也需要不断强调自身的专业属性，竞争同一个服务领域中的职业管辖权。

复习思考题

1. 社会工作的服务对象包括哪些人？
2. 如何建立社会工作的专属服务领域？
3. 机构化与去机构化的辩证关系如何？

① 张和清，廖其能，李炯标．中国特色社会工作实践探索：以广东社工“双百”为例．社会建设，2021 (2).

② 张和清，廖其能，等．从群众中来到群众中去：“双百”社会工作概论．北京：中国社会出版社，2021：15.

推荐阅读书目

1. 安德鲁·阿伯特．职业系统：论专业技能的劳动分工．李荣山，译．北京：商务印书馆，2016.

2. 郭伟和．后专业化时代的社会工作及其借鉴意义．社会学研究，2014（5）.

3. 刘思达．职业自主性与国家干预：西方职业社会学研究述评．社会学研究，2006（1）.

第七章

社会工作干预焦点（上）：与个人、家庭一起工作

【教学目标】

学习社会工作的多重干预焦点中的微观部分——与个人、家庭一起工作的主要策略与方法，包括与个人、家庭一起工作的理论视角和核心方法，掌握促进个人、家庭发生积极改变、解决问题、发挥功能的专业能力。

【本章导学】

社会工作的干预焦点总体上是人与环境的多重互动关系，但是由于专业化分工和知识积累，分化出个人、家庭、小组、社区和组织等多重干预焦点，形成多层次的工作方法。

社会工作虽然分化出多重干预焦点，但是都强调与干预对象一起工作，而不是由社会工作者单独为干预对象服务。

与个人一起工作，就是把个人作为干预对象和工作伙伴，共同寻找个人改变的方向、动力和有效策略方法。

与家庭一起工作，就是把家庭作为干预对象和工作伙伴，共同寻找家庭改变的方向、动力和有效策略方法。

【关键概念】

多重干预焦点；人在情境中的视角；直接干预策略；家庭系统视角；家庭周期视角

在社会工作发展史上，个人和家庭工作、小组和社区工作分属于两个不同的领域，而社会工作行政与社会福利政策更是二战后才出现的新工作领域。20 世纪 50 年代，随着美国社会工作教育委员会和社会工作人员国家协会的建立，社会工作界才着手建立社会工作的共同身份，试图寻找不同社会工作实务流派的共同基础。直到 20 世纪 60 年代，社会工作学者才把系统理论和生态理论整合起来，提出生态系统框架，作为通用社会工作实务模式的理论基础，将人与环境的多重互动关系作为

社会工作的共同干预焦点。但是，长期以来形成的多重实务领域和多重干预焦点，并不会因为通用社会工作实务模式的出现而消失，它们依然在各自领域形成自己的传统，积累专业理念、方法和技能。

第一节　与个人一起工作

与个人一起工作，是社会工作最微观的工作方法，虽然是重点与个人一起工作，但是并不等同于仅仅做个人心理咨询，而是强调从心理-社会的复合层面来评估个人的问题，从个人与环境两个层面寻求改变的资源和动力。[①] 所以，与个人一起工作其实很难同后面的与家庭和社区一起工作严格区分开来。本教材只是为了行文方便，区分与个人一起工作、与家庭一起工作，等等。

一、如何界定个案?

与个人一起工作，早期主要是指个案工作（casework）或者社会个案工作（social casework），但是在个案工作中，其案主包括个人、夫妇或家庭。[②] 在通用社会工作实务模式下，与个人一起工作仅仅把个人作为干预焦点，而把其家庭和社区都当作外在环境。

这就涉及如何定义个案的问题。个案工作中的个案是指一种工作案件，是由社会工作者根据其工作策略和专业能力来决定的一种工作范围与工作内容，可以仅仅是某个人的事情或问题，也可能是夫妇之间的问题，还可能是家庭中发生的问题，所以其案主可能包括个人、夫妇、家庭等不同对象。但是一般来说，个案工作的工作范围仅仅到家庭这个规模，不再包括社会群体或社区，而是把家庭之外的社会群体或社区当作社会环境来看待。这是由里士满所开创的个案工作的传统决定的，因为个案工作又叫临床社会工作，其工作方法虽然分为直接工作方法和间接工作方法，但是以直接工作方法为主。所谓直接工作方法，是指通过“心灵影响心灵”的辅导策略进行直接干预，而环境因素是作为间接工作对象，也是通过直接工作方法才能影响到个人心理变化和家庭互动模式。[③] 当然，后来小组工作也开始由任务型小组扩展到包括团体辅导小组，这样也就可以把整个小组作为案主，把小组共同面对的心理或者社会问题作为案件。但是，一般来说，社会工作并不把小组工作作为

---

① WOODS M E，HOLLIS F. Casework：a psychosocial therapy. 5th ed. Boston：McGraw - Hill Humanities，2000：13.

② 同①5.

③ 同①9.

个案工作，而是独立作为一种工作策略和方法。

无论是把个人问题作为个案，还是把家庭问题作为个案，这都只是一个约定俗成的个案范围问题。从核心内容来看，社会工作的个案与其他专业的个案的关键区别在于，界定个案的方式不同。从专业管辖权来说，面对共同的社会问题，社会工作需要和其他专业竞争管辖权，而各个专业竞争管辖权的策略就是看如何对社会问题进行再解释或者重构，从而定义本专业的案件属性、逻辑和干预策略。“占据着某项业务的管辖权的职业，会在当时对该问题进行建构，此时这项业务的主观属性就形成了。”①

就社会工作而言，其争取自己的管辖权、建构个案的核心策略是什么呢？个案工作或者临床社会工作，主要是需要与心理辅导和精神病治疗竞争管辖权，因为这三个专业的对象和策略非常接近，需要做出有标识度的区分。根据临床社会工作大师玛丽·E. 伍兹（Mary E. Woods）的说法，虽然在20世纪二三十年代，社会工作受到心理学和精神卫生的影响比较大，但是临床社会工作始终强调美国实用主义大师杜威强调的自我决定的核心原则，而不是精神分析中的内驱力决定论。② 到20世纪60年代，临床社会工作大师弗洛伦斯·霍利斯（Florence Hollis）明确提出了“心理社会治疗”（psychosocial therapy）概念，以区别于心理治疗，成为临床社会工作定义个案的显著标志。心理社会治疗区别于心理治疗的核心特征是，要把心理动力与环境影响结合起来进行诊断、治疗，而不是仅仅关注心理动力问题。根据霍利斯和伍兹合编的《个案工作：一种心理社会治疗》(*Casework：A Psychosocial Therapy*)，心理社会治疗的核心框架是“人在情境中”，它包括三层含义：个人的构成、情境、人与情境的互动。③ 当然，人与情境的互动又是伴随着个人生命周期扩展开来的动态发展的过程，因此社会工作者需要从发展的角度来理解人与情境的互动及其产生的功能失调问题，以及从互动和发展的角度来进行诊断与干预。

二、个案工作的人在情境中的视角

如前所述，心理社会治疗是把“人在情境中”作为其核心分析框架，那么人在情境中的理论视角具体是指什么呢？本书第一章在谈及社会工作的核心概念时就阐述过“人在环境中”这一概念。这里结合心理社会治疗法，对人在情境中的理论视角给予较为详细的阐述。

相对于生态系统理论下的“人在环境中”概念，心理社会治疗下的个案工作更加注重“人在情境中”。情境比环境的范围要小，在临床辅导中的操作性更强。而

---

① 安德鲁·阿伯特．职业系统：论专业技能的劳动分工．李荣山，译．北京：商务印书馆，2016：66.

② WOODS M E，HOLLIS F. Casework：a psychosocial therapy. 5th ed. Boston：McGraw - Hill Humanities，2000：11.

③ 同②38.

且，在个案辅导中，情境主要是指社会关系情境，具体包括家庭、朋友、雇主、老师，或者较为复杂的社会与物理环境力量关系。[①] 所谓人在情境中，主要是指个人的社会功能是由人与亲密社会关系的互动模式决定的，因此把人与社会关系的互动模式作为重点。这种人与社会关系的互动模式又被称作格式塔（Gestalt），是指一种各组成部分之间整合得非常完好的构型，以至于不能把它们拆开成独立的部分。所以，在个案工作中，个人与社会关系是不能分开的，而是一种相互影响的互动关系。正是个人与社会关系的互动和相互影响，才构成心理社会治疗的焦点。

伴随着生态系统理论进入社会工作领域，生态学中的一些思维方式和概念也影响到了社会工作中有关个人与社会关系的互动模式的理解，比如循环因果关系（circular causality）、个人与环境的适配（fit between person and environment）、生态位（niche）等概念，已经成为心理社会治疗中的核心概念。所谓循环因果关系，是相对于线性因果论而言的，它认为在现实复杂系统中，社会现象之间是互为因果、循环影响的。所谓个人与环境的适配，是指个体都要采取一定的策略去适应和影响环境，进而逐渐找到一种相互匹配的稳定模式。所谓生态位，是指个体在小生境中通过与周围环境的相互调适，逐渐找到了恰当的位置，从而实现个体与环境的能量交互和功能互补。

案例一

在2023年热播的电视剧《追光的日子》中有个情节，反映了青少年帮派利用群体规范和人际互动来打击、排斥弱小成员的群体动力。吴凯是一名喜欢画画的高中生，因为从小经历父母争吵、离异，形成怯懦性格，不擅长社交，缺乏个体独特魅力。他在高一时碰到了一帮街头混混，这个群体的带头大哥身强体壮，带领同伙欺负弱小、勒索钱财、消遣娱乐。吴凯因为弱小、胆怯，又有画画的文艺气质，被这帮混混盯上作为欺辱对象。尽管吴凯妈妈曾向老师和警察求救，但是家长、老师和警察并没有协助吴凯去抵抗街头帮派，而是劝导吴凯如何躲避和保护自己。吴凯妈妈只好把吴凯转学到另一所高中，并哀求吴凯不要再画画，好好学习，考上大学，增强本领。但是吴凯并不愿意听从妈妈的意见，私下里继续画画，并且变得更加敏感。然而，不幸再次发生，吴凯再次在街头偶遇那帮混混。他们继续羞辱和勒索吴凯。吴凯和其妈妈再次陷入逃避的无效应对中。幸亏，吴凯转入高中的班主任郝楠是江湖飞哥出身，带领全班同学形成了互帮互助的新集体规范。听说吴凯被街头混混欺负后，班里的几个男生就跑出去协助吴凯反抗，而郝楠老师听说后也迅速打电话通知警察，并赶赴现场，制服了那帮街头混混。

---

① WOODS M E，HOLLIS F. Casework：a psychosocial therapy. 5th ed. Boston：McGraw－Hill Humanities，2000：39.

当然，在个案工作的心理社会治疗模式下，其理论框架更多还是吸纳了精神分析学派中的人格结构理论和自我功能理论，用以阐述人与环境的互动模式。如前所述，弗洛伊德的人格结构理论把人格分为本我、自我和超我三个组成部分，同时人格结构又是分布在无意识、前意识和意识三个层次之中的。弗洛伊德认为，人格结构的基本模式在3～6岁就已经形成。虽然这个时候社会规范也会通过父母及其他家庭成员与儿童的互动进入儿童的人格结构，成为其超我的一部分，调节儿童的本我欲望，但是儿童早期的初始处理模式更多是受本我冲动的影响。所谓初始处理模式，是指儿童在形成逻辑、理智的思维之前所采取的原始思维模式和存在模式。初始处理模式下的儿童分不清自己的情感与他人的情感，也无法具体分析每个人的特征模式，容易产生非此即彼的概化分类模式，各种混乱的念头和感觉相互矛盾地存在于儿童的头脑中。儿童因为还没有学会通过逻辑、理智的思维模式去调节自己的原始思维模式，所以很容易产生前后矛盾和懊恼的冲动行为模式。①

然而，儿童逐渐成长，自我调节功能不断壮大，并形成了次级处理模式。所谓次级处理模式，是指自我的一种功能，它开始用秩序、记忆、推理、调节等能力来处理本我施加给个体的内驱力和欲求。② 自我调节功能有很多种不同的分类方式，根据其形成个人的独立自主、理性、理智的程度，可以分为：现实检测功能；欲望、情感、冲动的调节控制功能；客体关系功能；思维推理过程；自主功能；综合-整合功能；掌控-胜任力功能；等等。③

当人们的自我调节功能无法应对本我冲动与超我理想的冲突矛盾时，自我就可能发展出防御功能，来保护自己免受本我冲动带来的惩罚。自我防御功能的常见类型包括：升华、利他、幽默等三种积极健康的防御功能；抑制、压制、回避、孤立等四种消极的防御功能；理智化、合理化、模式化反应，责备自己，认同攻击者，投射，转移，否定，倒退等不成熟的防御功能。④ 其实，这些对自我防御功能的分类并不是绝对的，更重要的是要对案主的自我防御模式进行个别化评估，看看案主的防御模式是产生了针对压力的积极健康的应对策略，还是阻碍了案主采取理智的行为反应。

总之，在心理社会治疗模式下，人与环境的交互作用是最重要的分析框架，一方面强调来自精神分析的自我功能理论，去评估和增强人们的自我调节功能，另一方面吸纳生态系统理论和格式塔心理学理论，去评估和干预人与社会关系互动形成的格式塔模式，及其是否匹配，能否发挥正常功能。

---

① WOODS M E，HOLLIS F. Casework：a psychosocial therapy. 5th ed. Boston：McGraw - Hill Humanities，2000：45 - 46.

② 同①46.

③ 同①47.

④ 同①49 - 51.

三、个案工作的生命史视角

无论是人格发展理论，还是生态系统理论中的生命历程理论，都对个案工作产生了影响。本书第三章已分别阐释心理学的人格发展理论与生态系统理论中的生命历程理论。这里重点探讨上述两派理论如何被个案工作吸纳与整合，并最终形成临床实务中兼具诊断与评估功能的社会历史方法。

个案工作的临床诊断与评估所采用的社会历史视角，以埃里克森的人格发展八阶段理论为框架，将人生历程划分为八个发展阶段，并整合生态系统理论中的生命历程理论，系统评估个体在各生命发展阶段所可能面对的常规性挑战（如发展性压力）、非常规性危机（如社会变迁引发的环境突变冲击）；同时分析个体在应对常规性挑战与非常规性危机时调动的资源、优势及应对模式；进而评估其应对策略与外部环境压力、冲击的适配性和实效性；最终据此制定干预策略和手段。

这套分析框架的基本内容，本书第四章已经介绍过，也会在第十章第二节进一步讲解具体的预估工具和方法，这里不再赘述。

四、个案工作的核心干预方法

个案工作因为与心理辅导有着密切的关系，甚至可以说现代心理辅导是在社会工作个案辅导的基础上发展起来的。只不过随着现代心理学的发展，心理辅导的流派和技巧日益丰富，主导了临床辅导专业。而个案工作始终面临着双重张力：既要有限度地吸纳心理辅导的方法和技巧，同时又要保留自己的社会工作专业属性，不被心理辅导专业同化。目前，最能体现社会工作专业属性的个案工作流派是心理社会治疗流派，它在吸纳精神分析理论、人本主义心理学理论、认知心理学理论的基础上，发展出独特的社会工作治疗模式。下面集中介绍心理社会治疗流派下个案工作的核心干预方法。

根据伍兹和霍利斯的总结，个案工作处遇个案的干预方法可以分为两大类：工作者处遇案主的直接干预策略，以及工作者处遇案主环境的间接干预策略。下面基于伍兹和霍利斯的总结，介绍个案工作的核心干预方法。①

（一）处遇案主的直接干预策略

1\. 支持性策略。支持性策略主要是一种关系构建策略，目的在于与案主建立一种专业助人关系，有助于后面助人活动的开展。具体而言，社会工作者采取的支

① WOODS M E，HOLLIS F. Casework：a psychosocial therapy. 5th ed. Boston：McGraw - Hill Humanities，2000：122 - 127.

持性策略主要包括展示对案主的兴趣、帮助欲望，理解、相信案主的能力和胜任力，以及关注案主的焦虑或罪疚的事情。这些策略基本来自人本主义心理学的关系建立策略，本书第五章有介绍，这里不再赘述。

2. 直接影响策略。直接影响策略主要是通过直接建议技巧来表达工作者的意见，希望直接影响到案主的态度和行动。直接影响策略一般很少采用，因为如果没有高质量的专业关系，直接建议可能引发案主的防御和抵触心理。而且，这正是常人采取的助人策略与专业助人策略的关键区别。但是，并不能因为直接影响策略容易导致案主的防御和抵触心理，就完全采取人本主义心理学的关系主义策略。如果建立起高度信任的专业关系，那么直接影响策略就是最有效的处理策略。

3. 探索-描述和宣泄策略。这是借鉴自精神分析学派的一组个案工作技巧，它主要是为了从案主世界里提取出一些描绘性的材料，并能解释事情的缘由，还能帮助案主宣泄压抑的情感。当然，这组技巧虽然来自精神分析学派有关受压抑的潜意识的假设，但是个案辅导并未采用移情策略来激发案主潜意识中的早期客体关系模式，而是吸纳人本主义学派中的案主中心主义做法，通过支持性关系来协助案主自主探索与描绘自己的经历和内心体验。因此，心理社会治疗过程中的探索、描述和宣泄，是一个合作探寻的过程，是社会工作者和案主一起建构整全故事的过程，在这个过程中案主的知觉是最重要的。①

4. 对个人-情境关系的反思策略。对个人-情境关系的反思策略主要是为了引导案主对自己的情境和功能状况进行反思性思考，而且依然需要强调的是，反思是对当下或者相对来说当下事件的反思，并不是对早年生活材料的反思。伍兹和霍利斯把对当下情境的反思区分为六个方面：（1）对他人、健康或者外部世界的反思；（2）对自己的行为及其产生的潜在或积极影响的反思；（3）对自己的行为、思想和情感的反思；（4）对人际互动中激发的反应或行为的原因的反思；（5）对自己的行为、形象、价值观或者评判原则的反思；（6）对社会工作者和治疗过程的反思。

5. 心理-动力模式的反思策略。心理-动力模式的反思策略是指鼓励案主思考自己的心理模式/倾向，及其心理模式/倾向的动力。所谓心理模式/倾向，并不是一种心理人格，而是一种相对稳定的情绪反应和思维模式，它可能不自觉地在发生作用，而且可能被掩盖，所以需要通过反思来澄清自己的情绪、行为反应以及思维模式的自动逻辑是什么。

6. 发展性反思策略。发展性反思策略主要是鼓励案主思考自己的心理模式/倾向的形成和发展过程。这个策略是反思早期经验的，它假定早期的互动模式会内化成个

---

① WOODS M E，HOLLIS F. Casework：a psychosocial therapy. 5th ed. Boston：McGraw - Hill Humanities，2000：144.

人的一种心理-动力模式，延续到现在依然发挥作用。因此，需要在心理-动力模式反思的基础上，再往前追溯，看看这种心理-动力模式是不是早期生活经验塑造出来的。

总之，心理社会治疗的直接干预策略借鉴了很多精神分析、人本主义、认知疗法的技巧，组合成个案工作临床辅导的技巧，是一组从支持性关系，到直接建议，到探索-描述和宣泄，再到对个人-情境关系的反思、心理-动力模式的反思和心理-动力模式的形成发展过程的反思。这组技巧依然围绕人与环境的互动而展开，体现了社会工作的人际互动的核心特征。

（二）处遇案主环境的间接干预策略

个案工作除了直接与案主进行互动沟通，以激发案主的良好反应能力之外，还要通过对案主环境的干预来间接改善案主的功能。对案主环境的干预策略包括通过环境来解决案主的问题和通过修改环境来改善案主的功能两种类型：前者是指使用环境资源和机会来增进案主的利益；后者是指通过修改环境来降低案主的压力或者提升案主的满意度。比如，动员亲人朋友给一个大病初愈的人提供陪伴和支持，就是通过环境来解决案主的问题；而改变校园环境以增加对新同学的接纳、减少歧视和排斥，就是修改环境策略。

具体而言，伍兹和霍利斯把环境干预策略划分为三类具体方法：与环境中相关人员的沟通类型；社会工作者的角色类型；环境中的资源类型。[①]

1. 与环境中相关人员的沟通类型。霍利斯认为，环境干预策略重要的是与环境中的相关人员进行沟通，以动员他们提供支持和帮助，进而促进案主的积极改变。社会工作者与环境中的他人进行沟通的策略，和社会工作者与案主进行沟通的策略类似，只不过在与环境中的他人进行沟通时，前述与案主沟通的六种策略中的后两种用得比较少，前四种则用得比较多。因为社会工作对人的基本假定是一致的，所以社会工作者与案主沟通的策略，和与周围相关人员沟通的策略一致，也需要通过支持性策略来降低相关人员的防御和抵触心理，需要通过直接影响策略给予具体的行动建议，需要通过描述-探索和宣泄策略来引导相关人员解决内心压抑的情绪或罪疚感，需要通过对个人-情境关系的反思策略来调整互动模式。然而，因为周围的他人不是案主，所以不适合采用心理-动力模式的反思策略和发展性反思策略，除非那些与案主关系密切的亲人朋友愿意进入治疗过程。

2. 社会工作者的角色类型。在对环境的干预中，社会工作者扮演的角色与采用直接沟通策略时扮演的角色不一样。伍兹和霍利斯总结出对环境干预的社会工作者扮演的角色为以下五种：（1）资源提供者；（2）安置者；（3）解释者（负责向案主澄清其处境）；（4）调节者（协调案主与环境的关系）；（5）倡导者（采取更积极

---

① WOODS M E，HOLLIS F. Casework：a psychosocial therapy. 5th ed. Boston：McGraw - Hill Humanities，2000：125.

的立场为案主争取权益）。其中，前两种角色主要依托社会工作服务机构自身的资源供给体系，而后三种角色则侧重于帮助案主协调与公共救助体系或公共服务机构之间的互动关系。[①]

3. 环境中的资源类型。能够为案主提供的资源按照组织化程度，可以分为机构提供的资源和个人提供的资源两大类。机构提供的资源又可以分为社会工作者受雇的机构提供的资源和非社会工作者受雇的机构提供的资源；个人提供的资源又可以分为社会工作者提供的资源和案主生活环境中的他人提供的资源；案主生活环境中的他人又可以分为提供工具性资源的人、提供情感性资源的人和提供专业帮助的人。总之，无论是哪类资源，个案工作者都要尽量评估清楚这些不同资源的资格条件、获取方式和适合案主需要的情况，然后与案主协商，采取有效沟通策略去动员资源满足案主的需要。

第二节　与家庭一起工作

与家庭一起工作，已经形成一个庞大的家庭辅导和治疗的体系。本节只能就与家庭一起工作的基本内容、理论视角和核心方法进行介绍。

一、与家庭一起工作概述

与家庭一起工作，又叫家庭治疗，是20世纪50年代由精神病治疗师那山·阿克曼（Nathan Ackerman）等人发展出来的一种工作策略，起初是因为对精神分析工作不满意，逐渐由个体的精神分析扩展到分析个体的家庭关系和社会系统对个体精神状况的影响，并采取系统理论和互动理论来具体分析家庭动力。实际上，家庭治疗与精神分析的最大区别是，家庭治疗开始由精神分析所关注的内投到个体内心世界的复杂矛盾的客体关系，转移到对现实家庭关系中的人际互动模式的研究与干预。[②] 下面就家庭治疗与精神病治疗、婚姻咨询和辅导、儿童辅导、团体辅导和治疗的关系给予简要阐述。

（一）精神病患者家庭互动模式研究

对家庭治疗的产生起关键作用的是，20世纪50年代美国加州帕罗奥图（Palo

① WOODS M E，HOLLIS F. Casework：a psychosocial therapy. 5th ed. Boston：McGraw - Hill Humanities，2000：126.

② Irene Golderber，Herbert Goldberg. 家族治疗：理论与技巧：第4版. 翁树淑，王大维，译. 台北：扬智图书出版公司，1999：107.

Alto）的心智研究院（Mental Research Institute）的沟通模式研究小组。这个小组由人类学家格雷戈里·贝特森（Gregory Bateson）领导，包括后来著名的家庭治疗师（当时的研究生）杰·哈利（Jay Haley）、具有文化人类学训练背景的约翰·威克兰德（John Weekland）、精神科医师唐·杰克逊（Don Jackson）等人，他们开始研究精神分裂症家庭的沟通模式问题。经过系统观察与分析，1956 年他们在《行为科学》（*Behavioral Science*）上发表了划时代的论文《走向精神分裂症的理论》（“Toward a Theory of Schizophrenia”），提出了“双重束缚概念”（double bind concept），用来解释家庭成员中精神分裂症的发生原因。根据他们的观点，双重束缚的沟通模式具有如下特征①：

（1）两个或更多的人涉及某种重要的关系；

（2）此关系是进行中的，而且是重复的模式；

（3）首要的负向指令发出“不要那样，否则我会处罚你”；

（4）和先前指令冲突的次要指令在较抽象的层次也下达，次要指令也是处罚性的，只不过是以非口语的信号或者动作形式呈现；

（5）第三个重要的指令使领受者难以逃脱上述两难境况，使他被限制在此情境中；

（6）一旦领受者领悟到双重束缚的模式，指令的出现与否就不再重要了，而在此过程中的任何一个部分都足以触发当事人的愤怒或痛苦。

也就是说，儿童精神分裂症患者通常被困在成人设定的悖论性矛盾关系中，但是这种关系很重要，这导致患者无法反抗，患者无论是反抗还是承受这个指令，都是错误的。例如，他们在论文中举了如下例子：

案例二

一个患有精神分裂症而刚刚痊愈的年轻人，他母亲到医院看他时，他很开心，情不自禁地用手圈住母亲的肩膀。而他母亲则很僵硬冷漠，他只好把手缩回去。但是他母亲却反问他：“你不再爱我了吗?”于是他害臊得脸红起来。他母亲又说：“亲爱的，你必须学会不这么容易害羞，不要害怕表现自己的情感。”

他们指出，这个患者在结束与母亲的会见回到病房后，变得非常沮丧，且很快就变得有暴力倾向和攻击性。如今，双重束缚的沟通模式虽然并不会被当作诊断精神分裂症的强证据，但是至少他们的研究报告开启了家庭沟通模式研究，成为家庭沟通策略性干预的原型。

除了贝特森及其同事在美国西海岸研究精神病患者的家庭沟通模式，美国东海

① Irene Golderber，Herbert Goldberg. 家族治疗：理论与技巧：第 4 版. 翁树淑，王大维，译. 台北：扬智图书出版公司，1999：110.

岸的西奥多·利兹（Theodore Lidz）也和同事一起对精神分裂症患者的家庭互动模式进行纵贯式研究，并提出精神分裂症主要是由家庭无法提供人格发展的营养因素所导致的。所谓家庭营养因素，主要是指父母之间的互动模式和教育能力对孩子人格的影响。他们发现了两种与贝特森的双重束缚类似的精神分裂症患者家庭的父母沟通模式：婚姻分裂（marital schism）和婚姻倾斜（marital skew）。所谓婚姻分裂，是指父母之间的不调和，彼此各自专注自身的问题，无法在家庭中建立令双方满意的夫妻角色，两个人互相伤害对方，并且以孩子的忠诚、同情和支持作为竞争对象相互争夺，甚至以分居和离婚作为威胁手段，让孩子夹在中间无所适从。所谓婚姻倾斜，是指父母之间的婚姻模式由其中一位严重心理失调的家长所主导，另一位经常依赖又软弱的家长则接受这一现状，甚至暗示孩子这种家庭状况是正常的，这种否定孩子真实生活态度的模式可能导致孩子进一步否定和曲解现实。①

第三位对精神病患者家庭关系开展系统研究、最终成为系统家庭治疗学派宗师的人物，是默里·鲍文（Murray Bowen）。鲍文通过邀请精神分裂症患者及其家庭成员共同入住华盛顿特区附近的美国国家精神卫生研究院精神病病房，系统观察其家庭互动模式，发现了与利兹的研究相似的婚姻分裂现象：患者父母间存在着显著的情感疏离［鲍文称之为“情感离婚”（emotional divorce）］，却为了养育子女而刻意维系着表面的平静；子女则深陷父母隐性矛盾与冲突的张力中难以脱身，至青春期往往表现出极端情绪激越与行为失控。

继鲍文之后，莱曼·怀恩（Lyman Wynne）成为华盛顿特区附近的美国国家精神卫生研究院家庭研究部主任，继续研究这些特殊家庭的模棱两可、困惑迷茫的互动沟通模式，并且提出了“虚假互惠性”（pseudo-mutuality）概念，来描述这类家庭的共谋行为。所谓虚假互惠性，就是家庭成员之间维持着一种虚假的亲密关系和互依模式，从而阻碍了个体自我认同的发展，因为担心发展自我认同会威胁家庭成员之间的和谐与互依模式。但是这种虚假互惠模式又没有真情实感和相互尊重的意义价值，只不过是彼此拉扯着不让发生个体自我认同，进而导致某个家庭成员（常为子女）成为代际冲突的“替罪羊”，并出现精神病症状。②

（二）婚姻咨询和辅导与家庭治疗的关系

婚姻咨询和辅导是一个发展相对缓慢的分支，虽然艾米丽·默德（Emily Mudd）于1929年在纽约开设了婚姻咨询中心（Marriage Consultation Center），1930年洛杉矶有了家庭关系研究所（The American Institute of Family Relations），1932年默德又在费城成立了婚姻协会，但是直到1941年，美国才成立了婚姻辅导

① Irene Golderber，Herbert Goldberg. 家族治疗：理论与技巧：第4版. 翁树淑，王大维，译. 台北：扬智图书出版公司，1999：113.

② 同①115.

师协会（American Association of Marriage Counselors，AAMC）。这是个跨专业的协会，会员包括律师、教育家、医师、社会工作者、心理学家、社会学家和牧师等，目的是引导训练和实务的新方向，认证婚姻辅导中心，建立专业伦理规范等。即使有了自己的专门协会，婚姻咨询和辅导专业依然发展缓慢。20 世纪 70 年代，婚姻咨询和辅导开始与家庭治疗相融合，美国婚姻咨询师协会于 1970 年更名为美国婚姻与家庭治疗师协会（American Association of Marriage and Family Counselors，AAMFC），后于 1978 年再度更名为美国婚姻与家庭治疗协会（American Association for Marriage and Family Therapy，AAMFT）。1975 年，美国婚姻与家庭治疗师协会开始出版自己的专业期刊《婚姻与家庭辅导期刊》（*Journal of Marriage and Family Counseling*），1979 年此刊物更名为《婚姻与家庭治疗期刊》（*Journal of Marriage and Family Therapy*）。[①]

婚姻咨询和辅导最初只是为有问题的夫妇提供咨询，后来慢慢发展成专业化的助人领域。寻求咨询、辅导和治疗的夫妇一般都面临着忠诚危机、离婚威胁、孩子教育问题、经济问题、性生活问题、沟通效果问题、权力控制问题等，但还是保留着对婚姻的一定程度的承诺。早期婚姻咨询多采用个别咨询模式（夫妇双方分别寻求不同的咨询师），后因实践发现单方叙事存在严重的局限性（无法全面评估互动模式），遂发展出所谓的立体镜治疗法（stereoscopic therapy），强调通过双重视角还原关系动态。所谓立体镜治疗法，是指每个咨询者要从同事或者同行那里收集有关同一问题的夫妇双方的双重观点，以尽量全面地了解夫妇双方的观点，避免陷入片面的错误观点。后来又有人提出同一对夫妇应该接受同一位治疗师的辅导和治疗，这样才能避免治疗师之间相互传递信息的失真问题。然而，即便夫妇接受同一位治疗师的辅导和治疗，早期也是同一位治疗师分别于不同时间了解夫妇双方的观点，以避免夫妇双方的冲突。直到家庭治疗师杰克逊明确提出了联合家庭治疗法（conjoint family therapy），即把同一对夫妇放在同一治疗室同时进行治疗的做法。如今，联合治疗已经取代分别治疗和共同治疗，成为婚姻治疗领域最常被使用的技巧。[②]

（三）儿童辅导与家庭治疗的关系

与婚姻咨询和辅导密切相关的一个子领域，是儿童辅导。儿童辅导领域的专业化进程始于 20 世纪，其奠基者之一为精神科医师威廉·希利（William Healy）。他于 1909 年在芝加哥创立青少年精神疾病研究所（Juvenile Psychopathic Institute），1917 年在波士顿联合创立贝克法官指导中心（Judge Baker Guidance Center），系统开展儿童行为问题干预。希利首创多学科协作模式，由精神科医师、临床心理学家

---

① Irene Golderber，Herbert Goldberg. 家族治疗：理论与技巧：第 4 版. 翁树淑，王大维，译. 台北：扬智图书出版公司，1999：117－119.

② 同①121.

及精神科社会工作者组成团队，精神科医师主导临床诊断与治疗决策，临床心理学家实施心理测评及教育干预，精神科社会工作者协调家庭、学校及社区资源，改善儿童成长环境。此模式为构建现代儿童心理卫生服务体系奠定了方法论基础。

（四）团体辅导和治疗与家庭治疗的关系

一般认为，团体治疗的开创者首推精神科医师雅各布·莫雷诺（Jacob Moreno），他在1910年开创的心理剧技巧直到今天仍然被使用。他认为，一对一的治疗很难再现病人各种不同的人际情境，因此作为治疗师和导演的莫雷诺，就利用舞台让病人在观众面前演出其重大生活事件。导演可以让病人和其他代表病人生活中关键角色的演员更换角色，以便能够体会、觉察别人是如何看待自己的。后来，莫雷诺把心理剧疗法介绍到美国，并发明了“团体治疗”这个词。

20世纪30年代，英国伦敦塔维斯托克研究所（Tavistock Institute）的一些精神病治疗师受客体关系学派的精神分析专家梅兰妮·克莱因（Melanie Klein）理论的影响，发展出对于儿童活动团体历程的兴趣，关注当时当地（here and now）的问题，而不是去追寻早期经验中可能遭遇的创伤。

美国纽约的一位受过心理治疗训练的工程师萨缪尔·斯拉夫森（Samuel Slavson）也在20世纪30年代开始进行团体治疗，主要是通过团体互动模式，鼓励那些问题儿童或青少年演出其矛盾、攻击等问题行为模式，并通过团体来学习亲社会的行为模式。1943年，斯拉夫森推动成立了美国团体心理治疗协会（American Group Psychotherapy Association，AGPA）。

二战后，勒温在美国缅因州贝塞尔（Bethel）的国家训练实验室（National Training Laboratory，NTL）发展出了针对正常人的人际沟通模式的训练小组（training group，简称T-小组）。该小组主要沿着杜威的生活教育思路，通过实验法来训练人们的讨论技巧和角色扮演技巧，旨在提升对他人感受的敏感性，以及平等交流和有效沟通的协商能力。之后，类似的各种人际关系训练小组相继出现，包括会心小组（Encounter Group）等，受到了中产阶级的欢迎。

各类团体治疗的一个共同特征是，利用团体成员之间的沟通和互动模式，促进个体间的密切性，减少社会疏离，感受他人的感受，学习他人的行为模式，学习表达和反馈感受，发展自己的潜能等。这对于家庭治疗也有积极示范影响。

总之，从20世纪50年代开始，精神病治疗、婚姻咨询和辅导、儿童辅导、团体辅导和治疗等不同领域的工作都转向了用现实生活中的多人互动/沟通模式来研究个体精神、心理、行为问题的发生机制，改变了之前从个体生命历程早期经验对人格结构的影响方面来分析原因的做法。在20世纪后半期的发展过程中，家庭治疗形成了鲍文的系统派治疗、萨尔瓦多·米纽钦（Salvador Minuchin）的结构派治疗、哈利的互动策略治疗、米兰学派的系统派治疗、维吉尼亚·萨提亚（Virginia

Satir）的人本取向的家庭治疗等不同流派。20世纪末期，随着后结构主义、解构主义、建构主义理论的出现，家庭治疗从现代主义的系统、结构、互动、人本等内在本质思维模式，转向了后现代主义的解构问题、叙事治疗、寻求解决方案（solution-focused）、增强家庭抗逆力（resilience）等不同方向。无论是20世纪中期发展出来的现代主义家庭治疗策略，还是20世纪晚期发展出来的后现代主义家庭治疗策略，都强调家庭成员之间的反馈、反应、抉择与改变的可能性，而不是囿于实证主义的客观系统决定论和悲观主义的消极被动态度。

二、与家庭一起工作的系统/结构视角

在20世纪50年代发展出来的现代家庭治疗策略中，一个共同的理论视角是系统/结构视角，人际互动/沟通模式以及基于信息反馈机制的控制论，也都算是此学派中的一个分支。有关一般系统论的基本内容，本书第三章已经阐述过，这里主要是结合家庭治疗理论来阐述系统/结构理论如何影响对家庭模式的分析。一般认为，贝特森把控制论引入了人类沟通模式研究领域、鲍文把系统论引入了家庭模式研究领域、米纽钦把结构论引入了家庭模式研究领域。下面分别介绍下他们是如何用控制论、系统论、结构论分析家庭互动、家庭系统和家庭结构的。

（一）贝特森的人类沟通控制论分析模式

贝特森在到美国进行精神病患者家庭的互动沟通模式研究之前，就已经以文化人类学学者的身份对新几内亚的哥特穆尔人的纳文仪式进行分析，并在1936年出版了其人类学名著《纳文》（*Naven*）。在《纳文》一书中，贝特森就已经采用结构分析、功能分析、文化构型等当时流行的自然科学和社会科学方法论，来研究哥特穆尔人的社会结构、认同模式和精神气质性别区分问题。[①] 后来，他和玛格丽特·米德（Margaret Mead）结婚后，就到美国从事精神病患者家庭的互动/沟通模式研究。除了提出前述双重束缚沟通模式等奠定家庭治疗基础的概念之外，贝特森还发挥其在剑桥大学的自然科学训练专长，把二战后在自然科学界流行的控制论引入人类沟通模式研究领域。控制论主要是科学家和工程学家在研究机械自动控制模式时提出的一种理论，它主要是通过信息系统的反馈循环路径（feed back loop），来实现对机械系统运行偏差的反向调节，从而维持系统的恒定性。贝特森认为，这个通过信息反馈来维持系统稳定的自动控制装置也可被用于分析人类互动/沟通模式。他大胆假设，精神分裂是一种关系现象，而非一种内在心理疾患，并且用互动沟通

---

① 格雷戈里·贝特森．纳文：围绕一个新几内亚部落的一项仪式所展开的民族志实验．李霞，译．北京：商务印书馆，2008.

模式来研究精神病的发病机理，尤其重视精神病患者家庭脉络中的互动沟通模式问题。[①]

基于控制论的信息反馈机制的人际互动模式分析，改变了因果逻辑中的线性因果关系，成为一种互为因果关系。线性因果关系一定要通过不断递归的化约过程，找到第一推动力，然后分析其因果链条。但是，如果通过信息反馈机制来维持系统的某种恒定状态的话，那么因果关系就成了互为因果的循环关系，即一种刺激导致系统偏离稳定状态，偏离稳定状态的信息反馈到系统控制装置，系统控制装置做出反向指令的调整适应策略，把偏离趋势拉回来，系统重新回到稳定状态。许多家庭互动模式就符合这种互为因果的循环模式。当然，家庭的恒定模式不一定都是健康的，既可能形成反向调节的稳定状态，也可能形成偏离目标的失衡状态，这取决于家庭信息反馈的加工处理模式。

案例三

中国的家庭文化比较注重教育改变命运，而知识分子家庭更加注重对孩子学习成绩的维护，于是就会形成一种孩子学习成绩的自动控制系统。孩子若因为受其他同学影响而放松学习，学习成绩下降，这个信号通过学校老师反馈给家长，家长就会对孩子的社交严加管教，限制其社交范围。接受了家庭反向调节之后的孩子集中学习，可能恢复其学习成绩。这就形成了中国文化赞许的家庭教育与学校教育互动的自动控制的恒定模式。但是，如果孩子在被家长管教之后，情绪非常低落，渐渐产生了厌学情绪，以及对老师和家长的对立逆反态度，那孩子的学习成绩就会更加糟糕；这时，如果老师进一步把这个信息反馈给家长，家长进一步加强管教，那么更加严格的管教措施则会导致孩子更加情绪低落和逆反。这种循环路径就是一个不断偏离设定目标的自我增强的循环路径。

所以，在第一代控制论的指引下，家庭治疗师主要是客观地分析失能、失调的家庭互动模式，然后试图切断其不断强化的偏离均衡的循环路径，改变其互动模式，恢复其家庭功能。但是，这种基于客观机械系统的信息控制理论把家庭互动模式类比成客观机械系统，然后通过客观观察和分析来提炼概括其循环路径的做法，遭到了一些后现代主义的社会建构论者的批判。社会建构论者认为，家庭互动并不是机械自动化运作的，而是由家庭成员基于某种文化资源和主观理解相互建构出来的。家庭互动模式出现问题，是家庭成员对互动方式的理解不同导致的。因此，对于家庭互动模式的诊断与干预，家庭治疗师不能从一个旁观的客观分析者的角度来进行，而要与家庭成员一起，通过对话反思各自的互动意图、策略及其导致的他人

---

① Irene Golderber，Herbert Goldberg. 家族治疗：理论与技巧：第 4 版. 翁树淑，王大维，译. 台北：扬智图书出版公司，1999：14.

的反馈模式。

这就进入了所谓第二序的控制论（second-order cybernetic），即对自动控制的互动模式的反思性对话模式，试图通过反思对话让当事人觉悟自己和他人的互动策略与互动效果，从而开启新的改变互动模式的可能性。在第二序的控制论的指导下，家庭治疗师成为家庭互动模式对话讨论的一部分，既可以发表自己的看法，也可以邀请家庭成员对自己的看法进行反馈和讨论，并邀请家庭成员发表看法。然后整个对话讨论团队不是寻找唯一正确的真实答案，而是寻找大家能够达成共识的互动模式。有了共识之后，家庭成员更容易沿着自己认可的新的思路去互动，更有助于改变家庭互动模式。

当然，第二序的控制论与后现代主义的社会建构论结合起来，更加强调家庭互动的自主建构性和多元可能性。然而，既然存在所谓失功能的互动模式或者家庭问题的病状承担角色（identified patient），那么这就意味着家庭互动模式并不是任意建构的，而是基于特定问题症状需要改变的一个现实。如果家庭成员建构的互动模式达成共识，继续维护家庭问题症状，不愿意发生改变，那该怎么办呢？是不是需要借助外力来推动其改变呢？这个促进家庭改变的外力正当合理的基础是什么呢？这些都是后现代主义的社会建构论需要回答的问题。

（二）鲍文的家庭系统分析模式

如前所述，鲍文是把一般系统论引入家庭治疗领域的先驱人物，而且在一般系统论的基础上，发展出了适合家庭治疗的家庭系统理论。鲍文的家庭系统理论不同于贝特森等人强调的沟通模式和控制论系统，而是聚焦于家庭情绪系统的整体模式，试图建立关于人类情绪运作机制的一般科学。他认为，精神疾病并不是一朝一夕出现的，而是家庭情绪系统代际传递的结果。① 因此，要想彻底治疗个人的精神病症，需要透视和干预个人背后的家庭情绪系统。他认为，长期焦虑是由家族世世代代传递下来的，在家庭努力解决家庭团结与个别成员的自我独立之间的平衡问题时，前代家庭成员的影响力一直延续至今。为了能够把其家庭情绪系统转变成一种临床可操作的诊断性概念，鲍文提出了塑造家庭功能的八个动力概念，形成了他的家庭情绪系统的分析性概念框架②：

1. 自我分化。家庭团结与个体分化之间的平衡，是鲍文家庭系统理论的核心命题，因此自我分化就是其核心概念之一。所谓自我分化，是指家庭成员区分他经验到的理智与情绪历程的能力，也就是说，个体的自我分化可以由个体行为不受情绪控制的程度来反映。一般来说，个体情绪来自其家庭整体互动模式，因此个体分

① Irene Golderber，Herbert Goldberg. 家族治疗：理论与技巧：第4版. 翁树淑，王大维，译. 台北：扬智图书出版公司，1999：241.

② 同①244.

化其实是指个体的行动相对于其家庭整体情绪氛围的独立自主程度。当然，鼓励个体分化并不是说让个体完全独立，而是让个体在家庭整体情绪氛围与个体独立自主行动之间自觉意识到一个适当的平衡点。鲍文认为，许多精神病症都是由个体与其家庭中某个重要成员（比如父亲、母亲）的未分化的家庭自我融合团（undifferentiated family ego mass）造成的。也就是说，精神病患者与其家庭重要成员的自我融合是一体的，个体情绪完全受与其黏在一起的那个重要他人的情绪影响，从而导致个体功能失调。因此，诊断和治疗的焦点就是个体情绪分化程度。

2. 家庭三角关系。基于自我情绪分化能力这一核心概念，鲍文提出了影响个体情绪分化的“家庭三角关系”概念。所谓家庭三角关系，是指当两个家庭成员陷入情感融合（emotional fusion）状态，无法建立平衡关系时，为缓解焦虑而引入第三个家庭成员，形成三人情感互动模式。在此过程中，第三方往往成为双方争夺的对象，通过建立替代性情感投射模式暂时缓解双方的情感融合。但这种模式会导致第三方的自我分化受阻，引发情绪问题。典型的家庭三角关系表现为夫妻与子女构成的情感转移模式：当夫妻间存在持续的情感融合而难以分化时，一方可能将情感投射到子女身上，形成新的情感融合关系，从而转移夫妻间的紧张关系。这种情况下，子女表面上获得高度关注，实则陷入情感控制，难以发展独立自我，最终成为家庭情绪系统的受害者。

3. 核心家庭情绪系统。这一概念是对家庭三角关系的补充。夫妻双方因原生家庭中的低自我分化水平，倾向于选择分化程度相近的伴侣组建新家庭，形成情感融合型关系。为缓解由此产生的焦虑，夫妻生育子女后常通过情感投射策略与子女建立三角关系，形成代际平衡模式。核心家庭的情感融合及其投射模式构成了家庭三角关系的基础。在三角关系模式下，父母可能成为彼此或子女的情感投射对象，子女也可能成为夫妻情感张力的吸纳者。无论何种形式，均属于不健康的核心家庭情绪模式，需要通过提升分化水平来消除情感张力与焦虑。

4. 家庭投射历程。这个概念是指原生家庭中形成的低自我分化水平父母，因自身未成熟的心理状态，倾向于将注意力集中于敏感或依赖性较强的子女，形成家庭情感投射过程。通常表现为：作为主要照顾者的母亲将情绪过度倾注于情感需求较高的子女，父亲则通过默许母亲的情感投入来回避责任，导致子女因被过度关注而难以实现自我分化。

5. 情绪截断。情绪截断（emotional cutoff）是指那些受家庭三角关系中情感投射较深的孩子，为了抵抗这种情绪纠葛导致的紧张和焦虑，会采取比较极端的做法来截断家庭情绪的联系纽带，比如离家出走、拒绝沟通，或者自我欺骗、伪装独立等。情绪截断并不是真正的自我分化，而是一种比较极端的逃离和切割，其实内心仍然纠结于那段情感关系，并没有实现真正的独立自主。要想真正解决与父母的情绪纠葛，其实需要找到适当的方式，让自己敢于独立自主地面对原生父母表达真实想法，建立适当的情绪分化模式。鲍文自己就曾在 1967 年的美国家庭研究者和治疗师会议上，报告自己与原生家庭的自我分化历程。他在参加一个远亲的葬礼时，再次经历到家庭成员的情绪焦虑，决定尝试用他发明的情绪融合、三角关系、自我分化等分析概念，在自己的家庭中进行分析和干预。他主动把家庭中早就存在的情绪融合和三角模式议题提出来，让家庭成员面对这个问题，自己努力做到客观冷静、不设防、不逃避，从而减轻焦虑和体验自我分化。鲍文对自我分化的分析与报告，被与弗洛伊德的自我分析相提并论，成为家庭治疗中的典范。①

6. 多世代的传递过程。上述分析核心家庭情绪系统的模式会通过世代传递过程延续下去，其传递机制主要就是上述婚姻伴侣的选择会受到原生家庭塑造的未分化情绪模式的左右，选择类似未分化程度的配偶；他/她们组建家庭，孩子出生之后，就会把原生家庭的情绪投射模式再次投射到新家庭成员身上，继续重演家庭三角关系。这种世代传递的家庭情绪模式可能会延续八九代，积累到一定程度后，就会致使家庭成员严重失能，出现精神病或者酗酒等行为问题。当然，也有可能切断这种世代传递模式，那就需要某家庭成员与其他分化较好的一个社会成员结婚，从而改变家庭情绪传递模式。但是，一般来说，人们倾向于寻找与自己的情绪模式匹配的伴侣，所以容易产生特定类型的多代传递的家庭情绪模式。

7. 手足位置。所谓手足位置，就是一个人在兄弟姐妹中的位置，这个位置会影响其性格类型和情绪模式，进而会被带入其未来的婚姻模式中，影响其夫妻情绪互动模式。比如，老大与老小在家庭中承担的责任和分享的权力是不同的，因此塑造出不同的行为模式。如果家中长子将来娶了另一个家庭的长女，那么这可能会导致两个从小就习惯掌控弟弟妹妹的人相互竞争家中的决策权，进而导致夫妻关系紧张。

8. 社会退化。鲍文用他的家庭情绪系统分析框架来分析整个社会的情绪模式，指出社会成员需要在整个民族的情绪模式与成员分化之间寻找平衡点，不能为民族情感所裹挟，这容易产生集体焦虑。他把这种由社会成员个体分化不足导致的集体情绪焦虑称为社会退化。作为一位对时代充满忧虑和悲观的学者，鲍文对社会发展趋势的看法并不乐观，他看到了越来越多集体情绪包裹下的社会焦虑压力增加现象，呼吁促进社会成员在理智和情绪间做好适当分化，而非做出情绪化反应。

总之，鲍文作为系统派家庭治疗理论的开创者，提出了一套可操作、可应用的家庭系统功能分析框架，改变了精神病诊断治疗的个体潜意识分析模式，提倡从家庭情绪系统来分析个体精神病理成因，并给出了鼓励家庭成员从家庭三角关系中分化出来的干预思路。

---

① Irene Golderber，Herbert Goldberg. 家族治疗：理论与技巧：第 4 版. 翁树淑，王大维，译. 台北：扬智图书出版公司，1999：256.

（三）米纽钦的家庭结构分析模式

米纽钦也是从精神科医生转向家庭治疗领域的，而且也是从家庭结构的角度来研究家庭成员的精神病理成因的。但是，和鲍文的系统家庭治疗理论相比，米纽钦的理论更加强调对家庭结构形态的分析，而不是聚焦于家庭情绪系统的融合与分化问题。相较于鲍文的家庭系统分析框架，米纽钦的家庭结构分析框架更符合一般系统论所提出的抽象概念体系，强调家庭系统的整体性，家庭层级组织和家庭次系统的相互依赖等因素对家庭成员精神和行为的影响。具体而言，米纽钦的家庭结构分析框架主要包括如下概念①：

1. 家庭结构。受一般系统论影响，米纽钦认为家庭应该是一个组织良好的结构体系，而家庭结构主要是靠家庭制度和规则组织起来的，只有家庭结构组织良好，家庭互动才能正常进行，作为家庭成员的个人才能发挥良好功能。当然，结构组织良好的家庭，一方面可以维持家庭互动模式的稳定，另一方面也通过对变动环境的适应而表现良好。而他所谓组织良好的结构，倾向于维护传统主流家庭的长幼尊卑和男女分工的层级分工模式。也就是说，家长和兄长应该主导亲子关系和兄弟关系，夫妻应该发挥男女有别的互补关系，这些都是一般性家庭规则，构成家庭互动的正常秩序。但是，个别家庭可能因为某种原因会偏离一般性家庭规则，形成某种特殊家庭规则。这种对一般性家庭规则的偏离并不一定导致家庭功能失调，家庭功能失调也可能是因为家庭结构调整或者家庭变迁带来的规则改变。然而，通常家庭功能失调是由家庭规则扭曲或者僵硬导致的。

2. 家庭次系统。米纽钦强调，在家庭系统内部存在不同的次系统。其中，较为主要的次系统包括父母与孩子的区分、男性与女性的区分，以及因内部兴趣或功能而形成的小组等。这些次系统依靠规则来界定自身的边界，并被赋予相应的角色与功能。在家庭内部的各个次系统中，能够主导其正常发挥功能的，是家长之间的夫妻关系次系统。尤其是在孩子出生后，夫妻上升为父母，夫妻之间要通过角色分工，发挥互补作用，扮演好照顾孩子的双亲角色。与此同时，也要为夫妻次系统留出时间和空间，扮演好夫妻角色，发挥相应功能。

3. 界限渗透性。无论是家庭整体，还是家庭内部的各个次系统，都需要有清晰划分却又具备渗透性的边界，以此维护系统的相对自主性，实现相互支持与互动。如果家庭系统内外部边界过于僵硬或者混淆，就会产生一定的功能性问题。太过僵硬的边界容易导致系统与外部以及各个次系统之间的封闭和孤立，缺乏相互交流和支持，进而容易导致系统内部的压力增加。如果家庭系统的内外部边界模糊不清，家庭系统就很容易被外部成员或者内部其他次系统成员侵入，进而破坏家庭系

---

① Irene Golderber，Herbert Goldberg. 家族治疗：理论与技巧：第 4 版. 翁树淑，王大维，译. 台北：扬智图书出版公司，1999：275－285.

统或次系统的团结和亲密关系，导致角色混乱。因此，功能良好的家庭，清楚的边界让每位家庭成员既感到自我的独立性，也感到家庭的一体性。边界太松散，导致家庭成员相互涉入对方领域，形成纠缠的关系（enmeshment）；边界太僵硬，导致家庭成员缺乏互动交流，形成疏离的关系（disengagement）。纠缠的关系会阻碍家庭成员的自我功能的分化与独立；疏离的关系会导致家庭成员缺乏支持和关心，导致孩子产生我行我素、冷漠、自我防御等行为问题。

4. 同盟、权力和联盟。米纽钦的结构主义理论特别关注家庭互动中的权力关系与权力策略问题。这也是其与鲍文关注的家庭情绪系统的区别所在。米纽钦认为，家庭成员之间会围绕权力形成各种同盟（alignment）或者联盟（coalition）。同盟是指家庭成员结成合作关系，共同完成某种任务，比如母亲与父亲合作完成管教孩子的任务；联盟是指基于家庭内部的三角关系，两方联合对抗第三方，比如母亲联合儿子一起排斥或者孤立父亲。如果家庭内部总是喜欢搞这种拉拢一方打击另一方的三角联盟，那么这对于处于幼小状态的儿童而言就是一场灾难，因为儿童不知道该如何选择站队，从而导致内心的冲突和混乱。所以，功能良好的家庭，一定是世代之间权力关系明确的，并且是父母主导的；双亲之间是一种同盟关系，合作完成管教孩子的任务；双亲之间的角色分工和沟通规则是明确的，可以解决分歧和协调分工。

5. 家庭失功能。结构派家庭治疗把家庭成员的问题定义为家庭功能的失调，虽然不是从个体角度来界定问题，但是会把家庭结构当作病因进行诊断和干预。当然，米纽钦也发现，不同阶层的家庭面对的家庭结构问题是不一样的。对于来自社会底层的贫困家庭，其家庭失功能主要是因为男性家长不管事，或者父母都对家庭疏于管理，导致家庭关系疏离，孩子相对冷漠、敏感和过度防御，容易陷入冲动。对于劳工和中产家庭，其家庭失功能多是因为僵硬的、隐性的规则导致的家庭互动模式不能适应家庭的发展变化。比如，新婚夫妇之间的边界太过僵硬，缺乏支持和分享，在面对孩子出生、职业变动等新情况时，夫妻之间不能公开、坦诚地沟通，寻求新的应对策略，导致紧张和压力。所以，无论是底层家庭，还是劳工和中产家庭，都需要通过灵活弹性的应对策略来根据家庭情境和任务寻求适当的互动模式，否则就会陷入或疏离、或纠缠、或联盟等各种病态的家庭模式中。

总之，无论是强调信息反馈机制的控制论，还是强调家庭情绪系统与自我分化的系统论，抑或是强调家庭规则和结构的结构分析视角，都是吸纳了 20 世纪四五十年代的系统论、控制论和信息论的理论成果，去分析家庭系统、结构、互动/沟通模式问题，作为诊断和干预家庭失功能问题的原因。虽然这种现代主义思维模式和分析框架在 20 世纪 80 年代之后受到了后结构主义的社会建构论的批判，但是这种思维模式和分析框架仍然作为家庭治疗的基本分析视角，成为入门者的基础知识。

三、与家庭一起工作的文化视角

就像每个社会都有自己的文化一样，每个家庭都有自己的家庭文化。这里讲的家庭文化，并不是哪个族群的社会生活方式，或者哪个阶层的家庭文化特征，而是特指某个家庭的价值观念、精神气质、社会荣誉、家庭仪式、禁忌等狭义文化内容。[①] 当然，每个家庭的文化都带有本民族、本阶层的文化特征，但是家庭治疗所关心的不是这个家庭所在的那个民族、那个阶层的文化模式，而是那个民族、那个阶层的文化模式如何影响到该家庭内部具体的价值观念、精神气质、社会荣誉、家庭仪式、禁忌等。这些家庭内部特有的文化类型，才反映并建构着家庭互动模式和家庭结构。

家庭价值观念是一个家庭的核心灵魂，能够给家庭提供精神动力和目标方向。若家庭秉持积极的价值观念，如崇尚勤奋、努力、团结、合作，那么家庭成员就会以此为信念，去努力奋斗、团结合作；反之，若家庭弥漫着消极的价值观念，如悲观、宿命、被动、妥协，那么家庭成员就缺乏动力去努力拼搏，变得得过且过、意志消沉。

每个家庭经过共同生活，都会慢慢形成家庭精神气质，具体体现在家庭气氛、成员互动关系和成员的言谈举止之中。有的家庭精神气质明快、欢乐和祥和，成员之间可以自由坦诚地交往，言谈举止比较大方自然；有的家庭精神气质比较沉闷、抑郁，成员之间小心谨慎，彼此防范猜忌；有的家庭精神气质比较理智严谨，成员之间相互客气礼貌，维持着虚假的互惠关系，只有合作，没有情感融洽。

家庭社会荣誉是指一个家庭在社会上获得的评价和态度。这取决于家庭成员在社会上的行为表现和家庭集体产生的社会影响力，有时又取决于家庭在应对其他家庭的挑战时的回应模式。比如，布尔迪厄在研究非洲阿尔及利亚的卡比尔人的家庭名誉时，就区分出一般的静态名誉和特殊的动态名誉。动态名誉是指家庭中某类容易遭受攻击的脆弱性要素，虽然很神圣和崇敬，但也因此容易遭受攻击和冒犯，比如家庭中的女性成员、祖先、圣地等。当一个家庭的某类名誉遭受攻击和冒犯时，这个家庭就进入需要做出反击与否的抉择的关键时刻：如果反击，就能修复名誉，甚至获得更多的尊敬；如果不反击，名誉就会蒙羞，严重的会导致社交死亡或者被放逐。[②]

家庭仪式是指家庭面对结婚纪念日、家庭成员的生日和忌日，或者临时的喜

---

① 芙玛·华许．家族再生：逆境中的家庭韧力与疗愈．江丽美，李淑珺，陈厚恺，译．台北：心灵工坊文化事业股份有限公司，2008：80-83.

② 皮埃尔·布尔迪厄．实践理论大纲．高振华，李思宇，译．北京：中国人民大学出版社，2017：34-37.

庆，或者渡过难关时，所采取的一些纪念仪式。仪式感的重视程度确实影响着家庭成员之间的互动模式和关系结构。缺乏家庭仪式感，会让家庭成员缺乏凝聚力；仪式感太重，又会加重家庭成员的心理情感负担。

家庭禁忌是指家庭内部的一些不能公开讨论的人和事，比如家庭成员的犯罪、自杀、特殊疾病、带来家庭羞辱的罪错等。当然，构成家庭禁忌的人和事取决于家庭规范和规则。同样的人和事，不同的家庭规范和规则会形成不同的禁忌。如果一个家庭的禁忌太多，那么这就说明这个家庭的规范和规则比较严格、僵硬，容易导致家庭互动沟通模式的隐晦和扭曲。

与家庭一起工作的文化视角并不是把上述概念作为一种静态的分析框架，关键是如何通过生产家庭故事，形成一种整合的连续的家庭意义、神话和传统，作为应对家庭危机和压力、维护家庭团结、促进家庭发展、构建家庭文化身份的文化资源。芙玛・华许（Froma Walsh）提出遭遇逆境的家庭，建构家庭韧力的关键信念分为三个方面：为逆境创造意义、正面的展望，以及超越性和灵性。[①] 即使在个人主义泛滥的美国，家庭治疗师也认为，家庭逆境需要通过关系的强化来形成危难时刻的生命线，而不是相信超人硬汉的个体英雄主义的神话。只有通过赋予危机正常化、处境化的意涵，并通过正面的积极展望，培养乐观情绪，树立希望，肯定力量和优势，鼓起勇气，坚定信心，人们才能积极行动，创造出新的可能性，甚至可以借助灵性和信仰，超越现实的利弊得失，获得新生或实现另类可能性。

四、与家庭一起工作的发展周期视角

除了上述系统、结构、互动/沟通、文化视角之外，与家庭一起工作还需要重视发展周期视角。只不过家庭发展周期模式通常都是基于中产家庭总结出来的，不一定适合其他阶层或文化的家庭。这一点需要在实践中注意。

（一）中产家庭的常规发展周期

与家庭一起工作，除了上述系统、结构、互动/沟通和文化视角之外，还有一个发展周期视角。就像个体生命有发展周期一样，也有人试图总结出现代社会的家庭发展周期。1948 年，美国社会学家伊芙琳・杜瓦尔（Evelyn Duvall）与鲁本・希尔（Reuben Hill）在全美家庭关系会议上做了有关“家庭关系动态委员会”的报告，报告中首次提出家庭发展周期理论。之后，杜瓦尔不断修正他的家庭发展周期模式，目前主要依据美国中产家庭的理想类型，建构了一个八阶段的发展周期：没

---

① 芙玛・华许．家族再生：逆境中的家庭韧力与疗愈．江丽美，李淑珺，陈厚恺，译．台北：心灵工坊文化事业股份有限公司，2008：84.

有孩子的新婚夫妇；生了孩子的家庭；有学龄前儿童的家庭；有学龄期儿童的家庭；有青少年的家庭；作为发射站的家庭（指像个发射台一样鼓励孩子独立）；中年父母的家庭；老年家庭。①

家庭社会学家提出的中产家庭发展模式，后来被家庭治疗师整合到评估家庭失功能的框架中，作为分析与家庭结构视角相对应的家庭功能任务的发展周期视角。卡特尔（Carter）和麦克高德利克（MaGoldrick）明确提出：家庭问题形成于家庭的既往经历、当前正在克服的任务，以及未来发展方向。② 他们提出，家庭治疗就是要把个人生命周期与家庭发展周期放在一起，分析两者的相互作用、相互影响。个体生命的发展动力来自个体欲望与家庭关系的相互作用，而且个体精神健康和行为问题也是由家庭互动模式和结构系统能否发挥功能导致的。个体发展任务与家庭发展周期的对应关系，被巴恩希尔（Barnhill ）和朗戈（Longo）总结如下③：

没有孩子的夫妇	彼此承诺
育有孩子的家庭	发展亲职角色、接受孩子人格发展
育有学龄前孩子的家庭	引导孩子进入公共机构（育幼机构等）
育有上小学孩子的家庭	引导孩子适应学校生活
有青少年孩子的家庭	协助孩子度过青春期、支持孩子独立发展
孩子踏入社会的家庭	接纳孩子成为独立自主的成人
中年父母的家庭	让孩子离家，学会面对配偶
老年夫妇的家庭	适应老年生活与角色转变

他们认为，家庭和个人一样，会停滞在发展的某个阶段，无法顺应发展变化的要求，甚至在遭遇严重的压力和困难时，会倒退到已经度过的某个早期阶段。这种家庭发展周期的不顺利，会影响到孩子的人格发展，引发精神和行为问题。

（二）常规发展周期与世代传递过程的交叉压力模式

卡特尔和麦克高德利克进一步结合生态系统框架，把社会环境对家庭的压力，与家庭发展周期所面对的常规任务压力结合起来，形成了一个更加立体的分析框架图④：

---

① Irene Golderber，Herbert Goldberg. 家族治疗：理论与技巧：第 4 版. 翁树淑，王大维，译. 台北：扬智图书出版公司，1999：31.

② CARTER E A，MCGOLDRICK M. The family life cycle：a framework for family therapy. New York：Gardner Press，1980.

③ BARNHILL L R，LONGO D. Fixation and regression in the family life cycle. Family process，1978，17（4）：469－478.

④ CARTER E A，MCGOLDRICK M. The changing family life：a framework for family therapy. 2nd ed. New York：Allyn and Bacon，1988.

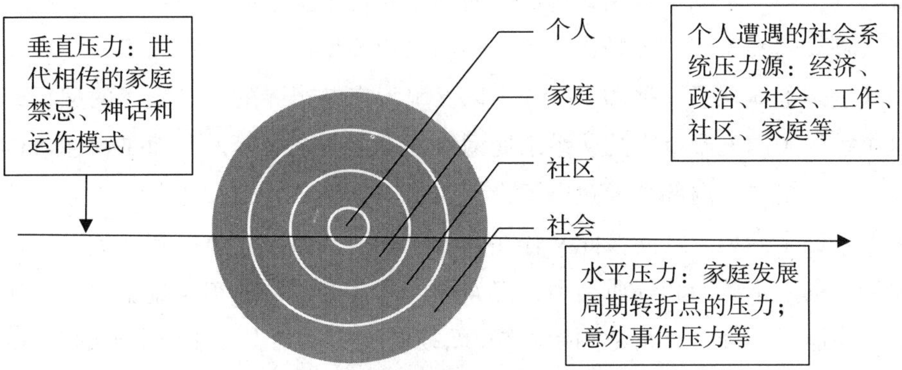

图 7-1　家庭垂直和水平压力源

卡特尔和麦克高德利克认为，家庭中出现的焦虑和紧张都与家庭世代相传的垂直压力，以及本代家庭的发展周期遭遇的水平压力有关系。垂直压力是指世代相传的家庭关系和运作模式，以及家庭内部的态度、信念、故事、神话、禁忌等难以改变的僵硬的限制。水平压力是指现有核心家庭随时间推移而需要应对的发展性压力事件，以及特殊的意外事件（比如死亡、慢性疾病等）。尤其是当水平压力和垂直压力交叉发生时，家庭系统的压力强度会显著提升，家庭成员会出现比较严重的精神和行为问题。

（三）来自性别、文化和阶层视角的挑战

家庭发展周期视角确实有助于帮助治疗师或者社会工作者评估和理解家庭问题的来源，并提供一套解决问题的思路和方案。然而，家庭发展周期理论基本上是基于中产阶层的男性主导的父权家庭模式总结出来的。这种家庭发展周期理论在发展过程中不断遭到来自性别、文化和阶层视角的批判。性别主义认为，主流的家庭发展周期及其功能理论反映的是男人的价值观及其所期望的家庭运作模式，因此需要从女性角度来理解家庭发展周期和家庭互动关系模式。家庭治疗的女性视角就强烈反对智能控制理论，因为这个理论掩盖了家庭互动模式的恒定常态所存在的男性主导地位，进而忽视了女性的价值和积极意义。卡洛尔·吉利根（C. Gilligan）就提出，传统女性倾向于在关系中界定自我，扮演着人类成长不可或缺的照顾者角色，但是常常被家庭和社会贬低为缺乏独立性与理性能力。这其实代表了男性主导的家庭价值观的偏见，以及对女性情感劳动价值的忽视和贬低。[①]

除了性别视角挑战男性中心的主流家庭模式和发展周期，文化视角、阶层视角也是挑战主流家庭模式和发展周期的有力声音。文化视角的挑战主要是指不同族群的文化传统会形成特定的家庭形态、家庭关系、家庭文化与精神气质，这些族群文

---

① GILLIGAN C. In a different voice：psychological therapy and women's development. Cambridge：Harvard University Press，1982.

化特征与现代中产家庭文化模式构成明显的差异，甚至于挑战现代中产家庭文化是代表了一种文明和美好，还是代表了一种霸权和偏见。比如，中国汉人社会的传统家庭模式基本上体现了一种儒家文化中以五服为家庭边界的、扩大了的父系亲属网络。这个扩大了的五服范围的父系亲属网络并不是完全平等的，而是存在着以自我为中心的差序格局，内部会通过分家/分房的方式形成小的家庭生活单元。基于小房单位的家庭生活单元之间彼此又存在着亲疏有别、相互竞争的复杂关系，进而塑造着中国人的人格认同和气质类型：好面子、道义掩盖下的利益竞争关系、注重人情世故、中庸平衡等。[①] 当然，传统文化始终处于变化之中，如今中国的家庭规模、家庭结构和家庭文化正在走向核心家庭化、家庭内部关系的个体化，对祖先的认同也在减弱。但是，儒家文化通过家庭生活所形塑的重视亲情礼仪和人情面子的人生态度与社交方式，依然深刻烙印于中国人的精神气质里。所以，在中国提供家庭服务和家庭治疗的实践中，一味地模仿西方中产家庭的做法，鼓励年轻人断亲、切断原生家庭的根系，走向彻底的独立自主，并不是一种绝对正确的专业态度。

有学者曾指出：脱离阶级分析的性别叙事皆是虚妄。这个论断亦适用于社会工作领域——任何忽视阶级维度的性别视角或民族文化视角皆是虚妄，难以触及结构性压迫本质。女性解放与民族解放必须被置于阶级权力关系中进行定位。当然，今天的阶级视角亦需融合性别视角与民族文化视角，构成交叉分析和联合行动的复合视角。以美国为例，尽管经历了 20 世纪 60 年代的向贫困宣战、第二波女性主义运动、黑人平权运动，但半个多世纪过去了，美国的贫困问题、性别问题、种族问题依然非常严重。受限于福利制度碎片化与严苛的资格门槛，底层苦难呈现出交叉性压迫特征——贫困女性化与种族化（如非裔女性贫困率远超其他群体）趋势加剧。正如当代底层黑人青少年群体的民族志佳作《在逃：一个美国城市中的逃亡生活》（*On the Run：Fugitive Life in an American City*）一书所揭示的，那些因为刑事司法制度的严厉而落入底层生活的黑人青少年，因为缺乏切实的生活机会和教育机会，只能通过与警察进行周旋，在黑市交易中谋生，而那些因为未婚生育的单亲母亲也因为严格的福利限制，只能在零碎的临时工作中奔波而无暇照顾孩子。黑人青少年群体和单亲母亲日益恶化的处境，是与美国社会日益严苛的刑事司法体系和福利监管体系联系在一起的。这些群体甚至无法采取中产阶层女性主义的公开表达策略来维护自己的权益，而只能采取机智的周旋和逃避策略来维持生活。[②]

---

① 有关中国传统家庭关系及其对中国人性格气质的影响，参见许烺光．祖荫下：中国乡村的亲属·人格与社会流动．王芃，徐德隆，译．台北：南天书局，2001。亦可参见费孝通．乡土中国；生育制度；乡土重建．北京：商务印书馆，2011。

② 爱丽丝·戈夫曼．在逃：一个美国城市中的逃亡生活．赵旭东，等译．北京：中国人民大学出版社，2019.

五、与家庭一起工作的核心方法

与家庭一起工作的方法跟前述理论视角有关，限于篇幅，此处不再一一介绍各流派的家庭治疗方法，而是摘取一些比较重要且常用的方法进行介绍。

1. 家庭代际图（genogram）。家庭代际图又叫家谱图，本是一些民族记录家族谱系的一种工具，后来被人类学家用来研究家庭婚姻结构，再后来进入家庭治疗领域，被系统派和结构派家庭治疗师改造后用来研究家庭系统和结构关系。20世纪80年代，美国成立了“家庭系统家谱图标准化委员会”（Committee for the Standardization of Family Systems Genograms）。在鲍文等先驱学者的推动下，该委员会完成了两项里程碑工作：（1）家谱图符号系统规范化——确立临床常用符号的制图标准；（2）家谱图结构与绘制流程标准化——制定跨学科通用的操作指南。[①]

2. 家庭雕塑（family sculpting）。家庭雕塑是利用空间及律动，透过一位家庭成员的角度来了解家庭关系，治疗师会邀请家庭成员把人摆设至各种空间位置，以代表他在某特定时间内知觉到的成员彼此间的关系，透过这种方式把系统理论转译成身体的形式。对于那些难以用语言来描述家庭关系的成员来说，家庭雕塑可以让他们比较容易去展示那些对于他们来说具有意义的界限、同盟、次系统和角色等个人观点。[②]

家庭雕塑通过非语言的静态立体形状，不但可以展现家庭关系与结构，而且可以展现家庭成员所希望看到的改变。通过比较现在的家庭雕塑与未来的家庭雕塑，就可以发现差别，激发改变的动力。这种技术常常被人本主义家庭治疗大师萨提亚用来处理那些陷入僵局的家庭沟通情境。这种手段可以让那些难以言表的家庭互动模式通过动作姿势表达出来，减少了语言表达的威胁，并且可以具体化自己的感受，比语言表达更加准确。尤其是对于内心感觉丰富复杂但又不善于语言表达的人而言，家庭雕塑是一种表达内心感受、展现家庭关系的有效办法。而且，一旦通过身体活动展现出特殊效果，就会引发讨论和对话，从而协助治疗师与家庭成员以及家庭成员之间的充分交流。

3. 家庭编舞（family choreography）。家庭编舞由家庭雕塑衍生而来，主要由家庭治疗的开创者阿克曼的弟子佩奇·帕普（Peggy Papp）所发展。相较于静态呈现家庭关系的家庭雕塑，家庭编舞通过动态身体序列具象化家庭动力系统，揭示隐

---

① 莫妮卡·麦戈德里克，兰迪·格尔森，苏艾丽·佩特里．家谱图：评估与干预：第3版．谢中垚，译．北京：当代中国出版社，2018.

② Irene Golderber，Herbert Goldberg．家族治疗：理论与技巧：第4版．翁树淑，王大维，译．台北：扬智图书出版公司，1999：418.

藏的沟通模式与情感传递路径。一般来说，家庭编舞需要在家庭治疗师的导演下，按照治疗师的要求表现家庭中的同盟关系、三角关系、沟通模式、身体语言和情绪模式等。与家庭雕塑一样，家庭编舞可以起到语言表达所无法达到的效果，甚至会让那些习惯语言表达的人通过家庭编舞达到语言难以表达的意外惊讶效果。[①]

4. 解决方案为焦点的治疗（solution - focused therapy）。家庭治疗并不是都只能通过非语言的图示、雕塑和舞剧来开展，也可以通过语言来进行。只不过在社会建构主义看来，语言并不是用来描述和表达现实的工具，而是可以用来建构社会现实的方式。作为一种建构新社会现实的策略，治疗师要改变语言的沟通策略，不是用语言来分析问题的成因和现状，而是通过特殊的语言交流模式来改变现有的观念和看法，寻找新的方向和另类可能性。解决方案为焦点的家庭治疗方法，就是靠这种新的对话方式来快速寻找到度过家庭危机、解决家庭困难的有效方法。解决方案为焦点的治疗策略主要由史蒂夫·德·沙泽尔（Steve de Shazer）团队开创，该团队相信解决家庭问题并不需要先研究清楚原因和谁承担什么责任，甚至认为，家庭之所以陷入僵局，可能正是因为陷入了对问题的原因和责任的探究过程。因此，要想解决问题，就要跳出问题归因分析，直接寻找解决方案。他们相信，解决方案与问题成因没有对应关系，相反，许多家庭之所以能够灵活应对问题，恰恰是因为这些家庭解决问题的方法和过程比其面对的问题的类型和性质更有相似性。所以，解决家庭问题的关键在于，从问题分析转向寻找解决方案。

解决方案为焦点的家庭治疗试图总结出一些成功改变现状的万能钥匙方法，其中最为核心的两种语言艺术是：（1）奇迹问句；（2）例外问句。[②] 所谓奇迹问句，是指引导当事人设想理想目标状态。例如：若有一天晚上发生了一个奇迹，眼前的问题解决了，你会发现那是一个什么样的情况？你是如何知道的？你的配偶知道的有什么不同？奇迹问句引导当事人去设想自己想要的目标状况，并能展示出自己想要结果的具体情况是什么样的，是如何发生的，这样就使当事人摆脱了纠结于现状的徘徊状态。

所谓例外问句，是指挖掘当事人抱怨之处的例外经验。比如，家长总是抱怨孩子不认真学习，治疗师可以问家长：孩子有没有例外情况？比如看小说、看戏剧、看动漫、运动时会不会认真？孩子在什么地方和什么情况下会认真学习？通过挖掘这些不同内容、不同情境、不同地方的学习状况，启发家长意识到其实不

---

① Irene Golderber，Herbert Goldberg. 家族治疗：理论与技巧：第 4 版. 翁树淑，王大维，译. 台北：扬智图书出版公司，1999：421.

② BERG I K，MILLER S D. Working with the problem of drinker：a solution - focused approach. New York：W. W. Norton and Co.，1992.

是孩子不认真，而是孩子对于学习内容以及学习情境不满意。

当然，关于这种绕开问题的成因和现状、关注未来的成功时刻和例外情况的探寻方式，是不是真正能解决问题，其实是存在争议的。争议的核心就是我们对于问题的界定方式太过于刻板和求真，以至于把某种世俗的标准当作唯一标准，或者彼此之间存在争执不下的分歧，从而丧失了发生改变的机遇和可能性。

5. 治疗性会话和叙事疗法。后现代学派的家庭治疗师哈伦·安德森（Harlene Anderson）与哈里·古利希安（Harry Goolishian）进一步把家庭治疗带向语言系统的干预。他们认为，好的治疗师是在谈话中化解问题，化解问题的过程主要是通过创造一种故事/语言空间，来开启当事人新的思维和行动可能性，当事人向治疗师提供新的想法。所以，对话就显得非常重要。他们反对治疗是一种科学的诊断和干预过程，而认为治疗是一种家庭成员与治疗师一起创造新故事的过程。关键是家庭成员与治疗师的对话不要成为陷入僵局的常规对话，而是开启新的方向与可能性的治疗性对话。所谓治疗性对话，就是一种不同寻常的能够协助家庭成员洞察正在建构的新的家庭关系的意义，并能够导致新的选择和行动可能性的对话环境与对话模式。

进一步把治疗性对话模式落实为一种具体的治疗模式的，是澳大利亚学者迈克尔·怀特（Michael White）与新西兰学者大卫·艾普斯顿（David Epston）。他们发展出了叙事疗法，也是采取语言学策略，采取问题外化（externalization）的对话策略，把当事人的问题“外化”成一个外在的、客观的、控制了当事人的暴君或怪物，从而激发当事人的内在主动性来反抗与抵制这个暴君或怪物的控制。在问题外化的同时，采取重新讲述故事（re－store）的策略，邀请家庭成员叙述他们抵制外化问题的成功经验。同时，通过重组家庭成员（re－member）关系模式，强化这种积极、正向的抵制问题的成功合作经验，以增强家庭抵制困难的行动网络和行动力。另外，治疗师特别注重家庭成员中见证奇迹的支持性关系，采用支持性对话（supportive dialogue），邀请那些有兴趣的家庭成员来倾听成功的故事，见证成功时刻，凸显成功事件的意义，给那些身处困境中的抵抗者以支持。[①]

案例四

花姐是一位年近七旬的老年妇女，因为口腔疾病而入院，后因继发性厌食导致营养不良，需要住院治疗。医生对花姐做了全身检查后，发现并无严重器质性问题，便劝其出院疗养。但是，病人因为无法正常进食，全身消瘦、营养不良，难以出院。孩子们忙于工作，无法照顾，只能靠丈夫到医院护理。后又经反复检查，终于在花姐的脑核磁共振成像中发现有轻微的脑血管硬化，以此作为确诊的疾病，开

① 麦克·怀特．叙事治疗的工作地图．黄孟娇，译．台北：张老师文化出版社，2008.

始按照脑血管栓塞进行治疗。孩子们和丈夫终于松了口气，因为明确了病因和治疗方案。然而，经过溶栓输液治疗，花姐仍然无法下床，因为她还是不愿意吃饭、无法自理，需要人照顾。

社会工作者介入后，用循环问句法询问家人关于花姐疾病的医治方案和照顾方案，发现儿子忙于工作和自己的小家庭，认为母亲太过依赖家人，父亲则太过迁就母亲的依赖心理；而花姐的丈夫长期在外工作，并不习惯回归家庭为花姐提供长期陪护，期待子女们帮助照顾妻子；但是子女们因工作繁忙和受小家庭拖累，难以抽身提供实质性帮助。这样，花姐依赖丈夫照顾，丈夫又因缺乏体贴和照顾能力而依赖孩子们和亲属，形成了一个相互依赖推诿的循环。如何拆解这种相互依赖的家庭互动模式，成为解决花姐问题的关键。

社会工作者并不追问这种相互依赖的家庭互动模式是如何形成的、责任归因如何，以免陷入家庭内部相互推责的死循环，而是思考如何打破这种依赖-照顾-推诿的家庭互动模式。社会工作者开始采用奇迹问句询问花姐：假如花姐病好了，她向往的生活目标是什么？用例外问句询问花姐的丈夫：假如他不再忙碌，回到家庭生活，他们的家庭生活会是什么样的？假如他们夫妻不再省吃俭用，孩子们是否能够独立生活？假如不对孩子们提出照顾要求，孩子们来看望过他们夫妇吗？

通过这种奇迹问话和例外问话，这对老年夫妻逐渐找到了生活目标的重新定位和畅想方向，对孩子们的期待和抱怨逐渐减少。同时，孩子们也提出，现在经济压力不是那么大，如果父母需要，可以资助他们到疗养院疗养，去别的医院进一步检查，查清花姐缺乏食欲的病因。总之，通过叙事治疗，家庭成员改变了相互推诿、指责的互动模式，开始围绕新生活目标而积极互动，寻找相互支持的解决方案。

复习思考题

1. 如何界定个案工作的范围？
2. 如何理解个案工作的人在情境中的视角？
3. 个案工作的核心工作方法包括哪些？
4. 阐述贝特森的人类互动的控制论视角。
5. 阐述鲍文的与家庭一起工作的系统论视角。
6. 阐述米纽钦的与家庭一起工作的结构论视角。
7. 阐述中产家庭发展周期视角，以及来自性别、文化和阶层视角的挑战。
8. 试举例阐述如何通过叙事来重构家庭生活新方向。

推荐阅读书目

1. WOODS M E，HOLLIS F. Casework：a psychosocial therapy. 5th ed. Boston：McGraw-Hill Humanities，2000.

2. Irene Golderber，Herbert Goldberg. 家族治疗：理论与技巧：第4版. 翁树淑，王大维，译. 台北：扬智图书出版公司，1999.

3. 麦克·怀特. 叙事治疗的工作地图. 黄孟娇，译. 台北：张老师文化出版社，2008.

第八章

社会工作干预焦点（中）：与小组一起工作

【教学目标】

学习社会工作的多重干预焦点的中观部分——与小组一起工作的主要策略与方法，包括与小组一起工作的理论视角和核心方法，理解小组概念、分类、小组动力、小组发展周期等基础理论，掌握带领小组的基本技巧。

【本章导学】

小组是指两个以上成员组成、通过互动交往产生小组动力的社会单元。小组的规模要足够小，以至于小组成员可以直接与所有其他小组成员进行沟通，而不是通过其他成员间接沟通。

小组可以分为治疗小组和任务小组两大类。

小组动力是致力于探索小组性质、小组发展规律，以及小组与个体、其他小组和较大制度之间关系的研究领域。

小组发展过程一般分为小组形成期、小组风暴期、规范形成期、发挥功能期、暂停/解散期五个阶段。

与小组一起工作就是把小组作为干预对象和工作伙伴，借助小组动力，来寻找改变的方向、策略和方法。

【关键概念】

小组；小组类型；小组动力；小组发展周期

与小组一起工作，介于与个案工作和社区工作的中间地带，既可以作为一种团体治疗的手段，来治疗小组成员的个体问题，也可以作为一种功能任务小组，借助于团体合作的力量，解决社区中的共同问题。而且，小组工作最能体现社会工作所说的社会性特征，从而区别于临床辅导的心理学特征和社区发展的组织行政特征，因为小组工作主要是借助于小组动力来影响个体以及形成小型社会组织的，这是齐美尔（Simmel）所说的社会交往和社会性的最初起源地。

第一节　小组及小组工作概述

人作为社会性动物，其许多属性是从社会交往中产生的。社会性首先是指一种相互交往基础上的对他人的关心和承让形成的一种互惠性，然后才是指一种抽象的社会结构和社会制度。所以，社会学关心的核心问题是如何从一种小范围的密切交往的社会群体（共同体）向一种大范围的社会交往和社会结构转型的问题。然而，小范围的社会交往和社会互惠始终是人的心理、人格、情感、行为特征塑造的基础，是社会工作关心的关键问题。

一、小组概述

小组工作者首先需要了解“小组”概念及其特征，然后才能明白与小组一起工作的含义和特征。

（一）小组的定义

所谓小组，是指两个以上成员组成、通过互动交往产生小组动力的社会单元。小组的规模要足够小，以至于小组成员可以直接与所有其他小组成员进行沟通，而不是通过其他成员间接沟通。所以，小组不是正式制度结构下的大型组织，虽然大型组织内部有助于产生各种小组，因为大型组织的规模和结构影响了成员之间的直接面对面沟通。

（二）小组的特征

1. 社会互动。小组成员之间发生着各种形式的交往互动，从而实现情感、信息、资源的相互交流和互助。

2. 小组结构。除了那些转瞬即逝的小组之外，一般的小组都会形成某种结构形态，具体表现为角色分工、权力位阶及成员间互动关系的系统性分化。

3. 小组规模。小组规模随成员增减而呈现动态变化，常见类型包括：微型小组（2～3 人）、小规模小组（4～7 人）、中规模小组（8～12 人）、大规模小组（13 人及以上）。研究显示，4～7 人小组最有利于发挥良好互动功能。

4. 小组目标。人们聚在一起形成小组，一般都会产生小组目标。罗伯特·贝尔斯（Robert Bales）最早把小组目标区分成两种：任务目标和情感目标。后来，人们又把任务目标进一步区分为内部共同目标和外部社会性目标。

5. 整合性。社会学家涂尔干最早关注社会整合或者说团结程度和团结方式。

他区分出机械团结和有机团结两种类型，并提出不同程度的团结会导致不同类型的个体行为问题。当代小组动力学主要就是研究小组的内部动力问题，比如小组动力学的开创者勒温就提出小组整合性的两个来源：一个是个体之间的相互吸引；另一个是小组整体氛围的一体感。

6. 时序变化。作为一个过程，小组发展会出现时序变化。但是，关于小组时序变化的模式是循环模式，还是相继模式，存在着争议。贝尔斯基于小组目标的两种属性，提出小组时序变化模式就是在情感表达和完成任务之间波动，试图保持平衡。然而，大部分教科书都采取布鲁斯·塔克曼（Bruce Tuckman）的相继模式，把小组发展过程区分为五个阶段：小组形成期、小组风暴期、规范形成期、发挥功能期、暂停/解散期。

二、小组工作概述

小组工作，或者说与小组一起工作，就是借助小组动力改善小组成员和社会环境的一种工作方法。其发展脉络可被概括为：早期实践侧重组织个体互帮互助以改善生活环境；后期逐渐聚焦小组成员互动方式与动力、形成的共同文化及结构特征对小组功能的影响，由此使小组工作发展为独立专业领域。

（一）小组工作的定义及其与个案工作的差异

1. 小组工作的定义。小组工作是指通过组建和带领一个小组来实现工作目标的工作方式。小组工作的案主是一个多人互动的案主系统，不同于个案和家庭工作，相对聚焦于单一案主，只是把家庭当作一个影响某个成员功能的外围环境。

2. 小组工作与个案工作的差异。首先，个案工作主要是利用心理动力和家庭系统的互动关系作为诊断/评估、干预的理论框架；而小组工作则主要是利用小组过程动力作为促进个体成员改变和完成小组集体目标的手段。其次，个案工作的目标主要是进行治疗/干预，解决案主问题，促进案主成长改变；而小组工作除了发挥治疗作用，解决小组成员个人的问题，也可以发挥集体行动作用，促进社会问题的解决。最后，个案工作主要是通过直接干预策略和间接干预策略来处理人与环境的互动问题；而小组工作则是通过建立小组、引导小组、激发小组内部动力，进而实现对小组成员的积极影响和对社会的积极影响两个方面的功能。

（二）小组工作的起源

小组工作其实是和睦邻运动等社区工作相伴而生的。本书第一章阐述了西方社会工作的两个传统，其中就包括 19 世纪末期亚当斯所开创的社区睦邻运动。社区睦邻运动主要就是通过招募社区成员到社区服务中心形成各种社交小组、学习小组和成长小组，来促进社区团结、挖掘社区发展的内生动力。但是，早期学界主要是从社区组织和发展的角度来理解社区睦邻运动。标志着小组工作走向专业化的，则是1930年格蕾丝·科伊尔（Grace Coyle）出版的《有组织的群体中的社会过程》（*The Social Process in Organized Groups*）一书。这本书在小组工作实务中的地位，相当于1917年出版的里士满的《社会诊断》对于个案工作的价值，标志着小组工作专业化的开启，学界开始研究小组发展过程问题。

（三）小组工作的发展历程

小组工作自20世纪30年代走向专业化之后，朝着两个方向发展：一个是来自社区安置中心和慈善机构的小组工作，主要是组织小组成员开展集体行动和社会民主生活，通过团结合作的办法，共同解决社区问题，促进社会变革和社会公正；另一个是来自精神健康机构的小组工作，开始将小组工作作为集体治疗的手段，用于对精神病患者进行诊断和干预，试图从社会互动/沟通角度来寻找不同于弗洛伊德精神分析的小组干预策略。[①]

推动小组工作专业化的一个重要力量，是美国1947年由勒温开创的国家训练实验室，重点研究小组动力，运用T-小组来帮助行政管理者和其他小组领导者理解小组动力，增强他们带领小组的能力。勒温开创的小组场域理论为研究小组动力提供了一种全新的理论框架，他提出了一个研究个体行为的公式：B=f（P，E）。其中，B代表的是个体行为模式，是由个体性格（P）与环境因素（E）的互动函数（f）决定的。这些因素共同构成了他所谓的生活空间。[②]

20世纪四五十年代是西方资本主义发展的繁荣期，各种社区睦邻中心蓬勃发展，这些社区睦邻中心通过小组工作把新移民、少数族裔青少年组织起来，建立各种童子军和青年会，开展各种娱乐和社会学习活动，帮助这些普通百姓适应和融入美国社会，促进文化交流和交融。甚至，这些社区睦邻中心组织这些小组围绕社区问题进行社会倡导和社会民主实验，来解决社会问题。同时，20世纪50年代美国加州帕罗奥图的心智研究院和华盛顿特区附近的国家精神卫生研究院的精神病医师开始吸纳系统论和控制论等自然科学理论，与人类学家、社会工作者一起组建跨学科团队，研究精神病患者家庭的互动沟通模式和系统，发展出团体治疗和家庭治疗等方法，扩展了小组动力研究的新方向。

然而，到了20世纪六七十年代，美国社会的保守势力日益抬头，对各种社会改良实验的成果予以否定和贬低，整个社会政策呈现出强化社会控制的趋势。社会政策支出转向了工作培训和教育机会，削减了对社区服务和社区发展的投入。这个

---

① 罗纳德·W.特斯兰，罗伯特·F.里瓦斯.小组工作导论：第8版.刘梦，译.北京：中国人民大学出版社，2023：47.

② FORSYTH D R. Group dynamics. 2nd ed. Pacific Grove，California：Brooks/Cole，1990：13.

趋势一直延续到20世纪80年代，刺激学术界产生了一个比较大的争议：到底什么样的社会政策和社会服务项目具有有效性？

于是，自20世纪80年代以来，围绕着绩效评估，学界不再关注开发新的社会服务模式和进行临床实务过程研究，而是开展大规模的实证主义的随机分组实验研究，关心哪种干预策略的效果是有效的。它进而影响了西方社会工作的培养模式，从一种临床实务技巧和能力的培养转向了证据为本的实践策略的研究，也就是培养社会工作者先把问题分解成可测量的行为指标，然后从证据库中搜选相关行为指标的最佳干预策略，用以指导一线实务人员进行相关评估和干预。

证据为本的实践部分挽救了社会服务，但主要限于那些能够被测量成效的认知、行为干预手段，而不是教育性和发展性小组工作策略。21世纪以来，社会工作的预防性和发展性项目等小组工作模式的处境更加艰难。

第二节　小组的类型、动力和发展周期

与小组一起工作的关键，就是首先要掌握小组的不同类型、动力和发展周期，基于这些专业知识开展工作，而不是仅凭自己的兴趣和个人热情去指导小组。这样才能成为专业的小组工作者，而不是一个帮派团体的自然领袖。

一、小组类型

关于小组的类型划分存在多元理论范式，其中对小组工作实务产生深远影响的是C. 帕佩尔（C. Papell）和B. 罗斯曼（B. Rothman）提出的三元分类模式：社会目标小组、治疗小组和互惠小组。[①] 然而，这种分类模式最初只是治疗小组工作实务的理论基础。[②] 罗纳德·W. 特斯兰（Ronald W. Toseland）和罗伯特·F. 里瓦斯（Robert F. Rivas）主编的《小组工作导论》（*An Introduction to Group Work Practice*）第8版，按照功能把小组分为治疗小组和任务小组两大类。其实，帕佩尔和罗斯曼的互惠小组是介于治疗小组与任务小组之间的混合型小组。所以，下面将综合这两种分类模式，把小组按照功能划分治疗小组和任务小组两大类，但其实两者的界限并不是那么严格，当中区分出的亚类型则符合帕佩尔和罗斯曼所说的从治疗到自助互助、再到社会任务的连续谱系。

---

① PAPELL C P, ROTHMAN B. Social group work models: possession and heritage. Journal of education for social work, 1966, 2 (2): 66-77.

② 罗纳德·W. 特斯兰，罗伯特·F. 里瓦斯. 小组工作导论：第8版. 刘梦，译. 北京：中国人民大学出版社，2023：49.

（一）治疗小组

如前所述，在小组工作发展史上，治疗小组主要是一些精神病治疗中心为了寻求新的治疗策略，从个体的精神分析转向了家庭和团体互动模式分析，进而发展出各种治疗小组。所以，治疗小组主要是由各类治疗师主导，为了满足组员的社会经验需求，通过组员的相互影响来解决组员的精神、心理、行为问题的小组。当然，具体而言，治疗小组又根据其治疗功能的强弱，区分为支持性小组、教育性小组、成长小组、治疗性小组、社会化小组和自助互助小组等不同治疗程度的小组。[①]

1. 支持性小组。支持性小组的目标是帮助组员处理生活压力，恢复其应对生活压力的能力。支持性小组的带领者强调共情能力，成为组员间互助的协调促进者。支持性小组一方面依靠带领者的促进协调能力，另一方面主要是发挥组员间的相互支持和帮助的关系。

2. 教育性小组。教育性小组的目标是帮助组员获得新信息、掌握新技术。教育性小组的带领者一般都是这个领域的专业技术人员，所以主要利用讲授或者参与式培训手段来实现教育和培训的目标。但是，相对于正式的教育课程，教育性小组的课程体系和教育手段都体现出一定的灵活性与参与性，并且注重组员间的互帮互学，以达到实用性目标。

3. 成长小组。成长小组的目标是为组员提供成长机会或活动形式，让其体验到自己的情感模式和人格特质，觉识自己的情感模式和人格特质，并尝试去感知他人的情感模式和人格特质，扩展自己的边界。然而，要注意的是，成长小组并不是狭义的治疗性小组，所以并不试图改变或者治疗组员的情感问题。如果在小组中暴露出某些情感问题，则建议其参加治疗性小组。

4. 治疗性小组。这里所谓的治疗性小组是狭义的治疗小组，就是为了借助小组动力来评估和诊断个体的精神、情感问题，并通过干预小组互动模式，发挥小组影响力，来促使个体发生改变，从精神、心理问题中康复。狭义的治疗小组一般都是由专业的精神科医师或者心理治疗师来带领的专业性较强的小组，包括精神病社区康复小组、戒瘾小组、行为矫正小组等。

5. 社会化小组。社会化小组的目标是协助组员学习一些社会交往知识、扮演社会角色，从而更好地实现社会化。一般来说，社会化小组和教育性小组、支持性小组、成长小组有很多重叠的属性，因为社会化过程本身也包括学习一些社会技巧、发展个体认知和共情能力等，所以也都需要带领者给予资源和机会的支持。只不过社会化小组的任务更加轻松，通常采取的是比较轻松、自在的活动形式，比如

---

① 罗纳德·W. 特斯兰，罗伯特·F. 里瓦斯. 小组工作导论：第8版. 刘梦，译. 北京：中国人民大学出版社，2023：21.

游戏、郊游、游学、采访、志愿服务、民主管理等。

6. 自助互助小组。这类小组与前面小组的区别是，它是由组员自己运行、管理的小组，偶尔也需要专业人员协助，但是这并不能改变组员自己主导小组运行的性质。这类小组通常是面临同样问题的同质小组，而且通常是比较长期的问题或需求，比如慢性病自助小组、反复戒瘾不成功的成瘾者自助小组、残疾人自助小组、罕见病家属自助小组等。

（二）任务小组

任务小组通常是为了解决特定社会任务而组建的小组，包括组员共同面对的内部任务小组，以及案主、机构或者社会大众面临的外部社会任务小组。

1. 内部任务小组。内部任务小组是组员面临的共同任务把大家联系起来的小组，一般在成长小组、支持性小组、社会化小组、自助互助小组中都能看到这种属性。这些小组都需要组员共同合作来完成一些任务，要么是为了共同成长，要么是为了解决大家共同面临的压力问题，所以内部任务小组与前述治疗小组的区分是比较模糊的。

2. 外部任务小组。外部任务小组是为了完成外部任务而成立的任务小组，比如为了更好地服务案主而成立的跨专业合作团队或者临时治疗会议等，还有为了机构的管理和发展而成立的委员会、理事会、顾问会议等，以及为了社区共同利益而成立的社区议题关怀小组、行动联盟和代表委员会等。

总之，小组工作作为一种干预策略，除了严格的治疗性小组、外部任务小组之外，其他支持性小组、教育性小组、成长小组、社会化小组、自助互助小组、内部任务小组的划分都不是那么严格，而是相互重叠和互涵的。

二、小组动力

与小组一起工作的最重要的特征是，借助小组动力，对组员产生影响，既促进组员的改变，也完成小组的共同任务目标。然而，小组动力是一把双刃剑，利用得好可以对组员、集体和社会都起到积极作用，利用得不好则对组员、集体和社会都起的是负面消极作用，甚至产生破坏力。比如，历史上的黑帮和邪教组织，就是利用小组动力来吸引组员和控制组员，进而残害组员和反社会。所以，了解小组动力、利用好小组动力，是与小组一起工作的重要学习目标。

（一）小组动力的定义

什么是小组动力？小组动力来自哪些方面？这些都是有争议的话题。最早提出“小组动力”概念的是德裔美国学者勒温。二战期间，勒温移居美国，开始在爱荷华大学儿童福利研究院任教，1945 年，勒温在麻省理工学院创立了小组动力研究中心，专门研究社会场域中的人际互动问题。1947 年，他又创立了美国国家训练实验室，进行人际互动的敏感性实验研究。勒温第一个提出“小组动力”这个词，其包括两层含义：一层是指小组对个体施加影响的过程；另一层是指对这个过程的研究。在后续研究中，两位最有影响力的小组研究者多温·卡特赖特（Dorwin Cartwright）和阿尔文·赞德尔（Alvin Zander）进一步将小组动力明确定义为一个研究领域，致力于探索小组性质、小组发展规律，以及小组与个体、其他小组和较大制度之间的关系。①

关于小组动力到底包括哪些内容，学界至今仍然存在争议。卡特赖特和赞德尔为了防止人们滥用这个名词，只好采取排除法来为小组动力领域界定了一个大致的范围。他们说，小组动力不是在技术熟练的治疗师的指导下通过参与小组所获得的心理幸福；也不是通过某种规则和守则指导下的沟通模式来使个体发展流畅的人际互动；亦不是有关小组组织化的一些格言集合：比如平等参与、民主领导、高水平的组员满意度等。② 那么小组动力包括什么呢？学界主要依据小组属性、小组结构、小组发展、小组互动与小组整合等维度的理论视角及相关研究成果进行阐释。

有关小组动力研究的两个基本理论视角分别来自社会学和心理学。社会学家倾向于把小组当作一个集体，研究小组的影响力以及社会对小组的影响力问题；心理学家则倾向于把小组当作个体的集合，其动力来自个体的思想、行动和情绪。法国社会学家涂尔干在《自杀论》（*Le suicid*）中首先提出初级社会群体的说法，并提出人们在初级社会群体里完成的社会化过程，形成了最初的但是强烈的小组认同。③后来社会心理学家古斯特夫·勒庞（Gustave Le Bon）在《乌合之众》（*Psychologie des Foulse*）中，进一步提出了个体在群体里如何暂时失去理智的群体心理问题。④ 涂尔干甚至认为，在一些比较重要的场合和仪式下，人们会形成一种集体心灵或集体意识。⑤

但是，在心理学领域，心理学家更倾向于个体主义的小组研究策略。比如，著名个体主义心理学家弗勒伊德·奥尔波特（Floyd Allport）在其 1924 年出版的《社会心理学》（*Social Psychology*）教科书里，就明确反对所谓的集体心灵说法，认为这是一种不科学的理论。他认为，只有个体才有神经系统，群体没有神经系统，因此只有把社会心理学当作一种个体的科学，才能避免群体心灵的肤浅说法。⑥

---

① FORSYTH D R. Group dynamics. 2nd ed. Pacific Grove, California: Brooks/Cole, 1990: 13.

② 同①13-14.

③ 涂尔干．自杀论．冯韵文，译．北京：商务印书馆，2020.

④ 古斯塔夫·勒庞．乌合之众．亦言，译．北京：中国友谊出版公司，2019.

⑤ 涂尔干．宗教生活的基本形式．渠东，汲喆，译．北京：商务印书馆，2011.

⑥ 同①17.

当然，随着学术研究的演进，两大学派的理论分歧逐渐弥合。尤其是勒温提出心理学的场论，把格式塔心理学引入小组动力研究，强调整体效能“大于个体效能”之和。后来的心理学家唐纳德·T. 坎贝尔（Donald T. Campbell）在此基础上提出了“群体实体性”（entitativity）概念，用来指小组成员对所属小组的真实性的感知能力。[①] 尽管如此，有关小组动力的研究依然存在着整体主义和个体主义的分歧，进而形成了很多研究议题。

唐纳森·R. 福赛斯（Donelson R. Forsyth）总结出小组动力的研究议题，包括如下几个方面：小组导向和研究方法范畴（主要介绍小组动力学和研究方法）、小组形成和发展范畴（主要研究小组形成、发展、社会化和小组结构）、小组影响和互动范畴（主要研究顺从和影响、权力、领导力）、小组成就范畴（主要研究小组成就、小组决策问题）、小组问题和应用范畴（主要研究环境过程、冲突、组间冲突、集群行为、小组和变迁）。[②] 特斯兰和里瓦斯则把小组动力总结为沟通与互动、小组凝聚力、小组融合与影响、小组文化等四个方面。[③]

（二）小组动力的具体内容

结合以上不同意见，下文试图从四个方面概括小组动力的内涵：小组结构、小组互动、小组凝聚力、小组行动力。

1. 小组结构。根据勒温和坎贝尔的说法，形成一个小组不是一群乌合之众，而是需要进行角色分化，逐渐形成一个基于角色分工的格式塔结构和组员感知到的实体性小组。小组结构并不是根据韦伯的科层模式设计出来的，而是小组成员在执行任务的过程中慢慢出现角色分化，根据个人的角色期待、行为特征自动形成的地位分化和权威关系。另外，小组成员的吸引力也会自动导致小组成员的社会交往能力的分化，有的人更吸引人，有的人则比较孤立。因此，在小组权威结构和社交网络自动分化形成的过程中，能否最终形成相对稳定的结构，是一个需要不断平衡的适应过程。

哈佛大学社会互动实验室的贝尔斯提供了一个描述小组结构分化形态的多层次观察系统（System of Multiple Level Observation of Group，SYMLOG），共包括三个维度：第一个维度反映组员间的权威性，包括上位的支配性、下位的从属性和中立性；第二个维度反映组员间的吸引力，包括积极友善性、消极不友善性和中立性；第三个维度反映组员间的工具性，包括努力向前完成任务的工具性、向后倒退的情感表达性和中立性。这三个维度组合在一起可以组成 27 个小立方体，从而代

---

① FORSYTH D R. Group dynamics. 2nd ed. Pacific Grove，California：Brooks/Cole，1990：18.

② 同①21.

③ 罗纳德·W. 特斯兰，罗伯特·F. 里瓦斯. 小组工作导论：第 8 版. 刘梦，译. 北京：中国人民大学出版社，2023：72.

表了小组分化的不同情况：比如单纯的 U 代表积极支配性角色，单纯的 D 代表被动消极的角色，单纯的 P 代表积极友好的角色，单纯的 N 代表负面不友好的角色，单纯的 F 代表努力执行任务的角色，单纯的 B 代表情绪性角色；UP 代表既有支配性又友善的角色，UPF 代表既有支配性又友善且努力的角色，UB 代表既有支配性又善于表达情绪的角色，UN 代表既有支配性又冷酷的角色等。[①]

2. 小组互动。小组结构的分化既是小组成员互动的结果，也有助于小组成员之间形成稳定且有序的互动模式。20 世纪 50 年代，美国麻省理工学院小组网络实验室的哈罗德·J. 李维特（Harold J. Leavitt）通过实验研究小组互动模式对决策效率的影响。其实验设计采用环形成员排列方式，并通过隔离措施来控制小组成员的信息传递路径。他区分了四种信息传递模式：轮状（围绕中心的轮状沟通模式）、链状（两个端点之间的链状沟通模式）、Y 状（中心节点分叉的树状沟通模式）和环状（全体成员参与的闭环沟通模式）。轮状和 Y 状都属于集中式沟通模式，链状和环状则属于分散式沟通模式。研究发现，集中式沟通模式有助于提升决策效率，分散式沟通模式则会降低决策效率。[②]

然而，后来人们发现沟通模式与小组效率的关系又取决于任务的复杂程度，对于简单任务要求快速决策的适合集中性沟通模式；但是对于复杂多变的任务，则适合分散性沟通模式。这主要取决于集中性沟通模式中的那个中心位置的信息处理能力，当任务复杂度提升导致信息负载超过中心位置的承载容量时，其效率就会下降。[③] 另外，采取什么样的沟通模式取决于小组的目标和需要。如果是为了效率，则采取集中性沟通模式；如果是为了社交和互惠，则采取自由流动性沟通模式。[④]

除了关注小组沟通模式，还要注意影响小组沟通的因素：暗示和强化的信息；小组的规模和座位安排；组员之间的情感联结以及次小组的形成；小组中的权力和地位关系等。小组带领者要善于捕捉组员的情绪和表情，及时采取一些灵活多样的形式来提示和引导组员的发言，防止出现滔滔不绝的话痨和沉默不语的闷葫芦。除了关注组员的个人性格和表情，还要注意小组的规模和座次，大规模群体一般都采取中心到外围的座次，形成高效的集中性沟通模式；而小规模群体为了组员充分交流，往往采取圆形座次，更有利于大家自由发言。

3. 小组凝聚力。小组凝聚力又叫小组整合性，是小组作为一个集体对组员的吸引力和影响力。如前所述，社会学家涂尔干以及社会心理学家勒庞都强调，在初级群体或者暴民集体中，会形成一种集体心灵或者集体意识，让那些成员暂时失去

① FORSYTH D R. Group dynamics. 2nd ed. Pacific Grove，California：Brooks/Cole，1990：134－135.

② LEAVITT H J. Some effects of certain communication patterns on group performance. Journal of abnormal and social psychology，1951，46（1）：38－50.

③ 同①131－132.

④ 罗纳德·W. 特斯兰，罗伯特·F. 里瓦斯. 小组工作导论：第 8 版. 刘梦，译. 北京：中国人民大学出版社，2023：77.

个体理智，顺从集体的思想情绪和行为模式。这是从整体主义视角对群体凝聚力所做的最早的分析。后来，人们进一步研究到底是什么因素产生了集体凝聚力和影响力。克里斯·S. 克兰德尔（Chris J. Crandall）针对大学啦啦队、舞蹈队、运动队、女生联谊会等各类青少年群体暴饮暴食的行为模式展开研究，其结果表明：小组规范、小组信息、小组人际关系都是影响小组凝聚力和影响力的重要因素。[①] 小组规范如果比较明确而且严格，就会对组员产生较强的控制力，因为不遵守小组规范会引发地位下降、被拒绝和被驱逐；小组信息也是影响组员顺从的重要因素，尤其是在信息获得不是很公开透明的情况下，人们会通过自己所在的小组传递和获取信息，而且会通过交流彼此的看法来形成相对一致的看法和观点，从而产生小组内部的一致性意见和立场；人际关系也是影响小组凝聚力和影响力的因素，人们通过小组内的劝说、协商、结盟和打压等社交策略而对组员产生影响。当然，每个人的地位和个性特质也会影响他顺从或者独立的程度。一般来说，那些处于领袖地位、具备较强独特魅力的人容易主导小组的意见和态度，而那些地位微弱、新加入的、人格特质比较孤僻的组员要么积极顺从，要么成为替罪羔羊。

4. 小组行动力。小组行动力是指完成任务的成就能力。贝尔斯提出小组的功能包括工具性和社会表达性两大方面，后来又划分为工具性、社会性和支配性三个维度。所以，不仅仅是任务小组，任何小组多多少少都有工具性的一面。作为工具性功能的核心载体，小组必须具备行动力来完成任务。但是，小组能否有效地完成任务目标呢？这是建立小组，尤其是任务性小组的关键问题。值得注意的是，小组任务存在引发小组竞争与组员焦虑等负向机制，可能导致小组绩效衰减。因此，小组整体效能受任务类型与组织结构适配度的双重制约。

伊万·斯坦纳（Ivan Steiner）发现，并不是所有任务都有现成方案可供借鉴，但是几乎所有任务都依赖特定社会结合模式。[②] 斯坦纳提出，社会结合的过程取决于任务需要，小组行动力取决于三种因素的组合：

第一，任务的可拆分性。所谓可拆分性，就是任务是否可以拆分成不同的部分，进而由不同的人员或部门来执行拆分的任务。现代工业的出现正是因为把产品拆分成不同零件，再通过不同车间加工零配件，然后组装成工业品，从而实现了大规模生产的效率优势。然而，不可拆分的独特任务，比如文学创作、艺术创作、科学发明等，一般都是由松散的个体独立完成的。

第二，想要的产出类型。如果任务的产出是一种数量的最大化，那么产出成就可以采取量化的方式进行衡量；如果任务的产出是一种最优化方案，那么产出成就则只能通过接近最优标准的程度来衡量。两种成就测量标准也决定了小组采取哪种组合方式。

---

① FORSYTH D R. Group dynamics. 2nd ed. Pacific Grove，California：Brooks/Cole，1990：160－170.

② 同①260.

第三，社会组合方式。斯坦纳提出，把个体任务组合起来的方式可以分为如下几种：累加性任务，就是把个体任务简单累加起来；相互抵消性任务，需要把个体的任务进行平均化，形成一个小组标准；断裂性任务，针对非此即彼的问题，则需要个体具体回答，无法组合；联合性任务，要求把每个组员完成的一部分任务组合成一个整体；自由裁量的任务，要求组员自主决定采取什么方法来组合他们的投入。

尽管人们可以根据小组任务的属性和成就衡量方式来进行不同的组合，从而提高小组行动力，但只要是集体活动，就可能出现效率损失，这主要是因为在集体行动中难免出现搭便车行为或者所谓的闲逛摸鱼现象。

如何减少小组完成集体任务时的搭便车和摸鱼现象，福赛斯总结出如下三种策略：

第一，通过测量个体贡献来增加个体的辨识度。之所以出现搭便车和摸鱼现象，是因为有的组员认为个体的贡献无法在最后成绩中区分出来，干多干少一个样。为了减少这种心理，小组就要采取个别化绩效考核办法，衡量个体的贡献度，区分个体的贡献大小。

第二，增加组员的投入性。研究发现，当组员个体得失与集体成就高度相关时，他们就会投入集体活动中，减少搭便车和摸鱼现象。所以，小组带领者要尽量采取一些手段把集体任务和个体命运、荣辱、得失联系起来，这样才能减少个体搭便车和摸鱼现象。

第三，对同伴的信任。减少搭便车现象的另一策略在于提升组员间的信任度。若组员过度理性化，将他人预设为搭便车者，其自身亦会因此而降低投入。如何消解个体的理性自利倾向？关键在于强化组员联结与认同，构建信任关系及责任共担意识。唯此方可从根本上减少搭便车现象。埃莉诺·奥斯特罗姆（Elinor Ostrom）研究发现，只有对于那些小型封闭性社群，经过长期的社会互动，形成了内部强信任关系，才能产生集体合作，减少公共池塘利用中的搭便车现象。①

三、小组发展周期

如前所述，塔克曼把小组发展过程区分为五个阶段：小组形成期（forming）、小组风暴期（storming）、规范形成期（norming）、发挥功能期（performing）、暂停/解散期（adjourning）。下文就对这五个阶段的基本特征和功能给予简要介绍。

（一）小组形成期：初始导入阶段

在小组形成期，小组成员相互不熟悉，彼此之间小心翼翼地、礼貌客气地问

---

① 埃莉诺·奥斯特罗姆．公共事务的治理之道：集体行动制度的演进．余逊达，陈旭东，译．上海：上海译文出版社，2012．（原书名中的“公共事物”，这里改为“公共事务”。）

候。根据个人的性格和小组性质，有的组员相对而言比较开放和大胆，会主动搭讪和问候，有的组员则比较被动，防御性较强。但是，整体而言，大家的互动是一种社交性的、表面的、客套性的交流，极少涉及个人隐私和秘密。

随着相处时间增多，相互防范和阻抗的心理会随着破冰行动而逐渐消除，组员之间彼此有肢体性接触，甚至通过真心话大冒险活动展露出自己的个性特征。组员彼此熟悉后，开始袒露真实心声和对小组的期待，逐渐认同自己作为小组成员的身份，并对小组其他成员有了基本的信任。

（二）小组风暴期：小组冲突阶段

随着小组成员彼此熟悉，他们之间的互动日益频繁和深入。这时候小组成员之间开始出现分歧，彼此之间的冲突也就难免发生。这种基于意见分歧而产生的冲突并不是真正的冲突，社会心理学家莫顿·杜伊奇（Morton Deutsch）称之为虚假冲突，或者自闭型冲突，因为都是在不了解对方或者他人意见的情况下，各自以自我为中心发表意见导致的冲突。这种冲突是可以通过相互沟通来解决的。还有一些是结构性冲突，源于成员行为失范或时空资源配置失衡，其解决路径在于制度化调节：对于频发迟到等程序性冲突，可通过程序性规则建构予以规范；针对座次布局引发的参与度失衡（如方形座位的边缘效应），采用环形空间配置可实现成员注意力的均衡分布。

关于组员之间的冲突，社会学家拉尔夫·达伦多夫（Ralf Dahrendorf）认为，并不是所有冲突都是坏事，冲突恰恰是小组动力的一部分，只有通过冲突才能促进小组角色分化、分工合作，形成真正融洽的关系。相反，逃避冲突才是小组功能失调的表现，因为这会阻碍小组成员真实意图的表达，维持一种表面和谐、内心不满的虚假和谐状态。

社会学家刘易斯·科赛（Lewis Coser）从功能论角度提出，冲突既有破坏小组团结的一面，也有促进小组团结的一面。冲突的这种看似矛盾的社会功能主要是由如下机制产生的：冲突可以把小组中潜在的不一致因素消除掉，重建团结关系，因为冲突可以让对立双方公开自己的意见，并通过协商互动来解决冲突，这样就消除了彼此之间的分歧，在分裂发生的初期预防了小组的解体。

当然，并不是冲突越多越好、越激烈越好，而是需要将之控制在一定的范围内。欧内斯特·波尔曼（Ernest Bormann）提出了冲突门槛理论，认为小组中存在一个冲突的容忍门槛，如果发生了初级冲突，大家通过沟通、协商，解决了冲突，那么小组冲突就会下降到容忍门槛以下。但是，次级冲突仍然会伴随着小组发展而产生，从而超过容忍门槛，这时就得有内在或者外生的干预来解决冲突，从而把冲突降低到容忍门槛以下。可是，如果小组中长期没有冲突，或者冲突水平很低，那么这就表明小组很冷漠、单调、缺乏吸引力，也需要采取一些措施来制造话题、引发争论，从而把冲突提升到容忍门槛水平。所以，理想的小组冲突水平是围绕着容忍门槛上下波动、动态发展的。[①]

（三）规范形成期：小组整合阶段

规范形成期强调小组内生规范，而不是外部强加规范，所以又叫作整合阶段。内生规范一定是经过了一段时间的交往互动乃至争吵冲突之后，逐渐生成的一种小组内在的整合属性，主要表现为小组团结感、协作关系和小组精神等集体心理氛围。小组通过这种内生的价值规范去调节和稳定其内在发展动力，具体表现为对小组成员施加压力以促使其遵循小组的目标、决策和规范。基于此机制，塔克曼将这个阶段称为规范阶段。

规范形成期小组的具体表现为如下三个方面：（1）不断增强的小组统一性。这种小组的统一性不但表现为组员之间的关系是正向积极的，而且表现为组员对整个小组的归属感在增强。一种“我们的感觉”发展出来，组员开始自觉维护小组的荣誉和形象，防止他人的攻击和批判。（2）小组稳定性。这种小组稳定性主要表现为组员愿意待在小组内，把小组当作一个统一的单位，而不是因为某个成员才愿意进入小组。只有从对组员的认同转变为对整个小组的认同，才能真正保障小组的稳定。（3）组员满意度。整合性小组的组员满意度普遍高于非整合性小组。大量研究发现，在整合性小组中，无论是工业生产小组、运动队、教育机构中的小组，组员都反映有积极、正向的体验，包括自尊提升、安全感增强、焦虑和压力降低。

当然，并不是小组规范越强越好，因为如果太过团结整合，小组对不同意见的容忍度就会降低，对小组成员的控制性会增高，甚至会歧视和打击不同意见者。太高整合度的小组也可能降低生产效率，并为小组任务的失败寻找替罪羔羊。

（四）发挥功能期：执行任务阶段

当小组度过了混乱冲突期，形成了小组的内在规范和团结，小组才可以真正发挥其功能，执行其任务。无论是工具性任务、治疗性任务，还是学习性任务、自我成长性任务，都需要小组相对成熟之后，才能去执行。

尽管如此，并非所有小组成员都能在小组中展现出生产性，获得成长或有所收获。这取决于个体对小组的归属感和认同度。若个体始终保持旁观者的姿态，或者消极被动地跟随，那么，即便其他组员已展开高效率工作，或者有深度体验与改变，其仍可能未积极参与，沦为小组中的摸鱼者、抽离的旁观者或评价者。对于这类组员，最好尽早劝退。

当然，如果小组只是一个社交性小组，或者是一个临时聚合的娱乐小组，那可

---

① FORSYTH D R. Group dynamics. 2nd ed. Pacific Grove，California：Brooks/Cole，1990：80－82.

能就不需要强调生产性，仅需发挥松散的社交功能，或由外在力量进行结构化安排。

（五）暂停/解散期：小组分解阶段

当小组完成预定任务或者达到预定目标和时间时，小组就会按计划解散；小组也可能因为缺乏资源或者不可抵抗的外力而自然解散。无论是哪种情况，小组解散都会给小组成员带来压力和负面情绪，无非是按计划解散带来的压力小于意外解散带来的压力。这些负面情绪包括相互抱怨、孤立无助、焦虑、生气、挫败感等。为了尽量减少或者消除这些负面情绪，小组带领者应该采取一些措施，和大家一起总结小组历程、分享彼此的感受、鼓励个体自主独立，建立以后联系支持网络等。

第三节　带领小组的核心方法

明白了小组的类型、动力和发展周期，小组带领者就可以更好地学习带领小组的原理，掌握带领小组的方法和技巧。本节集中阐述带领小组的原理和核心方法。

一、有效领导的核心特征

与小组一起工作是社会工作者需要掌握的核心专业方法之一，其典型实践包括组建小组并引导其达成治疗性目标或完成特定任务。因此，与小组一起工作的核心方法在于领导与引导能力。需要澄清的是：社会工作者的引导角色与小组内部自然产生的领袖之间如何协同？社会工作者在小组中扮演临时外部引导者角色，需要掌握小组领导者的通用方法与技巧，同时逐步赋权于小组成员承担领导职能，自己则渐次退出主导地位。

现代组织的领导模式虽趋向民主型与法理型，但成为领袖仍需具备特定素质与能力。领导成效受组织任务、成员特质、小组动力及外部环境等因素影响，需灵活调整领导风格。研究表明，有效领导需在综合权衡多重因素后，发挥变革型领导的作用，即通过愿景激励与个体关怀促进集体成长。

变革型领导一般具备如下特征：（1）表现出高水平的能力和可信任度；（2）启发和激励组员发表自己的看法；（3）激励组员独立和创造性地思考问题；（4）理解每个组员各自有不同的需求和目标。总之，变革型领导一定是给组员赋权的领袖，是能够帮助组员协调个人目标与小组目标，使其达成一致，并实现协同成长与改变的领袖。[①]

二、带领小组的互动模式

因为带领小组的社会工作者不是小组内生的领袖，而是一种被指派的、外生的暂时性领袖，所以其带领小组的方式就需要在小组目标、问题类型、小组环境、小组整体、小组组员、小组领导者之间进行综合平衡，形成一种动态的互动模式。[②]

1. 小组目标。小组目标取决于小组类型，治疗小组是借助小组动力来学习某种观念、行为方式，实现组员的改变；任务小组是借助小组动力来完成某项特定的工具性任务。这些不同性质的小组类型及其任务目标影响着小组领袖带领小组的方式。治疗小组一般要求带领者有更强的专业知识和技巧，通过结构性小组活动来主导小组的活动；任务小组一般要求带领者鼓励和培养小组成员逐渐实现内部角色分化与任务分工，依靠小组内部力量产生解决问题、提高生产效率的动力。

2. 问题类型。无论是治疗小组，还是任务小组，都需要提前评估组员的问题，以及这些问题中哪些是共性的，哪些是个别性的。成立小组，要么是通过小组集体力量来解决组员的共性问题；要么是借助小组环境和小组动力，促使个别组员学习借鉴他人的经验实现成长改变。若组员仅仅围绕自身问题抱怨并提出要求，且难以引导其借鉴其他有类似问题组员的经验、获得启示，那就需要将其从小组中撤出，采用个案的方法对其进行辅导和帮助。

3. 小组环境。小组环境即小组工作环境，包括资助方提供的资金、规范和期待；具体的工作物质环境，即空间结构、设施条件、奖品礼品等；外在的社区环境，即社区的权力结构、文化氛围、人际关系等对特定小组的支持友好程度，以及社区中类似机构和组织的竞争、合作关系。

4. 小组整体。小组整体主要是指小组的规模、小组的开放性、时间限制等客观因素，以及小组的动力关系和发展阶段。尤其是小组的动力关系和发展阶段，直接影响着小组领袖的角色。一般来说，在小组发展初期，小组成员缺乏动力，更需要小组带领者发挥主导性角色，通过结构性小组活动来增加组员之间的互动；伴随着小组的发展，小组动力增强，小组带领者就要逐渐赋权小组内部产生领袖和角色分工，渐渐退出主导角色。

5. 小组组员。组员的属性和性格也是影响小组带领者的行为模式的关键因素。有些组员比较缺乏社交技巧和参与小组活动的动力，有些组员则乐于、善于社会交往和参与集体活动。当然，这背后又涉及人到底是社会性动物还是理性的独立自主

---

① 罗纳德·W. 特斯兰，罗伯特·F. 里瓦斯. 小组工作导论：第8版. 刘梦，译. 北京：中国人民大学出版社，2023：110.

② 同①111.

个体这一问题。其实抛开这种抽象的人性之争，每个人的性格既有生物基础，更有社会后天环境塑造出来的性格类型。一般来说，知识分子更喜欢独立自主、批判性地思考，而体力工作者则更喜欢群体归属和社会交往；青少年热衷于群体归属和交往，成年人则相对独立自主和理性。这些都是社会化的产物。小组工作本来就是一种再社会化的形式，所以要根据组员个体特征和小组发展阶段，来引导组员逐渐参与小组活动，形成小组归属，承担小组角色，发挥小组功能。

6. 小组领导者。社会工作者带领小组，本身拥有一定的权力基础、技巧水平、个性特点和领导风格，这些都是影响小组功能和发展状况的重要因素。小组带领者的权力基础来自授权来源的合法性、自身的专业水平、关键信息的掌握程度、联合支持者、掌握的奖励和强制性手段等。当然，核心是小组带领者要把外部的授权和权力手段转换为内在的知识、信息、能力和获得认可等内在权威。这些都取决于小组带领者所学习掌握到的带领小组的专业知识和技巧，以及个人风格的养成与投入。

三、带领小组的技巧

尽管小组功能发挥是多因素互动的结果，但领袖的领导技巧与独特风格仍是关键影响因素之一。特斯兰和里瓦斯把带领小组的技巧分为推动小组发展过程的技巧、信息收集和评估技巧、行动技巧三大类。[①]

（一）推动小组发展过程的技巧

推动小组发展过程的技巧是指根据小组动力和小组发展阶段，小组带领者引导组员参与小组活动、促进小组成员互动交往的过程性技巧，主要包括如下六种类型：

1. 关注技巧。这是指小组带领者通过眼神、肢体语言和口头语言来传达态度、情感和意图的技巧。关注技巧的关键是要真诚和共情，而且要尽量做到公平和照顾弱者。当然，如果在小组初期，带领者要注意不能太过关注那些沉默者，避免引发强烈的防御和抵抗心理。

2. 表达技巧。这是指小组带领者要协助组员表达出他们的内心想法和感受的技巧。许多组员内心有想法，但是碍于小组压力或者个人表达能力而不会表达。小组带领者就要通过鼓励、提示、概述、重构等策略来帮助组员表达出自己内心的真实想法。而且，要注意尽量鼓励组员表达自己的感受，避开组员的评论和批评，让小组成为一个情感回声器，不要形成相互指责的冷酷氛围。

---

① 罗纳德·W. 特斯兰，罗伯特·F. 里瓦斯. 小组工作导论：第8版. 刘梦，译. 北京：中国人民大学出版社，2023：119.

3. 回应技巧。这是指小组带领者对组员的意见或感受进行回应的技巧。回应技巧需要小组带领者更加谨慎和主动，因为不是所有组员的意见和感受都是有助于小组动力与小组发展的。有些意见和感受是消极、负面的，甚至是破坏性的，这就需要小组带领者选择回避甚至阻止性回应方式；有些意见和感受是积极、正面的，小组带领者就要予以强化、肯定和鼓励。当然，所谓的消极与积极、负面与正面，都是根据小组功能、小组目标来判断的，而不是根据个体身份来判断的。

4. 聚焦技巧。对于那些具有特定功能或任务的小组来说，聚焦技巧非常重要。这是指小组带领者在进行开放性交流、讨论之后，围绕小组的既定主题与目标，把组员分散的意见和感受引导到特定主题与目标上的技巧，具体包括对组员发言的分析判断、归纳重述、提炼主题等。

5. 明确小组过程。这是指小组带领者鼓励组员抽身观看其他组员的表现，并对自己和他人的互动模式和沟通策略进行评估与交流，从而引导组员意识到小组互动方式和沟通方式的技巧。这种技巧可以促使组员更加自觉地把握和决定自己参与小组互动的态度和实际状况。

6. 明确小组内容。这和聚焦技巧类似，是指小组带领者引导组员不断重复他们要讨论的小组主题和焦点，自觉地回到小组主题和焦点上，减少跑题和离题现象的技巧。只不过聚焦是靠小组带领者来主导，而明确小组内容是小组带领者提醒组员来把握与控制小组互动、沟通的主题和内容，通过组员来聚焦主题。

（二）信息收集和评估技巧

与前述推动小组发展过程的技巧更多强调小组互动和沟通等过程因素不同，信息收集和评估技巧是一种比较理性化的技巧，它要求小组带领者充分调动自己的信息加工能力和逻辑思维能力，对组员个人状况和小组整体状况做出恰当的判断。具体来说，信息收集和评估技巧包括：

1. 明确与描述一个问题，从而把这个问题与背景、其他情况区分开来，以便做深入系统的分析和判断。

2. 收集信息、提问和追问技巧。明确了具体问题，接下来就是收集信息。小组带领者在收集信息时，要根据组员特征和小组氛围，来判断如何提问、如何追问，既不要穷追不舍，也不要错失机会。可以通过自我表露，或者其他组员示范，或者给予更多的共情与支持，来降低组员的防御和紧张心理。

3. 总结与分解。这是指小组带领者要善于及时总结那些分散的发言和信息，形成一个主题；或者把一种模糊笼统的问题分解为具体而切实的问题，以利于分析和解决问题。

4. 综合与分析。综合与分析是逻辑思维的两个重要方法：前者是指从杂乱无章的信息或现象中概括出联系和线索，试图发现某种规律或模式，主要运用的是归纳逻辑；后者是指在总体性规律和模式的基础上，进一步通过演绎推理，分析其中的因果机制或者反馈机制，预测可能出现的结果。

（三）行动技巧

行动技巧是小组带领者更加积极主动地介入小组行为和任务的技巧。这种技巧是在信息收集和评估的基础上，小组带领者实施的行为干预技巧，也是建立在小组互动过程基础上的行为干预技巧。只有建立良好的关系并做出准确的判断，小组带领者才能进行恰当的干预。具体而言，行动技巧包括如下十一种：

1. 支持技巧。这种技巧主要用于在一些组员遭遇压力或处于脆弱状态时，为其提供情感、物质上的支持与帮助，使他们能够克服问题、实现成长改变。该技巧也涵盖促进组员之间的互助与支持，进而培育小组内部接纳、包容、关怀、互助的文化氛围。

2. 重新解读和定义。为了打开凝固僵硬的局面，小组带领者需要扮演专家的角色，对小组中流行的那些无效而固守的看法、态度和情绪模式，提供另类的视角、框架和模式，鼓励组员探索与试验不同的视角、框架和模式，从而实现成长改变。

3. 推动组员间的互动沟通。小组互动沟通模式包括圆柱形（链状）、焦点式（轮状）、知更鸟式（Y 状）、轮流式（环状）及自由式等类型。初始阶段，组员因彼此陌生而容易形成以带领者为中心的焦点式沟通模式。此时，带领者需要主动引导组员互动。例如，当组员询问自身行为是否适当时，带领者可鼓励其向全体成员阐述观点与依据，并收集反馈意见。

4. 指引。指引是小组带领者引导其他组员发言或者扮演某个角色。相较于前面的技巧，这种技巧对组员的干预程度更高，因此要更加谨慎地评估指引会引发组员什么样的反应，尽量减少阻抗。

5. 意见、建议和指导。这是指对那些面对具体问题的组员给予更加明确、直接的专业意见和建议，指导他们解决具体问题。当然，这些意见和建议都要有针对性，而且给出的方式要带有试探性和鼓励性，不能太过生硬。另外，适当的时机、情境、语言和文化的敏感性、支持网络，都是专业意见和建议能否发挥作用的影响因素。

6. 提供资源。一般来说，开展小组活动不能仅仅在室内搞活动，更要提供相应的资源、条件，让组员把在小组活动中学到的技巧和策略运用到生活中。这就需要小组带领者依托机构或者社区，提供资源和社会关系，协助组员完成相关社会任务或者实现成长改变。

7. 自我袒露。有时，面对某些尴尬或者隐私性问题，小组陷入了僵局，组员们不知道如何回应。这时，小组带领者可以通过自我袒露个人经验或者看法，示范一种开放、冒险、坦诚的态度。当然，自我袒露不要成为带领者的自我炫耀和展示，以免适得其反，影响小组的互动与交往。

8. 示范、角色扮演、演练和教导。当小组带领者传授一种新的沟通策略、行为技巧、情绪处理方式、人际互动模式时，不仅需要口头讲解，而且需要通过示范、角色扮演、演练等技巧，来教导组员掌握新的技巧。

9. 对质技巧。对质技巧是针对那些总是逃避问题、假借理由、否定现实等的组员，小组带领者采取的一种质问、澄清和辩论的技巧。对质技巧和自我袒露技巧一样，不能轻易采用，因为这是在日常生活中容易引发矛盾和冲突的沟通方式。只有彼此建立了良好的信任关系，并且是在一个相对安全的环境中，小组带领者采取对质技巧，才可能促使组员面对自己的真实情况和内心世界，不再逃避和掩盖。

10. 解决冲突。小组发展到一定阶段，就会出现内部冲突或者引发外部冲突，这时就需要小组带领者使用解决冲突的技巧来协助小组解决内、外部冲突，促进小组顺利发展。解决冲突的技巧要区分冲突的类型，采取不同的策略。对于规则不清晰导致的冲突，要及时制定或者调整规则；对于立场、观点差异导致的冲突，要引导双方理智表达各自的立场和观点，学会倾听对方的声音，学会求同存异、和而不同；对于权力、资源差异导致的冲突，要通过建立权力平衡机制来制约力量的失衡，恢复势均力敌的平衡局面。

11. 与外部机构协调。有时，组员与外部组织和机构发生冲突，小组带领者要能够代表小组出面与相关组织和机构进行协调，这时就需要小组带领者能够动员一定的权力和资源，或者学会运用相关的权力、制度和规则，来维护组员的权利，化解冲突和矛盾。

案例

恒星伙伴计划是由万科公益基金会、北京合一绿色基金会联合发起的可持续社区创建项目领袖成长支持项目。该项目采取非限定性支出资助计划，在全国各大城市选择环保类社会工作机构领袖，提供项目支持，资助他们到所在城市社区进行垃圾分类宣传、厨余垃圾堆肥、创建生态花园和生态菜园，实现垃圾减排、分类、再生、循环利用，创建可持续社区。该项目的具体做法是通过各类小组活动，给项目伙伴提供行动研究、教育培训、技术支持、项目逻辑梳理、项目交流学习等小组活动。而每个项目伙伴在本地选择社区落实执行项目时采取的策略也是建立各类居民小组，包括垃圾分类宣传教育小组、垃圾分类志愿监督小组、厨余垃圾堆肥小组、社区生态花园创建小组、社区生态菜园创建小组。通过双层小组工作策略，恒星伙伴计划在北京、上海、青岛、西安、南宁、贵阳等各大城市培育出多个城市生态社区创建领袖，又通过这些社工领袖在城市社区里采取教育、成长、支持、自助小组策略，发展出各种垃圾分类、厨余堆肥、生态花园和生态菜园创建行动小组。

复习思考题

伴随着社会竞争压力提前传递机制的影响，东亚国家的教育优势逐渐转化成高度竞争的应试教育模式。这种高度竞争的应试教育机制导致中学生围绕着高考指挥棒，逐渐被训练成“小镇做题家”。当“小镇做题家”考上大学后，围绕“绩点”的竞争机制进一步致使当前大学生群体中出现躺平和内卷两种分化趋势，他们日益丧失自主创新能力、团队合作能力、健全的社会交往能力。请你根据所学的小组工作的知识和技巧，设计一个小组活动，以促进大学生的社会交往、自我探索和多元兴趣发展。

推荐阅读书目

1. 罗纳德·W. 特斯兰，罗伯特·F. 里瓦斯．小组工作导论：第8版．刘梦，译．北京：中国人民大学出版社，2023.

2. 古斯塔夫·勒庞. 乌合之众. 亦言，译. 北京：中国交谊出版公司，2019.

第九章

社会工作干预焦点（下）：与社区和组织一起工作

【教学目标】

学习社会工作的多重干预焦点的宏观部分——与社区和组织一起工作的主要策略与方法，包括与社区和组织一起工作的理论视角和核心方法，掌握促进社区和组织发生积极改变、解决问题、发挥功能的专业能力。

【本章导学】

社区既指传统社会的一种社会团结交往的类型，也指一种发挥现实功能的社会空间，进而产生集体归属和身份认同。

研究社区既要研究社区的符号互动，也要研究社区的生态关系和权力关系。

与社区一起工作就是把社区作为干预对象和工作伙伴，组织动员社区成员共同寻找社区改变的方向、资源、策略和方法。

社会工作组织虽然具备韦伯所说的工具理性的特征，但并不是一种营利性组织，而是完成社会使命和目标的组织。

社会工作组织的使命目标是在组织与环境的互动中贯彻落实的，因此需要从组织内部运行和组织环境互动两个角度进行分析。

与组织一起工作就是把社会工作组织作为干预对象和工作伙伴，与组织相关人员一起寻找组织改变的方向、资源、策略和方法。

【关键概念】

社区发展；资源动员理论；组织学习理论；批判反思策略

一般来说，根据社会工作的核心概念“人在环境中”，社区和组织被当作社会工作评估与干预的环境因素，作为间接手段来帮助个人解决问题。但是，也有学者提出，社会工作之所以是社会工作，不同于心理咨询，就是因为社会工作是通过社会环境的干预来实现助人目的的。比如，美国社会工作学者哈里·斯派切特

（Harry Spechet）和马克·科特尼（Mark Courtney）就在《失去信仰的天使：社会工作如何放弃自己的使命》(*Unfaithful Angels*：*How Social Work Has Abandoned its Mission*）一书中指出，“社会工作者的目标是帮助人们利用社会资源——家庭成员、朋友、邻里、社区组织和社会服务机构等——来解决问题……他们解决与社区有关的问题，而不是个人的人格问题。如同社会工作者通过组织人们形成群体和组织，通过社区教育和组织发展来开发、加强这些资源的职能非常重要一样，帮助个人利用社会资源也是社会工作实践的主要职能之一”[①]。本章将围绕社区和组织的概念、理解社区和组织的不同视角以及社区和组织干预策略等问题进行介绍。

第一节　与社区一起工作

社区工作是在睦邻运动、社区互助、社区发展、社区动员等历史工作基础上发展出来的宏观社会工作策略和方法。它并不是指在社区开展的个案工作的环境改善方面，而是一种相对独立的社区组织、社区资源动员、社区团结和社区发展的宏观社会工作流派。

一、社区概念与社区演变

社区研究是古典社会学的经典主题。这些经典研究奠定了社区发展和社区工作专业的理论基础。

（一）社区概念

1. 作为共同体的社区。在古典社会学中，“社区”概念是相对于“社会”概念而言的，也就是说，社区是传统社会的一种社会结合方式，社会则特指现代社会的一种社会形态。这主要是由德国古典社会学家斐迪南·滕尼斯（Ferdinard Tönnies）提出的观点。他在1887年出版的《共同体与社会》(*Gemeinschaft und Gesellschaft*）一书中，明确指出社区和社会是两个纯粹的社会学概念，指的是传统与现代两种理想类型的社会形态。在滕尼斯那里，社区被称为共同体，是指一种依靠稳定的自然意志把人们联系在一起的有机体形式的共同生活形态，包括血缘共同体、地缘共同体和宗教共同体等三种不同类型。他认为，这三种共同体都是依靠天然的、有机的形式联系在一起的传统社会人类生活形态，不同于现代社会那种人为

---

① SPECHT H，COURTNEY M E. Unfaithful angels：how social work has abandoned its mission. New York：Free Press，1993：23.

选择的、机械的联系方式。①

为此，涂尔干与滕尼斯还发生过争论。涂尔干认为，传统社会并不是依靠自然意志把人们组织成类似于有机体的社会形态，而是一种依靠特定的集体仪式和集体情感把人们临时组织起来的机械团结，传统社会的日常生活是一种分散而自由的生活状态；恰恰是现代社会有了社会分工和市场交易，才把人们组织起来形成一种紧密而相互依赖的有机体状态。②

2. 作为一种社会空间的社区。抛开社会学界有关传统社会与现代社会团结交往机制的分歧，对于社会工作而言，“社区”概念更类似于费孝通当年翻译“共同体”这个概念时所指出的，它是一种社会空间，一种社会的缩影。费孝通说：“以全盘社会结构的格式作为研究对象，这对象并不能是概然性的，必须是具体的社区，因为联系着各个社会制度的是人们的生活，人们的生活有空间的坐落，这就是社区……社区分析的初步工作是在一定时空坐落中去描写出一地方人民所赖以生活的社会结构……第二步是比较研究，在比较不同社区的社会结构时，常会发现每个社会结构都有它配合的原则，原则不同，表现出来结构的形式也不一样。”③ 作为一种社会空间和小社会的社区，确实可能会有滕尼斯所说的那种共同体属性，但是也存在涂尔干所说的那种相互竞争和紧张的社会关系，每个具体社区的特定社会关系和交往互动形态则需要具体分析。

3. 社区的特征和功能。美国社区工作学者菲利普·费林（Philip Fellin）就说，社区是具有如下三种特征的社会单元：（1）满足生计需要的功能性空间单元；（2）一种模式化互动的社交单元；（3）集体认同的象征性单元。④费林提出的三种社区特征，其实相当于给社区下了一个定义，包含了功能性空间、社会互动、集体认同三个条件。但是，伴随着现代流动社会、网络社会的到来，地理空间不再是社区的必要条件，因为人们有可能通过方便快捷的交通设施和通信手段，实现跨地理空间的交往，形成各种功能性社群；也可能通过网络社交媒体，形成虚拟社区。总之，在现代社会，地理空间并不是限制人们社交和认同的因素，人们可能形成跨地理空间的多重交往空间和认同形式。当然，这并不是说地理空间不重要了，它依然是许多人进行社会交往、满足功能性需求、产生集体认同的重要场所。

作为功能性地理空间的社区，一度成为社会学和社会工作领域的研究重点，大家都从结构功能角度研究小型地理社区如何围绕着人类需求发挥功能，形成各种社区制度。只不过人类学与社会学更加关注社区结构功能的不同类型和变迁趋势，而

---

① 斐迪南·滕尼斯．共同体与社会：纯粹社会学的基本概念．林荣远，译．北京：商务印书馆，1999.

② 涂尔干．社会分工论．渠东，译．北京：生活·读书·新知三联书店，2000：68.

③ 费孝通．乡土中国；生育制度；乡土重建．北京：商务印书馆，2011：95.

④ FELLIN P. Understanding American communities//ROTHMAN J，ERLICH J L，TROPMAN J E，COX F M. Strategies of community organization：macro practice. 5th ed. Itasca，IL：F. E. Peacock，2001：114－128.

社会工作则更加强调如何建设完善社区功能，解决社会问题，满足人们的需求。美国社会工作学者罗兰·华伦（Roland Warren）指出，社区的功能包括如下五个方面：（1）生产-分配-消费功能；（2）社会化功能；（3）社会控制功能；（4）社会参与功能；（5）互助支持功能。①

（二）社区演变

1. 社区消亡论。古典社会学的一个核心问题意识就是，伴随着现代化进程，社会交往的组织形式发生了重大变化，在滕尼斯看来，就是由一种紧密的自然意志结合在一起的有机体状态，转向了一种松散的、靠选择意志进行理性选择的机械状态；在涂尔干看来，就是由传统社区依靠集体仪式把人们团结起来的机械团结，转向了现代社会依靠社会分工把人们团结起来的有机团结，那些市场交易的社会基础也是不确定的，可能面临着社会解组问题。后来韦伯虽然没有直接讨论社区与社会的关系，但是他对于现代社会的诊断基本上也是沿着滕尼斯的思路，从理性化角度来认识现代化进程对社会关系的影响，而理性化导致的结果就是传统习俗、神圣、信仰等联系纽带的瓦解，导致世界的脱魅，即一种众神纷争的、意义消失的、冷冰冰的社会关系。这被概括为社区消亡论。②

2. 社区复兴论。社区消亡论强调社会关系转型与农村社区空间式微，但工业化后的地理空间是否彻底失效？研究发现，即便在工业城市，居民仍对特定空间（如工人聚居区）产生依附与认同，形成独具特色的工业社区。1949 年后，伴随着单位制的建立，中国出现了类似于西方工业社区的单位社区（如厂矿家属院）。尽管第一代移民保留乡土情结，但第二代已深度融入城市社区，与乡村联系显著弱化。20 世纪 60 年代，大量城市社区研究涌现，揭示了工业化时代社区形态的适应性复兴。

3. 社区区隔论。除了工业社区、单位社区之外，其实城市社区最大的问题是不同阶层的社区生活区隔化，以及社区内部的堕落问题。美国著名社会学家威廉·朱利叶斯·威尔逊（William Julius Wilsom）在《真正的穷人：内城区、底层阶级和公共政策》（*The Truly Disadvantaged: The Innercity, the Underclass, and Public Policy*）一书中，专门研究了芝加哥穷人社区的生活状况，提出了“低下阶层”这个概念。低下阶层是指，由于文化歧视和社会排斥，美国的非裔群体身边的白人和其他中产逐渐逃离了中心城区，搬离到城市郊区的封闭社区，这导致中心城区的非裔美国人社区缺乏工作、缺乏中产阶层的榜样和社交，真正陷入了没有生

---

① WARREN R L. The community in America. Chicago: Rand McNally and Co., 1963.

② 程玉申，周敏．国外有关城市社区的研究述评．社会学研究，1998（4）.

机、没有希望、依靠救济金和地下非法活动谋生的状态，社区内部日益败坏。[①]

4. 社区分化论。伴随着阶层空间区隔现象的出现，社区内部的社会关系与交往网络也开始出现了分化现象。有的社区居民之间缺乏联系和交往，成为陌生人“无缘”社区；有的社区则有着较好的社区组织和社交网络，能够发挥守望相助、监督防护作用。美国社会学家罗伯特·J. 桑普森（Robert J. Sampson）把这种社区组织程度和社交网络称为邻里效应。他根据这个概念进行操作化，来测量不同社区的邻里效应，然后以此来推断社区内生秩序的集体效能的来源。研究发现，凡是邻里效应比较好的社区，社区集体效能也比较好，社区内生秩序比较好，犯罪率、未婚先孕率、吸毒率等指标都比较低。[②]

所以，当下有关社区的研究不再争论是社区消亡还是社区复兴，而是具体而细致地研究社区的结构、文化和资源配置，看看什么样的社区类型会导致什么样的社区后果。这对于社区工作而言尤为重要，因为与社区一起工作就是要重组社区关系、挖掘社区资源、促进社区发展。

二、社区工作的权力关系视角

当古典社会学家将传统社区浪漫化为一个互助互惠系统时，政治社会学家则采取权力关系视角来分析基层社区的权力结构和运行机制问题。根据韦伯的观点，权力是一种能够在公共行动中实现自己意志的行为，即使正在参与这个行动的其他人抵制其意志。所以，韦伯是从个体或者集体意志施行的角度来理解权力的，也是从人际互动中来理解权力的，权力是对他人的一种影响力。但是韦伯并不关注权力的暴力形态，而是关注那种能够部分获得他人服从的命令关系，他称之为统治/支配关系。他认为这种统治/支配关系的基础一定具有某种合法正当性，让他人服从命令。这种合法正当性要么来自传统世袭，要么具有现代法理基础，要么具有介于两者之间的克里斯马人格特质。[③]

韦伯的定义太过强调合法正当性，而不顾现实社会大量存在的反抗和冲突。吉登斯从马克思主义出发，提出权力既可能是一种冲突关系，也可能是一种同意性支配关系。他进一步提出支配关系主要依靠两种资源：权威型资源和配置型资源。权威型资源主要是由政治机构掌握并实施的资源，主要是对人施加命令的手段；配置

---

① 威廉·朱利叶斯·威尔逊．真正的穷人：内城区、底层阶级和公共政策．成伯清，鲍磊，张戌凡，译．上海：上海人民出版社，2007.

② 罗伯特·J. 桑普森．伟大的美国城市：芝加哥和持久的邻里效应．陈广渝，梁玉成，译．北京：社会科学文献出版社，2018.

③ 苏国勋．理性化及其限制：韦伯思想引论．北京：商务印书馆，2016：184-199.

型资源主要是由经济机构掌握并实施的资源，主要是对客体、商品施加命令的手段。①

实际上，无论是韦伯还是马克思或者吉登斯，他们的理论都触及社区空间中的资源分配和权力关系问题。从古至今，社区都不是一方净土，不是只有和谐、安宁和互惠互助，而是围绕着资源配置和权力关系持续生成竞争与冲突的场所。只不过这种竞争与冲突有时像马克思所说的那样，借助文化符号体系，形成了一种获得大家认同的霸权统治模式；也或者像韦伯所说的那样，借助法律体系，形成了一种具有合法正当性的统治秩序。

关于现代社区中的权力关系，现代化理论假设其必然经历从传统社区的精英长老控制向现代社会的民主治理模式的转变。对此，学界关于美国社区权力结构的研究存在两种不同观点：一种观点认为，无论是基于社区声望研究还是社会位置法研究，美国社区的权力结构均集中在少数精英手中，因而主张现代社区依然是一种精英主导的权力结构；另一种观点则认为，社区权力研究不应囿于社会声望或社会地位等静态结构，而应聚焦公共事务的决策过程。从这一视角出发，研究发现现代社区的公共事务决策普遍通过透明、公开、多元竞争的途径实施，符合政治多元主义理论。②

中国的基层治理体系经过现代民族国家改造和共产主义革命，基本上打破了宋以来的地方家族主义掌控的传统，实现了由长老精英统治向现代基层民主政治的转变。尤其是党的十八大以来，党中央、国务院非常重视基层治理体系和治理能力的现代化，2021 年发布了《中共中央、国务院关于加强基层治理体系和治理能力现代化建设的意见》，提出“力争用 5 年左右时间，建立起党组织统一领导、政府依法履责、各类组织积极协同、群众广泛参与，自治、法治、德治相结合的基层治理体系”。基层治理体系是国家治理体系的基石，是全过程人民民主的重要实践形式。在村民/居民自治的制度框架下，通过民主选举、民主协商、民主决策、民主管理、民主监督等“五个民主”机制，坚持共建共治共享原则，构建人人有责、人人尽责、人人享有的基层治理共同体。

三、社区工作的符号互动视角

符号互动论是美国社会学家乔治・H. 米德等人开创的理论，起源于美国芝加哥大学，是一种融合实用主义哲学、心理学和社会学的跨学科理论。符号互动论强

---

① GIDDENS A. The constitution of society: outline of the theory of structuration. Cambridge: Polity Press, 1984: 31-33.

② 戴维・A. 哈德凯瑟，帕翠霞・R. 鲍沃斯，斯坦利・温内科. 社区工作理论与实务：第 2 版. 夏建中，等译. 北京：中国人民大学出版社，2008：155-157.

调，社会生活是围绕着日常生活情境，借助符号体系赋予情境意义，并基于这种情境意义进行人际互动、产生社会秩序的过程。就传统社区生活而言，每一个社区都有自己的符号体系和价值意义，形成了本社区的文化传统，这种社区文化传统给社区成员提供了社会交往的情境模式和基本规则，他们可以借此与其他社区成员顺利进行社会交往。

当然，对于现代社会而言，因为社会流动性和异质性增强，地理空间中符号体系和价值体系不再是统一的，而是可能形成多元的符号体系和价值体系，所以各类人群是通过归属自己所认同的符号体系和价值体系来寻找同类成员进行交往与互动，进而形成了多元化的共同体。这些多元化的异质的人群共同体，彼此之间可能形成或和谐共生、或相互隔离、或相互排斥甚至相互挤压的群体关系。因此，在现代社会，社区工作的关键就是在支持与培育多元化的自助团体、兴趣小组和功能性组织的同时，鼓励这些多元社区团体、小组和组织相互之间形成更高层次的集体认同，形成费孝通所说的“各美其美、美人之美、美美与共、天下大同”的文化自觉意识，构建多元一体的互嵌式社区社会结构。[①]

四、社区工作的人文区位视角

人文区位学，又叫人文生态学（human ecology），是芝加哥大学社会学家罗伯特·E. 帕克（Robert E. Park）、E. W. 伯吉斯（E. W. Burgess）等人提出的一种研究城市社区的具体理论。它是在把生态学理论运用于研究特定地理空间中的人群分布和互动情况时所形成的一种理论。人文区位学的核心观点是，居住在特定社区空间中的人群为了获取资源、生存下去，会形成竞争与合作的社会互动过程。由此，特定社区的人群关系既可能是相互合作、互惠互利的共生关系（symbiotic relation），也可能是相互竞争、相互争夺的共栖关系（cohabitant relation）。不同的区位生态关系形成一个动态演化的适应过程，这个过程取决于特定空间中的资源数量、人口数量、人们的组织程度、人们生计的互补性，以及社区边界的开放与流动程度等。[②]

人文区位学把特定社区中的人际关系区分成竞争与合作、中央集权化与分权化、集中化与分散化、整合与分割、改变与停滞的连续谱等多种议题。竞争与合作是用来描述特定社区中人群围绕既定资源所展开的竞争的程度的；权力关系是调节竞争关系的手段，权力形态会围绕中央集权与分权两个极端而变化，以便找到均衡的权力形式；集中与分散是用来描述人们社会交往的组织程度的，初来乍到的人们

① 费孝通. 费孝通论文化自觉. 费宗惠，张荣华，编. 呼和浩特：内蒙古人民出版社，2009；费孝通. 中华民族多元一体格局. 北京：中央民族大学出版社，2018.

② HAWLEY A H. Human ecology：a theoretical essay. Chicago：University of Chicago Press，1986：4.

会集中在一起，随着环境适应和发展需要的变化，会逐渐分散开来；改变与停滞的连续谱是描述社区发展变化的两个变量，用来描述社区组织、空间占领的继替方式。

人文区位学作为社会工作尤其是社区工作的基础理论，揭示了特定社区空间中人们展开资源竞争、权力结构形成、组织构建、空间占据及代际更替的动态过程。该理论不仅阐释了社区生活的资源依赖性与互依性特征，同时指出了社区生态发展具有不确定性——其演变受资源禀赋、人口规模、组织形态、竞争格局及权力关系等多重因素影响。因此，社区既可能呈现和谐共生的良性发展态势，也可能陷入恶性竞争、人口流失乃至生态失衡的恶化状态。

五、社区工作的干预策略

前述三种理论视角为社区工作提供了理论基础，但是作为一种专业实践，社区工作更需要基于理论视角探索、总结有效实用的干预策略和实践模式。下文就对 20 世纪 50 年代以来国际社会流行的社区工作策略和模式进行概要性介绍。

（一）中国共产党开创的群众动员策略

中国共产党在革命根据地时期逐步形成并发展了动员、组织群众的群众工作方法，这一方法后来被毛泽东、刘少奇、邓小平等革命领袖总结提炼为毛泽东思想活的灵魂。历史上，中国共产党对群众路线进行过三次系统性的理论总结。

第一次系统论述是在 1945 年党的七大会议上。毛泽东在《论联合政府》的政治报告和《愚公移山》的闭幕讲话中，都重点阐述了群众路线问题。刘少奇在七大会议上所做的关于修改党章的报告，将毛泽东的群众路线思想概括为四个基本观点：一切为了人民群众的观点，一切向人民群众负责的观点，相信群众自己解放自己的观点，以及向人民群众学习的观点。

第二次系统论述是在 1956 年党的八大会议上。邓小平在《关于修改党的章程的报告》中，根据新中国成立后毛泽东的新论述，对群众路线的内涵做了新的概括。他指出，党的群众路线包含两个基本方面：其一，从党的性质和宗旨出发，要求每一个党员必须养成全心全意为人民服务、向群众负责、遇事同群众商量、同群众共甘苦的工作作风；其二，从工作方法角度，重申并强调了“从群众中来，到群众中去”的根本工作方法。

第三次系统论述是在 1981 年党的十一届六中全会上。全会通过的《中国共产党中央委员会关于建国以来党的若干历史问题的决议》对群众路线做出了更加完整的理论概括，明确指出：“群众路线，就是一切为了群众，一切依靠群众，从群众中来，到群众中去。”此后，党的十三大又进一步补充强调：“把党的正确主张变成群众的自觉行动。”

中国共产党的群众路线是动员组织人民群众的基层社区工作策略，它是基于以下对群众属性的理解：群众既是革命的力量和历史的主体，但又是需要教育和引导的普通大众。因此，毛泽东指出，做群众工作既要依靠群众和相信群众，同时又要教育群众和引导群众，要防止“命令主义”和“尾巴主义”。刘少奇在党的七大报告中对“命令主义”和“尾巴主义”做了阐述：“命令主义”是指“用简单的、生硬的、命令的办法强制群众接受党的口号与任务，并强制群众起来行动。…… 特别在提出了过高的口号与过左的政策，引起群众的怀疑与不满之时，他们更用强迫命令甚至惩办主义的办法，去推动其工作”[①]；“尾巴主义”则是“迁就群众中错误的意见，而跟随在群众自发运动的尾巴后面跑，不能对群众实行正确的有远见的领导”[②]。

作为一种具体的社区工作策略，党的群众路线是通过具体的工作机制和工作手段来完成的，具体表现为每次面临重大任务或者艰难斗争形势时，都会抽调工作组作为群众运动的发动者，深入基层社区与群众“同吃、同住、同劳动”，在建立深厚的工作关系之后，通过发动群众、组织新的社区组织，通过“诉苦大会”等集体仪式，营造出集体情绪，最终掀起从“翻身”到“翻心”的革命斗争，产生现代国民意识和国家认同。[③]

新中国成立后，在社会主义建设时期，运动式治理依然是中国共产党完成重要公共政策任务、推动经济社会政治结构改变的策略。只不过，新中国成立后，党通过群众动员进行社会建设和社会改革的类型更加多元，包括生产劳动、思想改造、社会改造、政治改造等。根据冯仕政的解释，新中国成立后之所以还要不断发动大规模的、广泛的群众运动，主要是因为社会主义教化政体下的克里斯马权威类型。[④]作为中国工人阶级的先锋队，中国人民和中华民族的先锋队，中国共产党必须代表最广大人民群众利益，带领全国各族人民进行社会主义现代化强国建设，以中国式现代化全面促进中华民族的伟大复兴。只有通过这种超凡的建设业绩，才能给中国共产党带来坚实的统治基础。在一个基层社区日渐涣散、个体主义日益凸显、各种社会力量相互竞争的社会基础上，中国共产党必须通过不断地发动各类群众运动来完成各种公共政策任务和长远历史使命。

发动群众、组织群众、教育群众和引导群众是中国共产党的革命传统，也是其先锋队政治属性在基层社区工作中的具体体现。面对日益开放流动的社会环境和不断增强的民主法治意识，中国共产党在坚持这一传统的同时，与时俱进地提出必须

① 刘少奇选集：上卷．北京：人民出版社，1981：346.

② 同①345.

③ 李里峰．工作队：一种国家权力的非常规运作机制：以华北土改运动为中心的历史考察．江苏社会科学，2010（3）；郭于华，孙立平．诉苦：一种农民国家观念形成的中介机制．中国学术，2002（4）.

④ 冯仕政．中国国家运动的形成与变异：基于政体的整体性解释．开放时代，2011（1）.

坚持和完善中国特色社会主义制度，不断推进国家治理体系和治理能力现代化。对于社会治理而言，习近平总书记提出了社会治理社会化、法治化、智能化、专业化的要求。[①] 而对于基层治理体系，2021 年发布的《中共中央国务院关于加强基层治理体系和治理能力现代化建设的意见》中，明确提出：建立起党组织统一领导、政府依法履责、各类组织积极协同、群众广泛参与，自治、法治、德治相结合的基层治理体系；坚持全周期管理理念，强化系统治理、依法治理、综合治理、源头治理；坚持共建共治共享，建设人人有责、人人尽责、人人享有的基层治理共同体；完善社会力量参与基层治理激励政策，创新社区与社会组织、社会工作者、社区志愿者、社会慈善资源的联动机制。在 2024 年党的二十届三中全会通过的《中共中央关于进一步全面深化改革　推进中国式现代化的决定》中，更是明确提出：健全社会工作体制机制，加强党建引领基层治理，加强社会工作者队伍建设，推动志愿服务体系建设。

（二）西方国家开展的社区工作策略

社区睦邻运动是欧美国家社会工作的传统之一，通过社区组织和互助体系推进殖民地的社会福利也是西方国家对殖民地统治的策略之一。二战后，美国社会工作人员国家协会为了总结社区工作的工作经验，委托杰克·罗斯曼（Jack Rothman）对相关文献进行总结。1968 年，罗斯曼发表了著名文章《社区组织实践的三种模式》（“Three Models of Community Organization Practice”），总结归纳出地区发展模式、社会行动模式和社会计划模式。[②] 该社区工作实践模式的总结基本上反映了西方国家在非暴力革命、非大规模社会运动背景下推进社区组织建设和社区发展的实践经验。

1. 地区发展模式。这是指通过广泛动员社区居民参与、协商和交流，促进社区居民之间就某些公共议题形成基本的共同意见，并在此基础上组织居民形成自助、互助小组，开发社区资源、提升社区能力、推动社区发展。地区发展模式在第三世界发展援助中被广泛采用，它和各种物资、技术援助相结合，通过参与式培训和能力建设，培养社区内生动力和发展能力，强调共识与合作，注重过程目标的实现。

2. 社会行动模式。这是指针对社区中存在的资源分配不均、权力结构失衡、群体关系不平等等现象，发动那些受压迫、受剥削、受歧视的弱势群体，就其相关的公共议题进行讨论和交流，促进其意识觉醒，并协助其采取非暴力革命、非大规模社会运动的策略性行动，来对抗那些不公平的结构和制度，推动社区公平发展。

---

① 中共中央文献研究室. 习近平关于社会主义社会建设论述摘编. 北京：中央文献出版社，2017：135.

② ROTHMAN J. Three models of community organization practice// National conference on social welfare，social work practice. New York：Columbia University Press，1968.

社会行动模式是一种冲突取向的干预策略，但是不鼓励大规模的暴力运动，而是针对特定目标的有效行动策略。

3. 社会计划模式。这是指通过专业技术人员在国家或者相关社会组织的资助下，对社区特定问题进行调查、研究，提出改善目标和行动方案，然后筹集资源，落实执行社区改善方案的做法。一般来说，政府官员和社会精英都喜欢社会计划模式，因为这种实践模式的干预策略强调的是理性策略和控制执行过程，减少居民参与和社会冲突。但这只是一种理想状态，现实中大量的规划性项目要么因为不切实际，要么因为顾此失彼，最终走向失败或者建成后利用率低下。

正如罗斯曼所说，上述三种实践模式的划分只是为了理论上的方便，它们之间不仅是相互重叠的，而且是动态变化的。他在 2001 年对这三种模式的动态演变关系进行了阐释，指出：社区工作应当从社区调查和社区教育起步，通过培育社区邻里组织，进而开展社区资源的发掘与开发；若出现资源控制结构不公，则可能引发社区投诉或抗议行动；当通过社区行动改善资源配置结构后，则需推进社区规划。需要强调的是，在社区规划与项目实施过程中，必须始终引导居民参与，建立邻里小组，共同参与项目的规划、实施与监督。①

这种实用主义的改良工作策略，这几年也随着国际交流的增多，被国际组织和一些社会组织引入我国，进入中国的扶贫开发、社区教育、公益慈善等领域。甚至在城市社区的治理和服务中，也越来越多地强调借鉴国际社区工作策略，因为它虽然起源于西方国家，但因为是一种非暴力革命、非大规模运动的实用改良策略，所以也适用于中国基层社区的日常公共事务的参与式协商治理和社区服务。

（三）当前正在出现的中西方社区工作的共同趋势

通过对比中国共产党的群众路线和群众动员策略，与西方社区工作的实践模式和干预策略，我们发现，中国和西方国家的社区工作模式和策略，在遵循本国制度和国情的基础上，出现了一些共同趋势。

1. 都强调以人民为中心的发展观。正如党的二十大报告中所言，人民性是马克思主义的本质属性，坚持全过程人民民主，坚持以人民为中心的发展思想，扎实推进共同富裕。② 西方社区工作也始终强调以社区居民为中心，强调居民参与和培养社区组织，只不过西方社区工作所采取的是一种实用主义的改良工作策略，并不适合革命与大规模运动。

2. 都强调对基层的赋权。在 2021 年发布的《中共中央国务院关于加强基层治

---

① ROTHMAN J. Approaches to community intervention// ROTHMAN J, ERLICH J L, TROPMAN J E. Strategies of community intervention: macro practice. 6th ed. Itasca, IL: F. E. Peacock, Wadsworth Publishing, 2001: 27-64.

② 习近平．高举中国特色社会主义伟大旗帜 为全面建设社会主义现代化国家而团结奋斗：在中国共产党第二十次全国代表大会上的报告．北京：人民出版社，2022.

理体系和治理能力现代化建设的意见》中，提出的基本工作原则就是："坚持因地制宜，分类指导、分层推进、分步实施，向基层放权赋能，减轻基层负担。"长期以来，基层社区工作就是上面千条线、下面一根针，各种牌子、各种任务、各种考核指标，导致基层社区工作负担越减越重，出现"小马拉大车"现象。所以，2019 年党的十九届四中全会通过的《中共中央关于坚持和完善中国特色社会主义制度 推进国家治理体系和治理能力现代化若干重大问题的决定》中提出："推动社会治理和服务重心向基层下移，把更多资源下沉到基层，更好提供精准化、精细化服务。"

西方社区工作基层缺乏组织体系，更多是靠各类居民组织进行自我管理和服务。所以，西方国家的基层社区治理和服务体系存在很大的差异，有的社区自助团体、志愿协会、社会支持网络发展得比较好，那这类社区的社会秩序和居民生活质量就比较好；反之，社区秩序和居民生活就比较差。所以，西方学者提出，要对那些缺乏自助团体、志愿协会、社会支持网络的社区，通过赋权的策略来培育社区集体效能感。[①]

3. 都采取优势视角，挖掘社区内在资源，促进社区发展。中国的基层社区治理自古以来采取的都是半正式的治理策略，依靠社区中的半正式官僚体系，来连接上层政府与社区居民，实现了简约化治理。[②] 这主要就是发挥社区内在力量和优势，依靠社区自治解决社区问题。然而，中西方社会现代化进程的共同特征在于，传统地缘社区的式微与个体化、网络化社会的兴起。面对这一趋势，中西方社会均需通过基层治理体系和治理能力现代化建设，重构社区的生计支持、社会交往、互助服务及秩序维护等功能。值得注意的是，在现代化基层治理的理解上，中西方存在差异：中国着重构建党组织领导下的基层政权和基层治理体系，而西方社会则更侧重于专业社区工作者的组织、动员及教育策略。为避免科层化职业体系可能导致的效率困境，我国社区工作体制可在基层党组织的领导下，建设一支精干高效的专业社区工作者队伍，采取现代专业化的组织、动员和教育策略，实现 2021 年发布的《中共中央国务院关于加强基层治理体系和治理能力现代化建设的意见》中提出的"社区与社会组织、社会工作者、社区志愿者、社会慈善资源的联动机制"。

第二节　与组织一起工作

与组织一起工作，并不是社会福利行政或者社会组织管理，而是指如何让社会工作组织更加充分地体现社会工作的伦理价值、实现其服务人群的使命、发挥其服

① 罗伯特·J. 桑普森. 伟大的美国城市：芝加哥和持久的邻里效应. 陈广渝，梁玉成，译. 北京：社会科学文献出版社，2018.

② 黄宗智. 国家与社会的二元合一：中国历史回顾与前瞻. 桂林：广西师范大学出版社，2022.

务人群的功能。所以，它与一般的社会福利行政或者社会组织管理相比，更强调社会服务的社会工作专业性，而不是组织管理学关心的组织效率或者组织稳定性问题。当然，社会工作毕竟不是一门高度自治的专业，而是借助社会福利资源和民间公益慈善资源甚至客户/第三方付费来提供专业服务的，所以如何平衡社会福利行政和社会组织管理的需求与社会工作的专业自主性的关系，是中西方社会工作实践中的共同难题。

一、组织分析框架

社会工作不是一门高度自治的专业，它需要借助社会福利资源和民间公益慈善资源，甚至客户/第三方付费才能发挥作用。因此，社会工作必须通过一种组织化形态才能发挥作用，社会工作组织主要是在动员社会资源、完成社会使命之间发挥组织管理作用。然而，流行的组织管理理论都是基于企业等营利性组织而产生的，尤其是科学管理主义在组织管理领域长期流行，导致社会工作组织也深受其影响，强调效率和管理制度，忽视了使命和专业自主性，致使社会工作组织普遍为管理主义所束缚，难以发挥服务人群、解决问题的专业使命。① 有研究发现，中国的社会工作组织，由于受政府购买服务的招投标机制和具体考核指标体系的约束，日益降维成非专业的劳务派遣公司性质的组织。②

实际上，现代组织的诞生虽然从一开始就带有韦伯所说的工具理性的目标导向的特性，但是现代组织的经营目标不仅仅是盈利，更是完成组织使命和任务，追求的是卓越的品质。因此，组织管理并没有一成不变的绝对标准，而是一个组织使命与组织环境相互磨合与调适的权变过程。③ 而且，组织一旦成立，就是一个小社会，形成其内在的组织文化和社会关系网络，产生组织结构与组织人格，就会为了自己的存活而自发演变，从而偏离组织发起者的原始使命和初衷，出现目标替代现象。④

因此，作为非营利性机构的社会工作组织，如果要完成自己的使命和任务，追求卓越的服务品质，防止为营利性组织的管理手段所主导，就更需要学习组织理论和组织管理技术，从而真正做到动员资源、形成内部结构、建立组织流程、发挥组织功能。为了更好地在组织环境与组织使命之间形成合适的组织结构和组织规则，F. 埃伦·内廷（F. Ellen Netting）、彼得·M. 凯特纳（Peter M. Kettner）和史蒂

---

① F. 埃伦·内廷，彼得·M. 凯特纳，史蒂文·L. 麦克默特里．宏观社会工作实务：第3版．刘继同，隋玉杰，等译．北京：中国人民大学出版社，2006：204.

② 郑广怀，张政．社会工作机构何以向劳务公司转变：基于国家-社会关系的视角．广东社会科学，2021（4）.

③ W. 理查德·斯格特．组织理论：理性、自然和开放系统．黄洋，李霞，申薇，等译．北京：华夏出版社，2002：89.

④ MICHELS R. Political parties：a sociological study of the oligarchical tendencies of modern democracy. Glencoe，IL：Free Press，1949.

文·L. 麦克默特里（Steven L. McMurtry）等人提出一个组织分析框架，涉及组织与外部环境的关系，以及组织内部的结构运行问题，作为分析和干预组织行为的工具，具体内容如表 9-1 所示①：

表 9-1　组织分析框架内容

行动	变量	缘由
识别并评估组织的收入来源的关系	现金收入 非现金收入 其他维持运作的资源	识别组织工作环境中的现金收入来源 识别组织工作环境中的非现金收入来源和类型 评估组织工作环境中的其他收入来源
识别并评估组织与工作对象来源的关系	工作对象的特点 工作对象的经费来源范围	描述问题、需求、人口特征和工作对象转介来源的情况 确定给工作对象提供服务的经费状况，是否支付了全部经费
识别并评估组员与工作环境中其他机构的关系	环境要求 竞争/合作关系	了解组织如何回应制约组织、专业组织和一般公众的要求 评估组织与其他组织的业务关系
识别组织的法人权限与使命	法人权限	识别组织之所以存在的法律基础和理由
了解各项工作的构成与管理风格	工作构成 管理风格	评估组织中的正式组织、非正式权威的类型和工作设计 确认什么理论模式能最恰当地描述机构的管理风格
评估组织的各项工作与服务	问责制	评估组织如何测量运用服务的效率、效果和质量评价体系
评估组织的人事政策、实施办法和实施情况	雇员关系	识别组织如何招募、培训、评估、挽留或解聘员工
评估技术资源和辅助设施的效用	预算管理 技术资源	确定组织编制预算的方法，计算和评估单位成本的方法 评估设施、设备和信息系统等技术手段

二、分析、介入组织与环境的关系

组织与环境的关系既复杂多变，又非常重要，需要依据组织的使命和任务不断

① F. 埃伦·内廷，彼得·M. 凯特纳，史蒂文·L. 麦克默特里. 宏观社会工作实务：第 3 版. 刘继同，隋玉杰，等译. 北京：中国人民大学出版社，2006：241-242.

进行分析与调整。对此，组织社会学提出了不同的分析模式，比如专门研究人类服务组织的 Y. 哈森菲尔德（Y. Hasenfeld）提出影响组织工作的三类环境因素：（1）一般性工作环境（对组织有重要影响的其他组织、实体和系统）；（2）组织与接受自己产品的机构和提供补充服务或竞争服务的机构的市场关系；（3）制约性组织（如监管机构）等。P. Y. 马丁（P. Y. Martin）则认为，对组织运作最为关键的环境因素包括：（1）现金收入来源；（2）非现金收入来源；（3）服务对象和服务对象来源；（4）其他支持机制。在综合上述分类的基础上，内廷、凯特纳和麦克默特里将其合并为如下两大类：（1）现金和非现金收入来源；（2）服务对象和其他重要组织/相关方。[①]

（一）识别并评估组织与收入来源的关系

组织的收入来源分为现金收入和非现金收入两大类，无论是现金收入，还是非现金收入，对于组织的发展都很重要。因为组织社会学指出，作为一个开放系统，组织的发展和任务执行情况都取决于资源获取能力，乃至组织的决策和行动也都是受资源限制的，这就是资源依赖理论的核心观点。[②] 所以，一个组织一定要注意分析自己资金来源的多元性和自主性，尽量减少对单一资金来源的依赖，从而获得相对独立的自主空间。

1. 现金收入来源分析。就现金收入来源而言，组织的收入来源主要分为政府资助、社会捐赠、服务收费和其他收入来源。政府资助又分为政府拨款、购买服务、政府津贴、配比资金、税收优惠；社会捐赠又分为基金会专项资助、社会募捐、私募捐赠等；服务收费又分为服务对象付费、第三方付费；其他收入是组织的投资收益或者附属机构的盈利分配收入等。从这些不同的经费来源看，越是政府资助，限制性条件越多，组织的依附性越强，这正是中国社会工作组织专业自主性较差的原因。依靠服务收费的组织自主性最强，但是这类组织也容易为市场机制所主导，从而丧失组织的社会公平性的价值目标。所以，社会工作组织如何在政府资助、社会捐赠、服务收费之间取得平衡是关键。

2. 非现金收入来源分析。社会服务是一个人力资本密集的行业，除了需要全职的人力资源，还需要动员大量的志愿者、物质资源的提供者等。所以，对于社会服务组织，除了要分析现金收入来源，还要分析志愿动员和物质资源动员能力。中央社会工作部的成立，把社会工作专业人才队伍建设与社会志愿服务体系建设整合在一个部门是有道理的，因为社会工作专业服务离不开社会志愿服务，从广义上

---

① F. 埃伦·内廷，彼得·M. 凯特纳，史蒂文·L. 麦克默特里. 宏观社会工作实务：第3版. 刘继同，隋玉杰，等译. 北京：中国人民大学出版社，2006：243.

② PFEFFER J，SALANCIK G R. The external control of organizations：a resource dependence perspective. New York：Harper & Row，1978.

讲，社会工作本来就是一种志愿性质的专业服务。当然，要想做好志愿者动员和物质资源动员工作，社会工作组织需要专门负责志愿服务动员管理的协调人员。

（二）识别并评估组织与服务对象及其转介来源的关系

识别并评估服务对象及其转介来源，对于社会工作组织而言，是与资金来源同等重要的环境因素，因为服务对象决定了社会工作组织存在的价值和意义。不同于宏观的社会政策和社会行政，对于微观的社会工作组织而言，其宗旨使命是要通过具体的服务对象来体现的，也就是无论多么高大上的社会使命，对于社会工作组织而言，都得通过特定的服务对象体现出来。比如，为了促进社会公平，那就要通过服务弱势困境群体体现出来；为了保护儿童权利，那就要通过服务儿童体现出来。然而，并不是所有儿童都是弱势困境群体，那么组织到底是保护困境儿童的权利呢？还是保护其他儿童的权利呢？另外，是保护儿童的生存权呢？还是保护儿童的社会参与权呢？对这些具体问题的回答取决于社会工作组织如何平衡其宗旨使命与自主能力。

一般而言，社会工作组织为维持自主运营能力，需区分具备独立付费能力的服务对象与欠缺独立付费能力的服务对象；而政府设立的社会工作组织或公益慈善基金会下属机构，则主要基于组织的宗旨和使命，将评估重点置于服务对象所面临的困境与需求，而非其付费能力。由此可见，社会工作组织在识别与评估服务对象时，主要依据组织性质与资金来源，综合考量服务对象的特征及组织服务能力。

关于服务对象的转介来源，通常可分为三类：服务对象或其家属主动求助、其他社会组织转介，以及政府相关部门转介。在接收转介时，需评估服务对象的付费能力、政府福利政策适用性及公益慈善救助资格，以避免服务对象规模失控（包括盲目扩大或数量不足）。若接收过多缺乏经费支持的服务对象，将导致组织财政赤字，影响可持续运营；反之，若服务对象不足，则会造成财政资源萎缩，制约组织发展。

（三）识别并评估组织与环境中其他重要组织的关系

与社会工作组织有重要关系的其他组织和公众主要包括：组织的业务主管部门；购买服务的相关组织和部门；影响组织的党建、专业人员、劳动关系和工会等相关情况的组织和机关；与组织业务有竞争/互补关系的社会组织；社会公众。这些都是社会工作组织需要认真对待的重要外在因素。

1. 组织的业务主管部门。社会工作组织根据其具体的服务内容，会受到相关业务主管部门的监督，比如儿童工作组织要受到儿童福利主管部门、教育部门、儿童权益保护部门的监管；老人工作组织要受到老人福利主管部门、老人权益维护部门的监管。如果是院舍服务，那么相关院舍的建筑条件还要受到住房建设部门、消防部门、无障碍设施主管部门的监管。

2. 购买服务的相关机构和部门。无论是中国还是西方国家，在20世纪90年代以后都受新公共管理运动的影响，把政府的相关职能和任务通过政府购买服务的方式外包给社会服务机构，甚至是营利性组织。这些政府购买服务机构会对接受购买服务的社会工作组织提出严格的产出、结果指标和相应的资金用途限制。也有一些资助机构，虽然不是购买服务，而是专项资助项目，但也会对接受资助的社会工作组织提出严格的业务要求和资金用途限制。因此，社会工作组织在竞标购买服务和申报专项资助项目时，一定要了解相关合同条约和财务制度，避免陷入各种陷阱。

3. 党组织、专业协会、劳动管理部门和总工会。这些组织都会通过相关的法律、条规、章程等制度形式，对组织的党建、专业人员、劳动关系、劳动条件、福利保障、工会建设等情况进行规制和约束。在中国，新设立的社会工作部的一项很重要的职能就是，指导混合所有制企业、非公有制企业及新经济组织、新社会组织、新就业群体的党建工作。当前，社会组织的党建已经是新时代社会组织年审和规范化发展的核心指标。当然，作为社会服务机构，社会工作组织要逐步推行社会工作专业化，应设立社会工作部门和社会工作岗位，聘用有资质的社会工作专业人员。按照《中华人民共和国劳动法》《中华人民共和国劳动合同法》《中华人民共和国社会保险法》《中华人民共和国工会法》，依法保障员工的劳动权益、社会保障权益和组建工会的权益，是每个社会服务机构的基本法律义务。

4. 与组织业务有竞争/互补关系的社会组织。社会服务机构并非垄断性存在，难以实现全链条、全领域的服务覆盖。通常情况下，社会服务机构基于特定问题和使命定位，选择特定服务对象开展专业化服务。因此，在特定区域内，往往会形成业务互补或竞争的市场格局。对于互补型组织，应保持常态化沟通与业务联动，实现信息共享与服务转介，充分发挥协同效应；对于竞争型组织，则须坚持依法合规原则，开展良性竞争，通过市场细分确立比较优势，实现差异化发展，杜绝低价恶性竞争行为。

5. 社会公众。在网络化时代，公众意见的形成往往受到网络舆论的显著影响。普通个体的观点通常需要依托特定事件，经由媒体或网络意见领袖的传播与放大，才能形成具有社会影响力的公共表达。值得注意的是，舆论的生产与传播过程具有内在规律，这一机制可能导致信息失真，削弱客观公信力，进而形成带有倾向性的立场观点。且此类倾向性立场观点往往偏向负面，这主要源于传播过程中对公众注意力的争夺——那些契合人性中猎奇、冲突等特质的负面事件或人物形象，通常更具传播效力。所以，针对网络舆情的应对策略是：在舆情初期，可采取观察态度，因同期存在多种舆论竞争，部分议题会自然消退；当舆情发展到一定规模并产生显著影响时，则需通过全面、客观、系统地回应，构建新的叙事框架以替代原有片面化、煽动性的叙述方式。

三、分析、介入组织内部运行情况

权变理论认为，组织功能的良好与否取决于组织内部结构、技术和管理，以及组织与外部环境的互动调适。在分析完组织外部环境因素之后，下面将对组织内部结构、技术和管理等要素进行分析，提供介入路径。这里仍将遵循内廷、凯特纳、麦克默特里提出的分析框架，从五个方面进行分析。[①]

（一）识别组织的法人权限和使命

在每个组织成立之初，其发起人都需在法律规定的范围内界定组织的工作领域和服务边界，而不应追求成为无所不包的宇宙牌公司。对于作为社会服务机构的社会工作组织而言，明确使命更是立身之本。所谓组织的使命，就是组织要实现的价值，具体而言，就是在某种价值导向下要解决的具体问题、服务的特定人群和产生的社会效益。

组织的法人权限和使命，需要通过组织的章程、制度、符号体系等突出和强化，进而在组织的项目设计、项目执行等业务开展过程中体现落实。当然，时光荏苒，组织的法人权限和使命会随着环境的变化而与现实不匹配，也或者为具体的执行人员所搁置、修改、重新解读等，从而发生实质性变化，偏离初衷。因此，每个组织都需要定期检讨与评估组织的业务范围和使命是否合适且表述清楚，使命是否被全体成员理解清晰并一致，权责与使命是否得以有效落实，以便能够保持组织的法人权限和使命与组织的业务项目相匹配。

（二）了解与调整组织结构

组织结构和管理风格是一个组织的基本骨架与血肉。韦伯曾提出了经典的科层制组织结构模式，并指出了其中的理性化管理风格，以此作为现代社会组织的典范。但是，随后的研究都是围绕科层制的现实运行情况，来分析其所导致的官僚主义人格，发展过程所导致的为了自身生存而忽略原初目标的问题，层层传导过程所导致的目标偏离问题，基层执行人员的轻重缓急的目标排序问题，等等。所有这些问题，都使得人们重新思考什么是最优的或者最适合的组织结构。

后来，人们逐渐发现，并没有适合所有组织业务的组织结构，而是需要根据业务类型来形成不同的组织结构。R. 迈尔斯（R. Miles）总结出四种不同的组织结

① F. 埃伦·内廷，彼得·M. 凯特纳，史蒂文·L. 麦克默特里．宏观社会工作实务：第3版．刘继同，隋玉杰，等译．北京：中国人民大学出版社，2006：258.

构，以匹配不同业务类型和发展阶段的组织，可以作为调整社会工作组织结构的参照。[①]

1. 点联结构。它是在科层制的结构形态上，通过各工作部门之间的纵横勾连的自由联系，方便组织内部的协调与沟通，打破了科层制内部僵化的纵横切割的逐级、逐条互动沟通模式。

2. 混合矩阵结构。它是根据组织的业务模块来组建各个事业部，每个事业部内部配备不同的专业人员，形成相对独立的发展中心；然后配合以功能性科室或者专业指导中心，辅助各个事业部指导专业发展。

3. 项目团队结构。这种组织结构主要适合那种业务类型变化不定，需要不断组建专门项目小组，去完成项目设计、申报和执行工作的组织。它通常就是围绕项目组建不同的团队，搭配不同的分工小组，然后由团队经理统筹协调各个小组的分工合作情况。

4. 同事平权结构。这种组织结构主要适合那种业务高度个人化和专业化的组织，比如医疗诊所、律师事务所和专业咨询机构。在这类组织中，各位专业人员都是相对独立的执业者，可以自主雇请助理和行政人员。组织本质上采取合伙制运作模式，提供一些行政辅助人员，维持组织的运行。

（三）评估与调整组织的各项工作和服务

社会工作组织的功能最终是通过各项服务工作来实现的，因此，社会工作组织不是政府部门，仅仅做政策设计和行政管理，而是要针对特定社会问题和人群，提供具体的服务。当然，社会工作组织的服务方式经历了从机动灵活的服务，到体系化、制度化的现代社会服务，再到项目制的社会服务的演变。如今，大部分社会工作组织都介于体制化的常规服务和项目制的零散服务之间。这当然是因为20世纪80年代以来，福利国家面临危机，国家为了削减财政拨款，把很多体制化的常规服务改为短期性的、相互竞争的项目化服务，以利于通过市场竞争来压低服务成本。

20世纪80年代以来，全球范围内的社会工作组织普遍转向项目化运作模式。在此模式下，各项目需通过竞标获取，并最终接受审计评估，以满足效果、效率和质量等方面的要求，向采购方及社会公众履行问责义务。

效果评估方面，需围绕服务成效建立可操作化的测量指标，通过量化服务效果的程度与完成情况来评判项目执行质量。就社会服务项目而言，效果评估的核心在于衡量服务对象的需求满足程度与问题解决程度。然而，某些服务领域的效果测量

① MILES R E. Theories of management：implications for organizational behavior and development. New York：McGraw－Hill Book Company，1975：91.

存在客观困难，例如针对罹患退行性疾病老年群体的服务——由于疾病本身的不可逆性，康复指标并不适用；若采用服务满意度指标，又因个体性格差异导致评价标准难以统一。在此类情况下，往往只能转而采用服务产出指标进行评估，如服务时长、频次、规范性和标准化程度等。

效率评估对社会工作组织而言更具挑战性。效率本质上是成本与收益的比值，但社会服务的特殊性在于：虽然人力、物力等投入成本可进行量化测算，但其服务产出的价值却难以用货币来衡量。例如，老年照护服务中的满意度、残障人士康复成效、儿童健康发展等维度，均无法直接转换为经济收益。这实质上反映了现代社会的一个根本性困境：在承认“人无价”的伦理前提下，如何对服务产生的社会价值进行合理量化?[①] 所以，在现实中，社会服务项目的效率评估就变成了成本评估，即以同等服务质量下的成本支出作为主要评判标准，这就为偷工减料提供了方便之门。

当效果和效率都很难精确计量时，就重新回到了社会服务的基本属性问题，也就是人性化的服务才是其核心和灵魂。专业化的人性化服务能力，主要体现在专业伦理素养、知识储备及技能水平等方面，这些专业要素需要通过督导机制等内部质量保障体系持续提升。与此同时，服务对象及公众的参与监督构成了对专业团体治理的底线约束机制，可有效防范内部督导与培训机制可能出现的失效风险。

（四）评估与调整组织的人事政策和管理风格

人力资源管理也是社会工作组织的一项重要的内部管理制度，除了需要符合国家和地方相关的专业技术岗位要求、劳工权益和工会权益的规定之外，关键是要配合组织的战略发展计划，制定本组织的人力资源计划，主要内容包括岗位设置以及岗位职责、人才招聘和遴选计划、员工发展和培训计划、岗位履职考核制度、奖惩激励机制、解聘政策等。

当然，这套人力资源管理制度需要根据组织的规模大小、发展阶段来动态调整。很多中小型组织可能并不需要这么完备的人力资源管理制度，但是无论制度完备程度如何，每一个组织运行者都需要了解组织人力资源管理的原则和精髓，创造出适合本组织特点的人事关系文化。尤其是对于人力资本密集的社会工作组织，更是需要注重人力资源管理。在人力资本密集的社会服务机构中，人力资源管理的核心是创造出具有人性化的管理风格，让每名员工都能感受到被尊重和有价值。[②]

当然，人性化管理与服务效率会产生一定的矛盾。人性化管理要求组织内部的

---

① 维维安娜·泽利泽．给无价的孩子定价：变迁中的儿童社会价值．王水雄，等译．上海：华东师范大学出版社，2018.

② MILES R E. Theories of management：implications for organizational behavior and development. New York：McGraw－Hill Book Company，1975.

劳动分工尽量缩小结构性差距，在决策、劳动分工、报酬等方面尽量平面化，多进行沟通协商、民主决策，少进行精英主导的理性决策。但是，这样可能会产生出一种俱乐部性质的社交问题，导致员工相互攀比，工作投入不是那么充分，进而影响工作效率。

因此，人力资源管理的关键在于开发员工的潜能，这就需要区分标准化的劳务和专业性的服务，进而再区分各个工作岗位的职责特征，制定出不同的自我激励和引导机制，让每名员工都能尽其所能地创造价值。对于简单重复劳动，要注意工作节奏和适度工作负担，尽量通过集体劳动创造劳动乐趣；对于具有创造性的个性化劳动，要尊重个体工作风格差异，同时提供同行互动和交流的平台，创造出一种既有个体差异又相互欣赏的管理风格。

（五）评估与调整组织的资源、技术和信息系统的效用

所有组织均需配置必要的财力、物力和技术设备，从而确保服务工作顺利开展。资源与技术保障的充分性，既取决于外部资源的获取能力，也受制于内部管理效能。因此，组织内部运营管理的核心任务包括：科学编制资金预算、合理调配物资设施以及有效维护信息系统等。在公共预算体系框架下，预算编制通常遵循以下原则：根据服务对象规模及人员配置确定基本预算标准，分别编制人员经费与业务经费预算，同时单列基本建设及专项设备预算。通过这一预算管理体系，组织可申请公共财政拨款，以保障社会服务体系的持续运转。

20 世纪 80 年代以来，随着社会服务体系从制度化的常规服务模式向项目化的混合服务体系转型，社会服务机构在预算编制、资源调配及信息系统建设等方面均呈现出明显的项目化管理趋势，并逐步确立以成效为导向的目标管理模式。

不同于常规预算，项目预算不是按照机构总体的人员规模、业务规模来编制投入预算，而是根据每个项目的产出、效果目标，倒推出需要多少人力、多少物资，再根据预算定额编制项目预算、计算单位成本，形成时间控制额度。①

与此相应，组织的场地、设备、物资供应也都按照项目制进行配置，项目规模大，就能获得较大的场地、较多的设备和物资保障。这样，在组织内部就形成了项目化的结构模式，这就是在前面分析组织内部结构形态时所提到一类组织结构。

项目制预算、项目制保障、项目制结构，基本上是按照组织的运行规则实施的，它导致组织内部的管理风格、工作状态、人际关系等都趋于工具理性化和相互竞争化。一方面，这种组织管理会提升效率；另一方面，这种组织管理会导致组织的去人性化，甚至影响专业自主性和创新性。因为，项目管理看似给每个项目组提供了灵活机动的空间，但是项目的短期性和效果导向的考核指标体系，都大大限制

---

① MARTIN L L. Budgeting for outcomes in state human agencies. Administration in social work，2000，24（3）：71－88.

着各个项目组的自主创新空间。

因此，社会工作组织并不是竞争程度越高越好，而是要在人性化、专业性和高效率之间取得平衡。

复习思考题

民政部在推进社会工作专业人才队伍建设过程中，于2021年启动乡镇（街道）社会工作站建设计划，鼓励基层民政部门通过政府购买服务的方式，吸纳社会工作组织参与乡镇（街道）社会工作站点服务。承接乡镇（街道）社工站业务的社会工作组织的主要服务对象是老年人、残疾人、儿童、贫困人士等民政系统的重点服务人群；社会工作组织的业务主要围绕着民政工作开展，譬如低保核查、困境儿童保护、为老服务、乡镇（街道）社工站运营、社区服务。社会工作组织在化解社会矛盾、促进社会和谐、创新社会治理中发挥着独特的专业作用，积极为广大人民群众，特别是“一小一老”等群体提供困难救助、人文关怀、心理疏导、资源链接等服务，取得良好成效。2023年中央社会工作部成立后，原属民政部的社会工作专业人才队伍建设规划及政策制定职能划转至该部门，标志着我国社会工作发展进入新的转型阶段。在此背景下，由民政部主导的乡镇（街道）社会工作站建设普遍呈现停滞态势。请你从宏观社会工作角度，分析乡镇（街道）社会工作服务体系出现的问题，并提出社区工作的发展建议。

推荐阅读书目

1. F. 埃伦·内廷，彼得·M. 凯特纳，史蒂文·L. 麦克默特里．宏观社会工作实务：第3版．刘继同，隋玉杰，等译．北京：中国人民大学出版社，2006.

2. 罗伯特·J. 桑普森. 伟大的美国城市：芝加哥和持久的邻里效应. 陈广渝，梁玉成，译. 北京：社会科学文献出版社，2018.

第十章

探索、预估与计划方法

【教学目标】

学习初步探索、预先评估和制定工作计划的基本方法，并具备探索、预估和策划工作的基本能力。

【本章导学】

探索与结盟是开展社会工作的首要环节的任务，其关键因素在于通过同理、真诚、聚焦和深化主题等沟通技巧，与案主建立相互投入（engaging）的专业关系。

预估不仅是评估案主的问题性质、程度、持续时间和形成原因机制，而且要预估案主对待问题的态度、应对策略、内在动力和外部资源等，以形成全方位的预估方案和结论。

工作计划是一个初步的工作方案，要在案主的参与下，通过协商合作，制定出既符合专业能力又适合案主的具体情况的切实可行的工作计划。

【关键概念】

探索与结盟；多维度预估；计划与约定

本章首先介绍探索与结盟的方法，强调在服务开始阶段建立高质量专业关系的重要性。通过运用同理性沟通、真诚性沟通、聚焦性沟通和深化主题沟通技巧，社会工作者不仅能够有效地理解服务对象的内心世界，还能够建立起有效的治疗联盟，为后续的工作奠定基础。接下来，本章会深入探讨多维度预估的方法，突出在接案之后，对服务对象面临的问题进行全面分析的重要性。通过对个人基本情况、所处环境情况的细致评估，以及参与式预估方法的应用，社会工作者能够深入了解服务对象的复杂问题及需求，为制定有效的介入计划提供坚实的基础。最后，本章还将讨论计划与约定的方法，强调制定工作计划在连接问题识别与解决策略中的核心作用。

第一节　探索与结盟的方法

社会工作被认为是一种专业化的帮助职业，在工作的初始阶段，即接案阶段，主要是建立专业关系，探索问题的性质、成因和影响，以及案主的应对策略，建立治疗/行动联盟，制定工作计划，为更好地解决问题奠定坚实基础。为了引发案主行动、促使其发生改变，建立一种健全的专业关系就至关重要。众多研究者从不同的理论视角指出，干预的成功在很大程度上依赖于社会工作者与服务对象之间的专业关系质量，也就是说，依赖于社会工作者与服务对象之间能否构建起有效的治疗联盟。[①] 社会工作专业关系的建立与发展，是在特定的背景下进行的。服务对象在进入新环境时，常常会经历心理上的矛盾：一方面，他们可能将社会工作者视为权威，期望获得帮助；另一方面，他们可能会对社会工作者的能力表示怀疑，担心是否真的能得到帮助，甚至更担心不能满足社会工作者的期望。因此，在此期间，社会工作者需要运用一系列沟通技巧来理解服务对象的感受，提供有效的情感反馈，逐步引导服务对象关注自身的优势和能力，而非仅仅是问题。这些技巧包括正确地运用同理、真诚、聚焦、深化主题等沟通技巧。这不仅增强了服务对象的自信和对社会工作者的信任，而且促进了健康的行动联盟的形成，为社会工作的预估和计划奠定了基础。

一、同理性沟通技巧

同理性沟通不仅需要社会工作者准确而敏感地感知服务对象的内心感受，还需要他们能够用与服务对象当前经历相协调的语言来表达这些感受。它包含两个维度：共情识别（empathic recognition）和反映感受（reflect feeling）。共情识别是反映感受的基础，意味着社会工作者首先需要深入理解服务对象的感受，然后，通过反映感受准确地向服务对象传达这些感受，从而证明他们理解了服务对象的内心世界。

同理性沟通在维护和改善社会工作者与服务对象之间的关系中起着关键作用。[②] 例如，某些服务对象可能是非自愿寻求帮助的，他们可能表现出不合作甚至敌对的态度，这使建立良好的专业关系变得困难。同理性沟通可以帮助社会工作者从服务

---

① WAMPOLD B E. The great psychotherapy debate：models，methods and findings. Mahwah，NJ：Lawrence Erlbaum，2001.

② SHULMAN L. Identifying，measuring，and teaching helping skills. New York：Council on Social Work Education and the Canadian Association of Schools of Social Work，1981.

对象的视角出发，理解他们的感受，减少他们感受到的威胁，减轻防御心理，为改变创造积极的氛围。此外，同理性沟通还可以帮助社会工作者更深入地理解服务对象的背景，促进问题的解决。[①]

需要注意的是，同理心和同情心是两种不同的认知与情感表达，两者有着明显的区别。同情心表现为对他人痛苦或苦难感到怜悯，不一定需要去理解他人的情感。在日常沟通时，人们经常对处于悲惨遭遇的人产生同情，但不会将自己代入对方的处境中去思考问题。这种沟通方式在社会工作实践中会损害双方的专业关系，因为同情往往伴随着一种优越感和施舍心态，这种心态可能导致社会工作者在处理案主问题时无法保持客观和公正，从而损害了双方的平等地位。这不仅违反了社会工作的专业伦理守则，还可能对案主造成二次伤害，阻碍他们走出困境。相比之下，同理心则是一种更为深刻和全面的认知与情感表达。它要求社会工作者不仅仅要对案主的痛苦和困境表示同情，更要尝试深入理解和体验案主的内心世界，站在案主的角度去看待问题，感受案主的感受。这种基于同理心的沟通方式，能够体现对案主的尊重和关怀，有助于建立更加稳固和深入的专业关系，为案主提供更加有效和贴心的帮助。

在进行同理性沟通时，社会工作者需要注意服务对象的直接感受，同时在一个互动和探索的过程中，识别服务对象的潜在情绪，发掘其感受和行为的真实含义。[②] 例如，服务对象可能会说“这不重要”或“我不在乎”，社会工作者需要结合语境和非语言行为，理解这些话背后的真实感受。在沟通过程中，社会工作者不仅要注意服务对象的口头信息，还要注意其更微妙的线索，包括面部表情、语调、说话的节奏，以及与口头意义相矛盾的姿势等，以避免被服务对象隐藏情绪的外表所误导。脸红、哭泣、停顿、结巴、改变声调、咬紧牙关或握拳、撅起嘴唇、低着头或改变姿势等非语言的暗示，往往揭示了服务对象痛苦的想法或感受。

有效回应是同理性沟通中不可或缺的一环。通过认真倾听和识别服务对象的感受，给予恰当的反馈，可以让服务对象感到被理解和关怀，这是人际互动的最高境界。例如，对于服务对象关于工作困境的表达，社会工作者的回应可以体现不同层次的理解和共鸣：“我能感受到你现在的工作压力很大，作为一名新员工，适应新的工作环境和角色确实需要一定的时间和努力”“我能理解你的感受，因为我自己也经历过类似的阶段。在刚开始从事一份新工作时，我们都会感到有些力不从心，甚至怀疑自己是否能够胜任”。有效回应能够触及服务对象内心深处的感受和期望，帮助他们达到更深层次的自我理解。

---

① KEEFE T. The economic context of empathy. Social work，1978，23（6）：460－465.

② HEPWORTH D H，ROONEY R H，LARSEN J A. Direct social work practice：theory and skills. 9th ed. Pacific Grove，California：Brooks/Cole，2015.

然而，掌握同理性沟通技巧需要时间和实践。社会工作者必须在日常生活中不断练习，提高自己的同理性沟通技巧，以便更好地理解服务对象的内在情感，与他们建立相互投入的专业伙伴关系，从而有效地提供服务。同时，同理性沟通也要求社会工作者能够“进入”服务对象的内心世界，同时保持客观，对过度共情导致的情绪泛滥保持警惕，从而避免悲悯疲劳和职业倦怠。

二、真诚性沟通技巧

在整个社会工作流程中，从最初的接案阶段到与服务对象建立专业关系，乃至整个合作过程中，真诚性沟通始终扮演着极为重要的角色。它与同理心、尊重一起，构成了助人过程的核心价值。在社会工作实践中，真诚性沟通意味着社会工作者与服务对象之间的真挚交流，体现为社会工作者在与服务对象的沟通中展现出的自然、真诚和开放的态度，愿意分享个人经历，促使服务对象建立起对社会工作者的信任，为后续工作的顺利进行打下坚实的基础。[①]

真诚性沟通的实质是社会工作者的口头表达与其真实感受和思考保持一致，体现为“言行一致”。这要求社会工作者放下所谓的“专家”架子，勇于向服务对象承认错误，并主动采取行动加以改正，确保“言行相符”。然而，真诚的展示并不意味着社会工作者应无选择地分享自己的所有感受，因为某些不恰当的表达可能会对服务对象产生负面影响。[②] 因此，社会工作者只有在认为自己的感受或行动有助于实现工作目标时，才应当真诚地表达自己的想法。例如，在一个青年小组中，如果小组成员因为顾及面子而回避深入的个人交流，社会工作者指出这种回避行为是浪费时间，并分享自己的观点和感受，就是一种真诚的态度，有助于鼓励小组成员展开更开放的交流，增强彼此之间的信任。

真诚表现在社会工作者对服务对象的尊重和接纳上。无论服务对象的种族、民族、文化程度、家庭背景、职业特征等外在条件如何，社会工作者都应该平等对待，尊重具有不同背景、不同特征的服务对象的个性和人格，保护其独特性，理解他们之间的差异，并为他们提供个性化的专业服务。真诚性沟通要求社会工作者以平等和尊重的态度对待每一位服务对象，能够接受他们的文化背景、选择、意愿等多方面的差异。社会工作者不应将自己的价值观强加给他们，而是应该帮助他们自我发现与挖掘自身的价值和潜力，从而实现社会工作的目标。

在进行跨文化社会工作时，真诚性显得尤为重要。中华民族是一个统一多民族

---

① DEAL K H. Clinical social work students' use of self－disclosure：a case for formal training. Arete，1999，23（3）：33－45.

② YALOM I D，LIEBERMAN M A. A study of encounter group casualties. Archives of general psychiatry，1971，25（1）：16－30.

国家，在少数民族地区开展社会工作时，要尊重其文化传统中的优秀成分，同时引导少数民族同胞增强中华民族共同体意识，适应中国式现代化进程。举例来说，在西南地区的少数民族群体中，有些可能更加开放和直率，而另一些则可能更加保守和谨慎。因此，社会工作者在处理与少数民族服务对象的关系时，需要进行综合分析和处理，以确保提供的服务更加贴近实际需求，从而获得服务对象的认可和信任。

真诚还体现在适当情况下社会工作者的自我披露上，即社会工作者是否能够以真实的自我参与互动，分享个人经历、感受和思考。这种自我披露的信息集中体现在社会工作者正在经历或已经经历的与服务对象面临的类似挣扎或问题上。如社会工作者表达“当您谈论您和您孩子的问题时，它让我想起了我和他们一样大时遇到的类似困难”“我认为我们所有人都在某种程度上与同样的恐惧做斗争，我现在也会对未知的事物感到害怕”，等等，这种自我披露的能力，不仅仅需要社会工作者的勇气和魄力，更取决于社会工作者的成熟度和自信。自我披露作为真诚状态下的一种自然表现，要求社会工作者勇于接受自己的感受，而非压抑。达到真诚的状态并非易事，它要求社会工作者首先深刻了解自己的价值观，能够意识到并接受自己的感受和行为模式，诚实地面对自我。一个人只有首先对自己保持真诚，才可能向他人展现真诚。此外，社会工作者在与服务对象分享个人感受或经历时，应始终将服务对象的需求放在首位，确保这种分享有助于服务对象的成长和发展。如果社会工作者出于个人目的或需求进行分享，那么这种行为就不能被视为真诚。

综上所述，真诚性沟通是社会工作中不可或缺的关键技巧之一。一个真诚的社会工作者能够摒弃虚伪和伪装，用一颗坦诚和真实的心与服务对象相待，以达到“以生命影响生命”的工作状态。

三、聚焦性沟通技巧

聚焦性沟通技巧在社会工作实践中占据着核心地位，是指社会工作者与服务对象就某一具体主题或问题进行专注且深入的交流。此技巧的重要性在于其能有效缩减散漫的话题、限定过宽的讨论范围，或整合同时出现的多个问题，以便找到讨论的核心并围绕该核心展开讨论。鉴于社会工作服务时间的有限性，聚焦性沟通变得尤为重要。

在社会工作者与服务对象的互动过程中，鼓励服务对象充分表达自己是一种常见做法。然而，这种做法有时候会导致谈话内容漫无边际，甚至偏离初衷。以一位独居老年女性案主为例，社会工作者需要了解其基本家庭情况。在询问“您有几个孩子？”时，服务对象可能会偏离主题，询问社会工作者的个人生活情况，如“您多大了？结婚了吗？”这样的对话明显偏离了初衷，未能聚焦于服务对象的问题。同样地，当一个服务对象因亲子关系问题而寻求帮助时，可能会涉及婆媳关系恶化问题，服务对象可能表达对婆婆的不满，如“我和婆婆之间的矛盾是不可调和的”。在这种情况下，社会工作者的职责是将讨论的焦点重新引导至亲子关系问题上，并以此为基础探索解决其他问题的途径，如“我理解您与婆婆之间的矛盾给您带来了很大的困扰。但我们的谈话主要是为了帮助您解决亲子关系问题。您能否先和我分享一下，您觉得这些婆媳矛盾是否会影响到您与孩子的关系呢？”

利用聚焦性沟通技巧，社会工作者可以将服务对象冗长或多元的表达进行整理和概括，确保双方围绕焦点展开讨论。然而，聚焦性沟通的应用需考虑到偏离主题的程度和持续时间，以决定何时恰当地进行聚焦。偏离主题的程度是影响聚焦时机的重要因素。在沟通过程中，有时会出现话题的短暂偏离，这可能是由参与者的情感表达、个人经历分享或者对相关话题的联想所致。在这种情况下，轻微的偏离主题可能有助于增进彼此的了解和信任，为后续的深入讨论奠定基础。然而，如果偏离主题的程度过大，导致谈话内容完全脱离了原定议题，那么就需要及时进行聚焦。偏离主题的持续时间也是影响聚焦时机的关键因素。持续时间过长会浪费宝贵的沟通时间，降低沟通效率。因此，当发现偏离主题的持续时间较长时，应当果断采取聚焦措施，引导谈话回到主题上来。若不考虑这些因素，过于生硬地将讨论拉回主题，则可能会打断服务对象的思路，甚至引起其反感，这不利于探索问题的其他相关因素。

此外，聚焦性沟通还强调将关注点放在服务对象所拥有的优势资源、能力和关系上，而非单纯聚焦于问题本身。每个人、群体、组织和社区都有内在的潜能，只要给予适当的条件，便能够使其建设性地发挥作用。[①] 即便是处于困境中的服务对象，也存在可利用的内在和外在优势资源。例如，一个因身体残疾而难以找到合适工作的轮椅使用者，通过社会工作者的了解，发现其具备出色的动手能力。在随后的沟通过程中，社会工作者有意识地将焦点聚焦于其现有的能力和资源，帮助服务对象建立起自信心。

因此，社会工作者在运用聚焦性沟通技巧时，应专注并认真倾听服务对象的表达，能够在复杂的信息中抓住重点。这对于一些社会工作者而言可能具有挑战性，需要通过长期的实践和学习来不断提高。总的来说，聚焦性沟通是掌握服务对象的主要问题、挖掘其优势资源和能力的关键，社会工作者通过提高自身的聚焦性沟通技巧，可以更有效地协助服务对象把注意力集中到具体焦点上，形成结构化、逻辑性的资料库。

---

① SHULMAN L. The skills of helping individuals and groups. Itasca，IL：F. E. Peacock，1979.

四、深化主题沟通技巧

深化主题沟通技巧是指社会工作者在与服务对象的互动中，引导他们具体且深入地探索个人经历、当前处境、面临的问题以及需求等方面。这种沟通技巧的运用旨在促使服务对象就相关主题做出更具体、深入且有组织的表达与探讨。此技巧的应用不仅有助于社会工作者更全面地理解服务对象，从而提供更为精准的建议和支持，而且也支持服务对象进行深层次的自我探索，进而激发他们的改变意愿与动力。

深化主题的沟通一般在访谈的后期阶段进行，这对社会工作者的专业能力提出了更高的要求。社会工作者需运用同理心、真诚、尊重及接纳等基本沟通技巧，深刻感知服务对象的感受，并给予适当的反馈。此外，社会工作者还要能够对讨论的内容进行有效的归纳总结，提炼关键点，引导服务对象深入思考问题，促进其自由表达思想和感受。例如，在与一位案主进行了约 20 分钟的对话后，案主表现出明显的情绪波动。在安抚其情绪之后，社会工作者对案主所表达的核心问题进行概括："听起来，你的困扰始于被调剂到'护理学'专业，你认为男性学习护理学违背常规，自己对此也无兴趣。你因无法转专业而感到进退两难，既不愿意继续学习，又担心令父母失望。这是否准确反映了你的感受?"在获得案主的确认后，社会工作者就可以继续深入探讨，讨论案主的家庭、教师对此的看法，以及案主对未来职业生涯的期待和计划。

沟通本身就是一个具有挑战性的过程，每个人的内心世界都是独一无二的，拥有各自的生活经验和故事。通过简单交流很难全面了解一个人的真实情况。社会工作者与服务对象之间的沟通超越了普通的人际交往，它要求双方进行深入的互动与沟通。为了真正满足服务对象的需求，社会工作者必须对服务对象有一种全面而深刻的认识。这种深度沟通并非一朝一夕就能实现，而是需要通过不断的互动和反馈，双方共同努力，逐步深化对相关问题的理解和认识。

深化主题沟通技巧的核心在于发挥社会工作者的引导作用。通过精心引导，社会工作者帮助服务对象沿着有意义的路径探索自己的思想和感受，这不仅有助于解决当前的问题，还促进了服务对象的个人成长和自我实现。在这一过程中，社会工作者的敏感度、洞察力、耐心和专业知识发挥着至关重要的作用。通过深化主题的沟通，社会工作者与服务对象之间建立起一种基于理解、尊重和支持的深厚关系，共同面对挑战，寻找解决之道。总之，深化主题沟通技巧是社会工作实践中不可或缺的重要技能。它要求社会工作者具备高度的专业素养和人文关怀能力，通过精细的沟通引导，促进服务对象深入探索自我，激发其改变的动力，最终实现个人的发展和问题的解决。这种技巧的成功运用，不仅体现了社会工作者的专业能力，也反映了社会工作者对个体尊重和赋权的基本理念。

第二节 多维度预估的方法

建立了相互投入的专业关系和行动联盟后，社会工作者就要与案主一起通过相互合作，从多个维度收集资料，全面系统地预估案主面临的问题、应对问题的策略和方法，以及案主所具备的内在动力、优势和资源等，为制定工作计划奠定坚实的基础。

一、社会工作预估概述

预估（assessment）是社会工作实践中的一个关键步骤，它涉及在接案之后，对服务对象的信息进行收集，并对其面临的问题、系统功能及与环境的互动等进行全面的分析和判断，最终得出初步的评估结论。这一过程不仅着眼于识别问题，而且强调挖掘服务对象的优势和有利于问题解决的资源，是社会工作者必备的专业技能之一。

美国《社会工作词典》（*The Social Work Dictionary*）将“预估”定义为：“一个确定问题的本质、原因、影响范围及涉及的个体和情境的过程。”[①] 这一定义强调社会工作的目的在于理解问题及其成因，并找到解决或最小化问题的策略。赫普沃斯和拉尔森将预估视为一个收集、分析和综合数据的过程，这一过程旨在系统性地描述以下重要方面：服务对象问题的本质，特别是服务对象及他人在问题中的角色；服务对象及他人的功能，包括优点、局限性、性格、资源和缺陷；服务对象解决问题的动机；问题形成的相关环境因素；有助于改善服务对象困境的重要资源。[②]

“预估”概念源于诊断，但由于诊断带有较强的医学色彩，容易让人联想到疾病、功能障碍或缺陷等负面含义，社会工作领域逐渐采用“预估”这一术语来代替诊断。总体而言，预估是一种基于收集服务对象资料，通过对服务对象存在的问题及其与环境互动的情况进行综合性分析和判断，为制定工作计划提供了坚实的基础。

二、多维度预估框架

在社会工作中，为确保服务对象实现其目标，采用多维度预估框架至关重要。社会工作者通过全面收集信息，深入理解服务对象面临的复杂问题及需求，对从个人基

---

① BARKER R L. The social work dictionary. 4th ed. Washington，D. C.：National Association of Social Workers，1999：32.

② HEPWORTH D H，ROONEY R H，LARSEN J A. Direct social work practice：theory and skills. 9th ed. Pacific Grove，California：Brooks/Cole，2015.

本信息、主观经验、解决问题的动机，到生理、情感、智力功能等多个层面进行细致评估。同时，环境评估也不可忽视，涵盖家庭状况、社会支持系统、物理环境等，旨在发现维持现状的因素及潜在资源，以助于制定有效的工作计划。多维度预估不单纯聚焦问题，更注重发掘服务对象的优势和资源，从而为制定解决方案提供全面的分析依据。为了更清晰地展示预估内容，这里将预估内容做成表格（见表 10－1），便于学习多维度预估框架。

表 10－1　　多维度预估内容表

预估维度	具体内容
个人信息和环境信息	姓名、年龄、性别、民族、学历、宗教信仰、教育背景、就业状况、家庭状况（成员关系、家庭社会支持网络等）、收入状况等
物理健康	健康状况（是否患有慢性疾病、急性疾病）、医疗需求（正在进行的治疗、药物使用等）、营养和运动（饮食习惯、运动水平等）、日常生活技能（自我照顾能力）
心理健康	心理健康状况、应对机制、反应能力
社会功能	社会支持系统、社会技能、社会参与情况、兴趣爱好、社交网络
服务和支持需求	当前服务接触（是否正在接受社会服务、医疗服务等）、服务障碍（语言、交通、财务等）、未被满足的需求
目标和规划	短期目标、长期目标、行动计划

通过多维度的预估框架，社会工作者可以联合案主一起建立较为全面系统的案例资料库，形成一个初步的个案理论，为下一步制定工作计划、进行精准化干预做好准备。

三、参与式预估方法

在社会工作中，采用参与式预估方法是至关重要的，它要求服务对象与社会工作者共同决定探索问题的领域和方式。这种合作过程不仅让问题的预估更加全面和准确，而且还强化了服务对象的主体性，促进了社会工作者与服务对象之间的互动和信任的建立。参与式预估方法一方面采取类似于人类学的民族志方法进行参与式田野观察和访谈，另一方面更强调通过结构化的工具和手段，把一个复杂多样的社会现象转化为社会工作者与服务对象双方清晰化理解和掌握的信息资料，以便于制定工作计划，干预所遇到的困境和问题。

（一）社会历史报告法

社会历史报告法，是通过综合分析服务对象的社会生活历史来形成的一份详细报告的方法。通过细致入微的分析，帮助社会工作者更好地了解服务对象的社会生活历程。这种方法让社会工作者能够全面把握服务对象的背景、需求以及所面临的挑战，引导服务对象回顾过去的经历、感受和所面临的问题。社会历史报告的内容十分广泛，包括个人资料、关注事项、需求以及相关问题的发展过程，还有目前的能力和局限性等（见表 10-2）。这种方法的核心就是激发服务对象的参与意识，通过他们主动回忆和表达，以获得更加丰富和准确的预估结果。

表 10-2　　案主社会历史信息表

<table>
<tr><th colspan="6">个人基本信息</th></tr>
<tr><td>姓名</td><td>性别</td><td>出生年月</td><td>民族</td><td colspan="2">宗教信仰</td></tr>
<tr><td></td><td></td><td></td><td></td><td colspan="2"></td></tr>
<tr><td>联系方式</td><td>婚姻状况</td><td>教育水平</td><td colspan="3">身份证号码</td></tr>
<tr><td></td><td></td><td></td><td colspan="3"></td></tr>
<tr><td>个人家庭地址</td><td colspan="5"></td></tr>
<tr><th colspan="6">家庭背景</th></tr>
<tr><td>姓名</td><td>性别</td><td>与本人关系</td><td>出生年月</td><td>职业/年收入</td><td>宗教信仰</td></tr>
<tr><td></td><td></td><td></td><td></td><td></td><td></td></tr>
<tr><td></td><td></td><td></td><td></td><td></td><td></td></tr>
<tr><td></td><td></td><td></td><td></td><td></td><td></td></tr>
<tr><td></td><td></td><td></td><td></td><td></td><td></td></tr>
<tr><th colspan="6">社会关系</th></tr>
<tr><td>姓名</td><td>性别</td><td>与本人关系</td><td>出生年月</td><td>职业</td><td>宗教信仰</td></tr>
<tr><td></td><td></td><td></td><td></td><td></td><td></td></tr>
<tr><td></td><td></td><td></td><td></td><td></td><td></td></tr>
<tr><td></td><td></td><td></td><td></td><td></td><td></td></tr>
<tr><th colspan="6">其他信息</th></tr>
<tr><td rowspan="4">健康状况</td><td colspan="2">身体健康史</td><td colspan="3"></td></tr>
<tr><td colspan="2">精神健康史</td><td colspan="3"></td></tr>
<tr><td colspan="2">是否具有残障情况</td><td colspan="3"></td></tr>
<tr><td colspan="2">药物使用历史</td><td colspan="3"></td></tr>
<tr><td rowspan="2">教育经历和工作经历</td><td colspan="2">教育经历</td><td colspan="3"></td></tr>
<tr><td colspan="2">工作经历</td><td colspan="3"></td></tr>
<tr><td rowspan="2">服务需求</td><td colspan="2">曾经或当前接受的服务类型</td><td colspan="3"></td></tr>
<tr><td colspan="2">未被满足的服务需求</td><td colspan="3"></td></tr>
<tr><td rowspan="4">接案及风险评估</td><td colspan="2">什么事件导致问题产生及求助行为</td><td colspan="3"></td></tr>
<tr><td colspan="2">个人情绪状态</td><td colspan="3"></td></tr>
<tr><td colspan="2">是否有暴力或虐待史</td><td colspan="3"></td></tr>
<tr><td colspan="2">是否有自我伤害或者伤害他人的风险</td><td colspan="3"></td></tr>
<tr><td>接案社会工作者的评价</td><td colspan="2">是否存在风险处理、进一步调查分析或转介</td><td colspan="3"></td></tr>
</table>

（二）家庭结构图

家庭结构图，又称家庭树或家庭图谱，使用图形来展现家庭中三代人之间的关系。这种方法可以直观地提供家庭历史、婚姻状况、重要事件、成员间的互动沟通等信息。在使用家庭结构图进行预估时，社会工作者与服务对象共同工作，标注出家庭的代际关系、主要事件、成员职业、家庭迁移分散情况、角色分配以及沟通模式等。这种方法不仅促进了服务对象的积极参与，还帮助社会工作者深入理解服务对象的家庭背景及其对服务对象的影响。

家庭结构图（见图 10－1 和图 10－2）的绘制原则是：一般包含三代人；长辈在上，晚辈在下；同辈关系中，长者在左，幼者在右；夫妻关系中，男性在左，女性在右；在代表每个人的符号内，标上成员的年龄，在符号旁标上重大生活事件，如出生、死亡、结婚、离婚、分居、毕业、参军、住院、搬家、工作变动、意外事故等，并在家庭结构图的下方记录这些信息的来源和日期；此外，兄弟姐妹的配偶的符号比兄弟姐妹的符号位置稍低、稍小。家庭结构图中使用的符号都有特定的含义，一般方块表示男性，圆圈表示女性。夫妻关系用连线，实线代表已婚，虚线代表未婚，从线段衍生下来的符号表示由此关系而来的孩子；父母与子女之间、兄弟姐妹之间的关系分别用粗细实线表示关系的紧密和不紧密状况，实线表示关系好，细线表示关系有问题或不好；分居和离婚则用一条反斜线“/”和两条反斜线“//”来表示。孩子以出生的先后从左到右排列，死亡的孩子在圆圈或方块里画×；如果可能的话，还可以在图上标注出每个人的名字和年龄，结婚、分居、离婚、死亡等

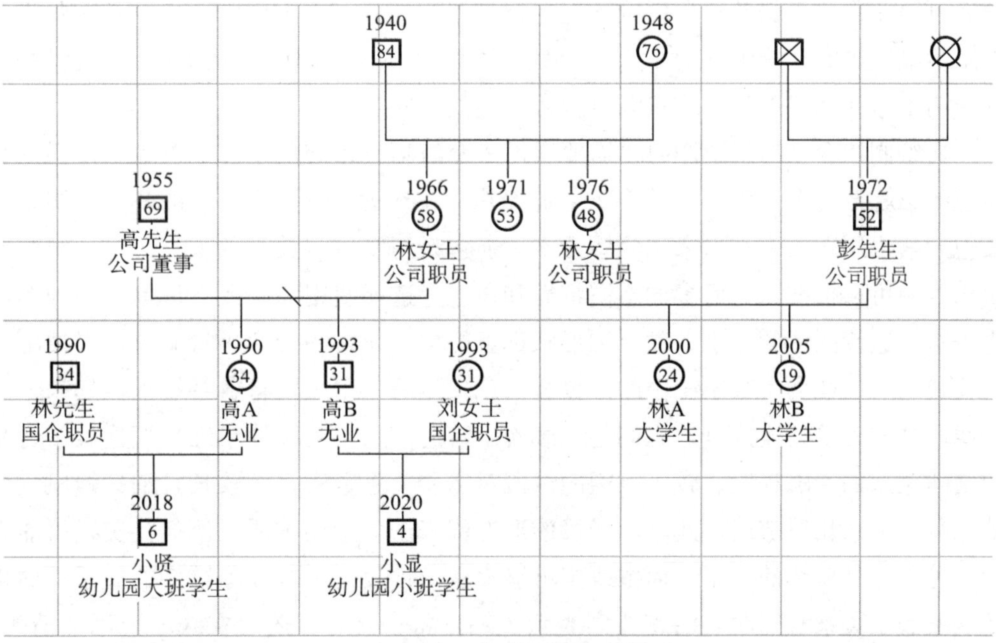

图 10－1　家庭结构图示例

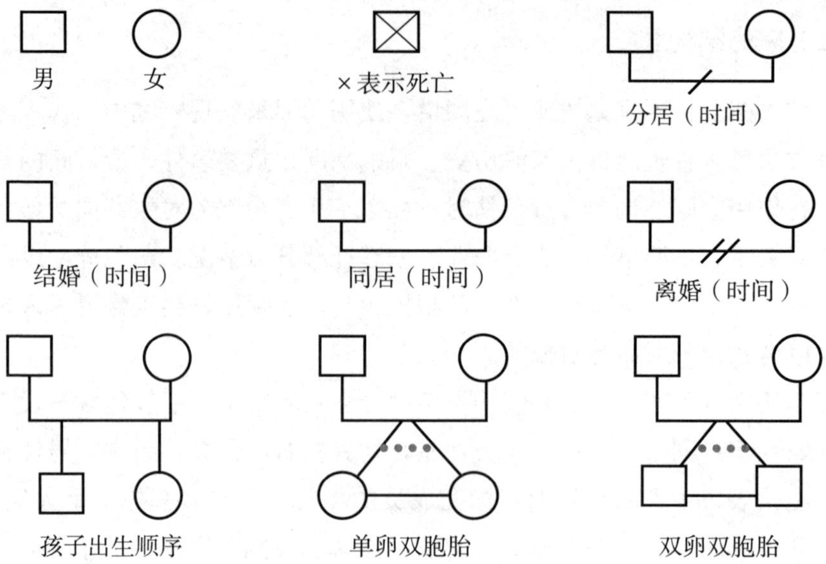

图 10－2 家庭关系示例

情况都可以用简单的符号来表示，如 M’ 96 表示 1996 年结婚，C’ 2019 表示 2019 年同居，S’ 2020 表示 2020 年分居，D’ 2023 表示 2003 年离婚，等等。

（三）社会生态系统图

社会生态系统图，基于生态系统理论，有效地将服务对象与外部环境系统的关系通过图形展现出来。这种方法揭示了系统间能量的流动和交互关系，以及这些关系与服务对象的需求、资源及问题之间的联系。通过绘制社会生态系统图，社会工作者可以获得关于服务对象周围环境的整体图像，识别出可用资源，以及哪些支持是不足或缺失的。这为理解个人、家庭、群体与环境之间的关系提供了分析框架，并指明了激活哪些参与者或资源以应对问题的方向。

在绘制社会生态系统图时，需要遵循一套清晰且系统的步骤。首先，用圆圈将案主的家庭系统表示出来，并将案主置于其中。其次，将案主所处的环境系统中的其他元素也用图形表示出来。这些元素可能包括与案主有关系的人、团体、组织或机构等。可以根据这些元素的不同特性和角色，选择使用圆圈或方形等不同的图形来表示。这些图形的大小、颜色和形状都可能根据元素的特性进行微调，以便更好地反映它们在社会生态系统中的位置和角色。然后，用线段将各系统连接起来，这些线段并非简单的连接符，它们还承载着丰富的信息。线段的粗细长短代表了各系统之间关系的亲疏程度。较短且粗的线段意味着关系紧密，而较长且细的线段则可能意味着关系相对疏远。此外，线段的形态代表了关系的本质。例如，实线可能表示一种稳定且持续的关系，而虚线则可能表示一种较为松散或间歇性的关系；曲折的线段表示关系有问题，而直线则表示关系正常。有时，还会在线段上添加箭头，以表示关系的方向性，如支持、影响或互动等关系是单向的还是双向的。

案例

案主小明，17岁，高二在读，性格沉默寡言。小明的父母在镇上开了一家小诊所，日常给老人开药、打针，平时工作忙，早出晚归，对小明疏于管理和教育，所以小明大部分时间都是和姥姥姥爷一起生活。小明的爸爸对儿子非常严厉，一心敦促儿子学习，小明的妈妈性格内敛，顺从丈夫，溺爱孩子。小明从小认真学习，父亲不顾儿子的意愿每到寒暑假都会给小明报课外辅导班，小明不敢反抗。高中考入市重点学校后，小明开始住校生活，一周回一次家。某周六，本该回家的小明却没有按时回家，父母和姥姥姥爷也没有收到来信，小明爸爸询问过小明的老师和同学才发现，小明和同学一起到学校旁的网吧打游戏。小明爸爸非常生气，将小明带回家骂了一顿后将其关进屋子学习。一个学期后，小明爸爸接到了班主任打来的电话，原来小明的学习成绩明显下降，老师还发现小明上课偷偷用MP4看小说，影响了老师的正常教学。老师告诉小明爸爸，如果小明不能及时改进的话，就需要小明爸爸把小明带回家。

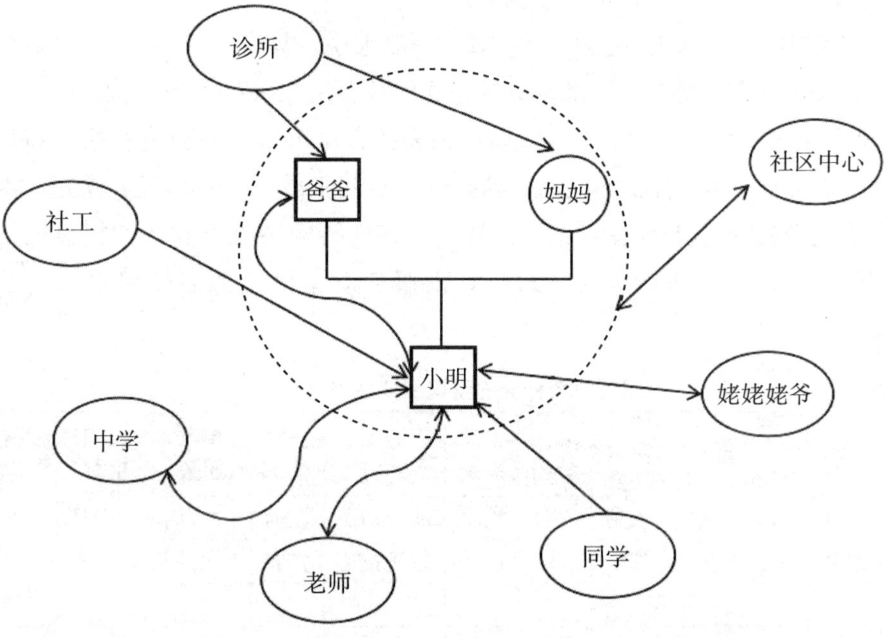

图10-3　小明的社会生态系统图（示例）

（四）社会支持网络分析

社会支持网络分析，专注于评估与测量服务对象的社会支持网络的种类和规模，以及从服务对象的主观经验角度，呈现所获得社会支持的性质和数量。

1. 社会支持网络的种类和性质。一般来讲，服务对象的社会支持网络可以分为正式系统和非正式系统。其中，正式系统可以分为社会性系统和专业系统，工作单位、社团、俱乐部、协会组织、工青妇组织、联谊会、休闲娱乐会所、互助组织等统称为“社会性系统”，社会工作者、教师、律师、医护人员、营养师、心理学家、政府公职人员等统称为“专业系统”。非正式系统是指服务对象的配偶、子女、父母、兄弟姐妹、朋友、邻居、同学、同事等。

社会支持网络可以有正反两种性质的描述方法。例如，一位年轻的单身母亲要照顾患病的孩子而启动身边的社会支持网络，如家人、朋友、亲戚、社会工作者等，这是社会支持网络的正面性质的描述；但社会支持网络也有负面性质的描述，如随父母进城务工的儿童被城市孩子排挤的情况，就描述了随迁儿童在城市内负面社会支持网络的情形。但严格来说，社会支持网络是中性的，就是说社会支持网络被视为社会工作实务中一种分析问题的方法，目的在于帮助社会工作者准确理解人们是因何以及怎样通过各种社会交往或通过资源的施予和接受而互相作用和影响的。

2. 社会支持网络评估工具。社会支持网络的评估工具分为社会支持网络评估表和社会网络格两种，各有特点和优势。

社会支持网络评估表（见表 10－3）。一般来说，具有支持性的社会网络包括：家庭成员及其亲属、朋友、邻里，以及正式的社会组织（如工作单位、学校和其他正式的服务机构）。社会工作者可以通过列表的方法对服务对象的社会支持网络进行预估，找出服务对象正式和非正式的社会支持网络。方法如下：首先，由服务对象找出他们社会支持网络的成员；其次，将支持网络成员和他们提供的支持按其所回应的具体问题进行分类；最后，由服务对象描述他们如何看待所获得的支持。

表 10－3　　服务对象社会支持网络评估表（样表）

序号	姓名	电话	关系	助人意愿	情绪态度	助人能力	资源情况	接触次数	结识时间	关系密切程度
1	张某	137××××	表舅	强	愉快	缺乏知识	较弱	1次/周	六个月	和谐
2	赵某	180××××	邻居	弱	冷淡	缺乏技巧	较弱	1次/周	六个月	一般
3										
4										
5										
⋮										

上述评估表可以让服务对象和社会工作者知道服务对象的社会支持网络的构成和性质，根据社会支持网络评估表提供的信息，社会工作者可以使用“社会支持网络网状格”，也称为“社会网络格”，来进一步评估服务对象的社会支持网络及社会支持的状况。

社会网络格（见表 10－4）。在社会支持网络评估表的基础上，为了清楚呈现服务对象社会支持网络提供的支持的性质和数量，可以用“社会网络格”评估服务对象的社会支持网络资源和社会支持。方法如下：第一步，逐步询问与服务对象社会支持网络有关的问题；第二步，将上述问题写在提示卡上，请服务对象依据如下标准，即从未、很少、有时候、总是，描述所获得的社会支持的状况；第三步，将内容信息汇总到社会网络格中。

表 10-4 服务对象社会网络格（样表）

序号	姓名	支持来源	提供的实际支持	提供的情感支持	提供的信息支持	与服务对象的密切程度	与服务对象的见面频率	与服务对象认识的时间
		1. 家庭 2. 其他 3. 专业人士 4. 社会组织 5. 机构	1. 很少 2. 有时 3. 时常	1. 很少 2. 有时 3. 时常	1. 很少 2. 有时 3. 时常	1. 不亲密 2. 亲密 3. 很亲密	1. 不见面 2. 每年 3. 每月 4. 每日	1. 一年 2. 一年至五年 3. 五年以上
1	张某	1	3	2	2	1	2	2
2	赵某	2	1	1	1	1	2	2
3								
4								
⋮								

社会网络格可以提供直观的信息和以下方面的绝对数字和比例：网络的总规模、经辨识的网络中的全部人数、网络的种类，以及社会支持网络的总人数和各种社会支持在总体社会支持网络支持中所占的比例。

分析上述资料，可以让服务对象和社会工作者知道服务对象的社会支持网络的构成和性质，包括：

（1）是谁提供了社会支持。

（2）提供了哪些支持。

（3）有哪些空缺资源。

（4）社会支持网络双向互惠交换的机会。

（5）获得支持后可能出现的负面影响和可能招致批评的压力。

（6）使用现存网络资源的障碍。

（7）服务对象优先选择的社会支持是什么。

使用上述社会网络格，社会工作者可以对服务对象的环境资源进行分析，通过对服务对象微观和宏观社会处境的分析，整理出服务对象个人、家庭和社区的社会支持网络及网络提供的资源和支持，为社会工作者制定工作计划提供依据。

在收集了尽量多的资料，并在此基础上对服务对象的问题与需要做出预估后，就可以进入下一个工作流程，即制定工作计划与服务协议。

综上所述，参与式预估方法通过促进服务对象的积极参与，不仅加深了社会工作者对服务对象情况的了解，也增强了预估的全面性和准确性。参与式预估方法的有效运用，为制定个性化的工作计划提供了坚实的基础，确保了社会工作实践的有效性和针对性。

第三节　计划与约定的方法

在社会工作实践中，制定工作计划是连接问题识别与解决策略的关键环节，它确保服务的连贯性与计划性。该过程强调社会工作者与服务对象的合作，旨在深化问题理解、促进共识、激发参与，并体现专业价值观。工作计划包括服务对象信息、目标设定、策略选择及角色明确等要素，考虑服务对象的价值观和环境，以促进其优势发挥和自我提升。同时，工作计划需要提前设计未来的成效评估工具，确保服务目标的实现。此外，工作计划的成功执行需要识别合作资源和精确时间安排，强化服务对象与社会工作者之间的合作意愿和责任，是社会工作成功的关键。

一、工作计划的重要性

在社会工作实践中，当社会工作者与服务对象一致认为初步问题已被充分探讨，并确认所需支持由社会工作者所在机构提供后，便进入制定工作计划的关键阶段，这一阶段标志着服务过程从问题识别走向了具体的行动计划，是后续工作得以有序开展的基石。此时，工作计划作为桥梁，不仅连接问题预估与解决策略，还为社会工作者指明服务方向，确保专业服务的连贯性和计划性，使每一步工作都有的放矢，避免了服务的盲目性和随意性。工作计划的制定过程是社会工作者与服务对象合作的体现，旨在深化对问题的理解，促进共识，激发参与，这种合作不仅仅体现了社会工作者的专业素养，更彰显了尊重服务对象、关注服务对象成长的核心价值观。通过个性化的服务设计，考虑到服务对象的价值观和环境因素，工作计划旨在促进服务对象的优势发挥和自我认识的提升。同时，工作计划作为评估服务进度和成效的工具，既确保服务目标的可实现性，又确保评估工作的可操作性。在目标明确后，服务对象与社会工作者的约定进一步强化了双方合作的意愿和责任，无论是书面的还是口头的，这种约定都象征着对解决方案的共同承诺和对工作计划成功执行的期待，这种合作意愿和责任的明确，将推动社会工作实践走向更加深入和有效的方向。

二、制定工作目标

在社会工作实践过程中，工作目标的设定是一个与服务对象紧密合作的过程。首先，社会工作者要向服务对象阐明设定工作目标的重要性，增强其对改变的认同感和参与度。接着，基于预估阶段收集的信息，双方共同识别与分析服务对象的核心需求和问题。此阶段的目的在于激发服务对象的改变动机。然后，社会工作者与服务对象共同筛选出优先解决的问题，并将其转化为具体、可行的目标。在此过程中，还需要评估每个目标的可行性，确保目标既不过于宏大而难以实现，也不过于微小而忽视了实际需求。确定工作目标后，双方共同决定目标的优先级，按照从易到难的顺序进行安排，以逐步增强服务对象面对挑战的能力和信心。

在社会工作实践过程中，制定工作目标是一个至关重要的步骤，它要求目标不仅清晰明了，易于服务对象理解，而且必须具备积极性和激励性。这意味着在表述目标时，应避免复杂的专业术语，使用简单直接的语言，确保每个人都能轻松把握。同时，目标应着重于积极的成果，比如，通过具体化目标（如“每周参与一次社交活动”）而不是避免负面行为（如“不再社交回避”），可以更好地激励服务对象朝着目标迈进。同时，确保这些目标与社会工作者的专业标准和所在机构的服务范围保持一致性，确保每项服务都能在专业框架内有效执行。此外，目标还应被限定在社会工作者具备的专业知识和技巧范围内，以避免对服务对象的伤害。例如，在服务遭受性侵害的服务对象时，社会工作者必须具有深度的专业知识和技巧，社会工作者如果没有受过这方面的专业训练，就不能贸然提供服务，而应及时转介给其他有能力的社会工作者，以保证服务对象的利益不受损害。通过这种方式，制定工作目标成为社会工作实践中的核心环节，不仅明确了服务的方向和评估的标准，而且增强了服务对象的自主性和能动性。它强调了在社会工作中，专业实践不仅仅是解决问题的过程，更是与服务对象共同协作、促进其积极变化的过程。

需要注意的是，工作目标是可以调整和改变的，但这种改变并非随意或无序的，而是基于服务对象需求的变化、服务环境的变化以及社会工作者对服务实践的不断反思和学习。首先，服务对象需求的变化是工作目标改变的重要驱动力。随着时间的推移，服务对象的情况和需求可能会发生改变，这要求社会工作者及时调整工作目标，以便更好地满足他们新的需求。其次，服务环境的变化也会对社会工作者的工作目标产生影响，包括政策调整、资源分配的变化以及社会观念的转变等。最后，社会工作者在服务实践中不断反思和学习也是工作目标改变的重要原因。通过反思服务过程中的经验和教训，社会工作者可以识别出存在的问题和不足，并思考如何改进和优化服务。这种反思和学习有助于社会工作者更深入地理解服务对象的需求和问题，从而发现当前工作目标的不足。工作目标一旦确定，就需要制定具体的实施计划，包括选择合适的策略、方法和资源，明确服务对象与社会工作者的角色和责任。在实施过程中，持续监控工作目标完成情况，根据服务对象的反馈和服务进展情况调整工作目标与工作计划。这一灵活性确保工作计划能够适应服务对象在服务过程中的成长和变化。

在整个工作计划制定过程中，工作目标的明确设定和有效排序对于确保服务活动的有序进行至关重要。工作目标的明确性，使每一项服务活动都有了清晰的方向和定位，避免了在执行过程中可能出现的偏差和混乱；而有效排序则确保了各项服务活动能够按照优先级和逻辑关系有序开展，使整个工作计划的实施更加高效和顺畅。通过与服务对象的共同努力，不仅可以制定出既实际又有意义的工作计划，还可以促进服务对象的积极参与和持续进步，最终实现工作目标，达到改善服务对象生活状况的目的。

三、工作计划的主要内容

在制定工作计划时，社会工作者需要统筹考量多层次的个人与社会问题，并系统规划计划的各个要素，以确保服务过程的有效管理与专业引导。工作计划应当完整记录服务对象的基本信息（包括姓名、年龄、性别、家庭背景及社会角色等）。这些信息虽然看似琐碎，但却是制定个性化服务方案的重要依据，为社会工作者准确评估服务需求、设计干预策略提供了关键参考。通过综合考量这些要素，社会工作者才能更加精准地定位问题，提出更有针对性的解决方案。

设定目标是工作计划的核心，涉及将预估内容转化为具体的工作目标，包括长期目标与短期目标。长期目标定义了服务的终极目的，例如改善健康状况或提高生活质量，而短期目标则关注实现长期目标过程中的具体步骤，如每周减轻一定体重。无论是长期目标还是短期目标，社会工作者都需要与服务对象进行深入沟通，了解他们的真实想法和期望，确保目标的设定既符合他们的意愿，又实际可行。但是，如何把长期的终极目标转变为具体可行的短期目标，一般来说要遵循管理学大师彼得·德鲁克（Peter Drucker）在《管理的实践》（*The Practice of Management*）中提出的所谓“SMARRT”标准：（1）目标要明确具体（specific），要把抽象的价值理念转化为明确具体的行动目标；（2）目标要可以测量（measurable），通过具体的指标来测量具体目标，以便于评估目标实现程度；（3）目标要可实现（attainable），必须是通过与服务对象一起努力可以实现的目标，不能看起来很美但却实现不了；（4）目标要彼此相关（relevant），目标之间是一种环环相扣的行动链条之间的有机关系，前一个目标是下一个目标实现的手段；（5）目标要是结果导向的（results-oriented），通过环环相扣、步步为营，最终达到想要的结果；（6）目标要有时间限制（time limited），要规定清楚在多长时间内完成目标，不能无期限地拖延下去。[①]

策略选择是实施工作计划的基础。社会工作者应基于对问题的深入理解，以及服务对象与环境的互动方式，确保策略与服务对象的生活方式相契合。在服务过程中，关注的单位可能是个人、小组或对服务对象有影响的系统等，这直接影响策略选择。以儿童心理健康服务为例。如果服务对象是儿童个体，策略可能侧重于通过心理咨询、行为疗法等方式，直接针对儿童的特定问题，如焦虑、抑郁等，进行干预。此时，社会工作者需要深入了解儿童的心理状态、家庭背景、学校环境等因素，以确保策略能够精准有效地解决儿童的问题。如果服务对象是一个家庭或小组，策略可能需要考虑家庭成员或小组成员之间的互动关系，以及他们共同面临的问题。例如，针对家庭暴力问题，策略可能包括提供家庭咨询、调解矛盾、增强沟通技巧等，以促进家庭成员之间的和谐与理解。如果某个案主是对某个案主有影响的系统，如学校、社区等，策略可能需要从更宏观的角度出发，考虑如何通过改善系统环境、制定相关政策、提供资源支持等方式，为服务对象创造更好的成长条件。此外，策略选择需遵循多层次原则：既包括直接干预策略（如向服务对象提供问题解决方案与需求满足服务，以及认知行为干预），也涵盖间接干预策略（如政策倡导与资源链接）。以脑瘫儿童服务为例，直接策略体现为：一方面，对儿童开展生活技能训练，提升其校园独立生活能力；另一方面，为家长提供专业培训，增强其照护支持能力。间接策略则体现为：通过政策倡导，为脑瘫儿童及其家庭争取系统性服务资源支持。

明确服务对象与社会工作者的角色和责任，对实施工作计划至关重要。社会工作者需要扮演多种角色，如使能者、教育者、倡导者、协调者等。作为使能者，社会工作者需要根据服务对象面临的现实问题，帮助他们克服畏难情绪，激发其潜能，增强其自信心和实际能力，从而协助他们克服困难，走出困境，真正改善自己的不良境遇。作为教育者，社会工作者需要让服务对象清楚问题的成因和变化过程，并向服务对象传授解决问题的经验、知识和技能，帮助他们掌握解决问题的方法，从而提升他们自我认知和解决问题的能力。作为倡导者，社会工作者需要率先倡议实施某种行为，包括对服务对象行为的倡导和对政府行为的倡导，前者是指社会工作者向服务对象倡导某种合理性行为，并指导他们以使其成功，后者是指社会工作者作为众多服务对象的代表，向政府反映社会上的实际情况，倡导相关政策法律的改革，从而为服务对象争取合法权益，促进社会公正。在许多情况下，是因为服务对象没能与周围的人、群体或者社会组织处理好关系，即他们的人际关系和社会关系失调，从而使自己陷入困境。这时需要社会工作者扮演关系协调者的角色，承担起协调关系、缓解和处理矛盾的任务，协助服务对象处理好与家庭、社区等相

---

① 彼得·德鲁克．管理的实践．齐若兰，译．北京：机械工业出版社，2018.

关方的关系，促进资源的有效整合，策略性地应对问题。服务对象也需要承担某些责任：他们需要积极参与服务过程，按照社会工作者的指导进行学习和实践；他们需要真实反馈自己的需求和感受，以便社会工作者及时调整服务策略；他们还需要在能力范围内主动寻求解决问题的办法，逐步实现自我成长和进步，以实现工作计划所定的目标。双方的期望和贡献需要在计划初期进行明确，以促进合作并避免误解。

合作资源的识别与利用，以及时间的精确安排，对于实施工作计划也非常重要。资源可能包括家庭、朋友、社区资源等，而时间安排则确保了目标的按时完成。家庭资源，作为最亲近的支持系统，能够提供情感上的鼓励、生活上的便利，以及在遇到难题时的智慧建议。朋友资源，则可能带来不同的视角和思路，通过交流和分享，能够获得新的灵感和解决方案。社区资源，更是广阔而多元，从公共设施到专业人才，从政策支持到信息交流，都为工作计划的实施提供了丰富的可能性和便利。然而，仅有资源还不足以确保工作计划的成功，时间的精确安排同样至关重要。时间，如同一条无形的线索，串联着工作计划中的每一个环节。它要求社会工作者根据目标的紧迫性和重要性，合理安排各项任务的先后顺序和完成时限。例如，“帮助小李每天按时完成作业”虽然清楚标明了目标改变的行为和期望，但并没有清楚地限定时间。为清楚标明实现目标的时间，可将上述目标改为“到 8 月 30 日，每天花 3 个小时完成作业；到 11 月 30 日，每天花 2 个小时完成作业”。因此，通过制定详细的时间表，社会工作者可以确保工作有序推进，避免因时间管理不当而导致的延误或遗漏。

最终，工作计划的成功执行需要服务对象与社会工作者之间的密切合作和沟通，有时还需要以书面合同的形式明确双方的承诺和责任，确保工作计划的顺利执行和工作目标的实现。通过这样的综合考量，工作计划不仅为服务对象提供了明确的服务路径，也为社会工作者提供了评估和调整服务过程的基础。

四、约定的形式和原则

在确定工作目标和工作策略，并经过服务对象的审查和同意之后，就需要双方就接下来的服务活动签订协议。服务协议，即服务合同或工作契约，是社会工作者与服务对象经协商而达成的合作计划，是双方对解决问题的承诺。为了更好地督促社会工作者和案主，一般会签订书面协议，这不仅体现双方的合作伙伴关系，还可以帮助双方再次确认服务所涉及的内容。社会工作者要知道，社会工作服务协议是与服务对象在从接案到共同讨论问题、构建工作计划的过程中逐步协商产生的。随着助人过程的推进，协议的内容越来越具体，直到形成具体、可操作的协议。协议的制定应遵循清晰易懂、灵活调整和切实可行三大原则：（1）内容应简洁明了，避免使用专业术语，以确保服务对象能够充分理解；（2）服务协议需要具备一定的弹性，能够根据服务对象的实际情况和需求的变化适时调整；（3）最重要的是，协议中的要求应切实可行，避免过高或过低的标准，以确保双方能够全身心投入服务过程，共同实现工作目标。

广州市社会工作服务协议（范本）[①]

甲方（服务对象/监护人）：______________________

住所：______________________

联系电话：______________________

乙方（服务机构名称）：______________________

办公住所：______________________

办公（服务）电话：______________________

受指派的社工姓名及联系电话：______________________

根据《广州市社会工作服务条例》和有关法律法规，本着平等尊重、信息保密的原则，经甲、乙双方协商一致，同意开启本次社会工作服务，并达成以下协议：

一、服务基本情况（请在□内打√，未尽内容可在“其他”栏中另行填写）

（一）服务目标

____

____

____

____

____

（二）服务内容

□1. 困难救助 □2. 矛盾调处 □3. 人文关怀

□4. 心理疏导 □5. 行为矫治 □6. 关系调适

□7. 资源协调 □8. 兴趣发展 □9. 人际拓展

□10. 其他______________________

（三）服务方式

□1. 个案服务 □2. 小组活动 □3. 社区服务

□4. 其他______________________

（四）服务时间

1. 起止时间：____年____月____日——____年____月____日

① 广州市民政局关于印发《广州市社会工作服务协议（范本）》的通知.（2019－05－30）［2025－03－29］http：//mzj. gz. gov. cn/gk/wgkzl/fwgk/content/post _ 5295453. html.

2. 服务频次：每周____次 / 每月____次 / 每季度____次

3. 每次服务时间：不少于____小时

（五）服务地点

______区______街（镇）______社区（村）____________

二、甲方的权利和义务

（一）甲方的权利

1. 甲方对所提供的服务有知情同意和自主选择的权利；

2. 甲方对所提供的服务有参与和提出建议的权利；

3. 甲方认为提供的服务不合理或不合法时，可要求改善服务及服务计划，并拥有质疑、投诉或终止服务的权利；

4. 甲方有权维护涉及自身隐私的信息及合法权益；

5. 甲方有权要求保障服务过程中的安全。

（二）甲方的义务

1. 甲方应尊重乙方的专业价值；

2. 甲方应将与服务活动有关的真实、完整信息和可能出现的风险等情况告知乙方；

3. 甲方应积极在乙方的协助下持续改善自己的生活处境，努力达成设定的服务目标。

三、乙方的权利和义务

（一）乙方的权利

1. 乙方有权要求甲方提供与服务活动有关的真实、完整信息和可能出现的风险等情况；

2. 依照双方签署的服务协议要求，乙方有权做出专业的服务评估和判断，并提出合理化建议和意见；

3. 甲方拒不配合服务开展的，违法违规的，损害乙方权益或危及乙方工作人员人身安全的，乙方有权决定终止或转介服务；

4. 在服务期间，当自身人身安全处于危机境况时，乙方有权采取自我保护的措施或寻求合法途径避险。

（二）乙方的义务

1. 乙方应综合考虑甲方意愿、偏好、习惯和能力等因素，安排具备相应业务能力的社工提供社会工作服务；

2. 在服务期间，乙方应采取有效措施，确保所提供服务的安全性和可靠性；

3. 乙方应尊重和保护甲方的知情权、参与权，应尽可能地让甲方了解和参与服务活动的整个环节；

4. 乙方应尊重和保护甲方的自主选择权，应尽可能地让甲方有选择服务方案、服务方式及服务时间等的权利；

5. 乙方应尊重甲方的隐私权，未经甲方同意，乙方不得侵犯甲方的个人隐私、商业秘密；特殊情况乙方应向机构或有关部门报告；

6. 乙方应尊重和保护甲方的肖像权、名誉权等其他合法权益尽可能不受侵害；

7. 甲方的需求超出乙方业务范围、能力或者服务地域的，乙方在征得甲方同意后应当提供转介服务供甲方选择；

8. 乙方应妥善保管社会工作服务活动的记录和资料并确保其真实性，不得虚构个案或者伪造小组、社区工作服务记录等资料；

9. 为保持专业关系，乙方在服务过程中不得向甲方推送商业信息、销售商品或者向甲方索取财物。

四、风险提示及保障措施

（一）甲方可能存在以下风险，如隐私权、肖像权及名誉权等人身权益受损的风险。乙方应当按照有利于保护甲方合法权益的原则开展服务工作，使用涉及甲方自身合法权益的资料时，需获得甲方同意并作特殊处理。

（二）乙方可能存在以下风险，如甲方有不合道德、法律规范的行为和要求，由此可能导致乙方面临自身权益受损的风险。乙方应当为社工开展服务提供必要保障，可能发生人身危险的应当为其购买相应的人身意外伤害保险，防范、降低服务过程中的风险。

（三）服务过程中可能存在以下风险，如安全安保风险、甲方健康风险、活动被迫中断风险、服务不到位风险、环境气候风险、经济损失风险。乙方应当综合评估服务过程中可能发生的突发状况，制定应急预案，建立应急机制，加强应急演练，应对服务过程中发生的紧急情况。

（四）服务环境中可能存在以下风险，如服务活动所处的社区环境、办公场地、服务场地、服务设施等带来的潜在安全风险问题。乙方应当树立和增强服务风险意识，明确内部安全管理责任，抓好日常安全管理监督。

（五）合作伙伴可能存在以下风险，如乙方在整合利用社会资源的过程中，存在被商业机构利用、甲方信息泄露、商业推销、商业欺诈等风险。乙方应当提前与合作伙伴达成相关协议，以有效规避以上风险。

（六）其他风险：____

____

____

五、信息保密承诺

乙方依法承诺对甲方的隐私和信息承担保密职责，确保甲方的隐私和信息得到保护，否则将依法承担相应的法律责任。

六、协议中止、变更和解除

（一）服务期间，甲方明确提出服务协议需要中止、变更或解除的，应本着尊重甲方意愿的原则予以执行。

（二）因服务项目到期、自然灾害等客观原因或不可抗力，乙方提出需要中止、变更或解除服务协议的，乙方应积极与甲方协商，征得甲方的谅解和同意。

七、争议的解决方式

服务期间若发生争议的，甲、乙双方可本着平等互谅的原则予以协商解决。协商不成的，可寻求当地社区居委会、行业协会等予以调解或通过诉诸法律途径解决。

八、其他需要协商的事项

经甲、乙双方协商，约定的其他事项包括：________________________

____

____

____

本协议自签订之日起开始生效，甲、乙双方可对本协议的条款进行修改补充，补充协议与本协议具有同等效力。

本协议一式两份，甲、乙双方各执一份，具有同等法律效力。

甲方（签字）：　　　　　　　　　乙方（盖章）：

时间：　　年　月　日　　　　　　时间：　　年　月　日

五、工作计划中的逻辑与人性

制定社会工作计划是一个深思熟虑的过程，它需要综合考虑服务对象的独特性和周围环境的复杂性。每一份工作计划都是为了满足特定服务对象的需求而量身定制的，因此不存在两份完全相同的工作计划。在设计这些计划时，社会工作者必须理解并评估多个因素，这些因素共同影响着计划的有效性和实施的可行性。C. J. 路易斯（C. J. Louise）提出，影响工作计划制定的有七个因素[①]：

1. 社区环境。社区的特性，包括地理位置、人口结构、文化背景、资源可用性等，对工作计划的设计和实施产生深远影响。例如，某社区有充足的人力、物力等资源，相较于其他缺乏该物资的社区来说，制定工作计划以链接资源就方便容易得多，在其他因素相同的情况下，效率也会更高。一个在特定社区有效的工作计划

① LOUISE C J. Social work practice：a generalist approach. Boston：Allyn and Bacon，1983：308.

可能在具有不同特性的另一社区中不可行。因此，社会工作者需要深入了解服务对象所在社区的具体情况，以确保工作计划的相关性和有效性。

2. 机构能力。社会工作者所在机构的资源和服务范围会影响工作计划的制定。如机构的服务水平、资金状况、人员配置和组织结构等因素，都需要在制定工作计划时予以考虑。了解机构的能力和局限性有助于设定实际可行的工作目标。因为每个社会工作服务机构都有其工作的侧重点，服务范围也是有限的，不可能覆盖所有方面，所以，工作计划的制定要与机构的功能和服务范围等相一致，才能得到机构各部门的支持与配合，从而更好地帮助服务对象解决问题，实现既定目标。

3. 公众对问题的态度。公众对不同社会问题的认知态度与服务期望，直接影响工作计划的社会接受度与实施成效。以特定敏感问题为例：首先，针对商业性服务从业者（我国法律明令禁止卖淫嫖娼行为），由于社会普遍存在的道德评判倾向，相关服务项目往往难以获得社区资源的支持，导致服务供给面临系统性障碍。其次，在性取向议题方面，尽管社会认知呈现逐步开放趋势，但公众对多元性取向（如同性恋、双性恋等）的接纳程度仍存在明显落差。特别值得注意的是，服务对象原生家庭成员的抵触态度，往往构成额外的干预阻力。这些社会认知层面的挑战，客观上增加了社会工作服务的复杂性，要求在设计工作方案时予以特别考量：（1）如何规避道德争议引发的资源限制；（2）怎样处理家庭系统内部的价值冲突；（3）采取何种策略确保工作目标的实现。

4. 社会工作者的个人价值观。尽管社会工作的基本原则要求社会工作者保持专业中立，但社会工作者的个人价值观、偏好和信念不可避免地会影响到工作计划的制定和工作目标的达成。例如，一个少数民族地区发生了自然灾害，社会工作者在为其提供物资捐赠服务时，就需要充分考虑与考察灾区的社会文化，如少数民族饮食习惯、日常生活用品是否适用等，避免援助时一味地基于个人的价值判断而做出选择，出现灾民无法及时分到可用物资，从而影响了救援。因此，在服务过程中，社会工作者时刻需要警觉，审视并调整自己的主观倾向，以确保工作计划能够真正基于服务对象的实际需求，而非个人的偏见或情感偏好。只有这样，才能制定出真正符合社会公正原则和专业伦理的工作计划，为服务对象带来实质性的帮助和支持。

5. 服务对象的个性化需求。虽然工作计划的制定流程有其规范性，但每一位服务对象都是独一无二的，都有其独特的背景和需求，包括性别、年龄、文化、民族、宗教信仰等，比如，青少年服务对象可能面临学业压力、人际关系和身份认同等问题，而老年人则可能更关心健康、养老和退休生活等。所以，在服务过程中要对具体对象、具体问题进行具体分析，不要墨守成规，只有针对服务对象的特殊性采取干预计划和行动，才有助于解决问题，以确保服务结果的有效性和适应性。

6. 成员的多样性和弱势群体问题。在制定工作计划时，需要考虑服务对象所在群体的多样性以及与弱势群体相关的特殊需求，从而提升工作计划的有效性。例如，面对来自不同民族的服务对象，社会工作者需要充分了解、尊重并善于利用各民族的文化资源，对相关的民族文化议题保持敏感性，从而制定具有文化适切性的民族社会工作计划。儿童、妇女、老年人和残障人士等特定群体通常处于相对弱势的社会地位，被称为弱势群体。社会工作者在为这些群体提供服务时，在制定干预计划和解决方案的过程中，需要特别关注并消除可能存在的偏见与歧视，以确保服务对象平等地获得计划带来的各项权益。

7. 以上所述因素的优势和局限性。以上所述因素都会对工作计划的制定带来一定的优势和局限，社会工作者需要重点考量的是：如何在突破这些因素带来的局限的基础上发挥这些因素的优势。

通过对这些因素的仔细评估和考量，社会工作者可以制定出既符合服务对象需求又能有效实施的个性化工作计划。这不仅要求社会工作者具备专业知识和技能，还要求他们具备灵活性、创造性和对服务对象深刻的同理心。

复习思考题

案例名称："共克时艰"——应对"新冠疫情"引发的社会心理问题

新冠疫情席卷全球，不仅对人们的身体健康构成威胁，还引发了广泛的社会心理问题，如焦虑、抑郁、孤独感和社会隔离感。在这种背景下，社会工作者面临着巨大的挑战，需要采取有效措施来应对这些问题，并支持个体和社区的心理健康与社会功能。请撰写一份包含预估方案和工作方案的书面报告，字数不超过2000字。

推荐阅读书目

1. HEPWORTH D H，ROONEY R H，ROONEY G D，STROM-GOTTFRIED K. Direct social work practice：theory and skills. 9th ed. Pacific Grove，California：Brooks/Cole，2015.

2. 劳伦斯·舒尔曼. 助人技巧：个人、家庭、小组和社区工作方法. 隋玉杰，吴蕾，张会平，等译. 北京：中国人民大学出版社，2022.

第十一章

改变导向的干预策略

【教学目标】

掌握多样化的社会工作干预策略，灵活应对不断变化的社会需求，以提升个体、家庭、群体和社区的福祉，推动社会变革，促进社会正义。

【本章导学】

改变导向的干预策略可以区分为直接干预策略和间接干预策略。

直接干预策略主要包括危机干预策略、动机性访谈策略、认知重构策略、问题解决策略、优势赋权策略、社会支持策略、资源链接策略、沟通互动策略等。

间接干预策略主要包括动员有影响力的人、协调不同服务项目、开发新的项目、环境改善策略、组织改善策略、政策倡导策略等。

策略的多样性和广泛性确保了社会工作能够在微观、中观、宏观等不同层面上和不同情境中进行有效干预，以促进正向的改变。

【关键概念】

直接干预策略；间接干预策略；多种干预策略的整合与个别化组合

本章将深入探讨专业社会工作实践中的干预策略，展现社会工作者如何以灵活和创新的方式应对社会需求的不断演变。从直接到间接的干预手段，每种策略要么致力于提升个体、家庭、群体和社区等特定对象的福祉，要么致力于推动社会环境的变革，促进非特定群体的整体社会公平与福祉。这些策略的多样性和复杂性不仅反映了社会工作者的核心价值观和职业道德，也凸显了社会工作者在促进社会福祉与应对社会挑战中干预面向和干预手段的灵活多样。通过这些策略的综合应用，社会工作者不仅能够有效地满足服务对象的多元需求，促进其自我决定和赋权，还能够促进社会环境发生改变，为打造更加公平与包容的社会环境做出重要贡献。

第一节　直接干预策略

本书第四章已经介绍过通用社会工作的干预策略的分类方法，指出一般有两类干预策略分类方法：直接干预策略和间接干预策略的分类方法；微观干预策略和宏观干预策略的分类方法。直接干预策略和间接干预策略的分类方法主要是依据“人在环境中”这一社会工作核心概念，来区分直接受益对象（案主系统）及其生存环境，凡是针对受益对象（案主系统）提供的干预策略都是直接干预策略，而不管这个受益对象（案主系统）是个人与家庭还是小群体，或者社区特定人群；只有无明确受益对象，针对抽象的某类问题（或者环境问题）提供的干预策略才是间接干预策略。因此，直接干预策略除了针对个体的危机干预、动机性访谈、认知行为疗法等之外，还包括针对特定群体关系和沟通模式的干预策略，以及针对社区特定人群的动员和组织等策略。也就是说，直接干预策略包括微观、中观、宏观层面，但是不包括非特定受益对象的社区重要成员的动员、项目协调、项目开发、组织结构改善、社区环境、政策倡导等属于社会行政和社会政策内容的间接干预策略。① 本节阐述直接干预策略的主要内容。

一、危机干预策略

许多案子一开始是从危机状态进入社会工作服务机构的，所以危机干预是社会工作服务的首要策略。危机干预策略是基于危机理论的均衡模型，指导人们如何在个人遭遇危机时进行干预，要求社会工作者在微观、中观、宏观层面都具备干预技能。多学科的影响促进了相关危机理论的发展，其中社会工作者负责实施具体的实践方法和技能，以制定应对策略。

危机干预的均衡模型旨在通过减轻压力、缓解症状，恢复至危机前的功能状态，其中快速反应是关键，目的是防止功能恶化。紧急干预是最有效的，因此，这一模型包括评估危机性质、确定优先问题和设定具体目标。根据 R. K. 詹姆斯（R. K. James）的定义，危机被个体视为无法忍受的困难，超出了其资源和应对机制，可能严重影响其认知、行为和身体功能。② 社会工作者帮助服务对象应对日常生活中的危机，如搬迁、失业、家庭暴力等，以及极端情况如自然灾害。危机干预工作通常在 4～8 周内进行，尽管复杂情况可能需要更长时间。服务持续时间取决

---

① JOHNSON L G. Social work practice：a generalist approach. 6th ed. Boston：Allyn and Bacon，1998：352.

② JAMES R K. Crisis intervention strategies. 6th ed. Pacific Grove，CA：Brooks/Cole，1988.

于服务类型和危机性质，其目标是在短时间内帮助服务对象缓解危机。

B. 吉利兰（B. Gilliland）开发的六步危机干预模型为系统干预提供了框架，包括定义问题、确保安全、提供支持、检查备选方案、制定计划和获得承诺。[①]

1. 定义问题。从服务对象的角度探讨和定义问题，采取开放式提问技巧，积极倾听服务对象对问题的阐述，并注意收集服务对象的口头和非口头信息，更加准确地评估问题的性质和严重程度。

2. 确保安全。评估服务对象身体和心理安全的致命性、临界性、被动性或威胁的严重性。评估服务对象对相关危机情境的内部反应和服务对象周围的威胁情况，如有必要，确保服务对象意识到冲动、自毁行为的替代方案。

3. 提供支持。告知服务对象危机处理人员是一名有效的支持人员，通过言语、表情和肢体语言等表现出对服务对象的关心、积极、无偏见、可接受的个人态度。根据服务对象的评估需求和环境支持的可用性，以非指导、协作或指导等多种方式进行干预。

4. 检查备选方案。协助服务对象探索其现在可以选择的选项，促进其寻找即时的情境支持、应对机制和积极思维。

5. 制定计划。协助服务对象制定一个现实的短期计划，确定额外的资源并提供应对机制——服务对象可以拥有和理解的明确行动步骤。

6. 获得承诺。帮助服务对象致力于确定积极的行动步骤，服务对象可以拥有并实际完成或接受这些步骤。

案例一

17 岁的小李因未婚先孕陷入危机。在学校青少年女生小组活动中，她情绪失控，小组负责人将其转介至社区心理健康中心。社会工作者通过初步访谈，引导小李倾诉自身处境与感受。

初步评估显示，小李正经历复杂情感冲突，包括对未来的迷茫、自我身份的怀疑（如学生、女儿及准母亲角色认知混乱），以及恐惧、羞愧等情绪。外部环境压力（如家庭期望、同辈评价、校规约束及社会对未婚先孕的偏见）进一步加重了她的心理负担，最终导致她情绪崩溃。因此，针对其持续积累的压力与焦虑，需要为其提供社会工作专业干预支持。

基于此，社会工作者开展快速评估并同步提供支持。通过评估，旨在系统理解小李的需求，明确其个人优势与资源，识别潜在风险及压力源。综合考量其情感状态、认知能力、家庭环境、社交网络、教育状况及身体健康后，最终制定服务方案，通过面谈、心理测试及家校访谈等方法为其提供支持。具体干预措施如下：

---

① GILLILAND B. The six - stage model of crisis intervention// JAMES R K. Crisis intervention strategies. 6th ed. Pacific Grove，CA：Brooks/Cole，1988：38.

（1）一对一的支持咨询，优先帮助小李处理她的情绪并提升她的应对策略。

（2）提供教育资料，让她了解怀孕的生理和心理影响，以及可行的选择，比如怀孕期间的健康管理和教育路径。

（3）组织支持小组，让小李能够与经历类似情况的青少年交流，为她提供社会支持。

（4）家庭干预，与小李的家人一起工作，帮助他们理解小李的情况，提供适当的支持。

（5）探索社区资源，如青少年意外怀孕干预项目、教育机会和医疗支持服务。

（6）法律咨询，以确保小李了解她的法律权利，如父亲的法律责任、学校的教育权利等。

在服务过程中，社会工作者要时刻觉察小李的情绪状态，时刻向她反馈自己并不是孤单一人，同时，有必要为小李制定一份安全计划，如紧急情况下可以联络的人或机构，以确保她和胎儿的安全。服务过程中需定期跟进，监测小李的情况，评估工作计划的有效性，并根据需要调整支持策略。

危机干预策略适用于不同人群，但其有效性受到地区文化、社会制度和个体差异的影响。尽管危机干预模型提供了一个有价值的干预框架，但对于长期处于环境脆弱状态的人，专注于时限内的危机事件可能既不可行也不现实。对这一模型的批判并不意味着完全否定其有效性，而是强调在干预过程中考虑个体和文化差异的重要性。

总之，危机干预模型是社会工作非常重要的一个直接干预策略，不仅需要运用理论和模型，还需要考虑到服务对象的个体差异和文化背景。通过案例分析和对不同人群的应用，可以更全面地理解危机干预的复杂性和挑战，以及如何在实践中有效应用这种策略。

二、动机性访谈策略

动机性访谈是一种强化个体对自身改变动机和承诺的引导方法。这种方法植根于一个深刻的认识：个人更易于被自我说服，而非他人的指导或说教。它对于那些改变动机不强的、相对被动的案主来说，是社会工作者首选的直接干预策略。它体现了一个由被动转向主动的干预过程，以引导为核心技术，目的在于激发服务对象自我内在的变革动力。根据威廉·R. 米勒（William R. Miller）和斯蒂芬·罗尔尼克（Stephen Rollnick）对动机性访谈的定义，动机性访谈是一种以服务对象为中心，通过探索和解决矛盾心理来增强改变动机的指导方法，着重于激发服务对象的内在动机进行自我驱动的变化，这是一种基于服务对象的自我决定权、支持性、同理心、反思性和协作性的咨询方式。[①] 米勒和罗尔尼克的分阶段改变模型是动机性访谈的经典操作模型，细分为四个具体阶段，每个阶段都有明确的任务[②]：

1. 导进过程：这是动机性访谈的起点，目的是建立一种支持性的、非评判性的关系。在这个阶段，社会工作者运用 OARS 技巧，即开放式提问、肯定、反射性倾听和总结四种技巧与案主建立信任，确保案主感到被听见和理解。这种良好的沟通基础有助于案主更自由地分享自己的想法、感受、价值观以及对变化的期望和担忧。在这种支持和理解的环境中，案主能够探索自己关于变化的想法，开始认识到并表达出当前困境中与要达成的长期目标之间不一致的情况。

2. 聚焦过程：一旦建立了良好的工作关系，社会工作者就会帮助案主聚焦在某个特定的行为或变化目标上。这涉及探讨案主的不同关切点，以及案主如何与当下生活目标和价值观相协调。社会工作者通过聚焦，可以为案主提供一个更清晰的方向，使案主能够开始考虑实现这些目标所需的具体步骤。

3. 唤出过程：在这个阶段，社会工作者会引导案主表达改变的理由，增强案主的信心和希望。这涉及探索案主关于改变的愿望、能力、理由和需求，并鼓励案主谈论改变的正向方面（如改变会带来的好处及其所希望持有的自我形象）。在这一过程中，唤出案主内心的动机对于促成行为改变是至关重要的，因为只有当人们为了自己的理由而改变时，改变才更可能持久。

4. 计划过程：这个阶段是将改变的动机转化为具体行动的桥梁。社会工作者协助案主制定一个切实可行的行动计划，这通常包括设置具体的目标、步骤、时间表以及如何应对可能会发生的障碍。在此过程中，社会工作者也会支持案主做出对行动计划的正确决策与承诺，并讨论案主是否有成功的信念去执行计划。

根据以上四个阶段来看，动机性访谈是一个流动的、非线性的过程。它是一种以互助模式为核心的交流方法。社会工作者必须灵活地根据案主的反应回到前一个阶段或者跳到下一个阶段，要能够认识到每个服务对象都拥有改变自己生活的动力和权利，其核心目标始终是增强案主内在的动机，促进案主向更积极的生活变化迈进。这种方法强调从服务对象出发，通过共同努力来促进改变，同时认可服务对象在改变过程中的控制权。动机性访谈通过运用同理心等技巧，促进了社会工作者与服务对象之间积极关系的建立，并特别注重促进性对话。

在这种交流方式中，变化的动力被视为来自服务对象内在的力量，而非外部的强制。动机性访谈将解决内心矛盾的责任归于服务对象，而非咨询师，明确表示直接说服并不是解决矛盾的有效途径。这种交流是温和且是引导性的，咨询师在交流

---

① HEPWORTH D H，ROONEY R H，ROONEY G D，STROM - GOTTFRIED K. Direct social work practice：theory and skills. 9th ed. Pacific Grove，California：Brooks/Cole，2015：236.

② William R. Miller，Stephen Rollnick. 动机式访谈法：帮助人们改变．郭道寰，王韶宇，江嘉宇，译. 上海：华东理工大学出版社，2013.

过程中充当引导者的角色，帮助服务对象探索和解决内心的矛盾。

动机性访谈认为，服务对象的改变准备状态不是固有的属性，而是在人际互动中逐渐发展变化的结果。这种治疗关系更像是一种伙伴关系或陪伴关系，而非传统的专家与受助者的关系，强调以服务对象为中心的合作和共同成长。

案例二

在社会工作的一次访谈中，一位年长的女性案主分享了自己关于健康的观点及其日常生活的挑战。她将健康定义为无疾病、身体无痛苦并感到幸福。但她也表达了因负责繁重家务而感到的身体不适，特别是因腰腿骨质增生而导致的疼痛。

社工：奶奶，请问您觉得健康是什么呀？您现在处于怎样的健康状态呢？

案主：健康就是没有疾病，身体也不痛，然后每天开开心心的。我现在就是每天要做很多家务，然后我自己腰和腿有骨质增生，做多了事情就会很累很痛。

社工：所以您是觉得花太多精力和时间在家庭事务上影响了健康，对吧？

案主：差不多，因为我没有其他什么事情了。

社工：奶奶一般在家都干些啥呢？如果奶奶不帮家里人做事，会发生什么呢？

案主：我一般4点起床，然后洗家里人的衣服和打扫卫生，6点骑单车去菜市场买菜，8点回家后喂鸡然后做午饭。下午呢就是打一会儿牌，4点半就开始做晚饭，等他们回家。我做的都是一些家务事，但是儿子儿媳在外面上班，一年才回来一次，孙子孙女又要上学，没人做这些事，只能我做了。

社工：嗯，所以奶奶觉得这些事是微小但很重要的，这些小而重要的事对您来说意味着什么呢？

案主：我是老人，肯定是要帮着年轻人去做一些事，不然他们太累了，也会说我没有帮他们些什么。但是很多时候我也觉得每天做太多了，从早上醒来就一直不会休息，这样下去我自己的身体也受不了。

社工：所以这两者还是有点冲突，我看到奶奶是很想让自己的家人过得更好，可是，如果您不保护好自己的身体，一旦病倒了，那不是会影响到孩子们的工作生活吗？您怎么看待这个问题呢？

动机性访谈细节包括：

探索健康理解：社工询问案主对健康的定义及其当前的健康状况，以了解她的初始观点。

澄清当前挑战：运用动机性访谈技巧，社工深入探讨了案主将大量时间和精力花在家务事上，及其对健康的影响。

增强改变动机：社工运用开放式提问探讨案主日常的家务任务，及如果她减少这些负担，家人会有何反应。这旨在增强案主改变当前状况的内在动机。

汇集式摘要：社工通过汇集式摘要，强调了案主希望家人生活得更好与自我健康之间的紧张关系，同时突出了她做出改变的必要性和可能性。

通过动机性访谈，社工帮助案主认识到自己的内在需求和潜在的改变动机。这一过程强化了案主对自我健康的重视，并激发了她寻找平衡家庭责任与个人健康的新方法。社工的角色是促进者，通过倾听、反馈和提问，引导案主发掘内在动力，寻找改善生活质量和健康状态的途径。这一案例体现了动机性访谈的精神，即通过引导而非强制，尊重并激发服务对象的内在动力。

三、认知重构策略

认知重构是认知行为疗法的核心组成部分，旨在通过识别和改变负面的信念、思维模式和感知，进而影响行为的改变。这一过程建立在一个关键的假设上：人们的情绪和行为往往受到他们认知扭曲的影响，这种扭曲源于负面的认知图式，导致对人、事件或环境的不切实际的解释。

认知扭曲是认知重构过程中的一个关键概念。它涉及非理性思维，导致个体对现实的解释失真，其忽视了信息的整体性和情境的复杂性，导致个体对事件做出有偏差的解释。比如，一个人可能会因为一次失败就否定所有的努力和成功（心理过滤），或者因为感觉不安全就断定自己在社交场合不受欢迎（情绪化推理）。这些扭曲的思维方式会强化消极的自我观念，产生消极、抑郁的情绪困扰，甚至可能导致不适当的行为反应。

美国著名心理学家、认知疗法重要的发展者之一戴维·伯恩斯（David Burns）在其著作《伯恩斯新情绪疗法》（*Feeling Good*：*The New Mood Therapy*）中总结提出了十条可能会导致出现认知扭曲的不良思维方式[①]：

1. 非此即彼。在自我评价或看待事情时非黑即白，易忽视情况的复杂性和中性状态，害怕任何错误或不完美出现，即要么完美无缺，要么完全失败：

> 例如，假设你完成了一次演讲，你因在演讲中犯了一个小错误而感到沮丧。尽管听众的反应总体上是积极的，但你却依然认为这次演讲是彻底失败的。

2. 以偏概全。基于一个或几个事件便为该事件做出一般性结论，通常带有“总是”或“从不”等词汇：

> 例如，如果你在一个聚会上感到尴尬，然后下结论认为：我不适合所有社交场合，我是个失败者。

3. 心理过滤。只关注消极的方面，忽视积极的信息：

---

① 戴维·伯恩斯．伯恩斯新情绪疗法．李亚萍，译．北京：中国城市出版社，2010.

例如，你在一次考试中得了95分，但你只过分地关注失去的那5分，忽视掉自己另外95分的努力。

4. 否定正面思考。将积极的经历或成就视为无足轻重的，认为它们“不算数”或无法证明自己的价值：

例如，即使你获得了同伴的赞扬，你可能会想他们对你只是表面客气，实际上并不认为你做得好。

5. 妄下结论。在没有充分证据的情况下，对某种情况做出负面解释，常见的形式包括“读心术”（假设知道他人的想法）和“算命术”（预测未来的负面结果）：

例如，没有任何明确的证据表明你的朋友生气了，你却认为“他没有回我信息，一定是因为我做错了什么”。

6. 放大和缩小。对负面事件或品质给予过多重视（放大）或对积极事件或品质轻描淡写（缩小）：

例如，你因为一个小失误而认为这将会毁掉你的整个项目（放大），同时忽略了你做对的所有事情（缩小）。

7. 情绪化推理。以自己的感觉作为现实的证据：

例如，你即将参加一场面试，但你非常紧张和焦虑，因此你得出“因为我感到紧张了，所以这次面试我一定会失败”的结论。

8. “应该”和“必须”句式。依靠严格的规则来生活，并因自己或他人未能达到这些期望而感到沮丧或愤怒：

例如，你经常对自己说“我必须每次都做得完美，否则就是不够好”。

9. 乱贴标签。用极端和贴标签的方式来描述自己或他人，而不是详细描述具体的行为或情况：

例如，你在工作中犯了一个小错误而立刻给自己贴上“我是个彻底的失败者”的标签。

10. 罪责归己。毫无根据地对自己负责，将一切不利情况都归咎于自己，即使没有直接控制权：

例如，某个项目未能如期完成，你立即认为这完全都是你的错，即使实际上延误是由多方面因素造成的。

认知重构策略中调整认知扭曲的重要性在于，通过识别、挑战和替换这些非理性的思维模式，个体可以更准确和平衡地看待现实。认知重构的目的是帮助个体建立更现实、更有适应性的思维方式，这样不仅可以减轻情绪困扰，还可以促进个体提出更有效的行为决策和问题解决方案。通过认知重构，个体可以学会更客观地评估情况，减少情绪反应的极端性和频率，从而提高整体的心理健康和生活质量。

因此，认知行为疗法致力于改变个体对自身及其环境的解释方式。它基于认知理论的观点，即人们的行为源自人们对信息的处理方式。这种方法重视认知、情感和行为之间的相互作用，强调通过改变个体对自我、他人和生活状况的误解来解决社会和行为问题。

M. 高登弗雷德（M. Goldfried）首先提出了认知重构方法，后来 S. 科米尔（S. Cormier）和 P. S. 纽瑞斯（P. S. Nurius）将认知重构分为五个步骤[①]：

（1）让服务对象认识到他们的思维方式决定了他们对事件的情绪反应；
（2）识别那些功能失调的信念和思维模式；
（3）识别导致认知功能障碍的具体情境；
（4）用功能性的认知替换功能失调的认知；
（5）鼓励服务对象对成功应对的努力进行奖励。

认知重构是一个强大的工具，可以帮助个体识别与改变那些影响情绪和行为的负面认知和信念。通过一系列结构化的步骤，个体能够学习新的、更具适应性的思维方式，从而改善其生活质量。认知重构是解决个体认知和思维模式问题的有效方法，它与其他干预策略如危机干预、以任务为中心的咨询和以解决方案为中心的治疗相兼容。然而，它并不总是提供执行新行为所需的技能，且功能障碍可能由多种因素引起，包括生物生理问题。

案例三

小张是一名中学生，近期感到在学校与同伴交流时非常焦虑。他常常担心自己在交流中显得愚蠢，认为同学们会因此而嘲笑他。这种负面的自我认知严重影响了他的社交活动，导致他逐渐回避与同伴的互动。社会工作者通过一系列认知行为疗法会话，决定采用认知重构技巧来帮助小张克服他的社交焦虑。干预过程如下：

1. 情绪反应与思维方式的关联识别：社会工作者首先帮助小张认识到，他的情绪反应（焦虑）是由他的思维方式决定的。通过开展对话，社会工作者引导小张理解自己的感受与自己对事件的解读之间的联系。

2. 识别功能失调的信念：通过深入对话，小张逐渐意识到他的负面自我陈述

① CORMIER SNURIUS P S，OSBORN C J. Counseling strategies and interventions. 9th ed. New York：Pearson，2017：251，255.

（如“我很愚蠢”）和对同学反应的预设（如“他们会嘲笑我”）是不合理的。这些信念和思维模式是他社交焦虑的根源。

3. 具体情境下的认知功能障碍识别：社会工作者帮助小张具体识别出在哪些社交场合中他最感焦虑，以及这些情境是如何触发他的认知功能失调的。

4. 替换功能失调的认知：社会工作者引导小张探索更加积极和实际的自我对话方式，如“我有自己的观点，表达它是有价值的”和“即使有人不同意，也不代表他们在嘲笑我”。

5. 肯定和鼓励成功经验：随着小张在社交场合尝试新的思维方式，他开始感受到焦虑的减轻，并逐渐增强了与同伴交流的信心。社会工作者鼓励小张为自己的进步设置小奖励，以增强积极行为的持续性。

通过认知重构过程，小张的社交焦虑症状得到显著缓解。他不再过度担心自己在社交互动中的表现，而是学会了用更积极的视角来看待自己和同伴的互动。尽管认知重构是一个持续的过程，需要时间和练习，但小张已经迈出了重要的一步，朝着克服社交焦虑的目标前进。

这个案例展示了认知重构在解决社交焦虑问题中的有效性。通过结构性认知重构策略，小张不仅改善了自己的社交技能，也提高了生活质量，展现了认知行为疗法在社会工作实践中的应用价值。

四、问题解决策略

问题解决策略是社会工作实践中的一种核心方法，专注于识别并应对个体面临的需求与挑战。该方法综合运用了专业知识、价值观、技巧，以及利用服务对象及其环境中的优势和资源，目的是创造性地寻找解决问题的方案。社会工作者与服务对象携手合作，通过有组织的思维过程来评估情境、明确障碍，并规划干预措施，共同努力以寻找满足需求或消除目标实现障碍的方法。

问题解决模式的理论渊源可追溯至1957年。美国著名社会工作学家铂尔曼在其《社会个案工作——一个问题解决过程》一书中首次提出该模式，问题解决模式吸收了功能派的自我心理学理论和社会学的自我发展理论，成为融合传统个案工作方法的新策略、新模式。[①]

（一）问题解决的步骤

问题解决过程的关键在于准确定义问题并理解解决问题的各个阶段。在社会工作领域，问题被视为人类在未满足需求阻碍了社会功能时的关注点。这些问题是个

① HOWE D. A brief introduction to social work theory. Basingstoke：Palgrave Macmillan，2009：76.

体或系统无法独立满足自己需求的情况。解决问题的步骤随时间推移而循环推进，包括问题的明确定义、初步假设的阐述、信息收集与筛选、资料分析、计划制定与执行，以及最终的评估。

根据铂尔曼关于问题解决策略的观点，问题解决策略可以分为开始、中间和结束三个阶段，并分别考量各个阶段问题解决的具体过程、特征以及社会工作者所需要做的工作。具体来讲，各个阶段的任务如下①：

在开始阶段，问题解决策略首先要对问题进行定义。首先，社会工作者需要与服务对象共同精确描述问题，识别背后的需求及阻碍需求满足的障碍；其次，解决问题的过程需要有序进行，包括对问题性质的假设阐述、信息的收集和筛选、资料的分析、计划的制定和执行，以及对计划的评估；最后，在信息收集与分析阶段，社会工作者搜集关于问题和需求的相关信息，并通过分析这些信息来识别可能的解决方案。这一阶段综合考虑了服务对象的观点、社会工作的知识基础，以及服务对象环境中的资源和挑战。

在中间阶段，问题解决策略的实施被放在中心位置。基于上一阶段收集的信息和所做的分析，社会工作者与服务对象共同制定行动计划，目的是消除阻碍需求实现的障碍。同时，在执行过程中，需要考虑实际的限制，如时间、资源和社会期望等，社会工作者与服务对象必须灵活应对可能出现的挑战和变化，并根据实际情况调整行动计划。这一阶段是社会工作者促进服务对象增强自我效能感、提高解决问题能力的关键时期。

在结束阶段，重点转向评估问题解决策略的成效和持续性。社会工作者与服务对象共同回顾整个问题解决过程，评价目标达成的程度，以及服务对象在此过程中的成长改变。这个评估不仅包括对已取得成果的认可，也涉及对任何未解决问题的分析，并考虑需要采取的后续步骤。此外，结束阶段还应着眼于服务对象自主维持成果的策略和计划，包括建立支持网络、后续服务的联系以及长期发展规划，最终确保服务对象在社会工作者退出后，可以独立维持问题解决的成果，并继续以积极的方式应对未来可能遇到的挑战。

（二）问题解决的先后次序

问题解决通常需要逻辑和结构化的思维模式，社会工作者在服务过程中会遇到形形色色的服务对象，其存在问题的严重程度也各不相同，全部解决或者彻底解决这些问题是不现实的。因此，为了让服务过程更顺利、合理地推进，社会工作者必须对案主呈现出来的所有问题做不同重要程度的先后排序，确保每一步都建立在之前步骤的基础上，避免重复劳动或遗漏重要环节。

---

① PERLMAN H H. The problem - solving model in social casework // TURNER F J. Social work treatment. New York：Free Press，1986：249 - 251.

问题解决模式认为，在选择和安排问题解决的先后次序时，社会工作者需要考虑三个方面的因素[①]：

1. 确定问题时需要充分考虑服务对象的意愿，保证该问题是服务对象希望解决的。服务对象的主观感受和意愿对于确定解决问题的优先级至关重要。当服务对象认为某个问题是最紧迫和重要的时，服务对象更可能积极参与解决过程，并对结果感到满意。因此，了解服务对象的价值观和目标对于建立有效的工作关系与制定工作计划是必要的，社会工作者务必通过访谈、倾听，确保服务对象感到被认同、被尊重。

2. 问题的确定要符合社会工作者的专业判断。问题解决模式认为，尽管在确定问题时需要充分考虑服务对象的意愿，但同时不能忽视社会工作者的专业分析和判断。社会工作者的专业判断应基于理论知识、以往经验和对于当前情况（包括问题的紧迫性、潜在的长期影响和服务对象解决问题的能力）的评估，以确保服务对象的问题顺利解决。

3. 问题是否符合社会服务机构所能提供的服务范围。社会服务机构的资源和服务范围，包括人员、资金和其他支援服务，决定了它们能够提供哪些类型的帮助。社会工作者必须在这些限制内制定解决问题的计划。服务机构的使命和目标也会决定其处理问题的顺序。例如，儿童福利机构可能会优先处理影响儿童安全和发展的问题。

综上，问题解决策略是一系列系统化的步骤，旨在帮助个人或群体识别、分析和解决面临的难题。在社会工作领域，它们为专业人员提供了一个框架，用以理解与应对服务对象的复杂和多样化的问题。通过这些策略，社会工作者可以有效地与服务对象合作，优先解决最紧迫的问题，同时也注重长期的福祉和发展。问题解决策略不仅帮助社会工作者做出基于证据和专业知识的决策，确保了服务的效率和效果，还促进了服务对象的积极参与和能力提升。简言之，问题解决策略是社会工作实践中的一种不可或缺的工具，它支持着社会工作者为服务对象提供个性化的、有针对性的问题解决方案。

然而，问题解决策略也存在局限性，特别是在面对非自愿服务对象或那些缺乏必要认知和资源的个体时可能遇到困难。此外，专注于个体问题解决可能会忽视更广泛的社会结构性阻碍。尽管如此，问题解决策略依然是社会工作实践中解决个体社会功能性问题的有效方法，通过与服务对象合作，能够促进其积极改变，提高其生活质量。

---

① 童敏. 社会工作理论：历史环境下社会服务实践者的声音和智慧. 北京：社会科学文献出版社，2019：67.

五、优势赋权策略

优势视角在社会工作领域引入了一种创新的方法，它将关注点从固守于问题和缺点的传统模式转变为识别和动用个体及社区所有的潜力与资源。这种方法拒绝简单地将服务对象视为问题个体，反而积极挖掘服务对象的内在力量，支持服务对象面对挑战。[①]

通过这种视角的应用，社会工作实践被重新定义，强调个人品格、技能、生活体验以及社区的支持网络都是重要的逆境应对资源。在此过程中，社会工作者的角色转变为激励服务对象发现自我价值，鼓励服务对象摆脱遭遇的歧视，构建自信与自尊，进而增强服务对象的自主能力。这包括挑战限制服务对象成长的社会结构性因素，同时支持服务对象为达成个人目标而奋斗。

（一）优势视角的假设

与以往以解决问题为核心的服务模式不同，在优势视角看来，以往的服务模式是以"问题"为视角，这种视角存在以下四个方面的假设[②]：

（1）服务对象存在问题或者是需要他人帮助的病人；

（2）采用一套消费和怀疑的语言，导致专业犬儒主义；

（3）社会工作者与服务对象之间存在不平等的权力控制关系；

（4）问题由某个原因导致，其具有某种解决办法。

为了改变社会工作者的问题视角，优势视角离开了传统的"问题视角"，积极肯定服务对象具有改变的能力与信念，其核心为帮助服务对象在困境中学会积极寻找内在的优势与身边的资源，勇于面对生活中的困难与挑战，重新培养服务对象内心对于自我改变的期望。[③]

此外，优势视角还特别强调每个人作为社会成员的平等价值，认为每个人都应得到平等的尊重和承担相应的责任。强化这种归属感，有助于个体和群体挖掘及实现其潜能。优势视角还倡导看到挑战和困境中抗逆力的重要性，认为即便在痛苦和挑战中，也蕴藏着成长和超越的机会。

（二）优势视角的实践方式

优势视角指引下的社会工作实践，更加强调社会工作者与服务对象之间建立基

---

① HOWE D. A brief introduction to social work theory. Basingstoke: Palgrave Macmillan, 2009: 86.

② SALEEBEY D. Introduction: power in the people// SALEEBEY D. The strengths perspective in social work perspective. 4th ed. Boston: Pearson, 2005: 2-7.

③ 同② 16-22.

于平等和相互尊重的对话与合作。这种合作关系旨在共同探索解决策略，同时鼓励社会工作者保持开放的心态，尊重服务对象的经历和视角，构建一种基于信任的专业关系。优势视角下的实践方法，通过提出具体的探询方式，帮助社会工作者识别服务对象的优势，并赋予服务对象力量。这种方法不仅提升了社会工作的实践效果，而且促进了服务对象的积极参与和自我实现，开启了一条通往社会公正和包容的道路。通过优势视角，社会工作者与服务对象一同探索和发现那些可能未被充分认识的内在资源和潜能，共同努力实现更加积极和有意义的生活变革。

在优势视角下，社会工作实践涉及深入了解服务对象的生活经验，特别是服务对象如何在逆境中发现和利用自身的内在力量。以下是五种关键的提问方式，旨在揭示和强化这些优势①：

1. 生存问题（Survival Questions）。这类问题探究了服务对象在面临困难与挑战时如何保持韧性和生存能力。通过这些问题，社会工作者可以帮助服务对象认识到如何有效地应对逆境，并从中找到力量和智慧。

> 例如，"在过去遇到重大挑战时，您是如何找到继续前进的力量的？""您能分享一个您克服困难的时刻吗？以及在那个时刻是什么帮助您坚持下来的？"

2. 支持问题（Support Questions）。这类问题旨在识别与确认服务对象身边的支持网络和资源。询问服务对象在需要帮助时是如何找到支持的，以及哪些人、团体或经验对其有过积极影响。

> 例如，"能告诉我您生活中有哪些人或资源在您遇到难题时为您提供了支持吗？""在您面临困境时，最有力的支持来自哪里？有没有特别的人或事让您感到不孤单？"

3. 例外问题（Exception Questions）。通过询问服务对象的经历，特别是服务对象能够克服困难或者展现出优势和能力的特定时刻，这有助于揭示服务对象在特定情况下是如何运用自己的优势的，并为解决当前问题提供线索。

> 例如，"能想起过去有哪些时刻您觉得问题不那么严重或者您能够处理得更好的情况吗？""在您遇到挑战时，有没有一次您发现自己的反应与往常不同，结果也比预期好？"

4. 可能性问题（Possibility Questions）。这类问题鼓励服务对象想象和探索未来的可能性，帮助服务对象设定目标并构思实现这些目标的途径。可能性问题能够激发服务对象的希望和动力，鼓励服务对象追求成长和改变。

---

① SALEEBEY D. Human behavior and social environments: a biopsychosocial approach. New York: Columbia University Press, 2001.

例如，“您希望自己的未来是什么样子的？我们如何一起努力来实现这个目标？”“如果您能够实现您的梦想，那将对您的生活有哪些积极影响？”

5. 尊严问题（Esteem Questions）。这类问题专注于服务对象的自尊和价值感。这类问题旨在帮助服务对象认识到自己的价值，无论外界环境如何。询问服务对象在过去何时感到被尊重、价值被认可，以及那些让其感到自豪的时刻和成就。尊严问题帮助服务对象回顾与确认自己的价值和贡献，这对于建立自信和积极的自我形象至关重要。它们鼓励服务对象反思与识别内在的尊严和力量，即使在逆境中也能保持自我价值感和尊严。

例如，“您能描述一个让您感到自己受到尊重和价值被认可的时刻吗？”“您对自己的哪些品质感到最自豪？为什么这些品质对您如此重要？”

通过这一系列提问，社会工作者不仅能够揭示服务对象的内在优势，还能够激发服务对象对未来的希望和梦想，从而使其在面对生活挑战时展现出更强的抗逆力和创造力。综上所述，优势视角为社会工作提供了一种更加人性化、积极和全面的干预方式。这些理论和实践方法不仅帮助服务对象认识与利用自己的优势，而且鼓励服务对象做自己生活的主人，努力创造美好的社会环境。

（三）赋权策略

赋权，又称增强权能，1976 年，美国学者巴巴拉·所罗门（B. Solomon）在其出版的《黑人的赋权：被压迫社区里的社会工作》（*Black Empowerment*：*Social Work in Oppressed Communities*）中首次提出了这个概念。[①] 该概念产生于西方 20 世纪六七十年代民权运动兴起之时，它促使社会工作者开始从主要关注在社会层面为服务对象寻求改变，转向个人与社会相结合的整全模式。[②] 赋权社会工作认为，在这种整全服务模式的背后，社会工作者需要改变其持有的知识，不再关注以治疗为目的的“专家”知识，而是开始关注服务对象自己生活的“本土”经验。[③] 基于这种改变，“合作”便成为赋权社会工作取向中至关重要的概念，即服务对象不仅需要学会与社会工作者合作，还需要学会与周围他人合作。

因此，赋权社会工作采取的是一种综合的社会工作服务策略，它涉及个人、社会以及环境，以个人潜能的发挥为起点，为服务对象创造出互助友爱的社区环境。[④]

---

① SOLOMON B. Black empowerment：social work in oppressed communities. New York：Columbia University Press，1976.

② LEE J A B. The empowerment approach to social work practice：building the beloved community. 2nd ed. New York：Columbia University Press，2001：34.

③ KONDRAT M E. Concept，art，and interest in professional practice：implications of an empowerment perspective. Social service review，1995，69（3）：305 - 328.

④ 同②30 - 31.

之所以把赋权社会工作作为一种社区取向的服务，是因为其相信，没有人能够脱离日常生活的社会环境，人既是环境的组成者，又是环境的创造者。

赋权社会工作认为，个人之所以需要赋权，是因为服务对象出现的问题仅仅依靠解决问题服务是无法彻底解决的，服务对象暴露在其所处的“无法控制”的社会环境中，单靠其个人的努力无法找到合适的、有效的应对困难的办法，其需要在社会工作者的协助下找到社会环境中这种失控背后存在的社会结构因素。

（四）优势视角与赋权策略

优势视角理论与赋权策略理论两者在社会工作领域都集中于提升人们的能力和自主性，以下是两者之间的七个关键的共通点：

1. 关注个人优势和资源。两者都鼓励识别与利用个人、群体或社区中的优势和资源，而不是仅仅关注其缺陷和问题。

2. 赋权和参与。两者都强调赋予个人或群体更大的力量和控制权，使服务对象能够参与到改变自己生活环境的过程中。

3. 合作关系。在实践中，两者都倡导建立一种合作的、非权威的关系，其中服务提供者和服务对象作为伙伴共同工作。

4. 自我实现。两者都认为，人们有实现其潜能的内在能力，通过适当的支持和资源，人们可以实现自我发展和成长。

5. 社会正义。两者都强调社会工作实践应该是有意识地推进社会正义，包括为边缘化群体提供机会和资源。

6. 系统性变化。尽管重点放在个体层面的赋权上，但两者也认识到需要在组织和社会系统层面推动变革，以支持与维持个人的权能和优势。

7. 解决方案的导向。两者都强调解决方案的导向，而不是问题的导向，意味着工作重点是寻找和实施解决策略，而不是过分地关注问题或病态本身。

案例四

某西部少数民族村寨，由于地理位置偏远以及经济条件落后，村民长期以来一直面临着贫困和社会边缘化的问题。近年来，民族地区以原始、古朴的乡村风光和地域鲜明的民族文化发展民族特色旅游业，深受市场欢迎。

因此，社会工作者可以通过“优势赋权”策略，发展具有民族特色的乡村旅游业，为民族地区提供新的发展机会。基于此，社会工作者可以从以下方面入手：首先，社会工作者与当地政府合作，争取资金支持和基础设施改善。通过修建道路、改善卫生设施和提供培训机会，提升村寨的旅游环境。其次，社会工作者与村民合作，共同挖掘与展示村寨独特的民族文化和传统。通过设立文化艺术工作坊，村民学习和传承传统手工艺技能，如织布、陶艺和木雕等，这不仅为村民提供了新增收入来源，还通过展示独特的民族文化吸引了更多的游客。最后，社会工作者帮助村民建立民俗旅游团队，培训他们成为优秀的导游，这样村民既能够通过讲解历史、传统和民俗，向游客分享自己的文化和故事，又能够从中增加自豪感和认同感，在中国式现代化过程中，促进民族交往、交流和交融，增强文化自信。

因此，以“优势和资源”为核心的赋权理论对提高民族地区居民参与积极性、保障他们在旅游发展中受益具有重要的借鉴意义，为民族村寨旅游发展提供了新的思路与模式。

六、社会支持策略

在社会生活中，人际支持是维系社会正常运作的关键。常常，个体面临的问题源于缺乏必要的社会支持。社会支持理论为理解这一现象提供了重要视角，其发展历程及核心观点展示了人际支持对个体发展和心理健康的深远影响。

“社会支持”概念虽然自人类早期社会就已经存在，但作为一个理论概念的确立则经历了长期的发展。最早在精神医学领域，约翰·鲍尔比（John Bowlby）通过依恋理论（attachment）强调了早期人际关系，尤其是亲子关系的重要性。[①] 如今，关于社会支持的研究主要集中在三个方面：一是关于“社会支持”概念的研究；二是关于个人发展和使用社会支持因素的研究；三是关于社会支持影响个人心理状态的机制研究。

（一）社会支持策略的基本假设

社会支持策略建立在关于人的生存、问题解决与环境适应的理论基础之上，这些理论包括进化论、自我发展理论、自我功能理论及生态系统理论等。基于上述理论，社会支持策略的基本假设可归纳如下：

1. 社会支持有助于个体面对压力、增强适应环境的能力。

2. 人类为了生存和繁衍后代，会本能地寻求社会支持，这是一种生物学上的适应机制。

3. 个体追求自身的潜力和成长，社会支持策略提供了一种促进个人发展和实现自我潜能的环境。

4. 社会支持是个体维护和增强自我功能的重要资源，通过社会支持，个体能够更好地应对生活中的挑战，克服困难和危机。

---

① HEPWORTH D H，ROONEY R H，ROONEY G D，STROM－GOTTFRIED K. Direct social work practice：theory and skills. 9th ed. Pacific Grove，California：Brooks/Cole，2015：254.

5. 人们通过与社会环境的互动来发展和维持自我功能，如自尊、自我效能感等。

6. 个体与环境之间存在复杂的相互作用，社会支持策略重视在这样的生态系统中为个体提供有效的支持网络。

7. 社会支持策略旨在优化个体与环境之间的关系，确保环境的支持资源能够满足个体适应和发展的需求。

（二）社会支持网络的概念辨析与干预策略

“社会网络”概念有时同时指涉人际关系网与支持内涵，同样地，“社会支持”概念的内涵有时也涵盖关系网，即社会网络部分，因此这两个概念可以互用且称之为“社会支持网络”。在进行社会支持网络干预前，需充分了解影响个体社会支持网络状况的相关因素，方能在干预过程中准确分析服务对象社会支持网络现状的成因，识别可调整的潜在变量；同时结合个体差异性，与服务对象共同制定最适宜的网络优化目标。社会支持网络对个体健康（尤其是心理健康）的影响机制构成社会工作实践的重要理论之一，在此需进一步阐明社会支持的具体作用路径。

在过去的20余年间，学界对社会支持的定义虽存在争议，但普遍认同其多维性特征。具体表现为：既包含工具性支持、情绪支持、信息支持及自尊支持等类型划分（即支持的广度维度），亦区分实际支持（actual support）与感知支持（perceived support）的作用机制。林南通过系统梳理社会支持概念框架，从两个方面推进了理论建构：其一，整合既有定义形成综合性概念体系；其二，基于社会资源理论视角，阐释不同强度社会联结（social tie）的差异化支持功能。其中，概念整合工作着重从“社会”与“支持”两个维度展开。①

就“社会”维度来看，社会支持隐含个人和社会环境的联结，可区分为三个层面：社区、社会网络和亲密伴侣（confiding partner）。虽然区分为三个层面，但社会环境是连续的，而且人的关系网在不同场域间有重叠之处。其中，“社区”是最外层的一般关系，个人和社区的关系反映在其与社会的整合度（social integration），及其对社区的“归属感”（sense of belongingness）方面，亦即个人对社区的认同与参与，具体表现是参与社区志愿组织和活动，如学校、教会、俱乐部、政治与公民团体等。这种一般关系具有非个人的（impersonal）性质，但是这种归属感以及成为社会的一分子，对于个人在生态中的定位具有相当的重要性。“社会网络”是更接近个人的一层，是个人可以直接或间接接触的一些人，关系的来源包括亲戚、同事和朋友。这些人对于个人而言，比上一层的人更具特殊性，使个人有“联结感”（sense of bonding），它指涉实质联结的关系，虽然有时是间接的关系。最靠近个人

① LIN N，DEAN A，ENSEL W M. Social support，life events，and depression. New York：Academic Press，1986.

的是“亲密伴侣”，这是一种“系属关系”(sense of binding)，关系中的人期待彼此互惠与相互交换，并且对彼此的福祉有责任感。这一层的人当然比社会网络中的人更少，往往是少数知己、密友，或配偶。这三层关系，越靠近个人，对个人的影响越大，也越具有意义。

从“支持”维度来看，社会支持理论涵盖了工具性支持与表达性支持的定义，区分了“强联结”和“弱联结”的功能差异：强联结倾向于提供情感支持，弱联结则在实务指导与资源获取方面更具效能。影响社会支持效度的关键因素包括发展性因素（强调既往经验对个体社会适应的持续性影响）、人格特质（涵盖自尊水平、社交能力及自我效能感），以及环境性因素（决定社会支持网络的建构形态与互动频度）。

在社会工作中应用社会支持网络理论的关键在于，如何有效利用正式与非正式的社会支持网络，帮助服务对象解决生活中的问题。正式网络提供制度性帮助，如社会服务机构，而非正式网络如家庭、朋友则提供日常互惠支持。社会工作者的任务是评估服务对象的社会支持网络，识别其结构和功能，并设计干预计划以强化或扩展这些网络，提高服务对象的生活质量。

案例五

在中国某小城市，生活着一位名为小芳的10岁女孩。她的生活背景复杂，父亲因违法行为被判入狱，母亲在她幼年时离家，留下小芳与年迈的祖父母生活。遗憾的是，随着祖父的去世，仅剩下行动不便的祖母陪伴她。小芳不仅在学习和健康上遇到了困难，而且她内向的性格使她在学校经常遭受同学的冷落甚至欺凌，她选择了沉默，不向任何人透露她的困境。

了解到小芳的状况后，社会工作者决定采用社会支持网络理论来干预，帮助她改善当前的生活状态。社会工作者首先通过与小芳及她的祖母进行深入交流，鼓励小芳参加如买菜等家庭活动，以加强她和祖母之间的情感联系。在学校方面，社会工作者与小芳的老师进行了沟通，希望为她创造更多的社交机会，例如为她找到一个来自同一社区、性格积极的学习伙伴，旨在促进小芳的学业和社交技能的发展。

此外，社会工作者还扩展了小芳的社会支持网络，联系了她的远房亲戚，并与社区的志愿者团队合作，为她提供更加全面的关爱和支持。这些综合措施显著改善了小芳的生活和心理状况，她变得更加自信和乐观，与同学们的关系也有所改善。

这个案例展示了社会支持网络理论在实际社会工作中的应用价值，通过构建和优化个体的社会支持网络，帮助个体克服生活中的困难，促进其心理健康和社会功能的提升。社会工作者通过创造性地利用周围的资源和关系网络，为服务对象提供了必要的支持和援助，从而使服务对象在面对挑战时展现出更强的韧性和更大的积极性。

社会工作者不但可以通过扩展和强化个体的社会支持网络，来解决个体的社会功能性问题，而且可以通过干预社区社会支持网络的构建，来增加社区不同亚文化群体之间的交往、交流和交融，从而增强互嵌式社区环境的包容性和支持性。

案例六

随着某镇的经济繁荣发展，众多拥有不同民族背景的家庭来到这里谋求新的生活机遇。这些家庭的孩子带着丰富的文化遗产，开始在当地的学校中书写自己的成长故事。在这群孩子中，有来自山区的少数民族孩子，他们眼中闪烁着对未知世界的好奇与渴望，面临着语言和文化的双重挑战，试图在新环境中找到自己的位置。社会工作者通过评估，发现这些少数民族儿童面临着生活环境变化、社会文化差异以及特长培养意识薄弱等问题，他们在对当地的社区环境、文化认知、生活方式等方面的适应上存在一定的困难，较难适应学校的生活，校方也希望能够推动少数民族学生与汉族学生之间的交流和融合。因此，为了帮助这些孩子更好地融入社区，社会工作者组建成长型小组，通过小组活动促进服务对象之间的互动，让组员学习沟通技巧、与人合作、学会正视自己的优势和特色。除此之外，通过服务，为少数民族儿童构建“学校-家庭-社区-网络”四位一体的支持体系，充分发挥好社会工作者的资源链接者角色，利用学校反馈、社区资源、家庭互动、网络支持等方式，学会向社会借力和寻求合作，充分发挥社会组织链接社会资源的能力，建构合作共享的支持体系。

七、资源链接策略

在社会工作的广阔领域中，宏观层面的干预策略发挥着至关重要的作用，目标是通过全面的系统变革来提升群体、组织和社区成员的生活水平，满足他们的基本需求，并促进社会正义。这类策略深刻体现了对资源链接的重要性的认识，致力于将恰当的资源有效匹配至需要帮助的个体或群体。这一过程不仅包括资源的识别和动员，还包括公共宣传、社会行动以及社区组织等多个方面，协力应对社会挑战。

资源链接是社会工作者必须掌握的专业技巧。社会工作者必须学会发挥资源链接者的专业优势，动员和整合社区中蕴藏的各类资源，使社区资源得到充分利用，为有需求的个人或群体提供更有效的服务，使社区居民享受有效的服务。

这个干预策略特别强调对社会政策的目标、资格标准和政策公平性、充分性和可及性的分析，以提升社会政策的效能。通过链接社会政策资源，社会工作者不仅推进了服务对象群体福祉的提升，也深入探讨了政策资源分配所反映的社会价值观，以及政策执行对特定社会群体所可能产生的影响。

资源的开发与整合是应对具体社会问题的关键环节。例如，人口老龄化、流动人口增长等社会变迁，叠加低收入家庭的经济援助需求，促使资源需求结构发生系统性调整。在此背景下，社区资源的高效整合尤为关键，而社交媒体与数字通信技术为社区组织提供了新型资源动员方式。依托现代通信技术，社会工作者能够更精准地识别需求、开发资源并促进社会变革。

案例七

在北京某老旧小区的改造项目中，社会工作者运用了资源链接策略，极大地促进了社区的发展，提升了居民的生活质量。这个小区面临着多项挑战，包括缺乏有效管理、基础设施陈旧、公共空间不足以及居民交流受限，这些因素综合影响了小区的整体环境和社区凝聚力。社会工作者通过全面评估，确定了改造的关键需求，包括更新基础设施、增加公共空间和提供社区服务活动。

为应对这些挑战，社会工作者采取了综合策略：首先，通过与居民的深入沟通和合作，提高了居民对改造项目的参与度和认同感；其次，成功地联络地方政府和企业，争取资金和资源支持；最后，还与当地教育机构和公益组织合作，为居民提供文化、健康和技能提升活动。这一系列措施不仅仅改善了物质环境，更重要的是提升了社区的凝聚力和居民的生活满意度。

通过这一案例，我们看到社会工作者在资源链接策略中扮演的关键角色，不仅仅是作为资源的中介，更是作为社区赋权和居民参与的推动者。他们通过有效地识别需求、动员资源并促进社区参与，展示了社会工作在促进社区发展和改善居住环境中的重要价值。这一过程不仅仅改善了物质条件，更重要的是激发了居民的积极性，增强了社区的凝聚力。此外，社会工作者通过引导社区成员参与到决策和执行过程中，促进了居民之间的互助和合作，提升了社区的整体生活质量和社区精神。这种互动与合作的模式体现了社会工作在促进社会正义和提升社区福祉方面的核心价值，彰显了社会工作专业在资源链接和社区赋权增能方面的专业性与有效性。

八、沟通互动策略

有效的沟通与互动策略是社会工作者与服务对象成功交流的关键，亦是促进小组成员相互学习与积极影响的重要载体。此类交流不仅涵盖个体间一对一互动，更延伸至群体及家庭层面，包括社会工作者与同事、社区成员及其他专业人员的协作。为提升交流成效，社会工作者需预先充分准备，以保障任务有效落实。在与服务对象的个人、家庭或团体合作中，社会工作者构成互动系统的核心要素，其行为直接或间接塑造互动成果。

在社会工作实践中，家庭或小组的沟通互动模式是至关重要的，因为它直接影响到服务对象能否感到被支持、理解和尊敬。当家庭或小组内的每个成员都能自由表达自己的想法和感受时，便可以建立起信任和开放性的氛围，这是解决冲突和促进积极变化的基础。一个有效的沟通互动模式鼓励成员间的诚实对话，使问题可以在一种开放的、相互信任的环境中被讨论和解决。

（一）家庭中的沟通互动策略

在家庭中，良好的沟通互动是维持和谐关系与促进家庭成员之间相互理解与支持的重要基石。家庭，作为个体情感依托和社会化的首要环境，其沟通方式对成员的心理健康和行为模式均具有深远影响。在中国的家庭中，沟通方式往往体现出深厚的文化特性和传统价值观。一般而言，这种模式受到儒家思想的影响，强调家族和谐与尊重长辈。在很多家庭中，沟通往往是层级性的，长辈在家庭决策与对话中享有更大的权威和发言权。不良的家庭沟通方式极易损害家庭成员之间的关系，进而影响家庭成员的心理健康，甚至影响家庭的整体功能。

对于家庭内部的沟通互动，家庭治疗先驱、著名心理症状治疗师和家庭关系治疗师萨提亚提出了极具代表性的萨提亚沟通模式，并总结出问题家庭中存在的四种不良沟通模式：讨好型、指责型、超理智型和打岔型。[①]

1. 讨好型。讨好型的沟通者往往放弃自己的需求和感受，以取悦他人为主要目的。他们通常避免冲突，努力维持和谐但常常以牺牲自己的真实想法和感受为代价。

> 例如，如果孩子想要外出与朋友玩，但知道父母期望他留在家里学习，他即使非常想去，也可能会说："我其实也不是很想出去玩，家里更好。"

2. 指责型。指责型的沟通者倾向于指责他人，避免对自己的行为负责。这种模式通常隐藏着沟通者的感受和需要，并可能引起对方的防御和对抗行为。

> 例如，当丈夫下班回来后发现家中的晚餐还没有准备完，他可能会对配偶说："你总是这么不负责任，我工作一天回到家还要挨饿。"

3. 超理智型。超理智型的沟通者经常过分强调数据和逻辑，而忽视情感因素。他们倾向于把情感反应和个人需求搁置一旁，专注于事实和细节。

> 例如，在讨论孩子的学习问题时，超理智型的父母可能会说："根据最新的教育报告，你应该每天至少阅读两小时才能提高你的阅读理解能力。"

4. 打岔型。打岔型的沟通者在沟通时倾向于避开核心议题，转移话题。他们可能会中断交流，提出新的话题，或者通过幽默等方式来回避面对真正的问题或情感。

---

① 维吉尼亚·萨提亚．萨提亚家庭治疗模式．聂晶，译．北京：世界图书出版公司北京公司，2007.

例如，假设一对夫妻正在讨论他们的婚礼预算，这是一个可能会引起争议的话题。妻子正试图表达对目前开销的担忧，她说："我觉得我们在婚礼上的花销超出预算了，我们需要认真想想这个问题。"如果丈夫采用打岔型沟通模式，他就会回避这个紧张的话题，转而说："说到钱，你记得我们第一次约会时去的那家餐馆吗？我还记得你点了什么菜。我们下次再去那里吃晚饭。"

基于上述四种不良家庭沟通模式，萨提亚进一步提出了表里一致型这一理想沟通模式。该模式强调沟通者表达时内心感受、想法与外在言行一致，既诚实表达自身感受需求，也尊重他人并倾听其立场需求。这种沟通模式要求个体具备自我意识和自我接纳的能力，能够在沟通中坚持真实性，不隐藏自己的情绪，也不因为害怕冲突或者希望取悦他人而改变自己的表达。这种沟通模式有助于建立开放和信任的氛围，使所有家庭成员都感到被理解和尊重。

审视中国家庭沟通模式可见，"面子文化"与"长辈权威"等传统观念仍广泛存在于多数家庭。家庭成员为规避直接冲突或避免人际尴尬，常采用含蓄迂回的沟通方式。此种模式虽有助于维系表面和谐，但却可能导致真实诉求与核心问题无法充分表达及有效解决。值得关注的是，在全球化进程与社会转型的双重作用下，传统沟通模式正经历解构与重构，新生代群体尤为显著地转向建构"表里一致型"的平等开放沟通模式。社会工作者及家庭系统参与者需深刻理解文化习性的延续性及现代性转向，这对构建契合当代社会需求的健康沟通模式具有关键意义。

（二）小组成员之间的沟通互动策略

在小组工作中，沟通与互动是小组得以顺利发展的重要基础和动力。一个小组若具有良好的沟通模式，小组氛围就会更加和谐，从而增强小组凝聚力，使小组目标得以实现。那么，到底什么样的沟通模式对小组的发展最有利？通过以往的研究，我们发现小组成员之间的沟通模式主要有以下五种①：

1. 链状沟通。链状沟通模式呈直线型，信息在小组成员之间按照特定的顺序传递。这种模式通常在有固定领导结构的小组中出现，信息沿着固定的路径流动，每个成员只与相邻的成员直接沟通。这种模式的优点在于清晰的指令和信息流，但缺点是沟通速度较慢，且过于依赖单一的传递路径。

2. Y 状沟通。在 Y 状沟通模式中，一个中心人物（通常是小组领导者）直接与其他所有小组成员沟通，小组成员之间不直接交流。这种模式可以确保信息的一致性和准确性，适用于需要快速决策和有明确指导者的情境，但可能限制成员间的直接互动，降低成员的参与感。

3. 轮状沟通。轮状沟通模式中也有一个明确的中心节点（通常是小组领导

---

① 潘正德．团体动力学．台北：心理出版社，2012.

者)，所有沟通都通过这个中心节点进行调度和分配。相较于Y状沟通模式，轮状沟通模式的节点分布得更均匀。这种模式有利于集中控制和快速沟通，但可能导致过度依赖中心人物。

4. 环状沟通。环状沟通模式允许信息在一个闭合的循环中流动，每个成员都与相邻的两个成员直接沟通。这种模式鼓励更多成员参与协作，但可能导致信息在传递过程中出现扭曲。

5. 开放式沟通。这是一种自由流动的沟通模式，每个成员都可以与其他任何成员直接沟通，没有固定的流程和结构。这种模式的优点在于鼓励创新和集体决策，有效提升信息的多样性和观点的包容度；其缺点是可能出现信息过载，且有时难以达成一致意见。

在小组工作中，不同沟通网络的变化反映了参与者之间互动的复杂性和动态性。因此，小组成员之间的沟通模式也可以按照小组发展阶段进行分类，即小组初始阶段常采用一对多或者多对一的沟通模式，小组中期与后期阶段常采用组内子群体沟通或者多人互动沟通模式。

1. 一对多的沟通模式。这通常发生在小组互动的初始阶段，特别是出现在小组形成之初或当一个主题被引入讨论时。在这种模式下，社会工作者或小组领导者向所有小组成员提供信息、指导或提问。这种模式类似于讲座，重点是传达信息和确立结构。

2. 多对一的沟通模式。随着小组活动的推进，小组成员可能会对领导者提供的信息或问题开始做出反应。在这个阶段，沟通由多个个体向领导者提供反馈，此时领导者通常扮演接收和整合信息的角色。这有助于确保每个人都有机会被听到。

3. 组内子群体沟通模式。随着小组的发展，小组成员间开始形成子群体，并在这些更小的集体中交流信息和想法。这种沟通可能发生在正式的分组讨论中，或在整个小组的更自由的流动对话中自然出现。在这个阶段，小组内部的联络变得更加复杂，社会工作者的角色可能转变为促进者，帮助子群体之间保持沟通，并确保小组的整体目标得以实现。

4. 多人互动沟通模式。最后，小组发展到一个阶段，所有小组成员参与到开放而活跃的对话中，形成多人互动沟通。这种模式是理想的动态互动状态，每个人都参与到讨论中，信息在小组成员之间自由流动。社会工作者在这一阶段的任务是维持对话的平衡和生产性，确保沟通保持尊重和建设性，同时促进小组成员之间的相互理解。

家庭或小组的互动不仅是信息交流的过程，还是成员个人成长和集体发展的途径。在家庭治疗或小组工作中，不论采用何种沟通模式，社会工作者都需要有引导对话的能力，确保所有声音都能被倾听，尤其是那些通常可能被忽视的声音。在形成了一个功能健全的沟通系统中，成员们能够学习如何表达自己，如何倾听他人，如何共同协作解决问题，帮助成员识别与理解彼此的差异和共同点，这样不仅能够增进成员间的相互理解，还能够增强集体的凝聚力。在此过程中，社会工作者的角色是至关重要的，他们不仅仅是沟通的促进者，更是教育者和支持者，他们的专业引导可以帮助家庭或小组成员提升沟通技能，增强自我意识，从而在克服生活挑战的过程中发挥更大的潜力。

第二节　间接干预策略

如前所述，间接干预策略主要是针对那些本身不是特定受益对象但是可能影响特定受益对象或者一般大众的社会福祉与社会功能的社会环境因素提出的干预策略，其干预目标可能是社区内有影响力的人、社会服务项目的协调与开发、环境设施的改善、组织结构和流程的改善、政策方案的调整等。

一、动员有影响力的人的策略

动员社区内有影响力的人参与社区服务和社区发展是一项高效策略，特别是在面对服务对象难以独立解决的问题时。这种做法不仅为服务对象提供了社会支持，还促进了社区资源的共享与合作，增强了社区自主解决问题的能力。首先，识别社区内有影响力的个体是关键，这些人通常具有一定的特质，如较高的教育背景、专业知识、资源丰富、正当的权威、显赫的社会地位、领导能力、掌握关键信息或广泛的社会支持网络等。社会工作者需要通过社区访问和观察，准确辨认出这些关键人物。

在识别关键人物后，建立有效联结成为关键步骤。可通过邀请他们参与社区活动或通过社区委员会推介等多元方式实现与社区关键人物的联结。社会工作者在此过程中需保持专业形象，注重着装得体与沟通技巧，以构建良好的第一印象及可持续的合作关系。一旦建立了联系，社会工作者就需向他们明确介绍服务目标和计划，展现项目的价值与实施的可能性。通过有力的论证和展示，引发他们对项目的兴趣和参与热情，进而鼓励他们积极参与服务活动。这样做不仅帮助服务对象实现了改变，还增强了社区的团结和自我发展能力。

总体而言，通过有效动员社区内有影响力的人，社会工作者不仅能更有效地解决服务对象所面临的挑战，还能促进社区资源的整合与最优化利用。这种策略不仅提升了社区服务的效率，还促成了社区成员间的互助与合作，为社区的整体发展和进步贡献了力量。

二、协调不同服务项目的策略

在社会工作领域，有时候不同服务项目之间存在着重复、交叉等不合理现象，彼此之间甚至相互冲突和矛盾，影响了其服务效果。这就需要社会工作者基于在服务实践中的体会，向服务管理人员提出建议，并推动其协调不同项目，以解决项目之间的不协调问题。协调服务项目依赖于社会工作者对服务对象需求的深入理解，及其在资源整合、有效沟通和持续评估方面的专业能力。社会工作者不只是简单地链接服务对象和所需资源，还要确保这些资源被有效地整合和协调，以达到最优服务效果。

社会工作者在提供具体服务的过程中，需要具备基于个别化服务过程提炼出直接服务背后项目管理中存在的问题的能力，并通过系统整理和分析服务项目背后的逻辑关系，提出合理建议，推动项目管理方改进项目管理。这种基于一线服务经验的持续反馈和调整过程不仅提升了服务资源的利用效率，也优化了服务系统。

通过精心的协调和管理，社会工作者确保了各种服务资源的有效整合，形成了一个协同增效的服务网络，满足了服务对象的多元化且复杂的需求。他们的专业知识、技能和深切的关怀成为从直接服务到间接服务的关键，展现了社会工作者在解决社会问题中的价值和社会责任。因此，社会工作者在协调不同服务项目中的作用是至关重要的，不仅显著提升了服务对象的生活质量，也促进了整个社会服务体系的高效运作和持续发展。

三、开发新项目的策略

面临社会需求变化和服务资源短缺的挑战，社会工作者的职责转向开发新资源，旨在满足这些需求。创新并不总是意味着高成本；通过创新思维，社会工作者可以开发出既经济又有效的新资源，比如开发志愿服务和互助小组，就是社会工作者在提供直接服务之外，进行间接干预时两个常用的开发新项目的策略。

志愿服务是社会服务中不可或缺的宝贵资源。从历史上看，许多社会服务项目依靠志愿者运作，初期的社会工作者本身也常是志愿者。尽管如此，随着时间的推移，社会对志愿服务的关注度逐渐降低。在全球化背景下，面对多元福利服务的挑战，发挥志愿服务的作用以补充服务空白尤为关键。但志愿者的专业性、保密性和可靠性经常受到质疑。为了最大化利用志愿者资源，必须设计周密的志愿者计划，明确志愿者的角色和责任，制定清晰的职责描述，并通过制度化的规定确保程序规范化。社会工作者需要了解服务对象的需求和志愿者的参与动机，与社区及机构合作，明确志愿者能够提供的服务范围。有效的志愿者计划包含招募、筛选、培训和监督志愿者的程序，确保志愿者的工作和能力与服务需求相符。

互助小组为经历类似挑战的人提供了一个相互支持的平台，成员通过分享经验和学习解决问题的技巧，互相帮助。这种自助方法不仅能帮助个体解决问题，还能推动社会发展。但互助小组并不适合所有人，可能导致成员对小组的过度依赖，过于简化问题解决方法，或产生反专业倾向。为了避免这些风险，社会工作者可以作为顾问，提供持续的支持，帮助小组建立合理的规范和程序，链接所需资源，提高小组在社区的信誉。

在开发新项目的过程中，社会工作者需要注意项目规模，确保项目可管理，并争取组织和社区的支持。这样的支持不仅有助于获得必要的行政资源，还能增强社区的参与意识和互助精神。综上所述，通过创造和开发新项目，社会工作者能够改善社会环境，提升社会自主解决社会问题的能力。

四、环境改善策略

在社会工作实践中，一个核心理念是“人在情境中”，它强调了环境对个体行为和福祉的重要影响。这种理念认为，解决个体问题不仅需要关注个人自身，还必须考虑个体所处的环境。自从里士满提出环境改善策略以来，调整环境以满足服务对象的需求就已成为社会工作的一项基本策略。1964 年，美国哥伦比亚大学的霍利斯正式出版了心理社会治疗模式的代表作《个案工作：一种心理社会理论》(*Case Work：A Psychosocial Therapy*)，在著作中引入了“环境治疗”概念，强调改变环境以改善个体状况的重要性。

在助力服务对象时，社会工作者需要关注并优化三大环境因素，即物理环境、人际环境和文化环境，这对提高直接干预成效至关重要。

首先，物理环境是指人们的生活空间，这直接关系到人们的健康和安全。一种稳定、安全的生活环境会极大地提高人们的生活质量。例如，为独居老人提供防滑设施等安全改善，关乎他们的生命安全。同时，时间管理也是物理环境的一部分，如调整服务时间，使服务更贴近服务对象的需求，增加服务的可达性和有效性。

其次，人际环境涵盖个体与他人及组织的关系网。这些关系对个体发展和福祉有显著影响。社会工作者面对服务对象受不良人际环境影响时，可通过促进社区互助、支持活动等方式，如发展志愿服务或建立互助小组来改善服务对象的人际关系，助力服务对象建立和维护积极的社会联系。

最后，文化环境包括社会的基本价值观、偏好及行为习惯，对个体成长和行为模式有着深远影响。一种健康的文化环境促进个体形成正向的人生观和价值观。随着信息技术发展，网络空间成为文化传播的新场域。社会工作者有责任宣传健康的网络文化，协助治理网络环境，以营造积极的社会氛围。

综上所述，社会工作者在间接干预环境因素时，需从物理、人际及文化环境三个层面入手。这种以环境为中心的干预策略不仅体现了社会工作实践的深度，也彰显了以人为本、环境适配的服务理念，突出了社会工作与心理咨询等聚焦个体的干预手段的区别。

五、组织改善策略

在现代社会中，社区组织成为推动社会变革的关键力量，它们集合了从邻里组织到各种协会和信仰团体的多样化力量，共同应对社会挑战。作为一个复杂的社会系统，每个社区都展现出其独特的组织形式、凝聚力、身份认同和权力结构，面临着各自的挑战。

根据杰克·罗斯曼、J. L. 埃尔利赫（J. L. Erlich）和 J. E. 特洛普曼（J. E. Tropman）的模型，解决社区问题的过程分为六个阶段：识别需求和问题、定义和解释问题、收集信息、深入分析信息、制定并执行行动计划以及评估行动结果。[①] 这一过程是迭代的，可能因新信息而调整计划或采取新策略。然而，通过社区组织解决社会问题，需要培育社区组织，提升社区解决社会问题的能力。一般来说，培育社区组织要经过如下步骤：建立议题关注小组，协助议题关注小组开展社区问题调查，基于调查的问题进一步讨论行动方案，围绕行动方案进行小组分工，筹集资源，分配任务，不断反思评估小组行动策略的有效性和内部关系的团结度。

在社区内部，团体或协会通常最了解自己的需求和解决方案。社会工作者作为倡导者、变革推动者和规划者，利用其专业技能和知识，基于社会正义和赋权原则，协助团体和社区实现目标。同时，在面对道德困境时，社会工作者必须遵循伦理准则，如 D. 哈丁（D. Hardina）提出的决策步骤，包括确定道德原则、收集信息、识别道德价值和规则、辨识利益冲突、权衡道德规则的优先级和预测后果。[②]

推动组织内部变革需要深入理解组织的结构、职能、文化和资源环境，包括分析组织与其资源环境的关系。变革可能通过引入新政策、修改现有政策、制定计划或启动项目来实现。组织学习和成为学习型组织是关键，这要求定期进行绩效审查和调整，注重工作设计、绩效激励和提高工作质量，促使组织持续进行自我审视和修订运作方式。社会工作者在这一过程中作为诊断师、促进者和交流者，需要认识到变革的好处和潜在风险，在组织层面积极推动变革，这体现了社会工作者对所服务组织的职业伦理承诺。

---

① ROTHMAN J, ERLICH J L, TROPMAN J E. Strategies of community intervention: macro practice. 5th ed. Itasca, IL: F. E. Peacock, 1995: 146 - 162.

② HARDINA D. Guidelines for ethical practice in community organization. Social work, 2004, 49 (4): 595 - 604.

六、政策倡导策略

政策倡导在推动现代社会进步中扮演着关键角色，对于社会工作者来说，它不仅是实现社会变革的主要手段，也是确保公众需求和权益在政策制定中被考虑的重要途径。社会工作者的目标是通过集体努力，影响公共政策的制定和实施，促进社会正义、公平与可持续发展。他们通过政策倡导活动，为边缘化群体争取发言权，促进政策改革，使政策更全面地反映公共利益。

政策倡导活动旨在影响公共政策、法律和预算分配的决策过程，应对社会问题，满足公众需求。这些活动广泛涉及教育、卫生、环境保护、社会福利和经济发展等领域，旨在使公共政策更加公正、高效。成功的政策倡导建立在三大基石上：基于证据的倡导、利益相关者的参与，以及过程的透明和问责制。社会工作者在此过程中发挥着关键作用，他们负责收集支撑倡导立场的可靠数据，并确保所有受政策影响的群体的声音都被听取。

在策略上，社会工作者需要深入研究政策问题，收集关键数据，识别政策改变的可能性和关键环节。通过与有共同目标的个人、组织和团体建立联盟，可以集中力量、共享资源，扩大倡导活动的影响力。他们使用故事讲述和案例研究来传递信息，采用定制化的沟通策略以提高信息的相关性和接受度。此外，通过参与公共咨询和与决策者的直接对话，社会工作者直接将倡导信息和立场传达给政策制定者。他们还利用社交媒体和传统媒体提高公众对倡导议题的认识，并通过公共活动和宣传活动动员公众支持，对政策变革施加压力。

这一系列策略为社会工作者在政策制定过程中发挥关键作用提供了内在逻辑一致、行动强有力的实践框架，推动制定更公正、有效的政策，以满足社会需求。公众、利益相关者（包括社会工作者和决策者）的共同参与，是确保政策倡导活动成功和实现真正社会变革的关键。

复习思考题

案例分析材料："阳光工程"——心理健康推广项目[①]

"阳光工程"，英文名字为 Mental Health China（MHC），前身是 2000 年由北京大学学生发起的旨在普及抑郁症知识的"阳光工程爱心行动"。"阳光工程爱心行动"通过"首都高校巡回宣传"、讲座系列、电视节目系列、媒体报道和阳光工程心理网，已经使很多国人受益。阳光工程在总结"阳光工程爱心行动"的活动经验

① https：//baike. baidu. com/item/阳光工程心理健康/5653990.

的基础上，借鉴美国类似组织的成功模式，继续以更为有效和持久的方式开展“阳光工程爱心行动”。

其主要项目包括如下三大类：

阳光工程心理网：阳光工程心理网最初建立是为了辅助“阳光工程爱心行动”，现在已经成为关于抑郁症和相关疾病的优秀网站。阳光工程心理网之所以被很多人认可，是因为它所提供的前沿知识和信息、纯公益性质、丰富的患者康复经验，以及更为重要的是它提供的互助平台。

阳光工程区域性社会支持小组：阳光工程区域性社会支持小组以地区为单位组建，为抑郁症患者提供各种社会支持，并在社区内进行抑郁症和相关精神疾病知识的宣传。阳光工程已在中国主要城市建立社会支持小组。

抑郁症公众教育计划：该计划通过在网络上和社区内传播有关抑郁症的资料，提高公众对抑郁症和心理健康的认识。阳光工程编辑和翻译的宣传资料《关于抑郁症：每个人都必须知道的知识》和《双相情感障碍：勇气和抗争的故事》已经被广泛传播。

请分析“阳光工程”项目中哪些是直接干预策略？哪些是间接干预策略？

推荐阅读书目

1. 劳伦斯·舒尔曼. 助人技巧：个人、家庭、小组和社区工作方法. 隋玉杰，吴蕾，张会平，等译. 北京：中国人民大学出版社，2022.

2. HEPWORTH D H，ROONEY R H，ROONEY G D，STROM－GOTTFRIED K. Direct social work practice：theory and skills. 9th ed. B Pacific Grove，California：Brooks/Cole，2015.

第十二章

结案与评估方法

【教学目标】

熟悉结案和评估环节的基本内容，掌握结案和评估的专业方法，形成社会工作通用实务过程的完整逻辑链条。

【本章导学】

结案不仅是结束社会工作服务，而且要通过处理好结案时的负面情绪，防止出现倒退、抗拒及其他衍生问题。

结案时要与案主一起评估服务成效和其他发生改变的状况及其发生机制。

除了因果逻辑之外，社会工作干预发生改变的逻辑还有系统论中的自动均衡机制、生态层次的涌现突变机制、文化习性的操演机制和支配机制、潜意识的压抑扭曲机制和意识觉醒的解放机制等。

结案后还要通过预防复发计划或者社会支持系统等，协助案主顺利回归社会。

【关键概念】

结案；效果评估；过程评估；随机分组实验；反事实假设；预防复发计划

本书第四章在介绍社会工作通用实务模式时已经指出，无论是三个阶段的说法，还是美国社会工作教育委员会在其 2008 年颁布的美国社会工作专业本科和硕士《教育政策和评级标准》中提出的四个阶段的说法，一般都把结束案子和评估案子作为一个重要阶段，从而形成通用社会工作实务过程的完整逻辑链条。本章主要阐述在结案阶段社会工作者所要掌握的专业方法，以使其具备完整的通用社会工作实务能力。

第一节　结案方法

本节主要阐述结案的含义和相关方法，以顺利结案，防止出现倒退、抗拒及其他衍生问题。

一、什么是结案

为了顺利结案，在讲解结案的具体方法和注意事项之前，先阐明“结案”概念及其不同类型。

（一）“结案”概念

所谓结案，是指因为完成工作任务、服务双方协商同意结束工作，或者因为别的原因导致的专业服务的意外结束。在结案时，不管什么原因，社会工作者都不能机械地终止服务，而是需要处理因为停止/结束服务工作而产生的一些特殊任务，包括决定什么时候结案、处理结案引起的案主的情绪反应、评估服务成效的达成情况、结案之后的成效巩固与维持、后续的跟进或者转介服务等。只有处理好结案过程中的相关任务，才能避免产生结案的不良后果，确认和巩固服务成效，并使案主后续顺利成长或者接受其他服务。

（二）结案的不同类型

一般来说，根据导致结案的原因，结案可被划分成如下五种类型①：

1. 计划外的、案主单方面提出的结案。案主可能因为不满意服务、时间问题、精力问题、资源问题、居住地改变等原因，突然提出单方面终止服务。一般来说，对于自愿接受服务，案主有权决定是否继续接受服务。但是，即使在这种情况下，社会工作者也要问清楚案主单方面终止服务的原因，以及处理好相关任务，除非案主拒绝沟通联系，只能由社会工作者尽力做好善后工作。

2. 机构职责和服务时间限制导致的计划性结案。具体而言，社会工作者依据机构职责规范完成既定服务周期后，需按协议约定实施结案程序。此类服务虽依约终止，但未必意味着服务对象的问题已完全解决，其结案依据为机构职责限定与服务周期届满。例如，社区矫正服务即属于此类，其服务周期严格对应法定矫正期限，期满即需终止服务关系。此类结案尤其需要落实前述专业程序（含成效评估、

---

① HEPWORTH D H，ROONEY R H，LARSEN J A. Direct social work practice：theory and skills. 9th ed. Pacific Grove，California：Brooks/Cole，2015：598.

成效维持及转介衔接等），以确保干预效果最大化并预防潜在风险。

3. 根据双方约定的服务时限实施的计划性结案。对于多数志愿服务项目，通常需要预先设定服务周期，并依约在期满时完成既定结案程序。因为此类结案具有预期性，故而社会工作者能够更为系统地执行结案阶段的专业任务。

4. 没有约定到期日的计划性结案。有些服务，双方没有约定具体的到期日，而是根据问题解决程度或者任务完成程度来决定何时结案。针对这类服务，主要由社会工作者根据案主的表现提出是否需要结案。如果案主明确提出已经解决问题或者完成预定任务，希望结案，社会工作者更是要尊重案主的意愿，做好结案的准备工作。

5. 社会工作者离职或者转岗导致的结案。一般社会工作者都隶属于一个社会服务机构，根据机构的任务分配来从事特定岗位的社会工作。因此，社会工作者并不能完全自主决定自己的工作岗位和服务时长，而是要服从机构的管理和调配。也可能是社会工作者主动提出离职或者转岗，导致服务终止。无论是哪种情况，社会工作者都要负责任地处理好离职或者转岗导致的结案工作。

二、如何结案

结案并不是机械地终止服务，而是要计划好结案时间，处理好结案时可能产生的情绪问题，以及评估服务成效，巩固和转化服务成效。前文已经结合结案类型阐述了结案的时间问题，这里主要围绕结案时案主可能产生的情绪问题，阐述社会工作者如何处理结案时案主的情绪反应问题。

（一）结案导致的情绪反应

因为社会工作是借助于专业关系促进案主发生改变的一种社会服务，所以类似于心理辅导，在社会工作的专业关系中会形成比较紧密、信任乃至依赖的情感关系。一旦服务到期，或者突然结束，就意味着一种充满情感和伦理关怀的专业关系结束了，难免会激发出情绪的波澜反应。当然，这种分离导致的情绪反应并不是千篇一律的，而是取决于服务任务的完成情况、服务过程中案主对社会工作者的情感依恋程度、结案的类型，以及案主之前与亲密关系分离的经验等。在服务任务达成预期且依约完成计划性结案的情况下，服务对象因具备良好的分离经验，通常会产生满足感与自我效能感，并对未来持积极预期；反之，则可能出现情绪低落、抗拒行为等负面反应，甚至形成消极心理预期。总体而言，结案情绪反应可分为积极情绪反应与消极情绪反应两大类型。

1. 结案引起的积极情绪反应。大多数案主在接受完服务，尤其是那种优势为本的、问题解决导向的服务之后，都会获得成长和取得一定的成就，因此会产生积极的获得感。如果在服务过程中，社会工作者与案主能够形成深度、真诚的人际互动和情感交流，那么双方都会因此而丰富自己的人生体验，并扩展自我认知和认同，成为更为丰满的自我。所以，一般来说，只要能够顺利完成服务任务，互动相对顺利且双方态度诚恳，在结束服务时，案主都会被激发出正面积极的情感体验，有收获感和成就感，并对未来充满了信心，愿意迎接新的挑战。

2. 结案引起的消极情绪反应。结案引起的消极情绪反应通常表现为一种丧失感，或者一种所谓“甜蜜的悲伤”感——一种类似于失恋状态的既美好又忧伤的复杂情感，尤其是在那种深度共情的、开放性结尾的心理社会治疗服务中。这种情感体验会进一步引发案主的抗拒态度，不愿意结束服务；甚至引发问题的复发和倒退，或者产生新的问题，从而使服务不能结束。这种严重的消极情绪反应，是需要社会工作者重点关注和处理的。

（二）如何处理结案导致的负面情绪反应

处理结案导致的负面情绪反应，要根据案主负面情绪的类型和程度，大致遵循如下步骤：

1. 协助案主直面并处理真实情感，避免情感回避。尤其是对于那些计划外的结案，社会工作者一定要抽出时间与案主讨论结案事宜。只有积极面对和真诚沟通结案问题，社会工作者才能敏锐地察觉到案主的那些非语言的情绪反应信号，并且采取同理性沟通技巧传递专业理解，把案主潜在的负面情感抽取出来，比如伤害、愤恨和拒绝等。

例如，社会工作者可以采取如下同理性沟通技巧来引导案主面对自己的真实情感：

> 我感受到你正因我的离开而内心挣扎。我想了解你有多难过——尤其前路漫长，你仍需独自完成任务。我明白建立这份信任不易，因此理解你对我无法继续陪伴感到失望。过去你常与我分享，此刻是否愿意谈谈你的感受？

在通常情况下，案主一旦触及自己的内在感受，往往会产生生气、愤怒、背叛感、拒绝感和无价值感等负面情绪。尤其是那些有过类似被抛弃和被拒绝经历的案主，以及那些低自尊的案主，更容易产生类似的情绪反应。小组工作中的儿童或者青少年案主，在面对计划外突然结案时，一般会通过忽视、攻击或诋毁社会工作者，向其他同伴宣称社会工作者不是真心关心他们，来表达他们的负面情绪。

面对这种情况，社会工作者应该接受这些情绪反应，同理他们的情绪反应，协助他们表达这些情绪，评估这些情绪对于案主或整个小组的影响。比如，社会工作者可以采取如下同理性沟通技巧：

我能理解我的离开导致你难过和愤怒。我们一同走到今天，我也感到很难丢开我们的友好关系。而且，和你在一起，我有很多美好回忆，我将会保留这份美好回忆。我的离开其实并不会破坏这种美好，也不会对你的进步构成伤害。我走了，但我安排了新的社会工作者来负责你的案子。

2. 宣泄和释放负面情绪。通过社会工作者的同理性沟通，案主通常会触及自己的真实情绪反应，不再回避和否定。这时，社会工作者就要与案主一起，协助案主释放这些负面情绪。案主一旦宣泄出这些负面情绪，就会重新检查自己情绪反应的合理性，并能够逐渐理解和接受社会工作者的离去，知道社会工作者的离去不代表拒绝和背叛，自己的生活会继续下去，服务也会有人跟进。

3. 对于那些倔强且拒绝沟通的案主，社会工作者应该尽量通过外展来处理他们的拒绝态度。有些案主，尤其是青春期的青少年，可能更加倔强，坚定地否定结案导致的情绪反应，也拒绝社会工作者的同理性沟通。他们通常采取主动拒绝或者失约等方式来表达他们的情绪。这时，社会工作者应该主动联系这些倔强的案主，通过外展或者家访，积极地表达善意和理解。或许这种积极主动的外展服务可以化解这些案主的倔强，进而避免破坏性结案。当然，并不是所有善意的外展服务都有效，也有难以处理的倔强案主拒绝和抵制社会工作者的外展服务，并且坚决而公开地贬低社会工作者服务的价值和效果。如果出现这种情况，社会工作者就只能接受事实。只要做了应该做的工作，社会工作者就尽到了专业责任，坚持住了工作伦理。

4. 在无效服务的结案处理中，需要通过专业程序直面服务局限。鉴于并非所有社会工作服务都能产生有效结果，当服务因为各种原因而陷入僵局且经系统性干预仍无法取得突破时，社会工作者应依循伦理准则终止服务。在此类结案情境中，社会工作者需要协同案主进行专业复盘，重点分析服务阻滞成因以及案主的情感体验。通过结构化分离对话，引导案主理解服务终止并非关系否定，而是基于专业判断的客观决策。此过程旨在培育案主对于分离情境的适应性认知，建构“创伤后成长”的心理免疫机制，从而增强案主对于未来分离事件的抗逆力与积极应对能力。

第二节　评估方法

20 世纪 90 年代之后，国际社会工作领域逐渐由一种依靠专业知识和专业方法来形成专业权威，进而获得资助方和案主认可的专业服务，转向通过扎实研究证据来证明服务成效，进而获得公众和服务对象认可的专业服务。因此，证据为本的实践被写入了美国社会工作教育委员会 2008 年颁布的美国社会工作专业本科和硕士

《教育政策和评级标准》，而21世纪之后的各类社会工作教科书也都把研究证据纳入相关服务模式的阐述中。戴维·罗伊斯（David Royse）、布鲁斯·A. 赛义（Bruce A. Thyer）和德博拉·K. 帕吉特（Deborah K. Padgett）主编的《项目评估：循证方法导论》（*Program Evaluation: An Introduction to an Evidence-Based Approach*）第6版中，明确提出项目评估就是证据为本的实践。而且，他们认为好的证据是建立在严格随机分组实验基础上的效果测量。虽然他们也承认，除实验效果证据外，好的证据还包括项目形成性评估与过程评估，但这些评估均遵循"输入-活动-输出-成效"的项目逻辑框架，围绕目标实现程度、工作完成程度、服务对象接受程度、干预精确程度等指标，对项目实施的综合效能进行监督与评估。①

然而，证据为本的实践通常只是根据前后对比来展示干预变量与干预效果指标之间的显著相关性，如果不能提供干预过程的机制性解释，则仍然不符合所谓的社会科学逻辑。正如定性研究方法论专家加里·格尔茨（Gary Goertz）和詹姆斯·马奥尼（James Mahoney）在《两种传承：社会科学中的定性和定量研究》（*A Tale of Two Cultures: Qualitative and Quantitative Research in the Social Sciences*）一书中所言："当研究者呈现实验结果的时候，他们通常必须回答有关机制的问题，这种机制把处理与效应联系在一起。他们尝试努力做出解答，因为一个良好的理论会在一个观测到的效应背后确立其机制。"②

因此，社会工作科学证据的生成并非仅通过随机分组的临床实验（randomized clinical trial，RCT）研究方能构成最佳证据体系，而是仍需依托理论框架与实务过程的深度互构，以阐明服务成效的生成机制。而且，社会工作项目评估并不是一定要由第三方独立做出评估，而是强调服务对象、服务提供者和外部研究者三方合作的伙伴式评估，并通过评估实现反思对话、阐明理由、相互赋权的效果。③

一、效果评估

如今，效果评估成为任何干预项目都需要认真对待的问题。所谓干预项目，就是针对某种问题所采取的干预措施，目的是改变现状、解决问题。所以，它和自然发生的社会现象不一样，更加突出干预的合意性，也就是它是预定好的目标导向的干预行动，故而更加强调目标实现程度。这就需要通过测量来确证目标实现程度，

① 戴维·罗伊斯，布鲁斯·A. 赛义，德博拉·K. 帕吉特．项目评估：循证方法导论：第6版．王海霞，王海洁，译．北京：中国人民大学出版社，2018.

② 加里·格尔茨，詹姆斯·马奥尼．两种传承：社会科学中的定性与定量研究．刘军，译．上海：格致出版社，上海人民出版社，2023：117.

③ 郭伟和．反思对话与阐明理由：迈向实践自觉的整合性专业实践研究//王思斌．中国社会工作研究：第21辑．北京：社会科学文献出版社，2022.

并通过研究设计来比较和分析目标实现程度与干预手段之间是否存在真实的因果逻辑，以证明发生的改变是由干预策略引起的，而不是由其他因素引起的。因此，在效果评估中，一方面是如何测量目标实现程度；另一方面是如何证明目标实现是由干预策略引起的，而不是由其他因素引起的。

（一）项目效果的测量问题

项目效果就是项目的目标实现程度。一般来说，需要在项目设计时就明确项目的具体目标是什么，如何测量。项目目标是由项目宗旨和目的指引出来的具体可测量的任务，所以一定要在理论目的的指引下确定项目目标，以及选择能真实有效反映项目的目的之概念内涵的测量工具。大致来说，社会服务项目的目的对象可以分为行为和生活状态改变、社会关系改变、认知和态度改变等三大类。行为和生活状态改变可以采用可观察的客观指标来测量；社会关系改变的测量则既包括客观的社会距离测量，也包括主观感觉的报告；认知和态度改变的测量既包括满意度报告，也包括一些相对标准化的量表测量。

> 比如，在社会工作参与脱贫攻坚服务项目时，社会工作和社会救助、扶贫开发的区别是，社会工作服务的项目可能是围绕提升贫困对象的就业能力展开的。那么，如何评估就业能力的服务效果呢？这就需要把就业能力转化成有关就业的认知、态度、技能和状态等四种不同类型的具体目标，然后再把就业认知、就业态度、就业技能和就业状态转化成对应的测量指标。反映就业认知的指标包括是否愿意就业、是否愿意参加就业培训、是否认为就业有助于提升自尊、是否认为就业有助于提升个人独立性等；反映就业态度的指标则包括是否积极寻找工作、是否认真对待就业岗位、是否会轻易辞职等；反映就业技能的指标则是各种技术资格证书等；反映就业状态的指标则是是否就业、就业是否稳定、工资水平等。

需要提醒的是，不要把项目投入和产出当作服务成效，许多人容易混淆它们之间的区别。比如上述例子，机构提供了多少人参与服务，提供了多少次就业辅导，提供了多少次就业培训，这些都不是反映目标实现程度的效果，而是单位的人力投入以及服务产出指标。

另外，需要说明的是，当前的效果测量，为了保障测量的信度和效度，一般都采取业界公认的测量工具，尤其是涉及认知、态度、情感、行为模式、人际关系等带有主观属性的目标对象，业界有已经开发出来的量表，并经过统计检验其信度和效度。许多有关临床效果评估的专业书籍都附带有经过检验的各种临床效果测量量表，比如临床焦虑量表、自我效能量表、亲密暴力责任量表、学校支持量表、社会支持量表、再犯罪风险量表等，有兴趣的可以查询。

（二）效果评估研究设计

所有社会科学研究，尤其是干预性研究，一般都是基于因果逻辑来进行研究设计的。也就是说，社会科学是把社会行动作为研究对象，而社会行动是指目的引导的行动链条，而且人们希望这些行动链条之间具备某种内在的因果逻辑。当然，所谓因果逻辑，并不是说两个因素有前后相关关系就是因果关系，这只是一种恒常伴随的相关关系。证明因果关系还需要能够在理论上阐明这种恒常伴随的相关关系具备某种合理的内在发生机制，而且能够用一定的分析方法把它和其他影响因素区分开来。因此，在评估干预成效时，一方面要通过反复地观测，发现社会行动链条中存在恒常伴随的变量关系；另一方面还要通过理论说明这种恒常伴随的相关关系是具有内在发生机制的，并通过一定的分析方法把这种因果机制与其他影响因素和机制区分开来。关于通过特定的理论来阐明社会行动的内在发生机制，主要靠下文将要谈到的个案过程分析来展现。这里着重阐释运用特定分析方法辨析真实因果机制，以区别于随机变量或混杂因素所致的影响效应差异。

那么，通过什么分析方法来区分出真正的因果机制呢？在很多项目评估的教科书中，都提出首先是采取随机分组的临床实验设计方法来区分出真正的因果机制，其次是通过统计学中的反事实假设来控制干预变量，比较分析控制和不控制的效应值，当作平均干预效应（average treatment effect，ATE）。

1. 随机分组实验法。之所以要采取随机分组实验法，主要是基于以下双重科学价值：通过干预组和控制组的时间序列观测，明确变量间的因果关系方向，区分出前因和后果；当样本量达到统计要求（通常每组≥30 例）时，可以有效均衡组间的混杂因素，将其影响随机分布于两个组，区分出实际平均干预效应差异与随机误差的不同。“古典”的随机分组实验的逻辑导图如下：

$$\begin{array}{cccc} R & O_1 & X & O_2 \\ R & O_1 & & O_2 \end{array}$$

其中，R 代表被随机分到干预组和控制组的被试对象，O_1 代表前测或第一次评估，O_2 代表后测或第二次评估，X 代表干预措施。[①] 这组符号的含义是：将被试对象随机分至干预组和控制组（R），在干预前都进行基础水平测量（O_1）；对干预组施加干预措施（X），对控制组要么给予安慰剂，要么顺其自然，不做干预；按照计划完成干预后，对两个组进行后测（O_2）；分别计算两个组前后测量均值的变化量，再比较两组变化量的差异；最后，通过统计检验判断该差异是否显著。若差异显著，那么，因为已经通过随机分配把随机因素控制住了，所以就可以认为该差异

---

① 戴维·罗伊斯，布鲁斯·A. 赛义，德博拉·K. 帕吉特. 项目评估：循证方法导论：第 6 版. 王海霞，王海洁，译. 北京：中国人民大学出版社，2018：240.

反映平均干预效应。

当然，严格的随机分组实验需要足够大的样本，随机分组时还要符合研究伦理的知情同意，这些都会导致实际操作的困难。因此，许多干预效果评估无法采取严格的随机分组实验，只能采取准实验设计或者前实验设计：（1）所谓准实验设计，是指根据被试对象的基本信息进行匹配分组，然后分别对两个组进行基础测量，对干预组完成预定干预后，再对两个组进行后测，然后比较两个组前后测量均值的变化量的差异，并分析它们的显著性。（2）所谓前实验设计，是指没有控制组可以对照，仅仅对一组被试对象进行后测或者前后测，评估其干预手段是否有效；或者虽然也把被试对象进行了分组，但这种分组是随意的，没有根据其基本信息以及相关影响因素进行控制，然后比较两个组前后测量均值的变化量的差异。

这两种实验设计因为没有控制随机变量，所以很难判断单个组前后测量均值的变化量，或者两个组前后测量均值的变化量的差异是否就是由干预措施引起的。但是，因为随机分组实验的条件比较苛刻，所以有时人们只能采取准实验设计或者前实验设计，初步评估干预措施是否起作用，虽然不能确定这种效应一定是由干预措施引起的，还是由其他因素引起的。

2. 反事实假设下的大样本截面数据的平均干预效应分析。如果不能采取随机分组实验，但是相对容易获取大样本的截面数据，如果样本足够大，统计学家们也可以基于反事实假设来计算平均干预效应。反事实假设下的逻辑推理可被表述为：通过设定干预变量为特定状态，计算潜在的结果期望值，并与未干预状态的期望值进行比较，其差值即代表某种干预措施的平均效应。[①] 具体推理过程如下：（1）基于休谟的反事实假设，如果某个前因条件不发生，个体 i 会发生什么后果；（2）运用代数和统计量来解释上述反事实定义——反事实是指计算是否控制变量的因变量的差额，即 $Y_t(i)-Y_c(i)$；（3）接着仍然采取前因后果的顺序，分别计算没有控制某个自变量的效果和控制了某个自变量的效果；（4）然后用整个样本的没有控制的平均效果减去控制某个自变量之后的样本平均效果，等于平均干预效应，即 $ATE=Y_t(i)-Y_c(i)$；（5）平均干预效应被当作某个前因条件不发生的反事实后果。[②]

但是，基于反事实假设统计出来的平均干预效应是整个样本的平均效应，并不是某个个案真实发生的变化。在现实情境中，如果某个先在条件不发生，那么它对某个个体产生的影响就取决于这个条件和其他因素的相互作用，个体之间的差异可能显著。用整个样本的平均干预效应无法指导判断某个个案具体发生了什么。

---

① MORGAN S L，WINSHIP C. Counterfactuals and causal inference：methods and principles for social research. 2nd ed. New York：Cambridge University Press，2015：5.

② 加里·格尔茨，詹姆斯·马奥尼．两种传承：社会科学中的定性与定量研究．刘军，译．上海：格致出版社，上海人民出版社，2023：88.

二、因果机制的过程评估

区分干预效应的因果机制，最符合因果逻辑的方法是随机分组实验设计。然而，随机分组实验法受研究伦理和研究条件的限制，难以获取大样本的被试对象来进行随机分组干预实验。于是，人们借助大样本的截面数据，基于反事实假设，计算干预与控制之间的平均差异效果，以此作为整个样本的平均干预效应。然而，前因条件对个体产生的影响是具体而千差万别的，取决于具体的条件组合的集合，并不能通过平均干预效应来预测在现实情境中真实发生的具体因果机制。因此，要区分现实情境中真实发生的因果机制，还得通过定性个案研究策略，通过分析个案的详细过程，借助于逻辑学和集合论，在真实个案中发现反事实的因果逻辑。

（一）过程评估的因果逻辑推理

所谓因果逻辑，根据英国哲学家休谟的界定，包括如下两种内涵：原因是一个物象随后的另一个物象，也就是说，凡是和后者相似的物象都必然伴随着和前者相似的物象（定义 1）；如果第一个物象不存在，那么第二个物象将永远不会存在（定义 2）。[①] 休谟所阐述的因果逻辑的两种内涵给人的感觉好像是等价的，但其实两者并不是等价的，定义 1 是一种恒常伴随的前后关系，定义 2 是一种反事实假设。前者一般通过实验设计或者统计分析来研究事物之间的恒随关系；后者一般是个案研究中采取的反事实推理逻辑，近年来一些统计学家也在借鉴这个思维逻辑设计反事实的统计模型。

具体而言，定性研究的个案过程分析是通过如下因果推理循环来进行反事实推理的：（1）始于休谟的反事实定义——如果第一个事物不存在，那么第二个事物也不存在。（2）从逻辑学上理解这一定义是：如果 X 没有发生过，那么 Y 也不会发生；也就是说，如果-X（表示非 X），那么-Y（表示非 Y）。（3）将个案的反事实推广到所有个案，即对于所有 i 来说，如果-X，那么-Y。（4）运用顺向逻辑推理，将这个反事实定义转化为一个关于必要原因的普遍陈述，即 X 是 Y 的必要条件。（5）通过集合论，证明结果 Y 的发生条件是 X 的一个子集，就表明 X 是 Y 的必要条件原因。[②]

因此，进行干预效果的因果机制分析，并非一定要采用随机分组实验法，也并非一定要借助大样本的定量统计分析；关键在于如何从理论上把结果的发生条件阐述清楚，接着通过对个案过程细节的分析，展现出结果发生的前因条件确实属于干

---

① 加里·格尔茨，詹姆斯·马奥尼．两种传承：社会科学中的定性与定量研究．刘军，译．上海：格致出版社，上海人民出版社，2023：85.

② 同①91.

预过程所运用的干预策略集合，如此便能证明干预策略是相关结果的必要条件。至于干预策略是否为充分条件并不明确，因为可能存在一果多因的殊途同归现象。潜在的原因还有哪些，只有穷尽现实世界的所有情况才能知晓，而这正是大规模定量研究能够发挥作用之处。

（二）因果逻辑的个案过程追踪分析方法

如果现实世界中的因果逻辑发生在特定的个案内部，取决于个案内部的特定社会互动所产生的局势情境和特定要素的组合，那么对真实发生的因果逻辑的追寻就不能通过大样本案例来进行跨个案的变量之间的平均效应的分析，而是要进入个案内部去分析特定局势情境下的要素组合方式（configuration），并通过比较反事实案例，来判断特定要素的组合方式是某个结果的必要条件；也可以通过列举同一结果的不同案例中的要素组合方式，来看有哪几种发生路径和要素组合方式，分析一果多因的殊途同归问题（也就是逻辑上的充分条件）。具体而言，过程追踪分析方法，可以通过下面两种策略来进行必要条件和充分条件的分析。①

1. 箍筛检验（hoop tests）。箍筛检验可被用来检验某项证据是某个结果的必要条件。它采用的原理是在某个已经发生结果的个案内部发现要证明的某些证据条件及其特定组合方式，也就是说，虽然不能确认这些条件组合是发生特定案例结果的唯一条件，但是如果不存在这些条件组合，那么就肯定不会发生这种案例结果。这就是在利用反事实假设来论证个案中的特定条件组合是其结果的特定必要条件。

比如，现有关于青少年违法犯罪的研究，定量研究策略是通过大样本调查数据，统计跨个案数据中假设存在的某些因素的平均因果效应，从而推测这些因素的犯罪风险的高低。一般的犯罪理论假设单亲家庭、失学儿童、流动儿童等都是青少年违法犯罪的高危因素。那么，是否可以通过这些统计发现，推测某个单亲、失学、流动儿童就是大概率的犯罪对象呢？犯罪控制策略通常是这样来划定重点人群的。这是基于充分条件的因果推断逻辑。然而，单亲、失学、流动儿童是否就是违法犯罪的必要条件呢？需要通过对那些已经犯罪的青少年进行个案追踪调查，看其成长经历中是否存在这些因素的组合。如果在违法犯罪青少年的案例中发现，单亲、失学、流动的成长经历组合确实存在，那么就表明这个条件组合可能是一个必要条件。然而，即使在违法犯罪青少年的案例中发现存在这样的条件组合，是否就一定证明这就是青少年犯罪的必要条件呢？还不能，因为还要看这几个条件是不是所有青少年犯罪所不可缺少的共有的前因条件，也就是要看这几个条件是否符合反事实假设，即如果不是单亲、失学、流动儿童，是否青少年就不犯罪。那就要进一

① 加里·格尔茨，詹姆斯·马奥尼．两种传承：社会科学中的定性与定量研究．刘军，译．上海：格致出版社，上海人民出版社，2023：106－109.

步分析违法犯罪青少年是不是单亲、失学、流动这个条件组合的儿童集合的一个子集合，只有违法犯罪这个结果变量子集是单亲、失学、流动这个条件组合的儿童集合的一个子集合，才能说明单亲、失学、流动这个条件组合是儿童违法犯罪的必要条件。①

然而，必要条件也区分关键重要的必要条件和不重要的必要条件。因此，有人提出，作为必要条件的箍筛检验，一定要增加通过难度，不能太宽松，就像某些圆箍，越容易通过的，表明其不是很必要，越难以通过的，才表明其必要性很强。那么，如何判断这些条件的难度呢？一般是根据其在类似情境下出现的频次，出现频次多，恰恰表明其必要性不强，只有出现频次少或异常条件，才表明其有可能是必要性较强的条件。② 比如，上述单亲、失学、流动虽然可能是违法犯罪青少年的必要条件，但它们也是当前一般青少年群体的高频次特征，因此它们虽然是必要条件，但并不是关键重要的必要条件。关键要看违法犯罪青少年占单亲、失学、流动青少年群体的比例，如果违法犯罪青少年占单亲、失学、流动青少年群体的比例很低，则表明单亲、失学、流动这个条件组合很容易被大多数青少年通过检验，不是违法犯罪的关键重要的必要条件。这意味着还有其他关键重要的必要条件没有被筛选出来，比如缺乏家庭关怀和社会支持。如果用缺乏家庭关怀和社会支持的条件进行替代检验，结果显示一般青少年很难通过这个检验，只有违法犯罪青少年才能通过这个检验，那么这就说明，家庭关怀和社会支持是比单亲、失学、流动更为关键重要的必要条件。

2. 确凿证据检验（smoking gun tests）。确凿证据是指如果存在某些特定的证据，因果假设就一定成立。如果能在个案中发现确凿证据，那么这就能为某种因果假设提供决定性支持，即便没有通过确凿证据检验也不会消除此假设。也就是说，确凿证据是保证因果假设成立的充分条件。

就像箍筛检验中需要发现某种联系自变量和因变量的特定机制一样，确凿证据检验也涉及自变量和因变量之间的因果机制问题。正如确凿证据的英文“smoking gun”所显示的，枪冒烟了才算是射中目标的确凿证据，不能说找到一杆枪就算是射中目标的证据。正因为确凿证据是作为充分条件来对待的，所以，正好与箍筛证据相反，其要求通过的难度不需要很高。但正因为作为充分条件需要通过的难度不是很高，所以即使发现了这些确凿证据，也很难说就能证明因果机制是必然的，如果有人想通过箍筛检验去反驳也就相对容易。

比如，前述青少年违法犯罪案例，单亲、失学、流动是青少年违法犯罪案例中经常出现的条件，但是如果在这些经常出现的条件中却发现还有大量没有违法犯罪

① 查尔斯·C. 拉金. 重新设计社会科学研究. 杜运周，等译. 北京：机械工业出版社，2020：7-8.

② 加里·格尔茨，詹姆斯·马奥尼. 两种传承：社会科学中的定性与定量研究. 刘军，译. 上海：格致出版社，上海人民出版社，2023：107.

的案例，那就说明这三个条件的组合虽然是必要条件，但并不是充分条件。除非单亲、失学、流动这三个条件一定导致青少年违法犯罪，用集合论语言说，单亲、失学、流动这三个条件的组合隶属于青少年违法犯罪的集合，这就表明这三个前因条件的组合是青少年违法犯罪的一个充分条件；用休谟的话说，就是单亲、失学、流动青少年恒常地伴随出现违法犯罪。事实上，仅有单亲、失学、流动这三个条件很难导致青少年违法犯罪，导致青少年违法犯罪的充分条件复杂得多。青少年早期养成的冲动型行为模式、青少年社交帮派化、青少年寻求过度刺激欲望的休闲娱乐方式，都可能比单亲、失学、流动更符合青少年违法犯罪的充分条件。

因为存在一果多因问题，也就是作为充分条件的确凿证据往往是多个条件要素组合，所以在一个或者较少个案中很难确认各种充分条件组合。也就是说，人们容易在一个个案中发现一个或几个充分条件，但是如果想在少数个案中发现所有充分条件组合，就不容易了。因此，当个案比较少时，人们往往进行箍筛检验分析，只有当特定结果类型的个案都具备时，人们才通过集合论去证明充分条件组合的案例是否隶属于所有结果案例。只有这些条件组合都隶属于结果案例的集合，其充分性才能得到确认。

总之，因果机制分析并非一定需要借助随机分组实验法，个案过程追踪分析方法同样是进行因果机制分析的有力手段。只不过个案过程追踪分析对个案条件也有较高要求。一般而言，要通过理论目标抽样，选取出符合理论目标的结果案例。若目标结果个案较少，通常适合进行反事实的必要条件的分析；若目标结果个案较多，且能够涵盖所有类型的结果案例，才适合开展充分条件的分析。这与定量调查/实验研究的随机抽样有所不同，随机抽样是依据前因条件随机选取大样本案例，以确保样本的特征能够代表总体的基本特征，随后分析样本中变量之间的特定相关关系，并排除其他干扰因素，确定其符合恒定的伴随关系。

三、非因果逻辑的个案过程追踪分析方法

社会工作服务一方面需要因果逻辑来证明某种效果的发生机制是由特定的服务/干预策略引发的，但另一方面并不是所有社会工作服务都注重服务成效的达成，以及证明服务成效的因果机制。有些社会工作服务并不看重具体的任务或者解决问题，而是看重服务过程中个人的赋权和解放，注重社会关系的平等与正义。个人的赋权与社会关系结构的改变，是不是一定都是由特定干预手段引发的，两者之间是不是一种因果机制呢？这也不确定。有些改变并不是因果机制，而是诸如系统论中的自动均衡机制、生态层次的涌现突变机制、文化习性的操演机制和支配机制、潜意识的压抑扭曲机制和意识觉醒的解放机制等。下面尝试对这几种机制进行分析。

（一）系统论中的自动均衡机制分析

本书第三章介绍过系统论。系统论的一个基本主张就是世界不是各个要素累加而成的堆积物，而是经过一定的结构和机制构造出来的系统，并且系统论的核心是通过系统结构的特定信息收集、加工、反馈等运行机制，发挥特定功能。尤其是当系统面临一些干扰因素时，系统具备反馈机制，并通过反向调节来恢复均衡状态。其逻辑模式如图 12－1 所示[①]：

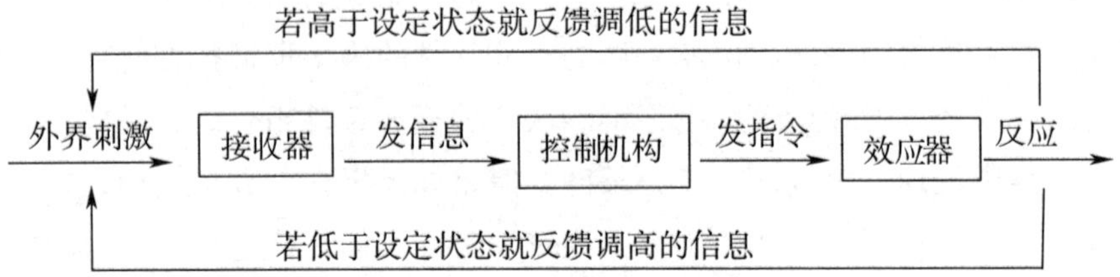

图 12－1　系统反馈调节图

在进行家庭治疗时，基于系统论的视角，社会工作者会把家庭内部的功能模式当作一个有信息反馈机制的恒定调节系统，然后分析特定家庭内部的沟通互动模式中信息传递是否清晰快捷、每个人的信息解读和加工模式是否一致、信息反馈能否及时有效等，并帮助家庭成员学会分析自己家庭的沟通反馈机制，进而实现自我平衡和解决问题。

（二）生态层次的涌现突变机制分析

在复杂系统乃至比较高级的生态系统中，人们发现当事物的数量积累到一定程度，达到一个阈限门槛时，这些事物之间的关系就会涌现出一种完全不同的结构或者机制。冯·贝塔朗菲认为，生物学家 W. R. 阿什比（W. R. Ashby）提出的生物适应模式是一种类似于阶梯函数的模式，这种函数在超过一定的临界值后，就会跃入一组新的微分方程，各个生物体的行为方式就要发生变化。根据这个原理，生物系统表现为试错法的适应行为，即通过不同的方式和方法进行尝试，最后稳定在不再与环境临界值相抵触的范围内。[②] 若外界环境发生较大变化，生物系统就要发生模式的重组，重新进行试错适应，直到形成新的平衡状态。涌现突变模型逐渐成为许多研究开放复杂系统的模型，甚至有人提出，涌现理论有可能成为 21 世纪统一自然科学和社会科学的新方向。[③]

---

① 冯·贝塔朗菲．一般系统论：基础、发展和应用．林康义，魏宏森，等译．北京：清华大学出版社，1987：39.

② 同①41.

③ Pines D. Emergence：a unifying theme for 21st century science. http：//www. intelros. ru/pdf/SFI_Bulletin/2014_28_2/6. pdf.

涌现机制的一个典型例子是雁阵模型。每年春秋季节，在北方的天空中，人们都会看到大雁北归和南飞时呈现人字形，有秩序地翱翔。这种结构化的飞行模式，是很多鸟类的飞行特征。那么，是不是有个总设计师来协调规划大雁的飞行过程呢？研究发现，大雁虽有较高的本能，但仅仅关注自己前边和左右三个方向大雁的飞行情况，并不具备整体协调能力，而领头雁只负责方向和速度，不负责整支大雁队伍的飞行协调。那么，仅具备关注自己前边和左右两边同伴飞行情况这种有限行动能力，如何能上升到一群大雁有秩序的人字形飞行结构呢？通过计算机模拟发现，基于领头雁的飞行前提，其他大雁只要盯住自己前边的大雁，并与左右两边大雁保持一定的距离，就会形成人字形的雁阵结构。这种结构并非领头雁提前设计、有意控制或协调形成的，而是基于个体的微观协调能力，在宏观结构上涌现出的一种结构模式。

但是涌现机制并不保证每种由微观到宏观的涌现现象都是有序的，有些则是无序的，甚至是灾难性的结构。比如，经济学中著名的公地悲剧理论，就是分析在一块开放公共牧场里，如果每个放牧者都只考虑个体利益最大化，那么随着放牧者增多，将会通过外部效应相互影响其他放牧者的利益，进而导致整个牧场因为放牧超载而被毁坏。这就是所谓的微观动机合理的行动集合到一起导致宏观结果不理性的悲剧发生的机制。[①] 关于解决公地悲剧问题，有人提出通过产权私有化，再经由自由市场交易来实现牧场利用效率的最大化。然而，若牧场上的放牧者众多，便会产生高额的交易成本，进而致使市场交易失效。因此，有人提出，倘若交易成本过高，可以由政府管制，统一经营牧场，以解决集体理性问题。但是，政府管制会带来行政管制成本，进而导致牧场利用效率降低。所以，在自发演进的行为秩序中，最关键的是借助何种机制来解决多人博弈的秩序协调问题，而非一定采用行政控制策略。有人提出，面对多人博弈的囚徒困境，关键在于能否出现一个最小规模、不受个体偏好影响的决策小群体，该群体能够保证加入其中的成员所获好处大于基于个体偏好决策所获好处，如此便能解决多人互动的囚徒困境问题。因为一旦超过这个临界点，只要不受偏好影响的决策人数所获平均集体利益大于自由选择偏好决策带来的个体利益，这些人的决策所产生的集体利益就会大于所有人都选择个体偏好决策时的集体利益。[②]

（三）文化习性的操演机制和支配机制分析

对于文化人类学者而言，一般将一个国家或地区的文化传统分为文化精英阶层掌握的大传统和普通百姓日常生活中日用而不察的小传统。大传统由文化精英不断

---

① 托马斯·C. 谢林. 微观动机与宏观行为. 谢静，邓子梁，李天有，译. 北京：中国人民大学出版社，2013：89.

② 同①188.

地进行研读、总结、发展和传播，成为文化精英的一种文化资本/文化习性。小传统则由基层社区里的各种民俗仪式专家和地方精英联合起来，通过日常生活中的各种节日、重大事件，乃至日常生活起居的时空结构安排等，借助实践仪式的重复性操练，使其成为普通百姓的文化习性。因此，整个社会通过文化习性被区分成不同阶层，每个阶层又通过自己实践场域中的文化符号和实践仪式建构着本阶层的文化习性，进而借助文化习性的日常实践，达成自然而然的阶层区分和相互排斥的实践效果。所谓文化习性或者文化能力，“是在与某个既作为反复灌输的机构又作为市场起作用的场之间的关系中获得的，这种能力仍旧是由它的获得条件决定的，获得条件在使用方式中——也就是说在与文化或语言的一种确定关系中——得到永存，它们作为一种‘出身标志’发挥作用，并通过这种‘出身标志’与某个市场相互依赖，仍在帮助确定它的产品在不同市场上的价值”①。

1. 文化习性的操演机制。文化习性是一种文化判断能力，是在特定的阶级区分的实践场域中被反复灌输塑造出来的一种身体配置习性，一旦养成就会通过个体的身体反应发挥品味鉴赏和区分差异的作用，进而维护社会阶层地位的再生产构造。法国社会学家布尔迪厄认为，文化能力是通过特定的家庭教育得以养成的一种天然趣味，进而通过成为与后来的学校理智教育相互对立的方式表现出来：“从儿童时期开始在家庭内部实行的全面的、早期的和不知不觉的教育，被以这种教育为前提并完成这种教育的学校教育所延长。这种教育之所以与后来的、有系统的和快速的教育分开……（是因为）这种教育给予自信和自如：自信与保持文化合法性的信心有关，而自如被等同于卓越。”②

因此，文化习性的养成主要是通过特定阶层的家庭教育，在耳濡目染、反复灌输并联系实践的过程中，使人获得一种自然化的趣味。这个过程很难化约为线性的因果逻辑关系，它不仅仅需要一定的资源和条件，更需要特定的仪式和练习，进而形成一种无法言说但却可实践运用的身体习性。正如布尔迪厄所言：“‘行家’的能力，即对占有工具的无意识支配，是一个缓慢的熟练过程的产物，并以对作品的熟习为依据。……将作品的构造原则内在化，而这些原则从未上升到意识并未被这样提出或被明确地这样提出，这就造就了艺术理论与行家的经验之间的全部差别，行家往往无法说明他的判断原则。”③

2. 文化习性的支配机制分析。布尔迪厄提出，人类社会中的支配模式并不一定通过暴力机制产生，也可能通过文化符号的实践过程达到支配效果，而且越是成功的文化支配方式，越是通过一定自我否定的不识机制（unrecognition）来实现的。所谓自我否定的不识机制，是指人们只有借助社会的主流文化符号体系才能形

① 皮埃尔·布尔迪厄．区分：判断力的社会批判：上册．刘晖，译．北京：商务印书馆，2015：109.
② 同①110.
③ 同①110.

成某种获得其他社会成员认可的权威和声望，但是这种文化符号体系的实践形态恰恰是以与支配相反的方式表现出来的，以达到让人们无法认识的效果。比如，前面所说的文化品味就表现为一种中性化和自然化的天然趣味，从而否定掉其获得条件和获得过程，让人们觉得品味的高低与社会阶层没有关系，而是一种与天赋能力有关的自然属性。再比如，布尔迪厄对于乡村声望体系实践逻辑的研究表明，乡村社会的贤达精英要想获得村民的尊敬和服从，就必须表现得慷慨大方，不时地在村庄集体节日和人生礼仪时招待村民或者出手相助，这样才能获得声望和地位，然后获得村庄的代理权和村民的服从听话的回敬。这种曲折的声望产生方式和发挥作用的方式是不能言明的，一定要表现为精英的真诚慷慨大方与普通村民的真诚尊敬和佩服。①

（四）潜意识的压抑扭曲机制和意识觉醒的解放机制分析

1. 潜意识的压抑扭曲机制。本书第三章介绍过弗洛伊德的精神分析理论。根据此理论，人的心理状态分为意识、前意识和潜意识三个层次，人们能够意识到的心理内容只占很少的部分，大部分的欲望和动机都在潜意识中埋藏着，但是却影响着人们的行为。关键是潜意识中的欲望和动机，可能会受到幼儿时期欲望投注过程的影响，被社会文明压抑在潜意识中，只能按照社会文明许可的方式来表达。如果个体早期经历的压抑过程过于严苛，甚至造成创伤，就可能致使个体欲望出现升华、转移、投射、否定等情况，进而形成一种个体既无法认识又无法控制的自动运作机制。严重时，会引发自恋、焦虑和抑郁等各种神经症甚至精神病。此外，弗洛伊德认为，这种官能症状或精神病无法依据线性因果逻辑来认知，而只能借助临床精神分析，间接地分析出可能存在的压抑过程和压抑机制。

2. 意识觉醒的解放机制分析。除了上述文化社会学和精神分析理论强调文化支配的掩盖/不识机制之外，马克思主义传统认为意识形态等文化体系会以文化霸权的形式支配被统治阶级的意识，导致被统治阶级的虚假意识，难以认识自身的阶级地位和真实需求。马克思主义认为，意识形态是统治阶级的价值观以及道德、法律、政治制度的体现。不过，这种统治阶级的意识形态往往呈现出普遍的合法正当性，进而演变成一种要求所有阶级都予以承认的文化霸权。然而，对于被统治阶级而言，对统治阶级意识形态的认同并非以一种直观明晰的方式而产生，统治阶级的意识形态以一种倒置的方式进入被统治阶级的头脑，成为一种颠倒的虚假意识，即把压迫自己的他人的价值观和道德理想当作自己的价值和道德标准。马克思认为，意识形态进入被统治阶级大脑的过程“就像在照相机中一样是倒立成像的，那么这种现象也是从人们生活的历史过程中产生的，正如物体在视网膜上的倒影是直接从人们生活的生理过程中产生的一样”②。

---

① 皮埃尔·布尔迪厄. 实践理论大纲. 高振华，李思宇，译. 北京：中国人民大学出版社，2017.

② 马克思恩格斯选集：第1卷. 北京：人民出版社，2012：152.

因此，统治阶级无法借助实证主义的因果逻辑来认知自身的意识状态，而必须采用批判反思的策略，去认识自身虚假意识的形成机制，意识到自己对世界的认知是为统治阶级意识形态所颠倒的认识模式。只有将这种颠倒重新纠正过来，才能形成对世界的正确的认识方式，得出正确的认识结论。当然，促使大众意识觉醒存在不同的策略，马克思、列宁等均通过宣传教育工人的方式，来开展对工人的组织动员和启发教育。当代批判教育家保罗·弗雷勒（Paulo Freire）则希望采取参与式文化探究方案，实现大众的意识觉醒："指导普罗阶级发展他们自己的语言，而不是'教育者'权威与偏狭的官腔；以大众自己的观点来发声，从他们的世界出发，也回归到他们的问题，以他们自己的语言描绘设计出他们向往的新世界。"①

中国共产党在革命根据地时期开创的群众路线和整风运动，兼具马克思、列宁的宣传动员策略和参与式群众教育策略，把群众发动起来，参与到自己问题的批判式对话和思想斗争过程中。"在这个过程中，中国共产党创造了党内教育改造的方式，即批评与自我批评的党内斗争（主要指思想斗争）与团结的方式。这种方式与苏联共产党所进行的对工人阶级的灌输方式明显不同。"② 这是马克思主义中国化的产物，也成为中国特色社会工作自主知识体系的来源。

总之，前述几种发生机制并非能通过还原主义的因果逻辑分析得出，恰恰需要对经验对象进行详细了解与整体把握。作为从事临床服务的社会工作者，应发挥自己对案例资料详细了解的优势，进而提升自己的理论敏感性和洞察力，在案例中探索每种机制具体的发生情况和条件。

第三节　巩固服务效果和转化服务策略

社会工作服务不仅仅是帮助案主解决问题，关键是为案主赋权并开展能力建设，提升案主解决问题的能力，使其能够举一反三，独立应对新生活的挑战。因此，在服务结束时，社会工作者还要与案主一起巩固服务效果，并协助案主把在服务过程中学到的解决问题、应对压力的方法用到日常生活中。

一、如何巩固服务效果

巩固服务效果，需要了解影响服务效果巩固的因素，并采取针对性策略和措施去巩固服务成效。

① 保罗·弗雷勒．希望教育学：重现《受压迫者教育学》．方永泉，洪雯柔，杨洲松，译．台北："国立"编译馆与巨流图书公司，2011：32.

② 董亚炜．群众路线：建构党的领导．南京：江苏人民出版社，2016：111.

（一）影响学习效果持久性的因素

在评估专业服务成效及其他改变过程和机制后，社会工作者还需与案主共同讨论如何巩固这些改变和成效。有研究发现，即使人们在接受服务过程中学会了某些新方法、新技巧应对问题，这些新学的方法和技巧能否持续，仍受如下因素影响[①]：（1）自然趋势易导致回归习惯性反应模式（如采取饮酒、吸毒、攻击或退缩行为等）；（2）个人与环境压力（如家庭冲突、房东压力、遭拒、失业、健康问题、亲人离世等）；（3）缺乏社会交往及休闲活动的机会；（4）缺乏积极的支持系统；（5）社交能力不足；（6）缺乏良好行为的强化激励；（7）对环境变化准备不足；（8）缺乏抵制同伴压力的能力；（9）回归功能失调家庭环境；（10）新建行为模式不够充分。

（二）巩固和维持学习效果的策略

面对个体和环境中存在的各种影响学习效果的因素，社会工作者有哪些策略来抵制这些因素，进而巩固和维持学习效果呢？

1. 通过回顾和总结学到的解决问题的步骤来巩固学习效果。社会工作者首先要协助案主复习和总结在服务过程中学到的解决问题的步骤与方法，以此来巩固学习效果。如前所述，社会工作者通用实务模式总结了以往社会工作服务的基本步骤和基本要点，主要包括基于生态系统的分析框架、基于实用主义的问题解决模式、基于人本主义的案主潜能和优势视角、基于人本主义的真诚沟通策略、基于符号互动论的社会学习模式、基于能力视角的压力应对模式等。社会工作者应该在结案时与案主一起回顾和总结这些被证明通用有效的解决问题、应对压力的策略，并强调要点，尝试用于分析其他问题。

在结案时，社会工作者一定要协助与促使案主发挥其潜能和优势，把学到的这些解决问题、应对压力的策略用到日常生活中。如果不尝试运用这些习得的分析问题、解决问题、应对压力的新思维、新方法、新技巧，那么案主就会把服务过程仅仅当作一种释放压力、舒缓心情、放松休息的过程，回到日常生活中仍然不知道如何分析问题和解决问题。

2. 通过预测可能遇到的新问题来预防问题发生。凡事预则立，不预则废。案主回到日常生活中可能会遇到各种来自个体和环境的压力以及倒退因素，所以社会工作者要与案主一起讨论这些可能遇到的环境压力和个体倒退情况，并采取预防措施来预防这些问题。比如，针对个人容易出现的酗酒、吸毒和退缩等退化行为，要提前准备一些小妙招、小提示，让案主知晓另类应对压力的健康模式；对于住房、

---

① RZEPNICKI T L. Enhancing the durability of intervention gains: a challenge for the 1990s. Social service review, 1991, 65 (1): 92-111.

工作、社交、休闲等问题，要积极协助案主向社区申请相关救助，并联系社区服务机构，让案主参与社区志愿服务和社交小组，使其融入社区生活；对于那些可能引发新问题的同伴压力群体和功能失调家庭，社会工作者要协助案主切断与这些同伴群体的联系，重新构建朋友圈，并通过家访和干预，协助案主修复家庭关系，获得家庭成员的谅解和支持等。

二、转化服务效果的策略

案主在回顾、总结完解决问题的技巧，并且制定了一些预防可能遇到问题的策略后，就可以回归自己的日常生活。此时，如果条件允许，社会工作者仍需借助助推计划、协助回归计划等措施，协助案主顺利融入生活，将所学的新策略和技巧应用到实际生活中。尤其是对于违法犯罪等行为偏差较为严重的案主，通常需要一些专门的预防再犯的服务方案，以协助案主回归社会，防范冲动性问题复发或其他再犯风险。

以预防问题复发和再犯风险为例，犯罪心理学和临床社会工作已经围绕着再犯风险要素，从个体内在、人际关系、环境系统和子系统等多个方面发展出一种预防问题复发的精细化干预计划，以强化和转化社会学习能力。预防复发的回归社会服务计划通常包括如下三个层面的策略：（1）个体性的策略主要是自我管理类策略，包括认知重组、压力免疫等；（2）人际层面的策略包括沟通策略、问题解决策略、社会技能训练策略等；（3）环境层面的策略包括加强家庭关系、发展支持系统、增强教育计划、提供建设性休闲娱乐活动等。

下面的案例可以说明预防问题复发的重要性，以及协助未成年犯罪对象回归社会的风险评估和干预方案：

案例

夏荷，女，家住福建省福州市，初中毕业，涉嫌参与境外集团电信诈骗，2013年5月9日案发，案发时17岁，未成年。通过查阅公安机关的案情报告，以及检察院审讯报告，获知夏荷涉嫌参与境外集团电信诈骗，危害了公民财产安全。但夏荷是初次犯罪，此前没有犯罪记录。在此次犯罪过程中，夏荷是被骗参与到犯罪过程中，整个犯罪又是被犯罪团伙中的黑社会大哥胁迫参与，属于被迫参与，只是被动完成分配任务，没有参与谋划犯罪，不具有主观恶意。而且，夏荷参与诈骗的时间短暂，只有9天。这9天是在紧张、害怕中度过的，并无认同和习惯诈骗行为。夏荷被捕后，在马来西亚警方被拘留1个月，在北京朝阳警方被拘留1个月。在两个月的拘留期内，夏荷本人无不良记录，都是积极配合警方和检方的审讯调查。

夏荷的认罪态度：本人承认自己虽然是被骗、被胁迫犯罪，但是毕竟参与了电信诈骗，所以对于自己的犯罪行为悔恨不已。她觉得，自己之所以被骗到这个诈骗集团里面，主要是自己年幼无知，又过早脱离学校教育，参与到社会生活中，性格比较单纯，容易相信别人。又加上她父亲生病，负担较重，夏荷想尽快挣钱贴补家用，减轻父母的负担，故轻易相信他人诱骗。夏荷在整个调查过程中，都非常积极地配合调查，无躲闪和隐瞒，认罪态度良好。

夏荷的生命历程：夏荷父母本是福州市郊区一个小山村里的人，但是长期在福州市打工。夏荷跟随父母在福州市长到 3 岁，3～6 岁被寄养在位于村子里的外婆家，6～8 岁被寄养在奶奶家，8～15 岁随父母在福州市上学，小学转过一次学，初中三年没有转过学。夏荷爸爸表示，夏荷从小到大一直是一个很乖的孩子，和奶奶及外婆的关系都很融洽。夏荷本人也表示，虽然和外婆关系更近，但是和奶奶关系也不错。所以，虽然像所有打工子弟一样，其生命历程发生过两次照顾关系的转折，但无论是外婆还是奶奶，都与夏荷关系和谐，并无明显的童年创伤。

对夏荷产生较大影响的一个人生事件是其初中毕业那年，父亲突然罹患病毒性急性脑膜炎和癫痫病。为此，家里四处借钱看病，负债十几万元。但是夏荷父母双方的亲属都比较友好，相互支持、相互帮助。夏荷父亲看病的钱，大多是向父母双方的兄弟姐妹借的。大家都表示，这个钱并不着急要，什么时候病好了，有钱了再还。父亲犯病期间，行为不能自控，常常对母亲发脾气，甚至打骂，但是母亲能够耐心体贴地照顾父亲，并且承担起整个家庭的责任。夏荷当时被寄养在伯父家，妈妈在医院照顾父亲，那段时间虽然不时和母亲见面交流，但是毕竟因为这个事件，父母减少了对夏荷的关心。这个事件也影响到夏荷决定放弃求学。本来学习就偏科，又加上家里遭遇如此变故，夏荷就离开学校，开启了四处打工的生涯。

夏荷初中毕业后（未满 16 周岁）先去福州的酒楼当了将近一个月的服务员，但是由于环境实在艰苦并且待遇低，挣不到钱，就离开了，而且没有得到劳动报酬。第二份工作是在当地的旅游商店当导购卖旅游产品，后来母亲把夏荷送到闽清县素未谋面的表姨那里当学徒学美容。在那里，夏荷觉得人生地不熟，寄人篱下，很不习惯，于是和母亲沟通后又回到家。回家后经朋友介绍在电信公司当客服，但是待遇比较差，只能养活自己，不能帮助家里。再后来经初中时一个叫佳佳的学姐介绍，于 2012 年 2 月去往柬埔寨的一个皇家 KTV 歌厅当服务员，主要是给人点菜、倒酒、收拾桌子。去往柬埔寨的机票和护照还有签证都是佳佳帮忙办理的，在柬埔寨也是和佳佳一起住，自己没有银行卡，赚到的钱也都寄存在佳佳的银行卡里。

夏荷在柬埔寨工作时认识了一个 20 多岁的男人，名叫林华。夏荷当时感觉林华和其他人不一样，没事的时候会在一起谈心，并且看起来也没有什么企图。在柬埔寨的时候，林华自称在马来西亚做服装生意，并没有提到让夏荷去马来西亚工作，但是对她说："这么年轻的女孩子，干吗在这种场合工作，挣钱不多，人挺乱的。”后来夏荷回国过年时（2012年12月27日），林华要了她的手机号码，在过年期间和她联系，问夏荷的下一步打算，并告诉夏荷可以去马来西亚当他的助手卖服装，并且描述马来西亚的工作环境和待遇都很好。夏荷听信了林华温暖的话语，被骗到马来西亚，参与到电信诈骗中。

再犯风险评估：夏荷的案例是年轻孩子卷入电信诈骗的典型类型。底层流动家庭生活，父母生活忙碌，无力陪伴教育，又加上父亲生病，家庭负担加重，虽然有亲属支持，但是因为学历不高，挣钱能力不足，对金钱的渴望较高，社会阅历又比较单纯，容易被犯罪分子诱骗。整体而言，夏荷的再犯风险不高，但是个人认知、社会交往技能、职业规划等方面存在一定风险：对金钱的渴望较高，和自己的就业能力不匹配，认知上存在偏差，对未来职业发展规划与个人的信息获取能力不匹配，容易上当受骗。

转化提升计划：基于上述案例评估，社会工作者与检察官一起为夏荷建立了一个回归社会的计划。接受社会工作者大约4～6节的认知重组的辅导；参加一个就业训练计划，学习务实可行的就业技能，并锻炼与社会成员打交道的社交能力，学习识别社交过程中的诈骗话术，提升风险防范能力；定期与未成年人犯罪检察官见面，汇报认知、态度、行为的改变，增强法治意识。

评估转化效果：经过大约6个月的考察期，夏荷认识到自己原来年幼无知，又加上家庭压力，对金钱比较渴望，容易听信他人诱骗，表示以后要靠自己的劳动能力挣钱，不再渴望热钱快钱来缓解家庭困难，不再听信他人来钱快的谎言；通过在饭店打工实习，逐渐认识到服务业工作并不适合自己，表示回到家乡后，要重新学习美容美发技术，开个小店，好好工作。夏荷告诉检察官，虽然自己不是有意诈骗，但是卷入电信诈骗后也参与了接听电话，已经违法犯罪了，只是因为自己未成年，再加上没有产生较大危害，所以才获得一次机会附条件不起诉，感谢检察院的宽大处理。检察官联系了夏荷的父母，父母表示把孩子接回去之后，要继续教育孩子通过学习一门手艺，靠自己的双手挣钱，不再好高骛远。最后，考察期结束后，检察院决定不起诉夏荷，无罪释放。

复习思考题

1. 什么是结案？结案分为几种类型？
2. 如何处理结案过程中的分离性情绪？
3. 如何测量效果？如何根据因果逻辑进行效果评估？
4. 什么是过程评估？过程评估中的非因果逻辑主要包括哪些机制？
5. 影响服务效果持久性的因素有哪些？如何巩固服务效果？
6. 防止问题复发的回归计划主要包括哪些策略？

推荐阅读书目

1. 戴维·罗伊斯，布鲁斯·A. 赛义，德博拉·K. 帕吉特．项目评估：循证方法导论：第6版．王海霞，王海洁，译．北京：中国人民大学出版社，2018.

2. 郭伟和．反思对话与阐明理由：迈向实践自觉的整合性专业实践研究//王思斌．中国社会工作研究：第21辑．北京：社会科学文献出版社，2022.

图书在版编目（CIP）数据

社会工作导论/郭伟和主编．-- 北京：中国人民大学出版社，2025.7. --（新编21世纪社会工作系列教材）．-- ISBN 978-7-300-34087-6

Ⅰ．C916.2

中国国家版本馆CIP数据核字第202574GE51号

新编21世纪社会工作系列教材

社会工作导论

主编　郭伟和

Shehui Gongzuo Daolun

出版发行	中国人民大学出版社		
社　　址	北京中关村大街31号	**邮政编码**	100080
电　　话	010－62511242（总编室）		010－62511770（质管部）
	010－82501766（邮购部）		010－62514148（门市部）
	010－62511173（发行公司）		010－62515275（盗版举报）
网　　址	http://www.crup.com.cn		
经　　销	新华书店		
印　　刷	北京溢漾印刷有限公司		
开　　本	787 mm×1092 mm　1/16	**版　　次**	2025年7月第1版
印　　张	21.25　插页1	**印　　次**	2025年7月第1次印刷
字　　数	421 000	**定　　价**	49.90元